Martina Meuth
Bernd Neuner-Duttenhofer
Auf der Suche nach dem verlorenen Geschmack

Weitere Titel der Autoren:

Andrea Camilleris sizilianische Küche.
Die kulinarischen Leidenschaften des Commissario Montalbano

Wo die glücklichen Hühner wohnen.
Vom richtigen und vom falschen Essen

Martina Meuth
Bernd Neuner-Duttenhofer

Auf der Suche nach dem
verlorenen Geschmack

Vom Glück kulinarischer Entdeckungen

Lübbe

Bildnachweis:
Alle Fotografien © Martina Meuth,
mit folgenden Ausnahmen:
Seite 243 shutterstock creative images,
Seite 281 Thomas Jantscher, Colombier, Schweiz

Lübbe Hardcover in der Bastei Lübbe GmbH & Co. KG

Originalausgabe

Copyright © 2011 by Bastei Lübbe GmbH & Co. KG, Köln

Textredaktion: Dr. Ulrike Brandt-Schwarze, Bonn
Layout und Satz: JahnDesign Thomas Jahn, Erpel/Rhein
Gesetzt aus der Minion
Druck und Einband: CPI – Ebner & Spiegel, Ulm
Umschlaggestaltung: © Sandra Taufer, München
Umschlagmotiv: Foto: © Peter Knaup, Berlin /
Tafel: © Sven Hoppe/shutterstock

Printed in Germany
ISBN 978-3-7857-2435-4

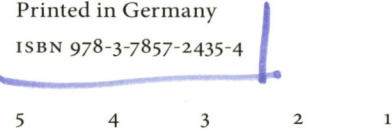

5   4   3   2   1

Sie finden uns im Internet unter: www.luebbe.de
Bitte beachten Sie auch: www.lesejury.de

Wie Sie auf den **Geschmack** kommen

Warum Essen und Trinken die Grundlage für unser Dasein sind und eine täglich zu erbringende Kulturleistung.
Weshalb es so wichtig ist, sich ständig damit zu beschäftigen.
Und welches Vergnügen das machen kann.

Das Thema Essen und Trinken liegt immer wieder und immer mehr im Trend, davon zeugt nicht nur die wachsende Zahl der Kochshows im Fernsehen. Wie rege das Interesse ist, beweisen auch andere Entwicklungen: die Vielzahl neuer Zeitschriften zu dem Thema, ein weiterhin boomender Kochbuchmarkt, eine sich ständig ausweitende Gastronomie – weil die Menschen immer weniger selber kochen – und nicht zuletzt neue Formen kulinarischer Erlebniswelten. Man könnte meinen, dass das Essen und Trinken in unserer Gesellschaft den gebührenden Stellenwert hat.

Allerdings werden daraus, wie wir finden, keine Konsequenzen gezogen. Die Gründe? Eine merkwürdige Verklemmtheit und das Desinteresse der Meinungsführer zum einen, der mangelnde Mut zum Eingeständnis, dass man zu Hause durchaus gerne etwas unbescheidener genießt, als es die öffentliche Meinung zu verlangen scheint, zum anderen. Aber auch die Angst, für oberflächlich gehalten zu werden, wenn man sich in Küchenfragen als versiert erweist.

Dabei sind Essen und Trinken die Grundlage unseres Lebens. Unser Körper braucht regelmäßig neue Energie. Wir könnten nicht leben, nicht gehen, nicht stehen, nicht arbeiten – nicht sein, wenn wir ihn nicht ständig mit den nötigen Kalorien, Nährstoffen und Mineralien versorgen würden. Wir tun das, indem wir essen und trinken, jeden Tag.

Essen ist für uns jedoch – das unterscheidet uns von den Tieren und Pflanzen – nicht allein eine Sache der Brennstoffzufuhr, dient nicht nur der Erhaltung und Erneuerung unserer Kräfte. Es ist vielmehr der Motor, der uns Menschen antreibt, das Band, das unsere Welt zusammenhält, die Basis unserer Kultur – dieses Wort, das Lebensart, Künste, Sport und Spiel umfasst, leitet sich schließlich ab vom römischen Wort für die Bodenbearbeitung zur Nahrungsgewinnung. Weil wir essen und trinken, betreiben wir Landwirtschaft und Handel, erzeugen Produkte und erbringen Dienstleistungen. Um zu essen und zu trinken wurden Erfindungen gemacht, der Erdkreis erforscht, man hat deshalb Kriege geführt und Frieden darüber geschlossen.

Und trotzdem gilt bei uns alles, was mit Essen und Trinken zu tun hat, als eher unwichtig, als zweitrangig, zu vernachlässigen, gehört eher zum Bauch als in den Kopf: ist nicht maßgeblich, wenn es um entscheidende Fragen des Daseins geht. Vor allem ein großer Teil der Intellektuellen, auch viele der Meinungsführer in den Medien, misst der Esskultur nur eine nachrangige Bedeutung zu. In diesen Kreisen beschäftigt man sich mit ernsthaften Dingen – und die sind nach Meinung dieser Leute gewiss nicht im kulinarischen Bereich angesiedelt.

Freilich ist auch dort mitunter Genuss angesagt, das wird nachsichtig lächelnd zugestanden – man gönnt sich ja sonst nichts. Doch am Ende wird das Thema wegwerfend als hedonistisch abgetan, und sobald sich Ansprüche daran knüpfen und etwa Qualität gefordert wird, als elitär. Hauptsache satt, heißt es dann, ist doch egal, wie's schmeckt, es gibt Wichtigeres!

Zwar erregt die Belastung unserer Umwelt und die Ausbeutung der Ressourcen durch eine exzessiv betriebene Landwirtschaft immer wieder einmal die Gemüter, vor allem wenn gerade mal wieder zu viel Dioxin in Eiern gemessen, BSE im Fleisch oder gepanschte Futtermittel entdeckt wurden. Aber nach kurzer Zeit legt sich die Aufregung wieder, und man wendet sich den »wirklich wichtigen« Dingen zu.

Es mangelt an der Erkenntnis, wie innig hier die Rädchen ineinandergreifen, wie zwingend Genuss und Notwendigkeit zusammengehören. Denn nur in dieser Verbindung kann man die Menschen dazu bewegen, sich richtig zu ernähren! Und wie dringend nötig das ist, lässt sich an den katastrophalen Zahlen unserer Krankenversicherer ablesen, die eine deutliche Sprache sprechen – der Zusammenhang zwischen falscher, um nicht zu sagen, schlechter Ernährung und erschreckenden Krankenzahlen ist natürlich nicht unbekannt. Wenn man allein die ernährungsbedingten Krankheiten abziehen könnte – Krankheiten, an denen wir Menschen selbst schuld sind, aus Unwissen oder Desinteresse, nur weil wir Dinge essen, die uns dick und krank machen –, dann hätten die Krankenkassen kein Problem mehr.

Das ließe sich recht einfach, relativ rasch und ziemlich grundlegend ändern, wenn bereits im Kindergarten dem Nachwuchs ein Gefühl dafür vermittelt würde, wie wichtig das Thema Essen und Trinken ist. Man müsste die Kinder miteinander frühstücken und zu Mittag essen, die Mahlzeiten gemeinsam zubereiten, zusammen am Tisch sitzen lassen und so von klein auf lernen, ganz selbstverständlich Rücksicht aufeinander zu nehmen, Gemeinschaftssinn und nicht zuletzt Manieren einzuüben. Mit zunehmendem Alter könnten sie dann die kulinarischen Zusammenhänge entdecken, spätestens in der Schule, wie die Lebensmittel entstehen, in den höheren Klassen auch, wie sehr Essen und Trinken unser Leben und die Weltläufe bestimmen und beeinflussen. Und damit wären sie nicht nur in der Lage, dem Thema den Stellenwert beizumessen, den es verdient, sondern auch zu erkennen, welches Vergnügen es macht, wenn man sich damit beschäftigt. Immer wieder aufs Neue der Frage nachzugehen, woher unsere Lebensmittel kommen, wie sehr Qualität und Geschmack davon abhängen, wie und von wem sie erzeugt werden, und letztlich natürlich auch, wie sie zubereitet werden. Wir glauben an das Motto: Mehr Wissen schafft mehr Genuss.

In unserem Buch »Wo die glücklichen Hühner wohnen« (im Herbst 2008 bei Lübbe erschienen) haben wir die Qualität unserer Lebensmittel aufs Korn genommen und unsere Erkenntnisse beschrieben. Damit wollten wir Orientierungshilfen für den Einkauf liefern und Argumente fürs Gespräch mit den Produzenten oder Händlern.

Das vorliegende Buch ist in unseren Augen eine Fortsetzung. Indem wir einzelne Themen herausgreifen, uns bestimmte Produkte vorknöpfen, unsere Erfahrungen einbringen und Erlebnisse schildern, möchten wir den Blick auf Zusammenhänge lenken, die die Sinne schärfen, das Bewusstsein erweitern und Verständnis wecken. Und zwar losgelöst und völlig frei von weltanschaulichen Scheuklappen, ohne Eingrenzungen durch die ideologische Sicht eingleisig orientierter Weltbilder.

Die Welt ist groß und reich, und sie ist für alle da. Wir dürfen sie nutzen und genießen, aber behutsam, vorsichtig und mit Umsicht – so, dass sie wirklich für alle reicht, auch für unsere Nachkommen. Wir wollen erklären, warum wir es für wichtiger halten, unsere Landwirtschaft in Einklang mit der Natur zu betreiben, als mit einem Bio-Siegel ausgeschilderte Produkte um den halben Erdball zu schicken. Und warum es den Tieren nichts nützt, wenn wir sie nicht essen, wir vielmehr dafür zu sorgen haben, dass sie ein artgerechtes, anständiges – ja, warum nicht? – ein glückliches Leben führen. Und dass wir dann aber auch verpflichtet sind, alles zu nutzen, was sie uns schenken, nachdem wir ihnen das Leben genommen haben. Also auch jene Teile zu achten und wertzuschätzen, die zu verarbeiten und zuzubereiten womöglich Mühe macht und deren Zubereitung vielleicht auch nicht beim ersten Versuch von Erfolg gekrönt ist.

Wenn es uns gelingt, Sie mitzunehmen auf unsere Rundreise durch die Ernährungsthemen unserer Zeit, Ihr Verständnis dafür zu wecken, dass Essen und Trinken in unserem Leben die große Verpflichtung darstellen, auf der im Grunde alles basiert, wenn wir Ihnen Appetit darauf machen können, auch mal Unbekanntes, Fremdes, Neues zu erforschen, aber auch Ihren Blick zu schärfen für die ganz einfachen, alltäglichen Genüsse und Sie so das Glück miterleben, das uns unsere kulinarischen Entdeckungen bereiten – dann haben wir unser Ziel erreicht.

Artischocken brauchen Stiel

Wie man das feine, bittere, köstliche Gemüse aussucht,
was man damit machen kann und wie es am besten schmeckt.

Mit Geduld und Stehvermögen hatten wir uns auf dem freitäglichen Wochenmarkt im ligurischen Imperia an die Spitze der Schlange vorgewartet. Endlich waren wir am Lastwagen angekommen, auf dem sich mannshoch Kisten türmten, vollgepackt mit Artischocken. Zwei Männer, jeder mit der typisch sizilianischen Schiebermütze über dem zerfurchten Gesicht, hatten alle Hände voll zu tun. Der eine hielt sein Messer hiebbereit, eine geradezu martialische Machete.

»*Senza foglie, colle gambe?*«, fragte er und trennte, wenn man nickte, mit harschem Schlag die Blätter ab. Dann packte der andere die jetzt mit ihrem gut 30 Zentimeter langen Stiel geradezu szeptergleichen, stacheligen Knospen in Tüten und steckte das Geld ein.

»Also, was jetzt, ohne Blätter, mit Stiel?«, wollte der Mann wissen.

»Was ist besser?«, fragten wir.

»Wollen Sie sie gleich essen oder noch aufbewahren?«

Ein bisschen erinnert uns diese Gegenfrage an die Tankstelle in der amerikanischen Pampa, wo das Mädel an der Kasse mit sicherem Griff die beiden Bierflaschen aus unserem Einkaufskorb gezogen und weit außerhalb unserer Reichweite deponiert hatte. Und auf unsere irritierte Frage, warum, unwillig ihren Kaugummi in die Backe schob und knatschte: »Heute ist Sonntag!« Der Zusammenhang erschien uns wenig einleuchtend, und erst später erkannten wir: Wir befanden uns in einem Staat, in dem man sonntags keine alkoholischen Getränke kaufen durfte – wer kommt denn auf so was?

An diesem Tag bekamen wir glücklicherweise eine Antwort auf unsere Rückfrage, ob das eine Rolle spiele, und lernten daraus, dass Artischocken sich aus ihrem Stiel versorgen können und viele Tage frisch bleiben, wenn der nur lang genug ist. Tatsächlich stellten wir später fest, dass ein im Gemüsefach vergessenes Exemplar noch nach drei Wochen besser aussah und knackiger geblieben war als die angeblich erntefrische Ware bei uns im heimischen Supermarkt. Und wir verstanden, warum die beiden Händler die Artischockenstiele nicht platzsparend gekürzt hatten, bevor sie sich auf die lange Reise von Sizilien nach Ligurien machten. Das muss man sich vorstellen, im 80-Kilometer-Tempo auf der Autobahn fast tausend Kilometer nach Imperia zum Wochenmarkt, wo sich die beiden ein besseres Geschäft versprechen konnten als daheim. Denn in Ligurien gibt es im Februar nicht genügend von den *carciofi nostrani*, den Artischocken aus der Region.

Tatsächlich waren diese weit gereisten Artischocken makellos, geradezu taufrisch, die Blätter knackig, die Stiele strack, als kämen sie direkt vom Feld. Und die Leute standen dafür Schlange.

»Außerdem kann man die Stiele essen!«, erklärte uns der mit dem Geldbeutel. »Es wäre dumm, sie wegzuwerfen!«

Jetzt mischten sich auch die Wartenden hinter uns ins Gespräch.

Artischocken: Ihr langer Stiel hält sie frisch.

»Natürlich, ein Artischockenrisotto ohne Stiele hat viel zu wenig Arti-schockengeschmack!«, meinte die eine.

»Die Stiele nehme ich auch für meine Artischockencremesuppe mit Garnelen«, verkündete ihre Nachbarin.

Wir waren glücklich, dass wir kein Hotelzimmer, sondern eine Woh-nung mit Küche gemietet hatten, und probierten gleich die verschiedenen Rezepte aus. Artischocken sind eines unserer Lieblingsgemüse, in jeder Form und jeglicher Zubereitung.

Carpaccio aus jungen Artischocken

Besonders lieben wir die kleinen, ganz jungen, mädchen-faustgroßen Exemplare, die so zart sind, dass man sie roh essen kann. Man braucht nicht viel, pro Person je nach Größe eine bis zwei Artischocken und jeweils tropfen- bis teelöffelweise Olivenöl und Zitronensaft.

Dafür muss man die äußeren Blätter entfernen, das obere Drittel quer mit einem Messer kappen und Stiel sowie den Boden sorgsam schälen. Die-se Artischockenherzen auf einem Gurken-, besser mit einem Trüffelhobel (ideal ist auch eine elek-trische Aufschnittmaschine, aber an der mangel-te es in der Ferienwohnung) dünn aufschneiden, am besten direkt auf den Teller. Wenn man zuvor Salz, Pfeffer und ein, zwei Esslöffel Olivenöl auf dem Teller verstreicht, werden die Artischocken-scheibchen schon mal von unten gewürzt. Von oben muss man sofort mit Zitronensaft kommen, der verhindert, dass die leuchtend hell gelb-grünen Scheiben sich unschön braun verfärben. Jetzt auch von oben salzen, pfeffern und mit Oli-venöl beträufeln. Es fehlt dann nur ein wenig fein gehackte glatte Petersilie – und ein herrlich bitte-rer, erfrischender Salat ist fertig. Man kann ihn so essen oder fix gebratene Hühnerlebern, Garnelen oder auch nur Roastbeef- oder Schinkenscheiben dekorativ darauf anrichten und hat im Hand-umdrehen eine elegante Vorspeise.

Für zwei Personen:
2–4 junge
   Artischocken
Olivenöl
Salz
Pfeffer
Zitronensaft
glatte Petersilie, fein
   gehackt

Frittierte Artischockenscheiben mit neonati

Bei Caterina Lanteri, der wunderbaren Köchin in ihrem plüschigen Restaurant »San Giorgio« in Cervo, hoch überm Meer, in den schmalen Gassen hinter der Chiesa di San Giovanni Battista mit der blendenden Barockfassade versteckt, gibt es um diese Jahreszeit, wenn man Glück hat, eine hübsche Portion *neonati* dazu. Das sind jene stecknadelkleinen Fischchen, die man einfach im Sieb kurz in siedendes Meerwasser taucht, gut abtropft und dann mit dem Saft und etwas abgeriebener Schale der herrlichen ligurischen Gartenzitronen, die hier überall prächtig gedeihen, sowie mit jungem, gerade gepresstem Olivenöl würzt. Das Krokante der Artischockenscheibchen mit der Sanftheit der warmen Fischchen, dazu der Duft vom frischen Öl – eine unwiderstehliche Kombination!

Der Augenstern **der Venetianer**

Die kleinsten und feinsten Artischocken sind die *castraure* (castra-uhre gesprochen) – so nennt man in Venetien die allererste Artischocke, die eine Pflanze produziert. Sie muss entfernt werden, damit sich die Pflanze an dieser Schnittstelle verzweigt und mehrere neue Triebe bildet, an denen dann weitere Artischocken wachsen. (Vielleicht bezieht sich der Begriff tatsächlich aufs Kastrieren?) Diese allererste, pro Stock einzige Artischocke galt von jeher als begehrenswerte Delikatesse. Nicht nur weil sie so rar war, sondern wegen ihrer ausgeprägt bitteren Würze und gleichzeitigen Zartheit. In Venedig betreibt man damit geradezu Kult. Traditionell kamen die *castraure* von der Garteninsel Sant'Erasmo, die die Lagunenstadt schon seit alters mit Gemüse versorgt. Die dort heimische Sorte, die violetten *castraure di Sant' Erasmo*, wurde inzwischen sogar als »Presìdio« von Slow Food anerkannt, als schützenswerte traditionelle Varietät. Und es kümmert sich ein Consortium um ihre Pflege und ihren Erhalt.

Man erkennt die *castraura* an ihrer typischen hellen Farbe, die sie behält, weil sie so dicht in Blättern versteckt gedeiht, die sie vor Sonnenlicht schützen, und deshalb wenig Chlorophyll bildet. Allerdings: Bis es Ende März so weit ist – Stichtag ist der 24. –, dass man auf Sant'Erasmo die ersten *castraure* ernten kann, mag in Venedig niemand warten. Deshalb werden sie bereits im Januar aus Sardinien oder aus der Toscana auf den Rialtomarkt geschafft, fürs Weihnachts- oder Silvestermenü muss man sie sogar aus Sizilien holen. Zu uns nach Deutschland gelangen die kleinen Artischöckchen, die nicht größer sind als etwa Walnüsse aus Kalifornien (die größer sind als unsere), leider nur selten – und bleiben dann fast ausschließlich der Spitzengastronomie vorbehalten. Selbst wenn sie aus Italien kommen, werden sie meist unter der französischen Bezeichnung *poivrade* angeboten, woraus man in Hamburg Poveraden gemacht hat, was ja eher nach Ärmlichkeit als nach einer Delikatesse klingt. Ihre Haltbarkeit ist deutlich kürzer, denn ihr Stiel ist nicht lang genug, um sie mehrere Tage zu versorgen, und so können sie die ewig langen Wege durch den deutschen Handel kaum überstehen. Schade!

Castraure schmecken einfach umwerfend köstlich, und zwar roh. Man braucht nur die Spitze zu kappen, die äußerste Reihe der Blätter abzubrechen, das bisschen Stiel und den Boden hübsch zu schälen, dann kann man durch alle Blätter hindurch wie in ein Äpfelchen hineinbeißen. Oder auf die übliche französische Art verspeisen, von der sich ihre Bezeichnung ableitet: einfach in eine Mischung aus Pfeffer (frz. *poivre*) und Salz stippen.

Besser noch schmeckt uns die venezianische Art: Die geputzten Artischocken auf Tellern anrichten, dazu Olivenöl, frisch gemahlenen Pfeffer und italienisches Fior di Sale oder französisches Fleur de Sel – nach Belieben Weißbrot, luftgetrockneten Schinken, Salami und etwas gereiften Käse dazu, auf jeden Fall aber einen Wein, der diesen kräftigen Aromen standhält: Das kann der Aperitif-Prosecco sein, dessen verhaltene Süße die Bitterkeit gleichzeitig herausstreicht und angenehmer macht, ein

Praktisches Marktangebot: Artischockenböden, säuberlich und gebrauchs-fertig geschält

herzhafter Sauvignon aus dem Collio oder sogar eine gewürzige Ribolla vom Karst.

Unterhalb der Schnittstelle, die man mit der *castraura*-Ernte setzt, wachsen nach und nach mehrere der in Italien üblichen schlanken Artischocken, die sich außen mehr oder weniger lila färben. Moderne Züchtungen tragen nur noch selten jene martialischen gelben Stacheln an den Blattspitzen, an denen man sich übel verletzen kann. Diese der Wildform noch näher verwandten Artischocken sind allerdings bei vielen Südländern besonders begehrt, denn sie schmecken noch bitterer, aber auch intensiver, gemüsiger, nussiger als die Varianten ohne Dornen, deren zartere Bitterkeit man im Norden Italiens, inzwischen auch in Frankreich und vor allem in Deutschland, der Schweiz und Österreich vorzieht. Bei uns haben mit der Wertschätzung des Bitteren ja viele Menschen ihre Schwierigkeiten – dabei ist es gesund, hilft dem Stoffwechsel und regt den Appetit an!

Wie Sie der **Stachelgefahr** entgehen

Artischocken braucht man vor der Zubereitung im Ganzen nur zu waschen. Am besten fließendes Wasser von oben hineinlaufen lassen und mehrmals kräftig ausschlagen, sodass zwischen den Blättern versteckter Schmutz und

Ungeziefer, das sich dort möglicherweise verfangen oder eingerichtet hat, entfernt werden.

Der Umgang mit den dornigen Sorten, die noch stark an die Ur-Artischocken, eine wehrhafte Distelart aus Nordafrika, erinnern, ist jedoch durchaus gefährlich. Man sollte sie nach dem Einkauf dick in Zeitungspapier einwickeln (lassen), nicht einfach in die dünne Plastiktüte stopfen, die von den Stacheln sofort durchstochen wird. Diese Stacheln müssen unbedingt, am besten mit einer Schere, gekappt werden, bevor die Knospen zubereitet werden und auf den Tisch gelangen – in älteren Kochbüchern wird dies immer wieder genau beschrieben, und man sieht auf den Rezeptbildern sorgfältig in geometrisch wirkenden Stufen gestutzte Knospen. Zu uns kommen sie nur selten – vielleicht fürchten die Importeure Verletzungsgefahr, womöglich sogar Produkthaftung?

Lieblingsrezepte fürs Lieblingsgemüse

In Italien liebt man es, die ganzen Artischocken über Holzkohle zu grillen (in und rund um Neapel eine Spezialität), in heißer Asche (auf Sizilien vorzugsweise aus Zitronenholz) oder im Ofen zu backen oder zu frittieren (in Rom mit der runden Sorte Mammole eine beliebte Spezialität: *à la giudea*, auf jüdische Art).

Aber noch häufiger werden in italienischen Rezepten die Artischocken immer zunächst geputzt und geschält, bevor man sie weiterverarbeitet. Diese Herzen muss man unbedingt bis zur endgültigen Verwendung in Zitronenwasser aufbewahren, damit sie schön hell bleiben. Erst wenn man sie braucht, werden sie gewürfelt, in Segmente oder in Scheiben geschnitten und dann gebraten, gedünstet, geschmort – als Gemüse, für *sughi* (Saucen) zur Pasta oder im Risotto.

Da die eleganten Italienerinnen diese die Finger unschön einfärbende Tätigkeit nicht sehr schätzen, kann man auf den Märkten der Städte an den Gemüseständen stets auch schon geputzte Herzen kaufen. Man sollte meinen, sie wären teurer als die ganzen Artischocken – mitnichten, denn dafür schält die kluge Händlerin die Artischocken vom Vortag oder von vorgestern, die nicht mehr ganz so schön aussehen. Natürlich sind sie dann nicht so alt, dass die Herzen erschlafft wären, aber eben nicht mehr taufrisch. Und sie dürfen sich im Zitronenwasser ein wenig erholen. Betrachtet man sich die manchmal ausgesprochen ältliche Ware in deutschen Läden, wünscht man sich solche intelligente Dienstleistung umso dringender.

Artischockenrisotto

Als wir das erste Mal fürs Artischockenrisotto, wie auf dem ligurischen Markt angeraten, die Stiele verarbeiten, sind wir begeistert: Man muss sie sehr gründlich und großzügig schälen, bis auf ihr hellgrünes Mark – aber man darf ja überhaupt mit Artischocken nicht geizig sein, alles muss weg, was nicht schön hell gelbgrün gefärbt ist, denn alles, was dunkler ist, bietet nachher der Zunge keinen Genuss, ist hart und rau, faserig und ledrig und von einer unangenehmen Bitterkeit. Übrig bleiben ein Riesenberg von Abfall und eine kleine Schüssel mit den Herzen oder, bei größeren Exemplaren, den Böden und den Stielen.

Nur das Innere der Stiele und die Herzen der Artischocken werden am Ende gewürfelt, etwas größer als die Zwiebel, mit der zusammen man sie in etwas Olivenöl andünstet. Schließlich den Reis mitschwitzen, bis er glasig geworden ist. Am liebsten nehmen wir den rundkörnigen Riso Carnaroli, Riso Rosa Marchetti oder auch den kleineren spanischen Paellareis Arroz Bomba. Erst wenn alle Körnchen vom Öl überzogen glänzen, wird mit Weißwein abgelöscht. In diesem Moment sollten die Zwiebeln und Artischocken den gerade richtigen Biss haben – die Säure des Weins hält nämlich jetzt den Garprozess an, was bei zu harten Zwiebeln kein Vergnügen wäre.

Schließlich wird immer wieder, kellenweise, heiße Brühe angegossen, der Risotto muss ständig leise brodeln, bis er die rechte Konsistenz erreicht hat. Dann wird gewürzt, zuerst mit Zitrone (ganz wichtig! Macht die Sache leichter, trotz der Butter und des Parmesans, der ja noch reichlich hineinkommt), natürlich der richtigen Menge Salz und ordentlich frisch gemahlenem, weißem Pfeffer. Schließlich Parmesan und Butter. Und erst auf die im Teller angerichtete Portion werden einige in Olivenöl gebratene Artischockenachtel verteilt, unter die am Ende feingehackte glatte Petersilie geschwenkt wurde.

Dazu braucht es einen herzhaften Wein, eine Inzolia aus Sizilien etwa oder – warum nicht – einen weiß gekelterten Spätburgunder aus Franken, zum Beispiel vom Weingut Fürst.

Für zwei bis drei Personen:

2 – 3 Artischocken
    (je nach Größe)
1 Zwiebel
2 EL Olivenöl
150 g Risottoreis
1 Glas Weißwein
Saft und Schale einer
    halben Zitrone
½ Tl Salz
¾ – 1 l Brühe
20 g Butter
20 – 30 g Parmesan
weißer Pfeffer
Petersilie

Köstliche Dips

In Frankreich das beliebteste Rezept für Artischocken ist eine Art Blatt-
fondue: Die Knospen werden gewaschen und geputzt (nur die äußeren,
unten nicht fleischigen Blätter entfernen und den Boden glatt schneiden),
gekocht oder gedämpft (ideal ist dafür der Dampfgarer oder Dampfdruck-
topf, weil darin die Farbe schöner erhalten bleibt). Bei Tisch zupfen die
Gäste von ihrer Artischocke nach und nach die einzelnen Blätter ab, um sie
in verschiedene Saucen zu tauchen und auszulutschen.

Kalte Saucen, wie eine selbst gerührte Senf-, Kräuter- oder Knoblauch-
mayonnaise, eine mit Senf gebundene Vinaigrette (die auch Zitronensaft
anstelle von Weinessig als Basis haben kann), gut passt auch eine Tomataise
(aus mit Zwiebel und Knoblauch gedünsteten Tomaten, die man wie eine
Mayonnaise mit Olivenöl cremig aufmixt).

Auch warme Saucen – zum Beispiel eine Hollandaise, eine Sauce Mousse-
line (mit einem Schlag Sahne aufgelockert) oder Maltaise (mit Blutorangensaft gewürzt) sind köstlich dazu. Ob man die Artischocken selbst heiß,
lauwarm oder kalt dazu serviert, ist Geschmackssache.

Je weiter man beim Essen zur Mitte vordringt, desto weniger fleischig
sind die Blattwurzeln – man nähert sich dem Herzen aus Heu. Letzteres
wird mit einem Messer am Boden entlang abgeschnitten und weggeworfen –
man muss dabei gefühlvoll arbeiten und aufpassen, dass die ganze Angelegenheit nicht auseinanderbricht, sonst verteilt sich das Heu über den
ganzen Boden, und man wird die Stacheln nie mehr los, was den Genuss
doch stark einschränkt.

Artischocken aus dem Holzofen

Eines unserer nachdrücklichsten Artischockenerlebnisse verdanken wir
unserm sizilianischen Freund Vittorio in seinem wunderbaren Fischrestaurant in Porto Palò bei Menfi: *carciofi al forno!*

»Ahhh!«, rief er, als er hörte, dass wir das nicht kennen. »Passt auf!«

Vittorio kippte einen Haufen Artischocken auf die Arbeitsfläche und
machte sich mit fliegender Eile darüber her – Akkuratesse ist seine Sache
nicht. Er brach ein paar äußere Blätter weg, schnitt die Stacheln ab, kappte
die Knospe oben, packte sie dann am Stiel, knallte sie mit aller Kraft kopf-
über auf sein Arbeitsbrett und haute mit der flachen Hand noch mal drauf –
so wurde sie regelrecht auseinander, fast platt gedrückt. Dann streute er
Salz und Pfeffer zwischen die zerquetschten Blätter, beträufelte sie großzügig mit Olivenöl und packte sie schließlich dicht an dicht, die Stiele nach

oben, in eine flache feuerfeste Form. Diese schob er in den Holzofen, nachdem er die Glut darin von der Mitte an den Rand gefegt hatte.

Nach 15 Minuten waren die Artischocken außen knusprig und innen butterzart und von geradezu unglaublich konzentriertem Wohlgeschmack – ein herrliches Vergnügen. Dazu goss er mit großer Geste den Chardonnay von Planeta in riesige Pokale – eine grandiose Kombination. Na, was waren wir glücklich!

Aus Arabien in die Parks und in die Küchen

Aus Arabien sollen die Artischocken nach Europa gelangt sein, wie schon andere gute Sachen, die Mandeln beispielsweise, mitsamt dem Marzipan, das man daraus machen kann. Über Spanien und Sizilien haben sich die Artischocken rund um das Mittelmeer angesiedelt und sind dort bis heute ein beliebtes Gemüse, ja geradezu Volksnahrungsmittel, während sie bei uns eher den Nimbus einer teuren, erlesenen Delikatesse haben. Auch der Name soll sich aus dem Arabischen herleiten, von *al-harschuf* sagen die einen, die anderen von *ardi-schauki* (kein Scherz), ins Deutsche mit Erddorn übersetzt. Gezüchtet wurde die essbare Distelknospe aus der Karde, einer hüfthohen Staude, deren fleischige Blattrippen man zum Kochen nur fädeln und in fingerlange Stücke schneiden muss. Ein weiteres bei uns gänzlich unbekanntes Gemüse, das besonders gut schmeckt, wenn man es in etwas Hühner- oder Kalbsfond weich dünstet. Im Perigord hobelt man gern noch ordentlich schwarze Trüffel drüber, geschmacklich eine ideale Verbindung und optisch ein hübscher Kontrast.

In nördlicheren Regionen machten Artischocken lange Zeit eher als Zierpflanze in verwöhnten Parks Furore – die silbrig glänzenden, aufrecht stehenden, gezackten Blätter und die violett blühenden Distelköpfe sind ja in der Tat sehr dekorativ. Heute findet man bei uns Artischockenpflanzen allenfalls vereinzelt in privaten Gemüsegärten, erst zögerlich beginnen einige Gärtnereien sie in den Weinbaugegenden gewerbsmäßig anzupflanzen.

Wir müssen also mit dem vorliebnehmen, was die Gemüsehändler für uns importieren. Und das ist fast immer eher kläglich. Obwohl man aus den verschiedenen Gegenden Italiens, aus Frankreich und Spanien sowie aus der Türkei die unterschiedlichen Sorten rund ums Jahr bekommen könnte. Immer jung geschnitten, das heißt, ehe sich im Herzen der Knospen die stacheligen Blütenblätter bilden, das sogenannte Heu – oder zumindest dieses Heu noch nicht zu hart geworden ist und sich mit einem Löffel leicht aus der Mitte herausschaben lässt. Im Winter und frühesten Frühjahr importiert man sie vor allem aus Sizilien, Apulien und Sardinien, ab dem Frühling aus Spanien und der Provence und schließlich in der heißen Jahreszeit aus der Bretagne, weil sie im milden Meeresklima nicht so schnell in Blüte gehen wie im heißen Süden. Ab Herbst kommen dann schon wieder die ersten Knospen aus den südlichen Gefilden ...

Aber leider sind die Artischocken meist schon ziemlich derangiert, wenn sie es endlich in unsere Läden geschafft haben – weil man ihnen aus Unverstand und falscher Sparsamkeit mit ihrem Stiel die Energieversorgung genommen hat. Dass man dann trotzdem hier für sie das Doppelte bis zum Zehnfachen dessen zahlen muss, was sie im Herkunftsland kosten, ist höchst ärgerlich. Denn da beißt sich die berühmte Katze in den Schwanz: Wegen des teuren Preises bleiben die jungen Knospen liegen, altern vor lauter Kummer womöglich noch schneller, und dann will sie erst recht keiner mehr haben ... ein Circulus vitiosus.

Riesig: **Artischocken aus der Bretagne**

Eine gewisse Sonderstellung nehmen die gewaltigen, fast kugelförmigen Artischocken ein, die von Mai bis Oktober aus der Bretagne kommen. Eine tüchtige Vermarktungsorganisation sorgt dafür, dass die Ware im Allgemeinen einigermaßen frisch in die Läden gelangt. Sie werden nicht ganz so jung geerntet, sondern erst, wenn sich die stacheligen Distelblütenblätter innerhalb der Knospe gebildet haben. Dann ist der Boden dick und fleischig. Natürlich rächt sich auch bei ihnen, wenn man mit dem Stiel ihren Reiseproviant kappt. Dann färben sich die gebogenen Blattspitzen schnell braun, und im Boden bilden sich scheußliche Fäden, vor allem, wenn das Wachstum schon weit fortgeschritten ist. Diese Fasern lassen sich bis zu einem gewissen Stadium entfernen, indem man den Stiel mit einer Drehung herausbricht. Besser ist allerdings, die Knospen zu verspeisen, solange sie noch jung, frisch und faserfrei sind. Das harte, stachelige Heu macht weniger Probleme – man kann es beim Essen einfach wegschneiden.

Die säuberlich geputzten, bissfest gekochten Böden einer solch stattlichen, leicht bis zu 500 Gramm schweren Artischocke werden in der feinen bürgerlichen und Restaurantküche gerne als essbare und wohlschmeckende Schale für ein feines Vorspeisenragout verwendet – aus Gemüsen beispielsweise, von Erbsen bis zu Spargelspitzen, aus blitzschnell pochierten Sepiastreifchen mit viel Petersilie (mit Zitrone und Olivenöl angemacht) oder mit geschnetzeltem, rasch im Wok gebratenem, chinesisch gewürztem Hähnchenfleisch. So hat man ohne großen Aufwand ein feines Zwischengericht in einem eleganten Menü, in dem die Artischocke ihre ernährungsphysiologisch wertvolle Rolle dann so richtig ausspielen kann: Da hilft das darin enthaltene Cynarin, den Appetit anzuregen, die Verdauung zu fördern, die schlechte Art von Cholesterin zu senken, das Blut zu reinigen und der Leber und Galle die Arbeit zu erleichtern ... Das alles begleitet von so viel Wohlgeschmack – was will der Genussmensch mehr?

Eine Artischocke kurz vorm Aufblühen – eine wahre Pracht!

Nachtschatten über **Auberginen**

Wieso es fast nur noch Einheitsfrüchte gibt,
warum man sich jedoch damit nicht zufriedengeben muss
und ein paar Lieblingsrezepte dafür.

Was ist eigentlich mit den Auberginen los? Die spanischen Früchte, die heute im Gemüseladen liegen, sehen aus wie geklont. Eine das Ebenbild der anderen. Sie sind groß und so hochglanzpoliert, dass man sich drin spiegeln kann – einerseits ein Zeichen der Frische, aber auch verdächtig, weil die Makellosigkeit auf Einsatz von Pflanzenschutzmitteln schließen lässt. Uniforme, dunkle, lila Keulen, heute strack und prall – viel öfter noch finden wir sie aber, wenn sie bereits so welk und matt sind, als hätten sie Cellulite, dann tragen sie schon nach leichter Berührung einen Fingerabdruck. In beiden Fällen kann man sich jedenfalls zu Hause alle erdenkliche Mühe mit ihnen geben: Sie sind und bleiben weitgehend geschmacksfrei, gleichgültig, auf welche Weise man sie zubereitet.

Der Dokumentarfilm des Österreichers Erwin Wagenhofer aus dem Jahr 2005, »We Feed the World«, in dem er die erschreckenden Auswirkungen der Globalisierung am Beispiel der Nahrungsmittelproduktion vorführt, hat uns klargemacht, was da passiert ist:

Die Vielfalt der Auberginen war den Produzenten und dem Handel lästig. Also hat die Saatgutindustrie geforscht und gezüchtet, bis schließlich eine Sorte herausgekommen war, die überall gleich gut gedieh, sich mühelos ernten und schadlos transportieren lässt, auch noch im Laden lange gut aussieht. Vor allem aber ist sie eines: hybrid. Das heißt, sie beschert ihrem Schöpfer, dem Samenproduzenten, regelmäßig und verlässlich neue Umsätze, weil sie sich auf herkömmliche Weise nicht vermehren kann. Das nennt man Fortschritt. Wie die Sachen schmecken, interessiert sowieso keinen. Mangels Alternativen ist das dann am Ende auch vollkommen egal.

Abgesehen davon, dass der arme Bauer – der Film zeigt ein Beispiel in Rumänien – damit nie auf einen grünen Zweig kommen kann, weil er auf Gedeih und Verderb auf den Saatguterzeuger angewiesen ist. Der ihn obendrein nicht nur mit dem Saatgut, sondern auch mit den dazu gehörigen Pflanzenschutz- und Düngemitteln völlig in der Hand hat.

Nicht nur **dick und lila**

Dabei gab es mal eine schier unendliche Fülle der unterschiedlichsten Auberginensorten. In anderen Ländern, etwa Frankreich und Italien, werden immer noch verschiedene Sorten angebaut – doch zu uns kommen sie immer seltener, sind nur manchmal noch auf Märkten, in Spezialgeschäften oder in Läden von Ausländern zu finden. Die waren und sind beileibe nicht alle lila, wie wir heute meinen, weil wir sofort bei »aubergine« an diese typische Farbe denken. Unsere Urgroßeltern kannten noch ganz helle, fast weiße Früchte – daran erinnert ja der englische Name für das Gemüse heute noch: *Eggplant* ist die Eierfrucht. In Blumengeschäften werden Varianten davon als extravagante Zierpflanzen angeboten.

Tipp: Auberginen selbst anbauen

Wer einen Garten hat, kann sie sich selber anbauen. Die Samen der älteren und nicht »modernisierten« Hybridsorten gibt es aber nur bei kleineren Saatgutspezialisten übers Internet. Leider sind die Gärtner bei uns wenig innovativ und lassen sich diese Vielfalt entgehen. Aber vielleicht hilft ja vereinte, stete Nachfrage, wie das bei Tomaten schon erreicht wurde ...

Die Aubergine ist ein Nachtschattengewächs, wie unsere Kartoffeln und die Tomaten. Mit der Kartoffel hat sie gemein, dass man sie nicht roh essen kann, mit der Tomate, dass sie die Wärme liebt.

In Asien reicht der lange Arm der Saatgutindustrie noch nicht überall hin. Hier kann man immer noch aus einer Fülle von absolut unterschiedlichen Auberginen wählen. Eine hierzulande ganz unbekannte Variante sind die schlanken, leuchtend grünen Früchte in Thailand, die übrigens eine sehr kurze Garzeit haben und umwerfend köstlich schmecken, wenn man sie einfach so auf den Grill legt; nach kurzer Zeit lässt sich das glasig-saftige Fleisch auskratzen, und ist – mit Ingwer, Knoblauch, Zitrone und Fischsauce gewürzt – eine umwerfend wohlschmeckende, salatartige Beilage.

Natürlich gibt's auf asiatischen Märkten auch lila Früchte, am häufigsten sind die schlanken (bei uns am ehesten im türkischen Gemüsegeschäft zu finden), hübsch sind lila-weiß gestreifte Früchte, niedlich die nur fingerlangen Exemplare, die geschmort, frittiert oder in Essig eingelegt werden.

Es gibt eiförmige Auberginen in weiß, in gelb, auch gelb-weiß gestreift, teils mit weichem, teils mit sehr festem Fleisch. Dann kugelförmige, tischtennis-ballgroße grüne Früchte, die man – eine absolute Ausnahme – tatsächlich roh essen kann, in Salaten mit Fischsauce und Limettensaft. Und schließlich die kleinen Kirschauberginen, die tatsächlich kaum kirschgroß sind, in Büscheln wachsen und eine verblüffende Schärfe in sich tragen.

Sehr gern kaufen wir Auberginen im italienischen Gemüseladen, vor allem wenn er die fast runden Früchte mit der helllila Farbe aus Sizilien anbietet. Die Farbe schillert mitunter, spielt manchmal sogar ins Weiße. Und sie können so groß wie Pampelmusen sein. Es sind die Allerbesten! Ihr Fleisch ist, gleich ob gebraten oder geschmort, von so intensivem Eigengeschmack, so unwiderstehlich schmelzend, dass man die »normalen« Auberginen dann gar nicht mehr mag. Es macht nichts, dass deren Schale nicht so spiegelnd glänzt oder auch mal die eine oder andere Macke zeigt.

Da jede Frucht anders schmeckt, kennt man auch für jede eine Menge unterschiedlicher Rezepte. Sie werden in Currys geschmort, gebraten, gegrillt, auch pfannengerührt. Viele dieser Sorten kann man in guten Asia-Shops auch bei uns frisch kaufen –regelmäßig aus Thailand eingeflogen.

Kugelrund, von unterschiedlich heller Farbe bis ins Dunkle spielend: die köstlichen Auberginen aus Sizilien

Auberginen auf Szechuan-Art

Auch in der chinesischen Küche liebt man Auberginen, zum Beispiel auf Szechuan-Art geschmort, am liebsten mit Schweinefleisch, in Würfeln oder gehackt. Das wird zuerst angebraten, sogleich mit gewürfeltem Ingwer, Knoblauch und reichlich Chili gewürzt. Dann kommen die gewürfelten Auberginen dazu. Mit Reiswein oder Sherry, Sojasauce und Brühe angießen und langsam schmoren, bis das Fleisch gar ist und die Auberginenwürfel schmelzend weich geworden sind. Reichlich Koriandergrün darüberstreuen und körnigen Reis (Siam Duftreis) dazu reichen. Das macht nicht viel Arbeit und steht schnell auf dem Tisch!

Für vier Personen:
2 – 3 Auberginen (ca. 500 g)
Schweinefleisch, gehackt
    oder gewürfelt (500 g)
3 cm Ingwer
4 Knoblauchzehen
1 – 3 frische Chilischoten
2 EL Reiswein oder Sherry
2 EL Sojasauce
150 ml Brühe
Koriandergrün

Der Imam fällt in Ohnmacht

Mit dem Glück des Suchenden findet man im türkischen Gemüsegeschäft die schlanken Auberginen, wie sie noch in der Türkei angebaut werden. Sie sind die richtige Sorte für eines unserer Lieblingsgerichte mit Auberginen mit dem wunderschönen Namen »Der Imam fällt in Ohnmacht«. Gern wüssten wir, ob der Imam in Ohnmacht fällt, weil ihn der Wohlgeschmack der ganzen Speise umwirft, oder ob es der viele Knoblauch ist, der ihn vom Stuhl haut. Jedenfalls können wir seine Reaktion verstehen. Es gibt vermutlich so viele Rezepte dafür wie Imame. Wir machen es immer so:

Pro Person mindestens eine dieser schlanken Auberginen nehmen, ruhig auch mehr, denn sie schmecken am nächsten Tag auch kalt. Unbedingt feste Früchte dafür auswählen, sollten sie welk anmuten und auf Daumendruck nachgeben und gar Runzeln zeigen, dann sollten Sie die Mahlzeit verschieben und warten, bis frische Ware aus der Türkei eingetroffen ist. Den knackig festen Früchten den Stiel kappen, dann mit einem Sparschäler rundum im Abstand von etwa einem Zentimeter einen Zentimeter schmale Streifen abschälen, bis die Auberginen akkurat und hübsch gestreift sind. Entlang jedem zweiten Streifen die Frucht zwei Zentimeter tief einschneiden. Die Auberginen sodann salzen und pfeffern und in einer großen Pfanne in etwas Olivenöl rundum anbraten. →

Dann braucht man reichlich Zwiebeln, die man in feine Ringe hobelt und in einer tiefen, großen Pfanne in Olivenöl weich dünstet. Langsam, mit viel Geduld – sie sollen schmelzend weich werden, aber nur schwach bräunen. Das dauert etwa 20 bis 30 Minuten, je nach Menge, und erfordert viel Aufmerksamkeit, denn die Zwiebeln beginnen dabei zu karamellisieren, dürfen auf keinen Fall dunkel werden. Nach zwei Dritteln der Garzeit eine ordentliche Menge Knoblauchzehen, geschält und mit der Messerklinge zerdrückt sowie grob gehackt, mitdünsten und mit Salz und Pfeffer würzen.

Diese Zwiebelmischung in die Auberginenschlitze verteilen und richtig hineindrücken. Die Früchte nebeneinander in eine feuerfeste Form betten, mit etwas Olivenöl beträufeln und zwei Finger hoch Brühe angießen. Bei 180 Grad (Heißluft) etwa 20 bis 25 Minuten backen.

Entweder gleich verspeisen. Oder am nächsten Tag kalt servieren. Dann passt eine rohe Tomatensauce dazu: Die Früchte häuten, entkernen, würfeln, mit Salz, Pfeffer, einem guten Schuss Weinessig und etwas Olivenöl sowie fein geschnittenem Basilikum innig verrühren.

Für vier Personen:
4 – 6 Auberginen
Salz, Pfeffer
4 – 8 EL Olivenöl
3 große weiße Zwiebeln
1 – 2 Knoblauchknollen
200 ml Brühe

Übrigens kann man natürlich auch ein bisschen Hackfleisch mit den Zwiebeln für die Füllung mitbraten, damit's nicht gar so vegetarisch ist. Aber natürlich vom Lamm, nicht vom Schwein, sonst fällt der Imam wirklich in Ohnmacht.

Sizilianische Auberginenvesper

Die einfachste Art, Auberginen zuzubereiten: In knapp zentimeterdicke Scheiben schneiden, auf der Aufschnittmaschine – so geraten sie gleichmäßig dick, das ist wichtig für die Garzeit, sonst verbrennen sie an den dünnen Stellen, bevor die dicken richtig durch sind. Auf einem mit Olivenöl bestrichenen Blech ausbreiten, die Scheiben auf beiden Seiten salzen und pfeffern und von oben mit Öl einpinseln. Im 200 Grad heißen Backrohr sind sie nach etwa 10 bis 15 Minuten gar: hübsch golden gefärbt, innen aber durch und durch weich, gera-

Für vier bis sechs Personen:
2 – 3 Auberginen
Salz, Pfeffer
3 – 4 EL Olivenöl

dezu zerfließend. In der Zwischenzeit kann man aus vollfettem Joghurt einen Dip anrühren – nur mit Zitronensaft und -schale, Salz und Pfeffer gewürzt, am Ende noch fein geschnittenes Basilikum oder Minze untergerührt.

Für den Dip

200 g Naturjoghurt
Zitrone
Salz, Pfeffer
Basilikum oder Minze

Caponata

Wer sich ein bisschen mehr Zeit nehmen kann, der bereitet mit diesen geschmacksintensiven, bauchigen sizilianischen Auberginen eine Caponata zu, ein geradezu grandioses Rezept, in dem neben Auberginen auch Paprika, Zucchini und Tomaten Verwendung finden, wie bei einer Ratatouille. Aber hier wird die Sauce süß-sauer abgeschmeckt, und es gehören – typisch sizilianisch – auch Pinienkerne oder, lieber noch, Mandeln sowie Rosinen hinein.

Wichtig ist, dass die Gemüse akkurat und möglichst auf gleiche Größe zugeschnitten und dann sehr präzise gebraten werden. Also nicht alles auf einmal in den Topf geben, sondern unbedingt nacheinander. Am besten mit den Auberginenwürfeln beginnen. Sie brauchen am längsten, bis sie ihre wattige Struktur verlieren und ihr Fleisch jene Cremigkeit gewinnt, die sie so unwiderstehlich macht. Übrigens, keine Angst: Das Öl, das sie anfangs rasant aufsaugen, geben sie wieder ab, nachdem sie richtig angebraten sind. Die fein gewürfelte Zwiebel darf erst hinzu, wenn die Würfel rundum bereits Bratspuren zeigen, dann die Hitze reduzieren, damit sie nicht zu

rasch bräunen. Den zerdrückten und grob gehackten Knoblauch erst für die letzten zwei, drei Minuten zufügen.

Und dann muss alles wieder raus aus der Pfanne und in einer Schüssel geparkt werden, während die Paprikawürfel anbraten – unbedingt die Früchte zuvor mit dem Sparschäler häuten! Paprikahaut ist nicht nur unschön und stört im Mund, sie ist auch völlig unverdaulich. Jetzt dürfen auch die Zucchiniwürfel mitbraten. Am Ende soll alles rundum hübsche Bratspuren zeigen, darf dabei aber nicht matschig sein. Jede Partie mit Salz und Pfeffer würzen. Schließlich auch ein paar Tomaten zufügen – gehäutet, entkernt und gewürfelt. Das gibt Frische, auch in der Farbe.

Die Proportionen bleiben dem eigenen Gusto überlassen, in jedem Fall sollten Auberginen, versteht sich, den Ton angeben. Und mit fein gewürfelten Peperoncini (Chilischoten) darf man ruhig etwas Schärfe zufügen. Schließlich werden alle angebratenen Bestandteile des Gerichts in der Pfanne zusammengefügt. Ein, zwei Löffel Pinienkerne oder geschälte Mandeln und ebenso viele Rosinen unterrühren und kurz durchschmurgeln lassen, damit sich jetzt die Aromen gegenseitig mitteilen.

Am Ende dann in der Mitte eine Fläche freiräumen. Dort einen gehäuften Esslöffel Zucker verteilen und auf starker Hitze karamellisieren lassen. Bevor der Karamell zu dunkel wird, mit zwei, drei Esslöffeln Essig ablöschen. Den richtigen Moment zu erwischen ist wichtig: Ist der Zucker noch zu blass, wirkt das Gericht nachher zu süß, lässt man ihn zu dunkel werden, schmeckt es bitter. Der abgelöschte Zucker wird zunächst hart, löst sich aber schnell wieder. Jetzt die Hitze reduzieren und nochmals alles mischen und kurz durchziehen lassen. Das Gemüse muss fruchtig schmecken, eine deutliche Süße und Säure haben, und wenn ein Hauch von Schärfe darüber schwebt, dann ist es perfekt!

Die Caponata isst man warm oder an heißen Tagen gern auch kalt, als Beilage, etwa zu gegrillten Lammkotelettts oder Salsicce, groben Bratwürstchen, oder auch, einfach mit einem knusprigen Brot, als eigene Vorspeise.

Zutaten

2 Auberginen
je 1 rote und gelbe
  Paprika
2 kleine Zucchini
3 – 4 Tomaten
3 – 4 EL Olivenöl
1 – 2 Zwiebeln
6 Knoblauchzehen
evtl. 1 – 4 Peperoncini
  (nach Schärfe)
½ Tasse Pinienkerne oder
  Mandeln
2 EL Rosinen
1 EL Zucker
2 – 3 EL Essig

Balsamico – die edle Rarität und ihre Karriere als »Essig«

Wie es möglich war, dass eine Kostbarkeit so ordinär werden konnte. Warum es auf ein kleines Wörtchen ankommt. Und wie man Balsamico am besten einsetzt.

Wir sitzen in Rom, nach Jahren endlich wieder, in einem unserer liebsten Restaurants dort, dem »Ristorante S. Eustachio« an der Piazza dei Caprettari, und freuen uns auf das Essen. Nach kurzer Zeit stehen Wasser und der Brotkorb auf dem Tisch, der Weißwein ist entkorkt, der Ober bringt den Salat. Er schwingt ihn geradezu herbei, mit jener operettenhaften Geste, wie sie nur ein italienischer *cameriere* beherrscht, packt, wie im Flug, mit derselben Eleganz die Menage, die die ganze Zeit dort stand und ist, eh wir's recht begreifen, damit entschwunden.

»Halt!«, rufen wir ihm entgeistert nach. Er dreht sich gar nicht um, sondern tauscht, weiterhin mit flotter Geste, »unseren« Flaschenträger gegen einen anderen aus, den er vom nächsten Tisch nimmt und uns temperamentvoll vor die Nase stellt.

»Ecco!«, sagt er – stolz, uns die Wünsche von den Augen abgelesen zu haben. Wir betrachten ratlos die beiden Flaschen. Es dauert einen Moment, bis wir begreifen: Statt grün schimmerndem Olivenöl befindet sich farbloses *olio di semi* in der einen, geschmacksneutrales Pflanzenöl, und in der anderen dunkler Balsamico statt Weißwein- oder Rotweinessig. Ach herrje! Jetzt hat man sich auch hier in dieser doch eigentlich einfachen Trattoria auf den Touristengeschmack eingestellt. Offenbar waren zu viele Reisende eingekehrt, denen Olivenöl zu fruchtig und Weinessig zu sauer ist.

Bei uns in Deutschland kennt man das freilich. Da muss man fast immer um Olivenöl eigens bitten, und wer nach Essig fragt, bekommt Balsamico hingestellt. Ein Missverständnis! Balsamico ist kein Essig, sondern mehr eine fruchtig-milde Flüssigwürze. Damit kann man Tomaten abschmecken oder gekochte Bohnenkerne würzen, durchaus auch mal geschmorten Radicchio beträufeln. Aber um Blattsalat anzumachen ist er denkbar ungeeignet. Dafür braucht man Säure!

Es ist noch nicht so lange her, da war es völlig selbstverständlich, sogar bei uns in den Trattorien oder Pizzerien: Der Salat kam ohne Marinade auf den Tisch, dazu die Menage, das kleine Trägergestell mit Essig und Öl, oft auch noch Salz und Pfeffer. Manchmal übernahm der Ober die Aufgabe, den Salat anzumachen – und er nutzte diese Gelegenheit gern, um seine Kunstfertigkeit vorzuführen: erst sich in Pose recken, dann eine gute Prise Salz auf einen Suppenlöffel füllen, mit Essig aufgießen, darin so lange mit der Gabel rühren, bis alle Körnchen aufgelöst sind und diesen Marinadeansatz über die Salatzutaten sprenkeln. Mitunter kam auch jene überdimensionierte, phallische Pfeffermühle zum Einsatz, meterhoch und enorm kunstvoll gedrechselt, mit der er männlich-energisch eine Portion davon über die Schüssel mahlte, und schließlich träufelte er eine genau bemessene, eben die nötige Menge Olivenöl darüber, bevor er mit seinen geschickten, raschen Bewegungen alles umwendete und mischte. Für die Gäste am Tisch jedes Mal eine spannende Vorstellung. Eventgastronomie früherer Zeiten ...

Fortgeschrittenen Gästen wurde auch schon mal einfach das nötige Handwerkszeug bereitgestellt, damit sie nach eigenem Gusto ihren Salat selber würzen konnten – und ihrerseits *bella figura* vor ihren Tischgenossen machen.

Natürlich befand sich in den Flaschen Olivenöl und Weinessig. Manchmal sogar Öl aus dem eigenen Olivenhain und der Essig – die herzhafte Art, aus Rotwein angesetzt, von *la mia mamma!*, wie Piero oder Angelo dazu mit Wehmut im heimwehkranken Blick stolz vermeldeten.

Essig ist für uns Deutsche immer schon ein schwieriges Gewürz gewesen. Dass der arme Jesus am Kreuz mit Essigwasser getränkt wurde, als es ihn dürstete, das hat man den Juden nie verziehen. Säure! Essig beißt, lässt einen das Gesicht verziehen, schmerzt geradezu, schnell ist uns Säure zu viel. Das wundert nicht, wenn man bedenkt, dass hierzulande oft statt eines guten, aromatischen Essigs, der aus Wein, Apfel- oder anderen Fruchtsäften entstanden ist, verdünnte Essigessenz zum Einsatz kommt. Es gab sogar eine Zeit, da wurde tatsächlich in Rezepten mancher Frauenmagazine empfohlen, »Himbeeressig« aus zerdrückten Himbeeren und Essigessenz selbst anzusetzen.

Das Original: **Aceto Balsamico di Modena tradizionale**

Als statt des »scharfen« Essigs auf einmal der wunderbar milde, süße Balsamico aufkam, war man dankbar und glücklich – er wurde schnell Mode. Dabei ist es noch gar nicht so lange her – kaum 35 Jahre –, da kannte man diese besondere Spezialität auch in Italien nur in der Gegend rund um Modena. Dort hatte der Balsamico Tradition. Auf dem Dachboden vieler Familien stand eine sogenannte *batteria di botte*, eine Reihe verschiedener Holzfässchen, von groß (ca. 50 Liter Inhalt) bis klein (etwa 10 Liter) in einer genauen Abfolge, aus unterschiedlichen Hölzern, für diese besondere Art der Essigproduktion: die *acetaia*. So funktioniert die familiäre Herstellung im Prinzip auch heute noch.

Man kocht dafür frischen Traubenmost zunächst um etwa die Hälfte ein, impft ihn mit Essigbakterien und lässt ihn in den Holzfässern über Jahre hinweg lagern und reifen. Nicht im Keller, sondern auf dem Dachboden, wo die Fässer sommerlicher Hitze ausgesetzt sind, in der besonders viel der Flüssigkeit verdunstet, aber auch der Kälte des Winters, in dem die Essigbakterien vorübergehend zur Ruhe kommen. Was übers Jahr verdunstet, wird immer wieder nachgefüllt, wobei die Fässer nie ganz voll, sondern nur zu etwa zwei Dritteln ausgefüllt sein dürfen, damit eine ausreichend große Fläche zur Verdunstung vorhanden ist. Ausgehend vom kleinsten Fass wird immer vom nächstgrößeren Fass umgefüllt. Es ist das vom Sherry bekannte Solera-Prinzip, das eine ständig steigende Konzentration und innige Vermischung der Aromen aller Fässer garantiert. Ins große Fass kommt wieder die nötige Menge vom frisch eingekochten, neuen Most.

Nach zwölf Jahren darf man dem kleinsten Fass zum ersten Mal eine kleine Menge entnehmen. Ein köstlicher Tropfen! Ein Elixier, das auch weiterhin von Jahr zu Jahr immer konzentrierter wird, dabei alle Aromen gleichermaßen verdichtet. Und obwohl ursprünglich aus weißen Trauben gewonnen, wird es immer dunkler, glänzend, nahezu undurchsichtig schwarz und dickflüssig und ist von einem betörend süßen, fruchtigen, gleichzeitig auch säuerlichen Geschmack, der in seiner Vielschichtigkeit unbeschreiblich ist. Eine Kostbarkeit, wie man sich denken kann, praktisch unbezahlbar!

Tatsächlich hat man dieses Elixier früher nicht verkauft, sondern selbst in der Familie genossen. Vielleicht schenkte man Freunden etwas davon oder dem Leibarzt, dem man sein Leben verdankte. Eine solche Essigbatterie war in den Modeneser Familien Frauensache, sie wurde über Generationen hinweg am Leben erhalten und immer an die Töchter oder Schwiegertöchter vererbt oder als Aussteuer weitergegeben. Wurde doch mal etwas verkauft, war es das Nadelgeld der Frauen. Selbstverständlich hat man diesen Balsamico nur tropfenweise genossen, pur mit dem Löffel, zum Beispiel als magenberuhigenden Digestif. Oder über Erdbeeren oder Vanilleeis geträufelt, als delikate Würze. Auch zur Abrundung einer festtäglichen Bratensauce konnte er dienen. Nie aber wäre jemand auf die Idee gekommen, ihn über Salatblätter zu schütten.

Die übrige **Balsamico-Familie**

Es wird sich jeder denken können, dass das traditionelle Produkt aus Modena nichts mit dem zu tun hat, was man für ein paar Euro im Supermarkt kaufen kann. Auch wenn auf dem Etikett *Balsamico di Modena* steht. Das ist eine dunkelbraune Flüssigkeit, oft hängt auch ein kleiner Folder dran, mit der blumigen Beschreibung der wunderbaren Geschichte des Aceto Balsamico. Aber seine Herstellung ist wesentlich banaler. Wie banal, das hängt sehr vom Produzenten ab, und leider kann man dem Etikett nur wenig präzise Angaben zur Qualität (siehe Infokasten S. 38) entnehmen. Immerhin hat man sich mittlerweile auf ein gewisses Reglement geeinigt und unterscheidet heute drei Sorten von Balsamico. Was wir oben beschrieben haben, das heißt *Aceto Balsamico di Modena tradizionale*. Wo das wichtige Wörtchen *tradizionale* auf dem Label fehlt, kann man sicher sein, dass es auch keiner ist. Die traditionelle, klassische Herstellung wird über einen sogenannten *consorzio*, einen Verband, genau kontrolliert, und es gibt, wen wundert's, davon nur ganz geringe Mengen. Diese werden, das ist vorgeschrieben, in Fläschchen von höchstens 0,1 Liter Inhalt abgefüllt und wie eine Kostbarkeit gehandelt. Für den weltweiten Konsum lässt der Verband nicht mehr als 3000 solcher Phiolen pro Jahr zu.

Was in meist Viertel-, oft auch Halbliterflaschen im Supermarktregal steht, ist indes fast immer Aceto Balsamico di Modena *industriale*. Letzteres Wort erscheint natürlich auf keinem Etikett. Wenn jedoch Modena darauf steht, darf der Inhalt tatsächlich nur in und um Modena hergestellt sein. Seit 2009 gilt dies in der EU als g.g.A., also die geschützte geografische Ursprungsbezeichnung. Für dieses Produkt werden eingekochter Traubenmost und Weinessig gemischt und verschiedene Gewürze zugesetzt, um einen typischen Geschmack zu erzielen; die dunkle Farbe erreicht man mit Zuckerkulör. Eine Reifezeit von mindestens 60 Tagen ist vorgeschrieben, die Lagerung in Holzfässern ist nicht zwingend, manche Firmen gönnen ihrem Produkt eine gewisse Fassreife, andere geben nur Holzspäne in die Lagertanks. Und wieder andere erzeugen den Geschmack mit künstlichen Aromen (die natürlich, naturidentisch und künstlich sein mögen, also nie auf die traditionelle Weise entstanden sind). Es gibt, das ist klar, gewaltige Qualitätsunterschiede, die sich in ebensolchen Preisspannen bemerkbar machen.

Raffinierte Erzeuger drucken gern auf das Etikett eine große »6« oder »12« oder noch höhere Zahlen. Der arglose Verbraucher soll dann glauben, es handele sich um eine Altersangabe, der Balsamico sei sechs oder gar zwölf Jahre alt. Dabei ist es im besten Fall die Nummer des Fasses, in dem der Balsamico eine Weile gelagert wurde ...

Übrigens haben bei einem Test der Stiftung Warentest im Frühsommer 2011 von 22 geprüften *Aceti balsamici di Modena* sich gerade mal sechs als gut erwiesen, neun haben *mangelhaft* abgeschnitten. Sie enthielten nicht genug Säure, überdies kam ihre Essigsäure nicht, wie vorgeschrieben, allein aus Weintrauben, sondern auch von der Zuckerrübe, Mais oder Zuckerrohr.

Aceto Balsamico di Modena artigianale. Die komplizierte Sache wird endgültig unentwirrbar, wenn man den *Aceto Balsamico di Modena artigianale* entdeckt. Auch dafür gibt es einen eigenen Verband, der sich bestimmte Regeln auferlegt.

Dieser Balsamico ist, wie der Begriff sagt, tatsächlich handwerklich erzeugt: Er wird, wie sein Bruder, der *Balsamico tradizionale*, in der genau abgegrenzten Gegend in und um Modena erzeugt, ebenfalls aus eingekochtem Most der Traubensorte Trebbiano di Spagna, den man mit Weinessig mischt. Man lässt auch ihn in Fässern aus verschiedenen Hölzern reifen und füllt alljährlich mit frisch eingekochtem Traubensaft auf. Im Unterschied zum *Balsamico tradizionale* wird er jedoch bereits nach drei bis sechs Jahren Reife- und Lagerzeit verkauft. Und deshalb lässt das hierfür verantwortliche *consorzio* zu, dass man ihn in der Jugend mit Karamell abrundet.

Aceto Balsamico tradizionale di Reggio Emilia. Schließlich gibt es noch, um nun die Verwirrung komplett zu machen, den *Aceto Balsamico tradizionale di Reggio Emilia.* Für den gilt dasselbe wie für den *Balsamico tradizionale di Modena*, nur, dass er auch außerhalb der Region erzeugt werden darf.

Balsamico bianco. Seit einiger Zeit stellt man auch weißen Balsamico her, der von keinem Verband überprüft und reglementiert wird. Mit ihm lässt sich die obstige, süße Säure als Gewürz einsetzen, ohne zugleich die dunkle Farbe in Kauf nehmen zu müssen. Damit er schön hell bleibt, wird der Weißwein für den *Balsamico bianco* reduktiv konzentriert, also im Vakuum ohne Sauerstoffkontakt eingekocht. Im Prinzip gilt das auch für die inzwischen immer häufiger zu findenden Balsamessige aus Apfel- oder Birnensaft. Auch hierfür wird der entsprechende Saft reduziert, ebenfalls

---

Balsamico-Qualitäten

Aceto Balsamico di Modena tradizionale
Handwerklich; darf nur in und um Modena hergestellt werden;
Reifezeit: mindestens 12 Jahre.
Große Rarität, kontingentierte Menge, in 0,1-l-Fläschchen
Aceto Balsamico di Modena artigianale
Handwerklich; darf nur in und um Modena hergestellt werden;
Reifezeit: 3 – 6 Jahre; darf mit Karamell geschönt werden
Aceto Balsamico di Reggio Emilia tradizionale
Handwerklich; darf nur in der Region hergestellt werden;
Reifezeit: mindestens 12 Jahre.
Eigene Flaschenform, ebenfalls höchstens 0,1 l Inhalt
Aceto Balsamico di Modena
Industrieprodukt; darf nur in Modena und Reggio Emilia hergestellt werden.
Und muss dann das von der EU ausgegebene Herkunftssiegel (g.g.A) tragen.
Aceto Balsamico
Industrieprodukt; eigentlich nicht mehr als Gattungsbegriff erlaubt.
Trotzdem weiterhin von manchen Essigherstellern verwendet.
Aceto Balsamico bianco
Industrieprodukt, ungeschützter Begriff, beliebige Herkunft

oft im Vakuum, und dann für eine gewisse Zeit gelagert und gereift, bis die richtige Konsistenz und ein schönes Aroma erreicht sind.

Wohlgemerkt: Keinen dieser Balsamessige würden wir verwenden, um Blattsalate damit anzumachen, sondern lieber Akzente damit setzen, dekorative und würzende Kleckse und Tropfen auf feine Vorspeisenteller, auf manchem Fisch oder gebratenen Innereien. Oft empfiehlt es sich, zusätzlich noch mit Zitronensaft die Säure zu verstärken. Gut eignet sich Balsamico zum Aromatisieren von gedünstetem oder gedämpftem Gemüse; ideal, um eine Linsensuppe aufzupeppen. Dann aber den zusätzlichen Schuss kräftigen Essigs bitte nicht vergessen, den Linsen einfach brauchen!

Balsamico-Creme. Und dann gibt es seit Neuestem noch ein aus unserer Sicht ganz und gar unsägliches Produkt, es heißt *Balsamico-Creme* und ist meist in Plastikflaschen abgefüllt. Damit spritzen manche Köche abenteuerliche Dekors auf unschuldige Teller, in der Meinung, das wirke exquisit. Man braucht nur aufs Etikett zu schauen und entdeckt neben diversen Haltbarkeitsstoffen und künstlichen Aromen auch noch jede Menge Verdickungsmittel, die nötig sind, damit die Pampe den Weg von der Küche zum Tisch übersteht. Mit Balsamico hat das Zeug gerade mal die Farbe gemein. Es schmeckt süß, künstlich und aufdringlich, eher wie Ketchup, und ist, wie Gottfried Knapp in der »Süddeutschen Zeitung« schreibt, so etwas wie »Jauche auf dem Teller« …

Kann **Bratwurst** eine Delikatesse sein?

Warum manche Bratwurst so delikat wie carne cruda *im Piemont ist und simple Ravioli eine preiswürdige Offenbarung sein können.*

Dumme Frage, antworten Sie womöglich, warum nicht? Aber so mancher dünkelreiche Feinschmecker glaubt ja, eine Wurst sei per se eine derart ordinäre Sache, dass sie niemals einer ernst zu nehmenden kulinarischen Betrachtung wert sein könne. Bratwürste gehören sozusagen unter die Gürtellinie. Es sei denn, sie sind aus Hummer gemacht oder aus einer anderen Luxuszutat. Wie die legendäre Weißwurst aus Meeresfrüchten von Otto Koch, mit der er schon vor fast 40 Jahren augenzwinkernd die Trennlinie zwischen diesen kulinarischen Welten einzureißen versuchte (siehe auch Seite 254 ff.). Es galt schon damals als eine unter vielen Feinschmeckern ausgemachte Tatsache, dass Bratwürste – wie überhaupt jede Speise nach Hausfrauenart – in die Rubrik der Plumpsküche gehören. Bratkartoffeln, Heringstopf – alles weit unter der Würde eines ausgewiesenen Gourmets.

Sie werden schon an unserem Tonfall merken, dass wir anderer Meinung sind. Für uns gibt es nur gute und schlechte Küche – ob es sich um luxuriöse Hochküche handelt oder Speisen aus der einfachen Familientradition, ist uns dabei egal. Jedes Gericht kann eine umwerfende Offenbarung sein, aber ebenso ein entsetzliches Desaster. Häufiger erlebt man Letzteres, leider. Manchmal wurden uns in mit Sternen dekorierten Luxusrestaurants abstruse Missverständnisse und entsetzliche Banalitäten vorgesetzt, und einmal haben wir in einem simplen Gasthaus neben der Autobahn die phantastischsten Ravioli unseres Lebens gegessen.

Wir empfehlen: keine Vorurteile kultivieren, sondern immer Augen und Nase offen, die Neugier groß und den Hochmut klein halten. Und stets bereit sein für jeglichen Genuss. Sonst verpassen Sie ihn womöglich, wenn er sich bietet, wo Sie ihn nicht vermuten.

Wenn Bratkartoffeln *comme il faut* gemacht sind – aus den richtigen (festkochenden), geschmackvollen Kartoffeln (zum Beispiel Sieglinde, Roseval, Belana, Annabelle oder gar eine lila Sorte wie Blauer Schwede) und in erstklassigem Fett (vorzüglichem Olivenöl, gutem Schweineschmalz, Gänse- oder Rinderfett, frischer Bergbauernbutter) sowohl mit sicherer Hand gewürzt als auch geduldig und so perfekt gebraten, dass alle Scheibchen rundum knusprig und innen weich sind –, dann können simple Bratkartoffeln eine unwiderstehliche Delikatesse sein. Ein Narr, wer anderes behauptet. Und ebenso töricht, wer gar nicht erst in Betracht zieht, dass eine perfekte Zubereitung möglich ist. Genauso dumm, wie Hering von vornherein für einen minderwertigen Fisch zu halten und sich nicht vorstellen zu können, dass sich daraus etwas Großartiges zubereiten lässt.

Das gilt auch für die Bratwurst. Da könnten wir gleich mehrere Orte nennen, für den sich jener Umweg lohnte, den der Guide Michelin empfiehlt, wenn er zwei Sterne verleiht. Sie wissen doch: Drei Sterne »sind eine Reise wert«, und einer soll immerhin eine »sehr gute Küche in seiner Kategorie« bieten. Obwohl man mit dieser Einschränkung ja bereits deutlich machen kann, dass es nicht auf goldene Wasserhähne oder handgeschmiedete Silberteller ankommt, sucht man im Michelin wirklich einfache Adressen vergebens. Aber der ja stets als etwas aufgeschlossener geltende »Gault Millau« hat in der Ausgabe 2010 immerhin eine »Bratwurstbude lobend erwähnt«, wie wir einem Artikel von Wolfram Siebeck in der Zeitgeist-Gazette »Cicero« (3/2010) entnehmen. Siebeck staunt: »In einem Adressbuch der feinsten und vornehmsten Gourmettempel Deutschlands!« Er wundert sich, warum die Tatsache in Feinschmeckerkreisen kein Aufsehen erregt hat, beantwortet sich die Frage aber gleich selbst: »Wer sich für Bratwurstbuden interessiert, liest keinen Restaurantführer, und wer ihn liest, sucht keine empfehlenswerte Currywurst.« Das ist es ja, und so entgehen einem aus Arroganz Genüsse, die durchaus groß sein können.

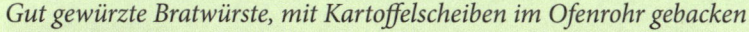

Gut gewürzte Bratwürste, mit Kartoffelscheiben im Ofenrohr gebacken

Gute **Bratwurstadressen**

Ein Genuss sind zum Beispiel die weißen kälbernen und die roten schweinernen Bratwürste, die man in der Imbissbude serviert, die zum ansonsten bürgerlichen Restaurant »Zum Sternen« am Zürcher Bellevueplatz gehört. Es sind Würste, die wahrlich ein Meister produziert, aus erstklassigem Fleisch, perfekt gekuttert und gewürzt, so locker in den Darm gefüllt, dass sie wie gewickelt wirken. Sie sind genau richtig gebräunt, mit aufgebrochenen, krossen Stellen, weil im exakt richtigen Moment vom Grill genommen, saftig, knackig und von fabelhaftem Geschmack. Besser können Würste nicht sein, eine Delikatesse! Dazu die krossen, dunkel gebackenen, meisterlichen »Bürli« (dicke Brötchen aus hellem Sauerteig, mit großen Luftblasen und einer krachend splitternden Kruste) und ein Senf, so scharf, dass es einem die Schädeldecke hebt. Ein Gesamtkunstwerk, dieser Imbiss, ein Genuss, den wir uns nie nehmen lassen, bevor wir schräg gegenüber in die Oper verschwinden. – Noch eine Wurstadresse gefällig?

Die fränkischen Bratwürste unseres Metzgerfreunds Klaus Wecklein, die er in seinem Gasthof »Zum Auerhahn« in Werneck-Zeuzleben im nordwestlichen Zipfel des Frankenlandes serviert, gehören zum Besten, was man sich erträumen kann. Aus dem frischen Fleisch glücklicher Schweine, die Wecklein selbst nach allen Regeln der Kunst schlachtet und zerlegt. Grob

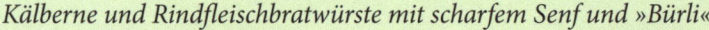

Kälberne und Rindfleischbratwürste mit scharfem Senf und »Bürli«

gewolft und natürlich ohne Geschmacksverstärker, Phosphat oder anderem Unheil, nur mit natürlichen Gewürzen, die er selbst zusammenstellt. Roh können sich seine Bratwürste mit der feinsten *carne cruda* im Piemont messen, dem von Hand gehackten Fleisch, das man dort gern als Vorspeise serviert, meist vom Jungrind, aber auch manchmal vom Schwein. Und natürlich sind diese Würste auch vom Holzkohlengrill ein großes, überaus feines Vergnügen.

Ravioli – einfach und himmlisch

Nachtrag: Die besten Ravioli unseres Lebens? Auf dem Weg von der Toskana nach Modena, es war schon spät, fast dunkel geworden, suchten wir kurz nach dem Cisapass in der Nähe der Autobahn eine Übernachtungsmöglichkeit. Der Michelin wies uns mit seinem Schaukelstuhl zu einem angeblich ruhigen Haus. Es sah ein bisschen merkwürdig aus von außen, als wäre gleich nach dem Rohbau das Geld ausgegangen. Drinnen war's aber gemütlich, und das Zimmer hatte alles, was man für eine Nacht braucht. Die Weinkarte war verblüffend anspruchsvoll. Die Antipasti ordentlich. Aber die Ravioli: einzigartig! Hauchdünner, geradezu transparenter Teig, intensiv gelb von vielen Dottern, denen er auch den geradezu unnachahmlichen Biss verdankte. Und die Füllung? Kein Lachs, kein Hummer, keine Gänseleber – sondern Kartoffeln! Unglaublich duftig und locker, mit einem verführerischen Estragonduft, der auch die kleine Sauce prägte, eine Emulsion aus Nudelwasser und Olivenöl und einem winzigen Hauch von Chili. Sehr pur, ohne jeden Schnörkel, keine Dekoration.

Wann hat man je solch meisterliche Teigtaschen auf dem Teller gehabt? So frisch, so zart, von einer so unglaublichen Konsistenz! Die Köchin kommt vorbei, ein weißes Häubchen auf dem Kopf, die Hände an ihrer blütensauberen Schürze abwischend, will sie wissen, ob es uns schmeckt. Wir können uns gar nicht einkriegen vor Begeisterung.

»Was ist das Geheimnis Ihrer umwerfenden Ravioli?«

Sie lacht. »Ganz einfach: die Frische! Ich habe den Teig fertig und die Füllung auch. Wenn Sie bestellen, roll ich ihn aus, setz die Füllung drauf, klappe alles zusammen, radel die Täschchen aus und fertig!«

Tja, wo gibt es das noch? In welchem hochdekorierten Sternerestaurant steht denn eine(r) bereit, die Nudeltaschen erst dann anzufertigen, wenn der Gast sie bestellt?

Das wäre ein Luxus, den man sich kaum vorstellen kann.

Unser täglich **Brot** ...

Vom Unterschied zwischen gutem und schlechtem Brot.
Und warum Brotbacken eine Kunst ist, die leider nicht jeder
beherrscht.

Wir lieben gutes Brot. Wo wir eines finden, das uns besonders schmeckt, nehmen wir es mit. Zu Hause haben wir eine ganze Tiefkühltruhe dafür reserviert. Wir haben schon in unserem Buch »Wo die glücklichen Hühner wohnen« von den geliebten Baguettes aus dem nahen Elsass erzählt und vom Roggenbrot, das wir aus Kärnten mitbringen. (Eine Rezensentin war darüber ergrimmt: Es habe schließlich nicht jeder die Möglichkeit, durch die Welt zu reisen, nur um Brot zu kaufen. Ein Missverständnis – was war eher da: das Huhn oder das Ei? Wir fahren selten extra irgendwo hin, nur um Brot zu kaufen, aber wenn wir ohnehin dort sind, wo es gutes Brot gibt ... egal!) Was wir damit sagen wollten: Uns ist gutes Brot wichtig, und wir nehmen ziemlich große Anstrengungen auf uns, um an ein solches zu gelangen. Übrigens trifft auch das Gegenteil zu: Lieber essen wir keines als mieses Fabrikbrot! Wenn alle so dächten, dann gäbe es irgendwann einmal vielleicht kein mieses Fabrikbrot mehr. Und wir wollten anregen, dass man eben überall seine Augen offen halten sollte, seinen Gaumen bereit und die Einkaufstasche parat, wenn man guten Lebensmitteln begegnet. Und dann zugreifen!

Wo wir unser **Brot kaufen**

Normalerweise kaufen wir Weißbrot auf dem Markt bei einem italienischen Bäcker, aber auch sehr gern im Bio-Laden. Dort vor allem auch das dunkle Roggenbrot, das es donnerstags gibt. Roggenbrot hat in unserer Gegend keine Tradition, hier bevorzugt man helle Brote aus Weizenmehl, die man bereits Schwarzbrot nennt, wenn ein bisschen Roggen untergemischt ist. Wir müssen also immer gucken, woher wir reines Roggenbrot bekommen. Das, wie wir finden, unendlich köstlich schmeckt, hauchdünn aufgeschnitten, etwa zu einer guten Salami oder Schlackwurst, zu rohem Schinken oder unserer eigenen Blut- und Leberwurst, aber auch zum Bergkäse, zum St. Marcellin oder einem hochreifen Epoisses.

Das Roggenbrot aus unserem Bio-Laden ist ein runder Ein-Kilo-Laib, ausschließlich aus Roggen und natürlich mit Sauerteig gebacken. Es ist saftig, kernig, von herzhaftem Geschmack, von einer Bio-Bäckerei liebevoll gebacken, durchaus gut. Trotzdem ist es nicht zu vergleichen mit jenen gewaltigen dreimal so schweren Riesenlaiben, die wir uns mitbringen, wenn wir unsere Freunde in Kärnten besuchen. Je größer ein Brotlaib, desto besser sein Kleinklima im Innern, es hat eine bessere Konsistenz und Textur und entwickelt ein kernigeres Aroma. Das ist wie beim Wein, der in einer Magnumflasche besser reift. Wir kaufen dieses Brot dort auf dem Markt in Spittal an der Drau bei einem Bauern, der auf seinem Hof hoch über dem Millstätter See den Roggen selber anbaut. Seit vielen Jahren backt er Woche für Woche dieses herrliche Brot und verkauft es auf den Märkten der Region.

Nie käme er auf die Idee, irgendwelche Anstrengungen zu unternehmen, seinen Betrieb oder seine Erzeugnisse mit einem Bio-Zertifikat markieren zu können. Wozu? Natürlich verwendet er keine Insektizide oder Pestizide, auch keinen Dünger im Übermaß – er baut sein Getreide nach

Roggenbrot, hauchdünn mit frischer Butter bestrichen – ein Gedicht!

allen Regeln der Kunst an und backt sein Brot nach dem bewährten Rezept seiner Urväter.

Das Ergebnis gibt ihm recht: Es ist von unübertroffenem Wohlgeschmack, auch die Krume ist absolut perfekt, übrigens noch nach zehn Tagen ein Genuss. Und die wunderbar gleichmäßige Porung zeigt, dass er die Kunst des Backens besser beherrscht, als man es in jener Bio-Bäckerei in unserer Nähe versteht: In deren Brot zeigen nämlich unterschiedlich große Löcher, dass man die Sache mit der Gärführung noch nicht ganz so perfekt im Griff hat. Löcher haben in einem Roggenbrot nichts zu suchen. Und nach ein paar Tagen schon ist es so hart, dass unsere Aufschnittmaschine kapituliert …

Brotbacken ist eine Kunst

Selber Brot zu backen, das haben wir inzwischen aufgesteckt. Wir haben einen Holzbackofen, auch einen Backstein im Ofen in der Küche – für Pizza sind wir also glänzend gerüstet, die gibt's bei uns auch regelmäßig, unsere Gäste lieben sie ebenso wie wir. Eine Zeit lang haben wir die Rest-

Crochiarelle – Knusperbrot aus der Toscana

Statt Brote zu backen, haben wir eine neue Leidenschaft entwickelt: Brotpapier. Dieses papierdünne Knusperbrot haben wir in der Toskana kennengelernt. *Crochiarelle* sagt man dort lautmalerisch dazu, für uns hat es wahres Suchtpotenzial.

Man braucht dafür Pizzateig, also einen Brotteig, möglichst aus einem kräftig ausgemahlenen Weizenmehl, angesetzt mit ganz wenig Hefe, mit Wasser und mit einem kräftigen Schuss Olivenöl. Salz darf man nicht vergessen. Der Teig wird mit der Nudelmaschine zu backblechgroßen, hauchdünnen Teigblättern ausgewalzt, mit Olivenöl bestrichen und mit etwas krümeligem Salz bestreut.

Im heißen Ofen hell gebacken sind diese Teigfladen so unwiderstehlich knusprig und köstlich, dass man nicht aufhören kann, daran herumzuknuspern. Die ideale Begleitung zu einem Glas Wein. Und um Welten besser als alle gekauften Cracker, Salzstänglein oder ähnliches Knabberzeug.

Zutaten

1 kg Weizenmehl
Type 550 (oder eine
Mischung aus 405
und 812)
1/2 Würfel Hefe
Olivenöl
Salz

wärme nach dem Pizzabacken dazu genutzt, um ein paar Brote hinter-
herzuschieben. Aber darauf verzichten wir inzwischen weise. Diese Brote
erfüllten nie wirklich unsere Ansprüche. Nie gingen sie so schön auf und
entwickelten die appetitlichen großen Poren, die wir an einem guten Weißbrot lieben, höchstens mal aus Zufall. Das Brot blieb oft blass, seine Kruste
geriet nur selten so kross, wie wir uns das wünschen. Und schon am nächsten Tag taugte es nur noch als Wurfgeschoss, so hart und trocken war es
dann. Es ist eben alles nicht so einfach. Das Brotbacken schon gar nicht –
bei dem es besonders darauf ankommt, dass man genügend Erfahrung,
eben das richtige Händchen hat.

Wir erinnern uns daran, wie wir für eine Fotoreportage einem *boulan-
ger artisanal*, einem Handwerksbäcker (keinem Brotfabrikanten) in Dijon
zugeschaut haben. Es war morgens um vier, der Bäcker hatte den Teig bereits am Abend zuvor angesetzt. Er war im Gegensatz zu uns um diese Zeit
bereits putzmunter und stellte gerade eine komplizierte Regel auf, nach
der man die Gär- und Backzeit ausrechnen sollte – da wurde die Raum-
temperatur mit der Temperatur an der Außenwand und der im Mehlsack
kombiniert, malgenommen mit der Zeit, die ... Wie gesagt, es war ziemlich
kompliziert, aber die Baguette, die so entstand, direkt aus seinem Holzofen,
gehörte zu den besten, die wir je gegessen haben.

Uns fehlt die Übung, die Geduld, vor allem aber die Regelmäßigkeit.
Das beginnt ja schon mit dem Sauerteig, der nicht zu alt werden darf. (Ja,
unser Bäcker aus Dijon fügt dem weißen Baguetteteig etwas Sauerteig zu.
Dadurch wurde das Brot so saftig.) Man muss regelmäßig alle ein, zwei
Wochen einen Brotbacktag einlegen, wie unsere Kochfreundin Josi, die seit
Jahren ihr Brot ausschließlich selber backt. Sie ist mit ihrem Steinbackofen,
der Getreidemühle und allem, was man sonst noch braucht, perfekt dafür
ausgestattet und hat längst darin eine beneidenswerte Meisterschaft entwickelt. Übung macht den Meister – (k)eine Binsenweisheit!

Das **Dorschwunder**

Warum wir guten Gewissens wieder Kabeljau
aus der Ostsee essen dürfen.
Und wieso es schade ist, wenn man Angst vor Gräten hat.

Es ist erst ein paar Jahre her, da wurde das Überleben des Dorschs, der Ostseevariante des Kabeljaus, allgemein infrage gestellt. Widrige klimatische Bedingungen und Überfischung waren die Ursache für den dramatischen Rückgang gewesen. Und man projizierte – wie immer wieder auch bei anderen Themen zu beobachten – die damals ablaufende Entwicklung einfach in die Zukunft. Dann aber kam es anders: Man hatte weder die Launen der Natur noch die Erkenntnisfähigkeit der Menschen unter drohendem Unheil mit eingeplant.

In seltener Übereinstimmung: **Natur und Politik**

Der Dorsch braucht, damit er sich wohlfühlt und ordnungsgemäß reproduzieren kann, einen gewissen Salzgehalt im Wasser. In der Ostsee ist dieser immer niedrig, weil viele Flüsse Süßwasser eintragen, über den Großen und Kleinen Belt zwischen Dänemarks Inseln aber nur unter bestimmten Bedingungen salziges Wasser aus der Nordsee zufließen kann. Bleibt der Zufluss mehrere Jahre unter dem Durchschnitt, sinkt der Salzgehalt unter den kritischen Punkt, und der Dorschnachwuchs fällt aus.

Je weniger Niederschlag in Skandinavien und Osteuropa, desto weniger Süßwasser fließt in die Ostsee; und je wärmer die Sommer, desto mehr Wasser verdunstet daraus. Der sinkende Wasserspiegel muss durch nachfließendes Nordseewasser ausgeglichen werden. Wichtig für den Wasser-austausch sind aber auch Winde zur rechten Zeit, gleichgültig, ob sie von Westen oder Osten blasen: Westliche Winde und Winterstürme treiben Salzwasser in die Ostsee, fegen hingegen östliche Winde über die Ober-fläche, wird salzarmes Wasser hinausgetrieben, und unten fließt salziges zu.

Nach einigen relativ windarmen Jahren ging der Bestand zu Beginn des neuen Jahrtausends als völlig natürliche Reaktion rapide zurück. Gleich-zeitig weigerten sich die Anrainer beziehungsweise die Fischerei, die Fang-quoten dieser Entwicklung anzupassen. Man versuchte unentwegt weiter so viel zu fangen, als fände eine normale Fortpflanzung statt. Dadurch sank der Bestand nicht nur, er stürzte regelrecht ab. Die Meeresbiologen und andere Wissenschaftler stritten darüber, mit welchen Maßnahmen der Dorsch – und ob überhaupt – zu retten sei.

Da frischten mit dem Jahr 2007 die Winde wieder auf, zur rechten Zeit, und obwohl es katastrophale Niederschläge gab (man denke nur an das Jahrhunderthochwasser der Oder), strömte endlich wieder ausreichend viel Salzwasser in die Ostsee, sodass eine natürliche Fortpflanzung stattfin-den konnte. Und wie es dann immer so kommt: Die natürlichen Feinde der kleinen Dorsche, für die es ja eine Zeit lang nur wenig Futter gab, waren dadurch dezimiert, und so konnte sich die nicht mal übermäßig große Brut über die Maßen gut entwickeln.

Im selben Jahr fand in Polen ein Regierungswechsel statt. Die neue Regie-rung unterband endlich die illegale Fischerei – im Jahr darauf wurde in Polen nur noch etwa die Hälfte an Fisch gefangen. Außerdem trat 2008 der neue Fischereimanagementplan der EU in Kraft, mit dem die Fangquoten stabilisiert wurden. Seither darf der Fang eines Jahres höchstens um 15 Pro-zent von dem des Vorjahres abweichen. Da die Fangquote ja in diesem Jahr allgemein sehr niedrig lag, hatten die entstehenden Generationen die nötige Ruhe, sich zu entwickeln. Und da die Bedingungen auch weiterhin günstig waren, lief dies in einer erstaunlichen Geschwindigkeit ab, wie sie niemand erwartet hatte. Heute, das kann man ohne Einschränkung sagen, darf man wieder besten Gewissens Dorsch genießen.

Ein **köstlicher** Fisch

Jetzt ist nur noch zu hoffen, dass man sich des kulinarischen Wertes die-ser Fische bewusst wird. Und dass sie nicht als Massenware verramscht, sondern durch eine korrekte und gewissenhafte Zubereitung gewürdigt

werden. Denn leider hat ja der Dorsch, der wie der Kabeljau einst in un-
begrenzter Menge zur Verfügung stand, genau deswegen nicht den Ruf, der
ihm eigentlich gebührt.

Erst die Einschränkung der Fangquoten für den in Nordsee und Teilen
des Nordatlantiks – wegen Überfischung – im Bestand stark bedrohten
Kabeljaus hat eine gewisse Veränderung in der Wahrnehmung bewirkt. Inzwischen hat die Spitzengastronomie den köstlichen Kabeljau entdeckt, die
dicken, saftigen Rückenpartien (Loins genannt) sind angesagter Bestandteil einer zeitgemäßen Speisekarte. Am begehrtesten sind die vom Skrei,
dem im Winter zum Laichen aus dem russischen Nordmeer (Barentsee)
bis zu den Lofoten ziehenden, norwegisch-arktischen Kabeljau. Wie so oft
war hier auch wieder die Knappheit Motor für die Akzeptanz, die Wertschätzung brachte der damit verbundene höhere Preis. Allerdings ist dieser vollkommen gerechtfertigt, denn der Skrei ist ein erstklassiges Produkt,
außerdem fällt der Preis im Vergleich zu den sogenannten Edelfischen
immer noch recht moderat aus. Sehr gut sind auch die dicken Kabeljau-

*Asiatisch gewürzt, gedämpft und auf Rote-Bete-Scheiben angerichtet:
Dorschfilet*

Loins aus Island, die aus nachhaltigen Fängen stammen. Damit lässt sich in der Spitzengastronomie Geld verdienen – und zu Hause eine Freude machen.

Wir würden uns wünschen, dass man sich an der Ostseeküste ebenfalls Gedanken um eine adäquate Zubereitung des erfreulicherweise wieder-gewonnenen Dorschs macht – andernfalls hätte man dort dieses Wunder kaum verdient.

Gedünsteter Dorsch

Am liebsten essen wir den Dorsch so. Frisch muss er sein, gut eineinhalb Kilo sollte er schon haben und dann so natürlich wie nur möglich belassen.

Den Fisch gründlich auswaschen, mit einem scharfen Messer parallel zum Kopf schräg in Abständen von etwa vier Zentimetern bis auf die Mittelgräte einschneiden, damit die Gewürze und die Hitze gleichmäßig eindringen können. Rundum mit Salz und Pfeffer einreiben, in die Schlitze Petersilienbutter stecken, die mit abgeriebener Zitronenschale verknetet ist. Auf ein tiefes Blech betten, mit einem kleinen Glas Weißwein, trockenen Sherry oder weißen Vermouth dry (Noilly Prat) begießen, in den 180 Grad heißen Ofen schieben (Umluft) und etwa 20 bis 25 Minuten schmurgeln lassen.

Das Fleisch muss an der dicksten Stelle auf behutsamen Fingerdruck nachgeben, dann ist der Fisch gar. Nun den Saft vom Blech in einen Mixbecher füllen, ein paar Butterstückchen und etwas Zitronensaft zufügen und mit dem Mixstab zur cremigen Sauce aufmixen und mit Salz und Pfeffer abschmecken.

Den ganzen Fisch erst mal der glücklichen Gästeschar vorführen, erst dann vor deren Augen zerlegen und anrichten. Auf dem Teller mit der Sauce beträufeln. Und gerne gedünsteten Blattspinat sowie Kartoffeln dazureichen. Ein Festessen!

Für vier bis sechs Personen:
1 ganzer Dorsch von
ca. 1,5 kg
Salz, Pfeffer
1 kl. Glas Weißwein,
trockenen Sherry
oder weißen
Vermouth dry

Sauce
50 g Butter
2 – 3 EL Zitronensaft
Salz, Pfeffer

Petersilienbutter
60 g Butter
1 Handvoll glatte
Petersilienblätter,
sehr fein gehackt
abgeriebene Schale
einer Zitrone

Dorschfilet in Olivenöl gegart

Eine wunderbare Garmethode für derart dicke Fischfilets: in große Würfel schneiden und von heißem Olivenöl bedeckt langsam gar ziehen lassen!

Die gewürzten Fischfilets in eine möglichst genau passende Kasserolle legen, mit Olivenöl auffüllen, bis sie gerade eben bedeckt sind. Nach Belieben einige zerdrückte Knoblauchzehen dazwischenstecken sowie eine aufgeschlitzte Chilischote. Zunächst auf starker Hitze das Öl heiß werden lassen, bis Bläschen darin emporsteigen. Dann auf kleiner Hitze den Fisch etwa 20 Minuten durchziehen lassen, bis er durch und durch glasig ist.

Auf einem Bett von frisch gekochten, mit einer Gabel zerdrückten Kartoffeln anrichten, die mit grobem Salz und etwas vom heißen Olivenöl verrührt wurden. Glatte Petersilie, fein geschnitten darüberstreuen und dazu einen kraftvollen Vermentino aus Ligurien oder von Sardinien trinken! Tipp: Das restliche Olivenöl durch ein feines Sieb filtern, in ein Schraubglas füllen, möglichst lichtgeschützt aufbewahren. Es hält sich monatelang, und man kann es immer wieder für Fischzubereitungen verwenden.

Für zwei Personen:
2 Dorschfilets
(à 180 – 200 g)
ca. 200 ml Olivenöl
3 – 4 Knoblauchzehen
1 Chilischote
400 g Kartoffeln
grobes Salz
Petersilie

Dorsch pochiert

Sehr gern essen wir den ganzen Fisch auch pochiert, also in einem gemüsewürzigen, gut gesalzenen Sud mit einem ordentlichen Schuss Weißwein sanft gar gezogen. Dazu gehört eine Senfsauce, die ebenfalls ganz einfach gemacht ist.

Für den Fisch zuerst einen Sud ansetzen: Das Wurzelgemüse würfeln, in einem länglichen Fischtopf, in dem der ganze Fisch Platz hat, (notfalls den Schwanz oder den Kopf abschneiden) mit Wasser bedecken und 10 Minuten köcheln. Wein angießen, kräftig salzen (Meerwasserkonzentration: ca. 1 gehäufter EL pro Liter!).

Den Fisch darin pochieren, das heißt, sanft ziehen lassen, natürlich ohne dass der Sud ins

Für vier bis sechs Personen:
1 Dorsch von 1 – 1,5 kg
1 dicker Bund Suppengemüse
¼ l Weißwein
Salz

Kochen gerät – auch wenn man dazu Kochfisch sagt! Je nach Dicke und Größe des Fischs ca. 15 bis 20 Minuten. Er muss an der dicksten Stelle auf Fingerdruck nachgeben, wie zimmerwarme Butter.

Die Senfsauce dazu ist ebenfalls ganz einfach gemacht: Eine gewürfelte Zwiebel in Butter weich dünsten, mit einer stattlichen Portion Senf vermischen – ob Sie milden Delikatess- oder herzhaften Dijonsenf nehmen, ist Geschmackssache. Mit Fischsud und Weißwein angießen. Kurz aufkochen lassen und schließlich mit dem Stabmixer glatt mixen, dabei einen Löffel süße Sahne, Schmand oder Crème fraîche einarbeiten, bis die Sauce die richtige Konsistenz und einen vollen Geschmack hat. Mit Salz, Pfeffer, Cayenne, Zitronensaft und -schale sowie einem Spritzer Worcestershire-Sauce abschmecken und eventuell zum Schluss sehr fein gehackte Petersilie oder Schnittlauchröllchen unterrühren.

Senfsauce
1 Zwiebel
2 EL Butter
100 g Senf
Ca. ¼ l Fischsud
1 Glas Weißwein
50 g süße Sahne,
Schmand oder
*   Crème fraîche*
Salz, Pfeffer
Cayennepfeffer
abgeriebene Zitronen-
*   schale*
Zitronensaft
Worcestershire-Sauce
Petersilie oder
*   Schnittlauch*

Gedämpftes Dorschfilet auf asiatische Art

Sehr gut lässt sich das zarte Dorschfilet auch asiatisch würzen und dämpfen: Dorschfilets auf einen tiefen Teller betten, Ingwer, Knoblauch und Chili darüber verteilen, auch in feine Ringe geschnittene Frühlingszwiebel. Mit thailändischer Fischsauce und mit einigen Spritzern Sesamöl beträufeln. In den zwei Finger hoch mit Wasser gefüllten Wok stellen, diesen mit seinem Deckel verschließen und den Fisch etwa fünf Minuten dämpfen, bis er auf Fingerdruck sanft Widerstand bietet. Auf den gehobelten Rote-Bete-Scheiben anrichten. Dazu passt Duftreis und ein Sauvignon Blanc, zum Beispiel aus der Südoststeiermark vom Weingut Neumeister.

Für zwei Personen:
2 Dorschfilets
*   (180–200 g)*
je 1 TL fein gewürfelter
*   Ingwer, Knoblauch*
*   und Chili*
1 Frühlingszwiebel
2 EL Thailändische
*   Fischsauce*
1 TL Sesamöl
1 gekochte Rote Bete

Gedünstetes Dorschfilet
auf Gemüsestreifen

Für nur zwei Personen ist ein ganzer Dorsch natürlich zu viel. Dann besorgt man sich am besten zwei schöne Stücke vom Rückenfilet, die sogenannten Loins. Sie geraten am zartesten, wenn man sie dünstet. Dabei garen die Dorschfilets sanft auf einem Gemüsebett.

Zwiebel, Lauch und Möhre in einer tiefen Pfanne oder Kasserolle in Butter bissfest dünsten, dabei salzen und pfeffern. Die Fischstücke ebenfalls mit Salz und Pfeffer sowie mit etwas Zitronenschale würzen und auf das Gemüsebett legen. Mit etwas Weißwein besprenkeln und zugedeckt sanft sechs bis acht Minuten dünsten – je nach Dicke der Filets. Auf Tellern portionsweise hübsch anrichten, mit Schnittlauchröllchen bestreuen. Dazu schmecken Kartoffelpüree und ein kraftvoller Riesling, zum Beispiel von der Mosel.

Für zwei Personen:

2 Dorschfilets
(à 180 – 200 g)
1 Zwiebel in feinen
 Ringen
je 1 Tasse Lauch und
 Möhre in feinen
 Streifen
2 EL Butter
Salz, Pfeffer
abgeriebene Zitronen-
 schale
1 Glas Weißwein
Schnittlauch

Ein Ei ist ein Ei ist ein Ei?

*Warum ein Ei eigentlich eine Kostbarkeit ist
und wir endlich dem Huhn dafür dankbar sein
und ihm adäquate Lebensbedingungen zugestehen müssen.*

Die Idylle kennt man aus dem Kinderbuch: Auf dem Misthaufen kräht stolz der Hahn, seine Hennen scharren und picken emsig. Friede liegt über dieser Welt. Und so sangen die Comedian Harmonists einen Text von Hans Fritz Beckmann, wunderbar vertont von Peter Kreuder, in fröhlich-froher Harmonie:

»Ich wollt', ich wär' ein Huhn,
ich hätt' nicht viel zu tun,
ich legte vormittags ein Ei
und abends wär' ich frei …
Die Eier werden manchmal rar,
sie stehen auch gut im Preis,
drum ist das Huhn ein großer Star,
den man zu schätzen weiß.
Und hab ich manchmal keine Lust,
ein kluger Mensch zu sein,
erwacht ein Wunsch in meiner Brust
und ich gestehe ein:
Ich wollt', ich wär' ein Huhn,
ich hätt' nicht viel zu tun,
ich legte täglich nur ein Ei
und sonntags auch mal zwei …«

Ach, waren das noch Zeiten! Man hört schon fast den gurrend lockenden Ruf der rundlichen Bäuerin, die gleich aus dem gemütlichen Bauernhaus treten wird, um der munteren Schar ein paar Hände voll des selbst angebauten Weizens hinzustreuen. Vielleicht ist der Song ja heute deshalb wieder so beliebt, weil er derart nachvollziehbar eine heile Welt beschreibt, die sich jeder gerne erträumt. Um zu verdrängen, was man insgeheim weiß, in welch gruseliger Enge nämlich und unter welch entwürdigenden Bedingungen Legehennen bei uns in Gefangenschaft gehalten werden. Ein solches Hühnerleben darf niemand besingen – es wird abgeschirmt von der Öffentlichkeit durchlitten, das Gruselkabinett der industriellen Eierproduktion soll dem Verbraucher möglichst verborgen bleiben.

Artgerechte **Haltung**

Zwar wurde die sogenannte Käfighaltung inzwischen verboten. Jedenfalls bei uns – die Eier aus anderen europäischen Ländern werden allerdings noch für die nächsten Jahre aus solchen Käfigen stammen. In Deutschland leben die Tiere jetzt nicht mehr in riesigen, sondern kleinen Gruppen, und zwar in elegant als Volieren bezeichneten Gitterkäfigen (die übereinandergestapelt werden dürfen, damit die Hallen besser ausgenutzt werden können), dazu in künstlicher Atmosphäre – warm und rund um die Uhr beleuchtet, denn Dämmerlicht regt sie zum Eierlegen an. Die Futterzusammensetzung ist genau abgestimmt auf höchste Legeleistung, die Komponenten werden in riesigen Mengen zusammengemischt, sollen so billig wie möglich sein. Da kann es dann schon mal vorkommen, dass Industriefette im Futter landen und Dioxin in den Eiern eingelagert wird.

Diese Machenschaften sind kriminell, niemand will etwas davon gewusst haben. Dabei sollte man meinen, dass es selbstverständlich ist, in einem ordentlichen Betrieb ständige Eingangskontrollen durchzuführen! Man will aber vermutlich gar nicht wissen, welcher Unrat im Futter versteckt sein könnte. Oder es wird verschwiegen – hoffend, dass man eine Zeit lang so weitermachen kann, ehe der Unterschleif – aus unglücklichem Zufall – ans Licht kommt. Opfer ist am Ende der Verbraucher, und dann bekommt er auch noch den Schwarzen Peter: Er wolle es ja nicht anders, heißt es, da er für die Eier nicht mehr bezahle. Welch irre, auch menschenverachtende Logik! Mit vergleichbarer Chuzpe könnten Autohersteller ihre schweren Limousinen ohne Bremsen und Lenkrad günstiger anbieten.

Nein, die Produzenten tragen die Schuld! Sie quälen die Tiere nicht im Auftrag der Verbraucher, sondern in eigener Verantwortung. Sie verstoßen gegen die simpelsten Regeln des Tierschutzes, wissentlich, willentlich und sehenden Auges. Denn zu einfach macht es der Gesetzgeber der landwirtschaftlichen Industrie – weil von den Mandatsträgern niemand etwas von der Sache versteht, kann die Lobby selbst vorschlagen, wie sie die Gesetze haben möchte.

Dem seit Jahren währenden Skandal wäre durchaus beizukommen, wenn neben unermüdlicher Aufklärung über diese Tiertragödie endlich auch der Geschmack eine Rolle spielte. Gewiss, die Eierproduzenten sind gewiefter als noch vor Jahrzehnten, sie verfüttern als Eiweißkomponente nicht mehr Fischmehl, das die Eier übel nach ollem Fisch schmecken ließ – weil es viel zu teuer ist, nicht etwa aus Geschmacksgründen! Aber ein Ei aus der Legebatterie schmeckt halt lange nicht so gut wie ein ordentlich erzeugtes. Auch wenn sich immer Tests in den Schlagzeilen finden, bei denen die Probanden angeblich keinen Unterschied herausschmecken konnten. Vermutlich hatten sie einfach ungeübte Zungen – der Farbenblinde sieht bekanntlich keine Farbe.

Natürliches Hühnerleben

Hält man Hühner artgerecht – was zu tun wir uns beziehungsweise unsere Mitarbeiter sich bemühen –, so bedeutet das ziemlich viel Aufwand und sorgt für ständige Aufregung: Zunächst muss man einen Stall haben, der nachts gut verschlossen werden kann. Sonst kommen Fuchs oder Marder und richten ein Blutbad an. Vergisst man, das Hühnerhaus abzuschließen, sind die Tiere am nächsten Morgen tot oder einfach weg – der Fuchs hat sie geholt, Futter für seinen Nachwuchs. So ist es an einem Pfingstmontag unseren mühsam aus der Steiermark beschafften Sulmtalern, unseren schönen Kaiserhühnern, ergangen …

Hühner schlafen von Natur aus nicht auf dem Boden, sondern auf einem Baum. (Deshalb müssen im Stall Stangen vorhanden sein, damit die Hühner aufsitzen können.) Auf dem Baum sind sie vor dem Fuchs sicher, auch des Marders können sie sich offensichtlich erwehren. Inzwischen halten wir Westfälische Totleger (ihr martialischer Name soll sich aus dem Plattdeutschen herleiten, weil sie angeblich jeden Tag ein Ei legen, was aber nicht stimmt), die sich ungern einsperren lassen – sie kraxeln beziehungsweise fliegen jeden Abend in einen hohen Haselnussstrauch. Vielleicht sind sie deshalb so selbstsicher und keck geworden, dass sie tagsüber auffällig und ohne Deckung herumstolzieren, sodass der Habicht schon ein paar geschlagen und kürzlich unserem stolzen Hahn Caruso die prachtvollen Schwanzfedern ausgerissen hat. Jetzt haben wir den vom Habicht verschonten zwei Übriggebliebenen eine Schar Appenzeller Spitzhauben zur Seite gestellt. Sie haben ein glänzend schwarzes Federkleid, weshalb der Habicht sie für Krähen hält. Die mag er nicht und lässt die gesamte Hühnerfamilie seither – toi, toi, toi – ungeschoren. Außerdem haben wir ihnen ein festes Gehege mit Dach gebaut, in das der Baum zum Schlafen integriert ist, um den Ansprüchen unserer Tiere gerecht zu werden. Dort haben sie auch einen Sand- und Aschekasten, damit sie sich darin aufplustern und putzen können. Sie scharren ansonsten so lange an trockenen Stellen unter Büschen und Bäumen, bis sie ein staubiges Bett geschaffen haben, in dem sie regelrecht baden, sich einpudern können. Dadurch befreien sie sich von Parasiten (etwa Milben). Überhaupt brauchen Hühner offenen Boden zum Picken und Scharren, Betonböden sind den ursprünglich aus Ostasien (China) nach Europa gelangten Tieren verhasst.

Ein glückliches Huhn legt nicht jeden Tag ein Ei!
Unter normalen Bedingungen nicht und die alten Rassen schon gar nicht. Sie setzen gern schon mal einen Tag oder zwei Tage die Woche aus. Im Schnitt können wir im Sommer pro Tag mit fünf bis sechs Eiern von sieben Hennen rechnen. Und im Herbst stellen diese das Eierlegen vollkommen ein – wie früher alle Hühner –, es wäre ja absolut sinnlos gewesen, zum Winter hin Eier zu legen und diese auszubrüten: Die Küken wären ja der winterlichen Kälte zum Opfer gefallen. Erst im Frühling beginnen Hühner von Natur aus, wieder zu legen. Davon leitet sich der hohe Symbolgehalt der ersten frischen Eier zu Ostern ab. Im Winter konnte man keine Eierkuchen backen – es gab nur wenige und nur in Wasserglas (wasserlösliches Alkalisilikat) eingelegte Eier.

Wer ganzjährig frische Eier will, braucht Hühner einer modernen Legerasse – das sind Hybriden, Hochleistungshühner, die darauf gezüchtet sind, jeden Tag ein Ei zu legen. Die Reproduktion, also das Erzeugen der Küken, liegt in den Händen weniger großer internationaler Konzerne – auf dem Markt gibt es praktisch keine anderen Legehennen mehr. Ein Eierbetrieb muss diese Küken kaufen, er kann sie nicht selbst nachziehen. Die wunderbaren alten Rassen spielen wirtschaftlich seit Jahrzehnten keine Rolle mehr; für ihre Erhaltung engagierten sich in erster Linie Hobbyzüchter. Erst allmählich beginnt man, sich Gedanken darüber zu machen, die alten Rassen wieder zu nutzen – so erleben die steirischen Sulmtaler gerade in unserem Nachbarland eine glänzende Wiederauferstehung.

Hühnerhaltung in der **Eierindustrie**

Mit den legefreudigen Hühnern allein ist es jedoch nicht getan: Auch sie müssen mit künstlichen Mitteln – ganztägig dämmriges Licht, Wärme und spezielle Nahrung – überlistet werden. Das gelingt inzwischen so prächtig, dass heute ein Ei auch im Winter weniger kostet als vor 50 Jahren im Sommer. Das Huhn wurde dadurch zu einer Eierlegemaschine, die man, wenn sie nach zwei Jahren Ermüdungserscheinungen zeigt, einfach ausrangiert.

Wollen wir das ändern? Ja! Sagen die Tierschützer. Nein! Sagen die Eierfabrikanten. Im Prinzip ja, lautet meist die unentschiedene Antwort der Mehrheit der Verbraucher.

Diese Ostereier haben ihre Farbe von Naturprodukten: Zwiebelschalen, Rote Bete, Kräuter.

Die Kleingruppenhaltung

Auf jeden Fall gibt es jetzt nicht mehr die riesigen Legebatterien, in denen die Hennen dicht nebeneinander gepfercht in kleinen Käfigen mit Drahtgitterboden ein elendes Dasein führten. Umgestellt wurde ab 2006 zum Teil auf die bei uns in Deutschland entwickelte Kleingruppenhaltung – was aber letztlich keine wesentliche Verbesserungen für die Vögel bedeutete. Denn viel mehr Platz pro Tier als früher haben sie dort auch nicht. Zudem haben sie offenbar Schwierigkeiten, sich in Gruppen von 30 bis 60 Tieren (in den Käfigen waren sie nur zu fünft) zu organisieren, also eine klare Hackordnung zu installieren ohne Federreißen und gegenseitiges Hacken auf die blutenden Stellen. Da die Tiere einander nicht ausweichen können (wie bei Boden- oder Freilandhaltung), verletzen sie sich nicht selten ernsthaft, sodass immer wieder Hennen sterben und dann von ihren Mitbewohnerinnen aufgefressen werden.

Die EU hat deshalb dieser Art Haltung (in denen die Tiere mangels der eigentlich vorgeschriebenen Einstreu, die nicht praktikabel zu handhaben ist, nicht scharren können) auch keine andere Kennziffer als der Käfighaltung gegeben, sondern ihr ebenfalls die Ziffer 3 zugewiesen (siehe Infokasten). Dieser Kleingruppenhaltung droht in der jetzigen Form schon wieder das Aus, da das Bundesverfassungsgericht die Regelung als nicht vereinbar mit dem Grundgesetz erklärt hat.

Die Bodenhaltung

Schon etwas besser geht es den Tieren bei Bodenhaltung (Kennziffer 2), da sie hier in einem speziellen Bereich scharren und staubbaden sowie sich aus dem Weg gehen können. Fress- und Trinkbereich sind so gestaltet, dass der Kot praktisch entsorgt werden kann, die Nester zum Eierlegen haben einen eigenen Bereich. Eine Sonderform dieser Methode ist die Volierenhaltung, das heißt, es können mehrere Etagen (Böden) mit Futtereinrichtungen, Nestern, Schlaf- und Scharrplätzen zur besseren Raumausnutzung übereinander in einer Halle untergebracht werden. Dieses Modell scheint sich jetzt als der von der industriellen Produktion noch am ehesten akzeptierte Weg durchzusetzen.

Nicht aufgestempelt wird der Legetag. Den muss man sich mit der Info auf dem Eierkarton errechnen: 28 Tage vom Mindesthaltbarkeitsdatum zurück. Dabei wäre es gut, zu wissen, wie alt das Ei nun ist, das im Kühlschrank liegt. Seinen besten Geschmack erreicht das Ei übrigens erst nach fünf Tagen. Nach bis zu zehn, zwölf Tagen schmeckt es immer noch hervor-

Der Ei-Code

Die erste Ziffer in dem Code, der auf das Ei aufgestempelt ist, bezeichnet die Haltungsform:

0   steht für die ökologische Erzeugung,
1   für die Freilandhaltung,
2   für die Bodenhaltung und
3   für die Käfig- bzw. für die neue Kleingruppenhaltung.

Die beiden Buchstaben besagen, aus welchem Land das Ei stammt: zum Beispiel DE für Deutschland oder NE für Holland. Am Ende steht die Nummer des produzierenden Betriebs.

ragend. Und selbst nach drei Wochen ist es noch gut fürs Kochen und Backen geeignet.

Freilandhaltung und ökologische Haltung

Deutlich besser ist das alles natürlich bei der Freilandhaltung (Kennziffer 1) und der ökologischen Haltung (0). Aber selbst diese artgerechteren Haltungsformen sind nicht in allen Punkten befriedigend zu verwirklichen.

Immer wieder kommt es auch bei noch so viel Auslauf zu Federreißen und Hackereien (die EU-Öko-Verordnung erlaubt 230 Hennen pro Hektar, bei den Ökoverbänden dürfen maximal 140 Tiere auf einem Hektar Land gehalten werden, im Stall muss jeweils sechs Tieren ein Quadratmeter zur Verfügung stehen). Da den Tieren der Schnabel nicht gestutzt werden darf, entstehen auch hier manchmal ernsthafte Verletzungen. Selbst die Hähne, die in diesen Gruppen für Ordnung sorgen sollen (in allen anderen Haltungsformen lernen die Legehennen ihr Leben lang keinen Hahn kennen), stoßen an ihre Grenzen: Die Gruppen sind immer noch zu groß, die Tiere können sich wohl nicht mehr als etwa 50 Genossinnen merken. Wenn aber die sprichwörtliche Hackordnung nicht dauerhaft etabliert werden kann, gibt's Stress.

Außerdem scheint das Verhalten der »optimierten« Legehennen rein genetisch erheblich gestört. Deshalb hat man in den letzten Jahren verstärkt versucht, für die ökologische Haltung wieder auf alte Rassen zurückzugreifen oder durch Kreuzung von bewährten Rassen neue, gleichzeitig ebenso legefreudige wie robuste und verträgliche Tiere zu züchten. Aber immerhin: Die Tiere können staubbaden, sie haben Tageslicht, und es steht ihnen eine mindestens achtstündige, nachtdunkle Ruhephase zu.

Unter dem Druck der öffentlichen Meinung hat dann tatsächlich auch der Handel einmal Flagge gezeigt: Die meisten Supermarktketten und Discounter verkaufen inzwischen nur noch Eier der letztgenannten Gruppen. Die Nachfrage danach kann Deutschland allerdings selbst nicht befriedigen, sodass Eier dieser artgerechteren Produktionsmethoden importiert werden müssen.

Prägen den Geschmack: **Futter und Rasse**

Bleibt die leidige, die Qualität der Eier dominant bestimmende Frage des Futters. Hybrid-Hochleistungslegehennen bekommen heute im Allgemeinen Legemehl oder -pellets, eine Mischung von pflanzlichem Eiweiß (nicht mehr über Fischmehl, wie einst), Fetten (Ölen) und Getreide. Diese Zusammenstellung wird ergänzt durch Vitamine, Mineralien und Canthaxanthin, das dem Eigelb eine satt gelborange Farbe gibt – eine schöne Farbe garantiert also keineswegs, dass die Hennen draußen herumgesprungen sind und Käfer, Schnecken und Würmer picken konnten, wie viele Menschen glauben. Je nachdem, welche Beschaffenheit und Qualität diese Stoffe haben, wird die Ernährung der Hennen gut gewesen sein oder nicht – und das Ei ist ohne Rückstände oder nicht.

Nur Betriebe, die ihr Futter selbst mischen und dafür gute Ausgangsprodukte einkaufen beziehungsweise selbst erzeugen, können sich vor Betrug schützen. Und der Verbraucher kann nur bei der ökologischen Eierproduktion sicher sein, ordentliche Eier zu bekommen. Allerdings schreiben selbst die Verbände bei kleineren Betrieben keine verbindlichen Prozentsätze für den Anteil des hofeigenen Futters vor, erst bei größeren Betrieben ab 1000 Legehennen gilt ein Mindestanteil von 50 Prozent – bei Demeter immerhin 80 Prozent. Die munteren Tiere versorgen sich aber beim Auslauf ja zusätzlich mit ebenfalls »betriebseigenem« Futter, mit Gräsern, Blättern, Kräutern und allem möglichen Tierzeug … Dennoch wäre es wünschenswert, dass hier noch strengere Maßstäbe gesetzt und auch für die Nicht-Ökobetriebe weitergehende Vorschriften entwickelt würden.

Für den Geschmack der Eier ist allerdings nicht allein das Futter verantwortlich: Die Eier von Hennen alter Rassen besitzen mehr Aroma und ein festeres, weniger wässriges Eiklar. Was vielleicht auch damit zusammenhängt, dass diese Tiere sich langsamer entwickeln. Wir jedenfalls sind immer wieder erstaunt, wie viel besser die Backeigenschaften unserer Eier sind und um wie viel wohlschmeckender sie sind als jene, die wir normalerweise bekommen, wenn wir unterwegs sind. Obwohl wir in Hotels uns nur ein Ei kochen oder eine Eierspeise zubereiten lassen, wenn man uns verspricht, dafür Bio-Eier zu verwenden.

Das perfekte Rührei

Die Eier mit einer Gabel locker verquirlen, dabei mit Salz, Pfeffer, Cayenne und Muskat würzen.

Eine beschichtete Pfanne erhitzen, die Hälfte der Butter darin zergehen lassen. Erst, wenn sie sich aufgelöst hat und leise zu schäumen beginnt, die Eier hineingießen. Sobald sie sanft zu stocken beginnen, mit einem flachen Holzspatel oder besser noch mit einem hitzebeständigen Gummischaber das gestockte Ei vom Boden lösen. Dabei ruhig arbeiten, nicht zu schnell – das jeweils nachfließende Ei muss Zeit haben, wiederum zu stocken. Jedes Mal, wenn der Boden wieder sichtbar wird, ein Butterflöckchen darauf zerschmelzen lassen. Sofort servieren, auf keinen Fall stehen lassen, sonst verliert das Rührei seinen unwiderstehlichen Schmelz.

Für zwei Personen:
4 Eier
Salz, Pfeffer
1 Spur Cayennepfeffer
1 Prise Muskatblüte oder
etwas frisch geriebene
Muskatnuss
3 – 4 EL Butter

Die perfekte Mayonnaise

Alle Zutaten müssen Zimmertemperatur haben, in einen schmalen hohen Mixbecher füllen.

Mit dem Pürierstab eintauchen, auf hoher Geschwindigkeit mixen, dabei den Stab langsam nach oben ziehen.

Tipp: Nach Belieben junge Knoblauchzehen mitmixen, sie fördern die Bindung und heben den Geschmack.

Für vier Personen:
2 Eigelb
1 TL Senf
Salz, Pfeffer
Cayennepfeffer
1 EL Zitronensaft
1 TL Zitronenschale
200 ml mildes Öl (z.B.
ligurisches Olivenöl)

Tipp: Braun besser als weiß?

Ob die Eier eine braune oder eine weiße Farbe haben, hat nichts mit der Ernährung der Hennen zu tun, sondern ist genetisch bedingt. Wenn der weitaus größte Teil der Bio-Eier heute braun ist, dann nur, weil viele Verbraucher glauben, ein weißes Ei stamme eher aus industrieller Produktion. Falsch.

Und wie ist das mit den Eiern mit zwei Dottern? Dazu eine Anekdote: Der Schauspieler, Schriftsteller und Drehbuchschreiber Curt Goetz, den der Krieg 1939 in Hollywood überraschte, wo er das Filmemachen lernen wollte, hatte bald genug von der Filmindustrie und kaufte sich stattdessen mit seiner Ehefrau, der Schauspielerin Valérie von Martens, in Beverly Hills eine Hühnerfarm. Dank eines Tricks, den ihnen ein alter Farmer verriet, produzierten sie Eier mit zwei Eigelb. Sie gaben ihren Hühnern nämlich sehr viel tierisches Eiweiß ins Futter, und zwar in Form von Ziegenmilch, wozu auf der Farm eigens einige Tiere gehalten wurden. In den Hotels riss sich die Filmprominenz um diese Prachtstücke, und der stets witzig aufgelegte Curt Goetz, der alsbald als Wunderdoktor für Hollywoods Tierwelt galt, hatte ein blendendes Auskommen, bis der Krieg zu Ende war.

Das war also eine ganz selbstverständlich höchst ökologische Landwirtschaft – und das Vorbild ist auch heute noch zu empfehlen: Hühner lieben Quark, Joghurt, Frischkäse und andere Milchprodukte. Bei uns bekommen sie daher immer solche Reste. Und zu Weihnachten auch ein paar Austernschalen, aus denen sie sich dann das ganze Jahr über mit Calcium versorgen können. Wenn dann der Habicht nicht gerade mal wieder zugeschlagen hat, dann könnten sie gemäß den Comedian Harmonists »gackern«:

> Ich wollt', ich wär' ein Hahn,
> dann würde nichts getan.
> Ich legte überhaupt kein Ei
> und wär' die ganze Woche frei ...
> Ich würd' mit meinen Hühnern geh'n,
> das wäre wunderschön.

Vom **Egli** und anderen Fischen aus der Fremde

Warum man im Restaurant genauer nachfragen sollte, woher der Fisch stammt, und warum es immer besser ist, ihn im Ganzen statt als Filet zu bestellen.

Der Schweizer Nationalfisch ist der Flussbarsch, liebevoll Egli genannt. Er zeichnet sich durch eine äußerst wehrhafte Rückenflosse aus, an deren Stacheln man sich böse verletzen kann. Vor allem, wenn der Fisch nicht absolut frisch ist, kann sich die Wunde schnell entzünden. Außerdem haben Flussbarsche dicke, widerspenstige Schuppen, von denen man sie vor der Zubereitung befreien muss.

All das wollte die Hausfrau in der eigenen Küche in den sechziger Jahren nicht mehr selber tun, die Fischhändler und Köche auch nicht. Damit die Fischer trotzdem ihren Fang verkaufen konnten, schnitten sie die Filets erst vom Rückgrat, dann von der Haut. Das ersparte die lästige Feinarbeit, man umging die Verletzungsgefahr, der Händler hatte keine Arbeit mehr und der Kunde ein bratfertiges Produkt: festes, mageres, herrlich weißes und saftiges Fleisch, praktisch grätenfrei. Nicht nur bei uns, auch in der Schweiz steigert die Abwesenheit von Gräten die Beliebtheit einer Fischsorte – es muss ja nicht gleich Viktoriabarsch oder Pangasius sein. Es gab also nicht mehr naturbelassene, ganze Fische, sondern Eglifilets. Alle waren glücklich und zufrieden, auch wenn Geschmack und Saftigkeit der Filets längst nicht mit einem an der Gräte gegarten Fisch mithalten konnten.

Häufig **kein Eidgenosse** mehr

Der Egli findet in den Alpen- und Voralpenseen ideale Lebensbedingungen – jedenfalls war das ursprünglich so. In der zweiten Hälfte des letzten Jahrhunderts erlitten einige Seen jedoch eine Phase, in der es ihnen sehr schlecht ging, der Züricher See war sogar sterbenskrank: Zu viel Phosphate und Nitrate (Waschmittelrückstände) wurden eingeleitet, Algen und Plankton vermehrten sich wild und verbrauchten allen Sauerstoff, sodass viele Fischsorten eingingen. Nur die robusten Brachsen und andere karpfenartige Gesellen überlebten in Massen. Dem Felchen (Renke, Lavaret) aber und dem Flussbarsch bekam das gar nicht gut, ihr Bestand ging sehr stark zurück.

Als ihre Seen immer weniger Fische her- und die Fischer ihre Arbeit zunehmend aufgaben, haben das die meisten Schweizer gar nicht bemerkt. Es gab ja weiterhin in allen Restaurants ihren National- und Lieblingsfisch, den Egli – wie jeder weiterhin vermutete, aus den eigenen Gewässern vor der Haustür. Doch dem war keineswegs so: Die finanzkräftige Schweiz schaute sich um und leerte den europäischen Markt – glücklicherweise kommt der Flussbarsch in ganz Europa in Seen und Flüssen vor. Erst importierte man die Ware aus Schweden und Finnland, heute fast alles aus Osteuropa, insbesondere aus Ungarn und der Ukraine. Für die schweizerischen Wirte und Köche ein Glück: Man muss der Kundschaft ja nicht sagen, dass es keine eidgenössischen Egli sind. Auf der Speisekarte im Restaurant braucht die Herkunft des Fisches nicht deklariert zu werden, im Laden hingegen schon. Deshalb werden dort die Filets der in den heimischen Seen gefangenen Fische verkauft und in der Gastronomie die importierten verarbeitet. Eine geschickte, effektive Aufteilung des Angebots!

Woher kommt der Fisch?

Nun mache sich niemand über die Eidgenossen lustig, weil die nicht merken, dass man sie da ganz schön an der Nase herumführt und mit ihrem Nationalbewusstsein Schindluder treibt. Bei uns ist das keineswegs anders: Längst nicht alle Havelzander, die in Berlin verspeist werden, stammen wirklich aus der Havel. Nein, nein: Zander werden – bei den Gästen wegen der wenigen Gräten und wegen ihres robusten Fleischs, das trotz schlechter Behandlung zart bleibt, bei den Köchen beliebt – in großen Mengen aus dem Osten eingeführt.

Der Felchen, der am Bodensee auf der Restaurantterrasse serviert wird, ist vielleicht in einem schwedischen Gewässer als Maräne gefangen worden und wurde nicht, wie der Gast vermutet (auf jeden Fall vermuten soll!), vom örtlichen Fischer aus dem friedlich funkelnden See zu seinen Füßen gezogen. Und wer eine »Ostseeplatte von gegrilltem Fisch« bestellt, darf nur ausnahmsweise darauf hoffen, dass er die Fische bekommt, die vor der Haustür vom Kutter geladen wurden – nein, norwegischer Zuchtlachs, Köhler (Seelachs) aus dem Nordatlantik und der unsägliche Pangasius aus

dem vietnamesischen Mekongdelta sind doch viel billiger, weiß der Gast-
wirt. Er kalkuliert einfach die assoziative Kraft des Ortes mit ein und
spekuliert mit der Arg- und Ahnungslosigkeit seiner Gäste. Und hat fast
immer Erfolg damit.

Das erinnert an die klassischen, noch vor 50 Jahren höchst beliebten
und begehrten Edelspeisen Rheinsalm oder Helgoländer Hummer. Die
kamen auch damals schon keineswegs mehr aus dem weiland übel stinken-
den Abwasserkanal Rhein oder der erst bombardierten, dann überfischten
und schließlich durch Öl verschmutzten Helgoländer Bucht. Nein: Die
Gastronomen hatten sich darauf verständigt, dass sie einfach die Angebots-
form (noch nicht einmal eine bestimmte Zubereitungsart!) so nennen, und
fertig war der Betrug. Hat sich offenbar bewährt.

Die Gepflogenheiten der Restaurants werden wir nicht ändern können.
Aber nachfragen kann man immer. In einem ordentlichen Restaurant kann
man wohl eine ehrliche (zufriedenstellende?) Antwort erwarten, in einem
Schnellimbiss natürlich nicht. Sehr gewissenhafte, damit vorbildliche Wirte
oder Köche schreiben schließlich sogar auf der Speisekarte, von welchen
Bauern, Fischern, Bäckern, Metzgern, Verbänden oder Erzeugergemeinschaften sie ihre Ware beziehen. Lassen Sie sich auch von grantigen Kell-
nern oder unwilligen Bedienungen nicht einschüchtern – wenn der Wirt
oder der Koch stolz ist auf die Qualität, die er anbietet, werden Sie als an der
Qualität interessierter Gast nicht schlecht angesehen, sondern im Gegenteil
wertgeschätzt. Nur Schwindler haben etwas zu verbergen.

Im Ganzen gegart am besten

Leider hat man es in Deutschland nicht leicht, wenn man nicht Filets, sondern lieber ganze Fische kaufen will. Wir sind keine küstenreiche Nation,
die Mehrheit von uns ist unerfahren im Umgang mit Fisch, und die Be-
quemlichkeit der Verbraucher hat längst gesiegt. Aber steter Tropfen höhlt
den Stein, und so kann dauerndes Nachfragen dazu führen, dass das Angebot verbessert wird – man kann immer gleich die ersten Erfolge in den
Auslagen der Fischgeschäfte erkennen, wo die entsprechende Nachfrage
herrscht.

Es ist doch so, dass ein ganzer Fisch, wenn er frisch ist, dem Filet, was
den Geschmack und die Saftigkeit betrifft, immer weit überlegen ist. In den
gelatinösen Partien in Grätennähe konzentriert sich der Geschmack, außer-

dem teilen sie ihre Geschmeidigkeit dem Fischfleisch mit, das deshalb saftiger bleibt. Und Sie sehen dem ganzen Tier besser an, wie frisch der Fisch ist.

Tipp: Woran Sie frischen Fisch erkennen

Rote Kiemen; klare und hervorstehende, keinesfalls trübe und eingefallene Augen; an den Rändern nicht eingetrocknete Flossen; ein festes Fleisch unter der Haut, auf der bei leichtem Druck keine Dellen zurückbleiben – das sind die sichtbaren Qualitätsmerkmale für Frische. Und was der Geruchssinn Ihnen mitteilt, verstehen Sie auch ohne Worte. Als Kunde haben Sie beim Einkauf ohnehin die Macht der Entscheidung: Also Augen und Nase auf!

Ernährungsempfehlungen von gestern

Warum man nicht irgendwelchen Regeln folgen,
sondern lieber auf sein eigenes (Hunger-)Gefühl achten sollte.

Zwei Jahrzehnte lang wurden wir von der Deutschen Gesellschaft für Ernährung mit der Forderung terrorisiert, wir sollten nicht drei große, sondern lieber fünf Mal am Tag eine kleine Mahlzeit einnehmen. Die Vorlage lieferten die USA – es war angeblich bewiesen worden, dass dadurch das Risiko einer Krebserkrankung sinkt, vor allem wenn man dabei jedes Mal auch Obst isst. Inzwischen gibt es Bedenken. Es könnte ja sein, dass Menschen, die mehrmals am Tag Obst essen, auch in anderer Hinsicht und überhaupt gesünder leben als Leute, die nur zweimal am Tag große Portionen Fleisch vertilgen …

Es ist also Entwarnung angesagt. Und wir können vielleicht wieder davon ausgehen, dass jeder gesunde und in seinem Essverhalten nicht gestörte oder durch Gewohnheiten festgelegte Mensch dann essen darf, wenn er Hunger verspürt. Uns will es nämlich so vorkommen, als ob die Natur diese Regung ganz weise eingerichtet hat. Vielleicht sind wir da nicht mehr ganz allein?

Doch aufgepasst, wir meinen: Hunger. Nicht aus Stress oder Langeweile oder gar durch Werbung veranlasste Esslust. Die hat mit Hunger nichts zu tun, ist aber längst an seine Stelle getreten. Das Kind, das an der Tankstelle jedes Mal ein Eis erquengelt, mag ab und zu mal Hunger haben – meist will es aber nur eine angewöhnte Lust auf Eis befriedigen. Man kann verstehen, dass es die Gelegenheit und Gunst der Stunde geschickt nutzt – darauf versteht sich auch unser Hund Pünktchen bestens. Doch hier geht es nicht um ein elementares Bedürfnis. Und im Gegensatz zu Pünktchen, die selbst angesichts der schönsten angegammelten Wurst sich eben nicht die Lefzen leckt, wenn sie gerade gefressen hat, würden die meisten Kinder auch gleich nach dem Essen an der Tankstelle höchstwahrscheinlich das rituelle Verhalten zeigen und um ihr Eis betteln, denn ihr natürliches Sättigungsgefühl ist längst über Bord gegangen.

Die Esssitten in den verschiedenen Gegenden der Welt sind freilich unterschiedlich. Ein Thai wäre entsetzt, wenn man ihn zu wenigen großen Mahlzeiten zwingen wollte – er ist es gewohnt, jede Stunde, spätestens alle zwei Stunden eine Kleinigkeit zu essen, und wenn es nur ein bisschen Obst oder ein paar Cashews sind, je nach Tages- oder Nachtzeit. In der dort herrschenden Hitze ist das durchaus sinnvoll. Süditaliener oder Spanier nehmen ihre Hauptmahlzeit spät abends ein, wovon französische oder deutsche Ärzte meist energisch abraten: In Frankreich ist traditionell die Mittagsmahlzeit die wichtigste, in Deutschland und Österreich huldigt man vornehmlich der alten Regel: Frühstücken wie ein König (oder Kaiser!), zu Mittag speisen wie ein Bürger und sich abends wie ein Bettelmann mit wenig oder sogar nichts begnügen.

Heute, wo sich für uns alle die Lebensumstände und -rhythmen sehr gewandelt haben, mag das jeder halten, wie er will und kann. Die einst den Tagesablauf wie das ganze Leben bestimmende Regelmäßigkeit hat für die meisten Menschen keine Bedeutung mehr. Nicht einmal die Arbeitszeiten fordern unveränderliche Tagesmuster – Gleitzeit oder Zeitkonten, die Verlegung des Arbeitsplatzes nach Hause oder an verschiedene Orte, unsere sportlichen, gesellschaftlichen oder kulturellen Aktivitäten verändern sie sogar täglich. Wir gestalten unseren Lebens- und Tagesalltag individuell.

Und so gibt es auch keine unveränderlich festgelegte Hauptmahlzeit mehr. Die meisten Familien essen nicht mal mehr zusammen, leider! Das Essen gerät zur Nahrungsaufnahme, und die dient der Energieversorgung. Ein Riegel hier, eine Limonade dort. Man verzettelt sich. Kantine, Imbissstube, Schnellrestaurant. »Auf keinen Fall was Gesundes!«, scheint für manchen das Motto zu lauten.

Dabei sind ein Apfel oder eine Orange, ein paar Erdbeeren zwischendurch auf jeden Fall eine begrüßenswerte Alternative. Und durchaus gesundheitsförderlich, weil sie Vitamine, Mineralien und die sogenannten sekundären Inhaltsstoffe liefern.

Tipp: Obst gegen Freie Radikale

Vor allem Äpfel, die ja obendrein praktisch ins Büro oder die Schule mitzunehmen sind, enthalten eine reichliche Menge dieser Antioxidantien wie Phenole, Flavonoide und Flavanole. Sie verhindern in unserem Organismus die Bildung der sogenannten Freien Radikale, schützen also vor Krebs und Herzinfarkt. Obst zwischendurch ist keine Mahlzeit, dient nicht der Sättigung, ist vielmehr geradezu Medizin!

Warum **Zwischenmahlzeiten** schaden können

Ganz anders sieht es mit Müsli- oder Schokoriegel aus. Darin stecken wesentlich mehr Kalorien und mit den Nüssen Fett und Eiweiße, die eigentlich nur Bestandteil einer richtigen Mahlzeit sein sollten, weil sie den Organismus in einer ganzen Kettenreaktion zur Verdauung dieser Substanzen auffordern und damit strapazieren. Auch wenn man nur verhältnismäßig wenig davon isst, setzen sich diese Abläufe in Gang – ein richtiges Hungergefühl kann da nicht entstehen.

Lange Zeit nahm man an, genau das sei erstrebenswert, denn mit Hunger im Leib isst man meist zu viel. Das Gegenteil ist richtig, wie sich jetzt zeigt: Wer seinem Hungergefühl vertraut, nur isst, wenn er es verspürt, und aufhört, sobald es gestillt ist, der nimmt nicht mehr zu sich, als er braucht. Wer aber Hunger nicht kennt, kann natürlich gar nicht merken, wenn er keinen mehr hat.

Die kleine Zwischenmahlzeit, die jahrelang so dringend empfohlen wurde, ist also absolut kontraproduktiv, weil sie die natürlichen Reaktionen in unserem Körper, der seine elementaren Bedürfnisse schließlich am besten kennt, manipulativ verändert. Die Zwischenmahlzeit, die dem Entstehen eines wahrhaftigen Hungergefühls entgegenwirkt, schleift das wunderbare Auf und Ab unserer kulinarischen Gefühlswelt zu einem dumpfen Einerlei. Wir essen etwas, ohne ein echtes Bedürfnis zu empfinden, nur weil wir gerade Zeit dafür haben, und machen vielleicht nie die Erfahrung, wie es ist, einer existenziellen Notwendigkeit zu folgen. Nur wer den Hunger kennt, weiß Essen zu schätzen, kann es genießen.

Ganz ähnlich geht es uns auch mit der Esslust: Wir werden heutzutage derart von Reizen überflutet, dass wir gar nicht mehr warten, bis wir – gepaart mit Hunger – Lust haben zu essen. Meist verspüren wir ja auch kein allgemeines Verlangen auf Essen, sondern richten die Begierde immer schon zielgerichtet auf eine bestimmte Speise. Das kannte man in früheren Zeiten nicht, als die Auswahl sehr beschränkt war – man hatte zu essen, was es gerade gab und was auf den Tisch kam, basta, ohne Murren.

Heute ist die Traumvorstellung von früher – die Idee des Schlaraffenlandes – zur Realität geworden: Wenn jemandem der Gedanke an ein knusprig gebratenes Hähnchen oder an würzig-schmelzende Käsespätzle das Wasser im Munde zusammenlaufen lässt – ohne, dass er überhaupt

Hunger hat! –, kann er, zumindest in der Stadt, losziehen und entsprechend einkaufen oder irgendwo essen gehen. Selbst mit wenig Geld in der Tasche finden sich allenthalben Möglichkeiten, solchen Gelüsten zu folgen. Die Lebensmittelindustrie und die Systemgastronomie preisen ihre Leistung als positiven Beitrag zu unserem Glück. Wenigstens sie sind zufrieden, weil sie damit an unser Geld kommen und davon gut existieren können. Wir leben also tatsächlich in einem Schlaraffenland, die spontane Lustbefriedigung wird uns einfach gemacht. Und genau das ist die Gefahr: Das ist nämlich ziemlich ungesund!

Auf den Körper hören lernen – von klein auf

In früheren Zeiten konnten sich nur die Reichen immer sofort das leisten, was sie begehrten. Tatsächlich ernährten sie sich ganz schön ungesund, aßen zu häufig und zu viel Fleisch, zu viele Süßigkeiten, und sie bewegten sich zu wenig. Sie litten unter Podagra (Gicht) und starben am Schlagfluss. Den Armen, die sich das alles nicht leisten konnten und zwangsläufig viel in Bewegung waren, ging's aber auch nicht besser. Sie litten unter den schlechten Arbeits-, häuslichen und hygienischen Bedingungen und starben deshalb früh. Heute ist es eher der bildungsferne Anteil der Bevölkerung, der am wenigsten gesund isst und trinkt, es sterben die schlecht ausgebildeten, armen Leute früher als die Bildungsbürger, an ihrer falschen Ernährung.

Aufklärung tut also dringend not. Bereits im Kindergarten und unbedingt in der Schule sollte den Kindern von Anfang an ein grundlegendes Wissen über vernünftige Ernährung vermittelt werden. Dazu gehört auch, ihnen ihre sinnlichen, körperlichen Empfindungen bewusst zu machen: Die Kinder müssen lernen, dem Hungergefühl die Chance zu geben, sich zu entwickeln. Damit es ihnen sagen kann, dass sie essen sollen, und ihnen signalisiert, wann sie satt sind. Unser Geschmackssinn ist ein unendlich fähiges Organ, allerdings muss es frühzeitig ausgebildet und ständig trainiert werden. Damit wir das essen, wonach unser Körper verlangt – und nicht das, worauf uns die Werbung scharfmacht oder wovon uns die mannigfach zugefügten Aromastoffe abhängig gemacht haben.

Es hat wenig Sinn, immer wieder dieselben Parolen zu wiederholen, dann schalten die Menschen ohnehin ab, und auf theoretische Anleitungen zu gesünderem Essen hören sie ungern. Nein, nur wenn wir den

Forderungen unseres Körpers und unseren Sinnen, unserem kritischen, gut ausgebildeten Geschmack mit Genuss folgen, sind wir überhaupt in der Lage, uns richtig zu ernähren.

Dann können wir auch dieses unkontrollierte Naschen lassen, das gewiss die häufigste Ursache für Übergewicht ist. Es ist dann keine Befriedigung mehr, hier schnell eine halbe Tafel Schokolade, dort einen Schokoriegel zu knuspern, auf dem Weg ins Büro noch eine Schneckennudel oder ein Sahneteilchen in sich hineinzustopfen, im Vorübergehen eine Portion Pommes mit Schranke, eine Packung Puffmais im Kino oder eine Tüte fettiger Chips vor der Glotze einzuwerfen. Klar, der Mensch ist schwach, und er sündigt, wo sich die Gelegenheit ergibt. Aber doch bitte nicht jeden Tag und regelmäßig – und vor allem nicht so!

Gute Fertiggerichte – gibt es die überhaupt?

Weshalb jeder, der nicht selbst kochen will, auf mehr als das Bio-Zeichen achten muss.
Und warum immer nur das herauskommt, was man hineingetan hat.

Die Universität Kassel, schon seit Jahrzehnten auf dem Fachgebiet Ökologische Lebensmittelqualität richtungweisend und, wie sie von sich selber sagt, »der Ernährungskultur verpflichtet«, hat im Fachbereich Ökologische Agrarwissenschaft innerhalb eines europäischen Forschungsprogramms untersucht, ob und inwieweit »die nach den Regeln der modernen Lehre ökologisch korrekt angebauten Lebensmittel nachher auch ebenso korrekt verarbeitet werden, zu Fertigkost etwa, zum Beispiel zu Babybrei«. Das ist ein löblicher Ansatz. Schließlich möchte man gern wissen, ob dort, wo Bio draufsteht, am Ende auch Bio drin ist. Und ob es sich lohnt, Bio-Konserven und -Fertiggerichte zu kaufen, oder ob bei der industriellen Verarbeitung der Bio-Produkte die Qualität nicht ebenso leidet wie beim »normalen« Angebot – schließlich passiert das in der Regel ja nicht mit einem anderen »Processing«.

Wer sich in den Bio-Supermärkten umschaut, wie sie allenthalben – erst nur in den Städten, dann auch auf dem Land – entstanden sind, der kommt ins Grübeln. Das Verhältnis an frischen Waren – Gemüse, Milch und Käse, Wurstwaren und Fleisch – ist in der Proportion zu Fertigessen im Bio-Laden auch nicht anders als im herkömmlichen Supermarkt. Den Löwenanteil bildet Fertigkost – von Suppen in der Tüte, (Nudel-)Saucen im Glas, Trockenfutter und Tiefkühlware. Im Großen und Ganzen sind diese vorgefertigten, industriell erzeugten Produkte im Bio-Laden kein bisschen anders als konventionelle Ware, weder origineller in der Zubereitung, noch irgendwie besser im Geschmack. Schlimmer noch: Betrachtet man die Inhaltsliste der angeblich so gesunden Müslis, entdeckt man in der Bio-Variante ebenso viel, das heißt zu viel (ungesunden) Zucker, Glucosesirup, selbst Aromastoffe. Der einzige Unterschied: die Bio-Herkunft der einzelnen Zutaten. Aber ist damit wirklich etwas gewonnen?

So sind wir neugierig, was unter der Ägide der Uni Kassel herausgefunden wurde. Drei Jahre lang, von Juni 2007 bis Juni 2010, haben 14 Institutionen aus Forschung und Industrie an dieser Untersuchung gearbeitet und im Rahmen des Projekts mit dem stolzen Namen »Qualitätsanalyse kritischer Kontrollpunkte« Feldversuche und Qualitätsanalysen durchgeführt. Es wurde gemessen, geforscht, getüftelt, sogar in Tierversuchen (!) die Auswirkungen auf die Gesundheit überprüft.

Und was hat man schließlich herausgefunden? »Das Rohmaterial ist entscheidend«, lautete die Erkenntnis. Donnerwetter, wer hätte das gedacht!

»Es ließen sich im fertigen Produkt erhebliche Unterschiede feststellen«, teilt die Abteilung für Öffentlichkeitsarbeit der Uni Kassel am 26. Juni 2010 in ihrer Presseerklärung mit, »je nachdem, ob frische oder tiefgekühlte Rohware benutzt wurde.« Die Wissenschaftler stellten also nach jahrelanger Forschungsarbeit fest, was jede Mutter, die für ihr Baby Brei aus frischen Möhren selber kocht, schon immer wusste. Tiefgekühlte Ware, so die Presseerklärung weiter, sei für eine Weiterverarbeitung nicht so gut geeignet. Und das Ergebnis im Hinblick auf Geschmack (!), Geruch und den Anteil wichtiger Vitamine und Antioxydantien sei spürbar schlechter als beim Einsatz frischer Rohware. Nach dieser denkwürdigen Erkenntnis empfehlen die Wissenschaftler generell, dieses Wissen »nicht nur für den Bereich Babykost, sondern generell für alle ökologischen Lebensmittel« einzusetzen.

Wir empfehlen, generell erst mal das Hirn einzusetzen und dann aber unbedingt auch den Geschmackssinn hinzuzunehmen.

Die **VeggieWorld** und ihre Surrogate

Nun ist man ja versucht, bei Vegetariern zu vermuten, dass sie Gemüse lieben, schon der Begriff legt das doch nahe, oder nicht? Auch könnte man denken, dass sie ihr Essen so naturbelassen wie nur möglich genießen wollen. Wie ihre Urväter etwa, die Naturapostel vom Monte Verità bei Ascona, die im Reform- oder gar im Lichtkleid, ganz dem Natürlichen und Kreatürlichen hingegeben, die vegetabile, lieber noch sogar vegane Kost empfahlen. (Damals scheiterten übrigens die Veganer an der Verweigerung, Leder zu verwenden. Schuhe aus Stroh oder anderem Pflanzenmaterial überzeugten nicht als Ersatz, und an Kunststoffen mangelte es zu jenen Zeiten noch. – Gedanke am Rande: Nur die Haut vom toten Tier kann man zum Leder gerben, und sterben müssen auch Tiere, alle!) Aber wenn man sich anschaut, womit die VeggieWorld, die Lebensmittelmesse für Vegetarier – erstmalig im Februar 2011 in Wiesbaden abgehalten, 20 000 Besucher hatte man stolz gezählt –, ihre Adepten fütterte, dann kann es einem schlecht werden: Statt wohlschmeckenden Snacks aus frischem Obst und Gemüse wurde dort Kunstsalami aus Getreide und Käsefondue ohne Käse serviert. Offenbar streicht man sich in diesen Kreisen lieber pflanzliche Leberwurst aufs Abendbrot statt einer Creme aus Avocado (rasch mit Zwiebel, Zitronensaft, Chili und Piment zerdrückt) oder aus mit Knoblauch und Olivenöl glatt gemixten Bohnenkernen. Bevor man selber etwas anrührt, greift man lieber zu Surrogaten, vollgepumpt mit jeder Menge Aromastoffen und Quellmitteln, damit die Sachen in wenigstens einer Hinsicht dem ähneln, dessen Namen sie tragen. Und wenn auf der Tiefkühlpizza Kunstkäse und Ersatzschinken liegen, stört sich hier also niemand daran. Ist das nicht absurd?

Im ÖKO-TEST-Magazin vom März 2011 war nachzulesen, wie bei diesem Thema getrickst und der Verbraucher hinters Licht geführt wird:

Veganers Traum: Lieber pflanzliche Leberwurst als Avocadocreme …

Obwohl die Hersteller damit werben, dass ihre Produkte »ohne Geschmacksverstärker« auskommen, ist häufig Glutamat enthalten. Wie das? Weil sie Hefeextrakt als »Würze« zugeben – und darin erlaubt der Gesetzgeber Glutamat, es muss dann nicht als Geschmacksverstärker deklariert werden. Gesetzeskonform, aber dem Verbraucher gegenüber Betrug. Übrigens: Gut die Hälfte der untersuchten Produkte waren obendrein mit Aromen abgerundet – und die sind bekanntlich immer aus dem Labor.

Kommt **Gutes rein**, kommt **Gutes raus**

Bio hin oder her: Es ist ja überhaupt kein Problem, aus erstklassigen Zutaten vorzügliche Fertiggerichte zu produzieren. Wie das zum Beispiel schon seit vielen Jahren die Manufaktur von LandArt tut. Das kleine Unternehmen am Ufer des Attersees im Salzburger Land, das sich dem Geschmack verpflichtet fühlt und keiner Weltanschauung, will Vorbild für bäuerliche, artgerechte Tierhaltung sein und beweisen, dass man damit erstklassige Produkte erzeugen kann, die sich obendrein rechnen.

Gezüchtet aus lebenstüchtigen, robusten Rassen dürfen die Kühe, Kälber und Ochsen, Hühner und Enten, Lämmer und Ziegen hier ein glückliches tiergemäßes Leben führen. Sie wachsen vorwiegend im Freien auf, langsam und in einem natürlichen Umfeld. Kein Fertigfutter oder anderes zugekauftes, nur eigenproduziertes Futter garantiert am Ende Fleisch von großartiger Qualität.

Man kann die verschiedenen Teile für die eigene Küche frisch bestellen (www.landart.at). Auch Würste aller Art, Schinken, Milchprodukte – nach allen Regeln guten Handwerks hergestellt. Wer keine Zeit oder Lust zum Kochen hat, lässt sich fertige Gerichte schicken. Geschmortes, vom Gulasch bis zu Rouladen, Currys, Ragouts und Frikassees – alles in der Gutsküche frisch gekocht, dann eingeweckt oder vakuumverschweißt. So kann alles jede Reise bis zum Kunden bestens überstehen. Und Aufwärmen schadet solchen Schmorgerichten bekanntlich nicht.

Und noch einen Vorteil liefert diese ganzheitliche Idee: Es sind Gerichte, für die man vor allem die weniger edlen Teile vom Tier verwendet. Diese ordentlich zu verwerten, finden wir, sind wir ihm schuldig: Wenn ein Tier sterben muss, damit wir sein Fleisch genießen können, haben wir nicht nur die Pflicht, ihm bis zu seinem Ende ein angenehmes, friedvolles Leben zu ermöglichen. Es obliegt uns außerdem, nicht nur die sogenannten Edelteile als Steak in die Pfanne zu hauen, sondern auch die weniger zarten und von Sehnen durchzogenen Stücke zu nutzen, die Innereien und all die Teile, die vielleicht ein bisschen mehr Mühe, Zeit und Überlegung kosten, kurz: eben alles zu verwerten, was das Tier uns liefert. Früher war das selbstverständlich, heute werden diese Partien größtenteils kostenpflichtig entsorgt, zu Tierfutter verarbeitet, im abgelegenen Süden Argentiniens gleich an Ort und Stelle verbrannt. Ein Skandal!

Auf Vorrat zu kochen ist nicht neu, das tun viele kluge Menschen. Großartig, wenn diese Arbeit einem abgenommen wird, falls man sie nicht selbst übernehmen kann oder will. Das ist eine rundum sinnvolle Dienstleistung. Natürlich hat sie ihren Preis, schon klar. Aber diesen zu bezahlen, ist so manche(r) durchaus bereit – auch die Zeit, die man spart, ist schließlich Geld.

Deshalb fragen wir uns: Warum kommen nicht mehr Produzenten auf die Idee, beste Zutaten für anspruchsvolle Rezepte zu verwenden und schmackhafte Gerichte zu produzieren, um damit anderen den Alltag zu erleichtern?

Schon vor 40 Jahren haben die französischen Koch-Götterväter Paul Bocuse und Michel Guérard in Frankreich vorgeführt – und wurden damals heftig dafür geschmäht, dass sie ihren elitären Stand der Fertigkostindustrie öffneten –, wie gut sich Schmorgerichte dazu eignen, als Fertiggericht konserviert zu werden. Man kann die originalen Rezepte fast unverändert in Gläsern oder Dosen versiegeln und sterilisieren – ohne Qualitätsverlust. Heute, wo es sogar möglich ist, diese Gerichte ohne lange Hocherhitzung im Vakuumbeutel haltbar zu verpacken oder sie einzufrieren, um sie zum Servieren im Wasserbad schonend zu regenerieren, im Dampf oder in der Mikrowelle schnell aufzuwärmen, eröffnen sich qualitativ noch ganz andere Perspektiven!

Warum nur gibt es bei uns stattdessen im Allgemeinen nur Fertiggerichte von indiskutablem Geschmack und eher miserabler Qualität? Warum ahmen die Hersteller mit ziemlich fragwürdigen Ersatzlösungen das köstliche Vorbild nur nach, anstatt es grundsätzlich ähnlich und daher gut zu gestalten? Warum, zum Beispiel, gibt es kein eingemachtes Kalbfleisch, kein Hühnerfrikassee, kein Leipziger Allerlei in einer Fassung, die auch nur einigermaßen den Ansprüchen eines Feinschmeckers genügt? Richtig: um Kosten zu sparen, um billig sein zu können. Die Fertiggerichte – gleichgültig, ob konventionell oder Bio – werden ihren Ruf, qualitativ nur den anspruchslosesten Appetit zu befriedigen, bei uns in Deutschland so schnell nicht los ...

Fisch pur – auf Mallorca und Ibiza

Wo und wie man das größtmögliche Fischvergnügen erleben kann.
Und warum das Einfache einfach das Beste ist.

Wir hatten einmal den Plan, ein Buch mit dem Titel »Balearen – Kulinarische Landschaften« zu produzieren. Leider ist nichts daraus geworden – vielleicht ist das auch gut so, denn die Leute, die nach Mallorca oder Ibiza, Menorca oder Formentera fahren, haben doch unterschiedlichere Lebensentwürfe und Interessen, als man in ein Buch pressen kann. Aber wir haben auf unseren Reportagereisen dort viel erfahren – und noch viel mehr lieben gelernt. Natürlich haben wir gesehen, dass es auf Mallorca wie auf Ibiza genau so zugeht, wie es immer erzählt wird, aber auch Entdeckungen gemacht, die schön, wahr und originär, witzig, heiter oder beschaulich, unerwartet und bemerkenswert sind: Orte und Plätzchen, Restaurants und Strandbuden, Produzenten und Hotels oder Ferienhäuser mit viel Charme, die authentisch, in sich stimmig und nicht überlaufen sind – was allerdings freilich nicht immer lange währt. Denn auf den Inseln spricht sich alles sehr schnell herum, ein Geheimtipp kann keinen Monat, keine zwei Wochen ein solcher bleiben, dann berichten eine (vor allem die deutsche) Inselzeitung, ein Reisemagazin oder ein Hamburger Bookazine darüber. Und schnell bewirkt die Menge des dadurch gewonnenen Publikums, dass nichts mehr ist, wie es mal war …

Markthallen und Märkte

Gar kein Geheimtipp und doch ganz ursprünglich geblieben sind die Markthallen in Palma und Ibiza-Stadt. Vor allem die Fischstände werden von ihren Liebhabern umschwärmt – zunächst streift man in großen Kreisen um die hell erleuchteten Stände, informiert sich grob, studiert die Herkunft und vergleicht die Preise, ehe man näher herangeht, die Augen und Kiemen begutachtet und schließlich zielstrebig das gewünschte Objekt ansteuert, begeistert und gefesselt von seiner schier irrwitzigen Qualität und Frische.

Fischmärkte auf Inseln unterscheiden sich erheblich von denen auf dem Festland. Ist doch klar, werden Sie sagen, auf Inseln muss es ja tolle Fische geben! So selbstverständlich ist das aber nicht, denn es hängt von der Lage und Beschaffenheit der Insel ab – ob die Küste steil oder flach ist oder ob sich Sandstrände und Felsenküste abwechseln. Eine wichtige Rolle spielen die Sauberkeit und der natürliche Austausch des Wassers, der Sauerstoff- und Planktongehalt, die Wassertemperatur und die Jahreszeit, ob die Fisch-gründe gepflegt oder mangels besseren Wissens zerstört wurden – durch gnadenlose Überfischung, den Abbau von Korallenriffen oder gar die tota-le Vernichtung mittels Dynamit, wie es zum Beispiel leider in Griechenland einst gängige Praxis war.

Das Fischangebot auf den Balearen gehört zum reichhaltigsten in Euro-pa. Einmal, weil die Umgebung der Inseln noch immer ein gutes Fischrevier für die klassischen Mittelmeerfischarten ist – dank felsiger Küsten, feiner Sandbänke zwischen und vor den Inseln, vieler Buchten, günstigen Strö-mungen und herrlich sauberem Wasser. Freilich kann, was die hiesigen Fischer fangen, den Bedarf, vor allem in den Zeiten der Hochsaison, bei Weitem nicht decken. Und so landen – schnell und frisch – gewaltige

Drachenköpfe, Knurrhähne, Gold- und Zahnbrassen, platte Fische, runde Fische ... eine Riesenvielfalt, unfassbar frisch und mit präzisem Herkunfts-nachweis

Mengen an Fisch auf den örtlichen Markt, die aus dem marokkanischen Atlantik, den nordafrikanischen und spanischen Mittelmeergründen und vor allem aus dem nordwestspanischen Galicien stammen. Deshalb entspricht das Angebot an Fisch und Meeresfrüchten auf den Balearen eigentlich dem einer Metropole, so vielfältig ist es – und so enorm die qualitative sowie preisliche Bandbreite.

Am teuersten und frischsten ist der an der heimischen Küste gefangene Fisch. Am preiswertesten das Tiefkühlangebot aus dem Nordatlantik, gefolgt von den Fängen, die Nacht für Nacht aus Galicien eingeflogen werden: Fisch, Kalmare und Tintenfische. Viele Meeresfrüchte, vor allem die verschiedenen Arten von Muscheln – Mies-, Messer- und Venusmuscheln sowie Austern gibt es auf den Balearen nicht.

Dieses importierte Angebot beherrscht die durchschnittliche Gastronomie. Nur in den Spitzenhäusern – meist eher versteckte Strandbuden und -restaurants – kommen tatsächlich die örtlichen Fische auf den Tisch. Sie kosten nämlich schlicht doppelt so viel wie die Festlandware!

Während man in den Restaurants dem Kellner, was die Herkunft des Fisches betrifft, Glauben schenken muss, hat man es auf dem Markt leicht. Hier ist alles genauestens ausgezeichnet, überall stehen Täfelchen oder sind Zettel angeheftet, mit detaillierten Angaben, wo der Fisch wann gefangen wurde, auf welche Art, von welchem Schiff. Die Angaben gehen im Allgemeinen weiter als von der EU verlangt – danach würde es etwa ausreichen, als Fanggebiet »westliches Mittelmeer« anzugeben. Vorbildlich diese Deklaration hier, die offenbar auch genau kontrolliert wird. Betrügerische Angaben können zum Entzug der Lizenz führen, wer würde das riskieren! So kann es sein, dass Sie auf dem Mercat Olivar in Palma de Mallorca einen wunderbaren Drachenkopf (Cab Roig im mallorquinischen Catalan – bei uns besser bekannt als Rascasse) für vier Personen entdecken können, der am Morgen oder Vortag direkt vor dem Cap Formentor an der Angel gefangen wurde – nicht im Netz und also nicht gequetscht wurde, sondern makellos und in vielfältig abgestuftem Rot schillernd, die Augen vorgewölbt und glänzend, der Körper noch steif ... Wer dann im Hotel wohnt und über keine eigene Küche verfügt, kann sich vor Sehnsucht nur verzehren!

Denn die Restaurants sind rar, in denen man diesen wunderbaren Fisch perfekt zuzubereiten weiß. Man muss ihn nämlich einerseits durchaus starker Hitze aussetzen, damit die sehnig-muskulösen Fleischstränge fest und saftig werden, aber maßvoll genug, um ihn nicht zu übergaren; leider geschieht Letzteres nur zu häufig.

Zwei Adressen haben wir entdeckt – an beiden wären wir vorüber-
gegangen, hätte sie uns nicht einmal ein Sternekoch und das andere Mal ein
weit gereister Spitzenkellner dringend empfohlen. Beide mit den jeweils
fast gleichen Worten: »Lasst euch vom äußeren Eindruck nicht abhalten!«

Frühling auf **Mallorca**

In dem Örtchen Port de Pollença im Norden der Insel, direkt an der Ufer-
promenade, zwischen kleinen Läden, die ihr unsägliches Angebot an
Souvenirs vor ihrer Tür aufdringlich an Ständen, Hängern und auf Kisten
ausgebreitet haben, liegt versteckt das »Los Faroles«: Auf der Miniterrasse
vor dem unscheinbaren Haus sitzen keine Touristen, sondern Hausfrauen,
die Einkaufstasche neben sich, und ältere Männer, sie trinken Bier, einen
Kaffee, ein Glas Wein, nehmen einen Aperitif. Es ist 13 Uhr, noch ist nicht
(spanische) Essenszeit.

Wir fragen nach Fisch. Natürlich! Seit Tagen war es kühl und regne-
risch gewesen, auch jetzt ist es zwar nicht wirklich maienmild, doch wenigstens scheint die Sonne. Ob wir draußen essen können? Nicken: »O. k.« Der
Ober bringt die Karte. Vorspeisen, Salate, Fleisch. Fisch? »O. k.« Drinnen
könnten wir auf dem Wagen bestaunen, was es gibt. Auf einem riesigen
Silbertablett auf und zwischen Eis liegen wahre Schätze: drei herrliche
St. Petersfische, ein halber Steinbutt, der immer noch für zehn Personen
reichen müsste, zwei ellenlange Wolfsbarsche, zwei mittlere Goldbrassen,
ein mächtiger, böse aussehender Zackenbarsch, einige kleinere und mittel-
große Drachenköpfe.

In diesem Moment fällt eine laut schwatzende Gruppe junger Leute in
den Raum ein. Das Lokal ist nicht schön, auch nicht wirklich hässlich, einfach, schmucklos, nur zwei kleine, dafür viele große, runde Tische. Das
gefällt uns. Hier rechnet man also nicht mit Touristenpaaren, sondern mit
einheimischen Familien, Gruppen, Freunden. Wir entscheiden uns spontan, auch lieber drinnen als auf der schmalen Terrasse zu essen, und er-
küren uns einen Drachenkopf mittlerer Größe.

Die jungen Leute – es sind noch ein paar dazugekommen, jetzt sind
es vierzehn – setzen sich an den rasch noch mal vergrößerten Tisch,
stehen wieder auf, setzen sich um, Kinderstühlchen werden dazwischen-
geschoben, Geplärre, Geschwatze, ein Heidenspektakel. Wir fragen uns, ob
es richtig war, hierzubleiben. Der Ober tritt an den Tisch der jungen Leute,
zwei Flaschen Cava in der Hand, es wird eingeschenkt, angestoßen, großes

Hallo: Eines der Mädels hat Geburtstag. Sie hält eine kleine Rede und lädt alle ein – zum Fischessen, was sonst? Jetzt geht neues Palaver los: Wer isst was? Wer kriegt was vom Steinbutt, von dem quer zur Rückengräte über den ganzen Fisch hinweg lange Scheiben geschnitten werden? Andere nehmen St. Petersfisch, einer will Languste (ja, die gibt's auch), jeweils zwei teilen sich eine Goldbrasse und einen Wolfsbarsch, die anderen bestellen einen Cab Roig.

Während wir zwei kleine Vorspeisen probieren, die so klassisch hässlich aussehen wie typisch spanische Küche vor Jahrzehnten (Stockfisch unter einer dicken Paprikapampe und gefüllte Miesmuscheln mit Bröseln überbacken), aber erstaunlich gut schmecken, füllt sich das Restaurant weiter: Eine achtköpfige Familie nimmt den Tisch zu unserer Linken ein, vier Geschäftsleute im dunklen Anzug den Tisch zur Rechten. Jetzt wird es wirklich laut, wir bestellen die zweite Flasche Wein (Mortitx blanc). Die Herren einigen sich auf den Zackenbarsch, die Familie berät noch ausführlich.

Ein altes Ehepaar kommt hereingewackelt, setzt sich an den kleinen Tisch dazwischen – sie wählt einen kleinen Drachenkopf, er bestellt sich Lammkoteletts, woraufhin sie ihn missbilligend ansieht. Er besteht auf Fleisch, ordert für seine Frau eine Karaffe Roten, für sich eine Karaffe Weißwein. Warum nicht einmal alles gegen den Strich bürsten?

Die Familie ist noch immer nicht weiter, die Eltern und die älteren Kinder bekommen schon mal Wein, die Kinder Cola, alle Wasser.

Unser Fisch wird herangetragen, auf einer stattlichen Platte, umlegt mit Gemüse. Längs aufgeschnitten und aufgeklappt, ist er auf der *plancha*, der Grillplatte, gebraten worden. Er ist absolut perfekt: Flossen und Schwanz sind knusprig, sie krachen zwischen den Zähnen. Das Fleisch hat einen wunderbaren Biss, der Kopf mit seinen vielen gallertigen Partien ist so schlunzig wie ein schwäbischer Kartoffelsalat. Perfekt gesalzen, gut gepfeffert, das Öl ausgezeichnet, Zitronenschnitze daneben und ein paar blasse Salzkartoffeln.

Die Familie beginnt zu bestellen, als ein Wagen mit zwei riesigen Platten hereingerollt wird, auf denen das ganze Fischgetier für die Geburtstagsrunde Platz gefunden hat: Es sieht aus wie auf einem Bild von Pieter Brueghel – ein Schlaraffenland! Der Vater der Familie deutet auf die Platten und sagt: Wollen wir auch haben. Der Kellner nickt ungerührt, »O. k.«, nimmt den Auftrag aber eher beiläufig zur Kenntnis, denn erst einmal serviert er jedem in Ruhe seinen Fisch. Es beginnt ein Schmausen, dass es seine Art hat.

Wir schaffen tatsächlich den ganzen Drachenkopf. Übrig bleiben das säuberlich abgeschleckte Gerippe, die nackten Gräten, der ausgelutschte Kopf und das Gemüse, in salzlosem Wasser zu Matsch gekocht. Das stört den Ober nicht, als er uns für die saubere Arbeit Anerkennung zollt und dafür erstmals seine Miene mit der Andeutung eines Lächelns aufhellt. Bravo!

Die Familie, die den Rest der ganzen Fischpracht vom Silbertablett bekommen hat, macht sich ihrerseits über ihre beiden gewaltigen Platten her. Die Mutter gibt jedem einen Teil vom Steinbutt auf, der Vater bekommt den Kopf und vertieft sich in eine genüssliche Arbeit, noch das letzte Fitzelchen Fleisch wird abgelöst. Keines der Kinder macht wegen der Gräten einen Aufstand. Es ist jetzt leiser geworden im Raum.

Uns fehlt zu unserem Glück nur noch der Nachtisch, ein Schälchen Erdbeeren (mit Orangensaft, ohne Sahne!), der Kaffee und ein Gläschen Likör. Wir haben hervorragend gegessen. Alle anderen Gäste auch. Kein einziges Kunststückchen, keine »Verfeinerung«, keine Kochkunst, der reine Geschmack: nichts weiter als allerbeste Fische, optimal gegart!

Kurz vor vier Uhr verlassen wir als Erste von den Gästen rundum grüßend das fröhliche Lokal.

Bildschön und vorzüglich: zwei Drachenköpfe, mit Zitrone, Petersilie und etwas Olivenöl im Ofen gebraten

Im Frühsommer auf **Ibiza**

Unsere Recherchentour begann bei herrlichem Wetter und endete in einer Art Sintflut. Dazwischen versuchten wir, gute bodenständige Inselküche zu finden. Im Landesinneren klappte das auch ganz gut – auf Schweinefleisch und Huhn, Lamm und Kaninchen verstehen sich die Ibizenker schon, am besten vom Grill, das können sie perfekt. Herrlich auch, wenn man im Freien auf einer steinernen Grillplatte sich selber alles nach eigenem Gusto saftig grillen konnte. Die saucenreichen Schmorgerichte haben uns weniger gefallen. Schwierigkeiten hatten wir allerdings anfangs mit dem immer gleichen, zu lange gegarten Fisch.

Bis wir am letzten teilweise sonnigen Tag in die Strandbude gerieten, die man uns ganz besonders empfohlen hatte. Wir waren vorsichtig geworden, nachdem wir schon in zwei eleganten, trendigen, in allen Führern hochgelobten Restaurants wenig Vergnügen gehabt hatten. Diese Adresse lag etwas abseits – die Tatsache, dass wir erst eine schwierige, nach dem Regen morastige Zufahrt mutig überwinden mussten, ehe wir uns in ein letztes Parkplätzchen quetschen konnten, ließ uns allerdings wieder Mut schöpfen. Und während vor den anderen Restaurants ausschließlich Luxusschlitten der größeren Bauart vorgefahren waren, hatten sich hier neben wenigen Ausnahmen eher bescheidene Gefährte versammelt – die typischen kleinen Leihwagen und ein paar angejahrte, zerbeulte Exemplare aus der Mittelklasse.

Das »Xarcu« an der Cala Virgen im Süden der Insel liegt zauberhaft an der stillen Bucht – ein Restaurant, das aus einer einfachen Strandbude hervorgegangen ist. Auf der Terrasse braune oder hellblau gestrichene Tische mit Korbstühlen und Sesseln, darüber weiße oder aus Palmwedeln gebundene Sonnenschirme. Die Gäste wirken entspannt, es ist nicht viel los.

Wir beginnen mit den Kleinigkeiten zum Picken, *para picar*, Scheibchen vom Jamon Iberico, Oliven und die wunderbaren, kross gebratenen Pimientos de Padròn, jene kleinen grünen Paprikaschötchen, die meist gemüsig mild, manche dazwischen aber auch ganz schön feurig sind (*unas picas, otras non*). Dann folgen Espardenyes – Seegurken: Jetzt ist die richtige Zeit, in dieser Bucht sind sie eine Spezialität, und das Wetter hat es erlaubt, welche zu fischen. Wir haben Glück, diese begehrten Tierchen in einem weinig-zitronigen Knoblauch-Petersilien-Sud kosten zu dürfen. Nicht schlecht, aber auch nicht weltbewegend, die Konsistenz zwischen ziehend-zäh und faserig-mürb ist eher gewöhnungsbedürftig, der Geschmack

selbst nicht aufregend, eher dumpf. Wobei wir nicht wirklich beurteilen
können, ob vielleicht mangelnde Sorgfalt bei der Zubereitung der Grund
dafür ist. Ganz anders die Garnelen, die folgen: knusprig-knackig, saftig,
das Innere fast noch roh, nicht die geringste Spur von gerinnendem, dadurch trocken wirkendem Eiweiß, nicht einmal in der äußeren Schicht –
gartechnisch perfekt, geschmacklich intensiv, jodige Noten von Salz – auch
ein wunderbar intensiver Hauch von Salz auf der Schale und den begleitenden Kartoffelchips. Nachher entdecken wir in der Küche das Geheimnis:
Die Garnelen – es handelt sich um die dunkelroten, ins Violette spielenden
Felsengarnelen, die wohl die feinsten aller Garnelen sind, nicht groß, aber
riesiges Aroma! – werden auf der Plancha auf Salz gebraten. Sensatio-
nell! Und die Kartoffelchips: Dafür werden Kartoffeln in feine Scheibchen
gehobelt, kurz gewässert und gründlich abgetrocknet. Und dann in einem
riesigen, breiten Topf in einer gewaltigen Menge appetitlich duftenden
Olivenöls zweimal frittiert. Sorgfältig abgetrocknet, mit grobem Ibizenker
Salz bestreut: Das Ergebnis ist einfach umwerfend!

Das Hauptgericht ist wieder ein Cab Roig – einfach unser Lieblingsfisch! –, hier auch *rocho* genannt. Diesmal mit Olivenöl eingerieben, ein
paar Tomaten daneben und im Ofen gebacken. Perfekt saftig und fest das
Fleisch um die Gräten, bei diesem Fisch ist man versucht mit den Eng-
ländern *bones*, »Knochen«, zu sagen, und der Kopf herrlich glibbrig und

Das »Xarcu« an der Carla Virgen im Süden von Ibiza bietet besten Fisch.

ungeheuer geschmackvoll. Es ist ja die Kunst, den richtigen Moment zu erwischen: Denn das Aroma des frischen Fisches hat seinen absoluten Höhepunkt entwickelt, wenn das Fleisch noch nicht ganz durch ist, dann wirkt es aber am Gaumen noch eher zäh. Bereits Sekunden später ist es perfekt in der Konsistenz, beginnt jedoch von diesem Moment an Aroma zu verlieren. Den rechten Moment muss man erwischen. Sehr bald danach ist das Fleisch bereits trocken-bröselig und der Geschmack verflacht. Ein vollendet gegarter Drachenkopf ist daher ein seltenes Vergnügen, dann aber überwältigend. Das war er hier, wir ließen ihn dieses Mal zur Abwechslung rot begleiten, von einem zehn Jahre alten Rioja CUNE Imperial.

Danach frischte es auf, und wir kehrten ins Hotel zurück, um uns mit einer Siesta für die angesagten Regengüsse zu wappnen.

Der **mallorquinische Herbst**

In allen Meeren ändert sich das Fischangebot im Ablauf der Jahreszeiten, manche Fische tauchen nur wenige Wochen, manchmal sogar nur Tage auf der Speisekarte auf. Sie sind nur kurze Zeit zum Fang freigegeben – auf Mallorca fällt das besonders auf.

Die dunkelroten Felsengarnelen schmecken am besten fast roh!

Die Goldmakrele

Im September gibt es zum Beispiel die *lampuga*, die auf Deutsch merkwürdigerweise Goldmakrele heißt. Gewiss, sie schimmert golden, aber mit der normalen Makrele hat sie nichts zu tun. Ebenso wenig wie mit einem Delfin, obwohl sie im Englischen *dolphin fish* heißt – und auf Hawaii (im Pazifik) *mahi mahi*.

Ende August, Anfang September beginnt die kurze Fangsaison, sie endet im November – die Fische ziehen zu dieser Zeit in Schwärmen an der Insel vorbei und können leicht gefangen werden: Dass sie extrem neugierig sind, ist ihr Verhängnis: Sie untersuchen gern alle größeren Objekte, die im Meer schwimmen. Das macht man sich zunutze, setzt Körbe oder Flöße ins Meer, legt Netze kreisförmig darum und zieht diese zu, sowie sich genügend neugierige Fische eingefunden haben. Eine Taktik, die schon die alten Römer beherrschten und die auch auf Malta überlebt hat – dort ist die *lampuga* das Nationalgericht. So lassen sich große Mengen sehr einfach fangen.

Der Speisefisch mit seinem sehr guten, festen, fast ein wenig süßlich schmeckenden Fleisch ist durchaus begehrt, dennoch sinkt sein Preis in der Saison auf unter zehn Euro fürs Kilo – trotzdem kann es schwierig werden, die gesamten Fänge an den Mann zu bringen. Meist sind die stattlichen Fische mit dem hohen Kopf und einer durchgehenden Rückenflosse knapp einen Meter lang, in tropischen Gewässern (es gibt sie rund um die Erde) erreichen sie bis zu zwei Meter. Das Fleisch ist extrem empfindlich, man muss noch vorsichtiger mit der Hitze umgehen als sonst, denn es wird schnell trocken und bröselig. Und es muss rasch nach dem Fang zubereitet werden, damit es seinen vollen Geschmack behält.

So hat man sich in Cala Ratjada die »Mostra de la Llampuga«, das Fest der Goldmakrele, einfallen lassen. Es findet alljährlich am letzten September- oder am ersten Oktoberwochenende statt. Dann sitzen Hunderte von Menschen an langen Tafeln und schmausen diesen einen Fisch, der auf angeblich 60 verschiedene Arten zubereitet wird (so viele haben wir allerdings nicht zählen können) – frittiert, im Ofen gebacken mit Paprika, auf der Plancha mit Tomaten, in *escabeche*, dem würzigen Essigsud. Wirklich begeistern konnten uns alle diese Zubereitungen jedoch nicht. Ziemlich ölig und derb und immer viel zu lange Garzeiten.

Dabei kann man in Italien überaus köstliche Rezepte für die *lampuga* oder *corifena*, wie der Fisch dort auch heißt, finden. Er wird in Italien zu den *pesce azzurri* gerechnet, den blauen Fischen, wie die Sardellen, Sardinen, Makrelen und all die anderen Fische mit dunkelblauem Rücken. Sein Fleisch ist weiß bis rosarot, wird beim Garen schneeweiß, und auch dieses sollte unbedingt behutsam behandelt werden, damit es saftig bleibt – übergart man es, wird es schnell trocken.

Besonders gut eignet sich deshalb das Fischfleisch für rohe Zubereitungen:

Japanisch: als Sashimi, in knapp zentimeterdicke Scheiben geschnitten, mit japanischer Sojasauce, Wasabi und Ingwer (Shoga gari) serviert.

Südamerikanisch: als Ceviche, in dünneren Scheiben auf einer Platte ausgelegt, mit Limetten- oder Zitronensaft mariniert, mit Salz (Fleur de Sel oder die Ibizenker Salzflocken) und weißem Pfeffer aus der Mühle bestreut, auch mit Frühlingszwiebeln oder Schnittlauch, sehr fein gehacktem Knoblauch und Chili sowie etwas zerzupftem Koriandergrün.

Italienisch: als Tatar (mit wenig gehackter Zwiebel oder Schalotte, schwarzen Oliven und Kapern, Basilikum oder Petersilie, Peperoncino, Zitronenschale und Olivenöl). Oder auch sehr gut als Carpaccio: sehr dünne Scheiben, kreisrund auf einem mit Olivenöl beträufelten und mit Salz bestreuten

Filets von der Goldmakrele

Aber auch gegart kann die *lampuga* ganz köstlich schmecken! Man lässt sich dafür Filets in etwa dreifingerdicke Scheiben schneiden und muss mit der Hitzeführung sehr behutsam sein.

Die Filets in etwa dreifingerbreite Scheiben in Olivenöl rundum kurz und scharf anbraten, dabei salzen und pfeffern. Etwas Weißwein angießen und zwei Minuten sanft gar ziehen lassen. Mit abgeriebener Zitronenschale würzen, Kapern, nach Belieben Pinienkerne und Rosinen zufügen. Am Ende mit fein geschnittener Petersilie oder Basilikum abrunden. Den Sud abgießen, mit etwas frischem Öl in einem Mixbecher aufschlagen und cremig binden. Wieder alles mischen und zu Salz- oder Pellkartoffel (aus den wunderbaren Kartöffelchen Mallorcas, Ibizas oder Siziliens) servieren.

Für zwei Personen:

2 Goldmakrelenfilets
  (à 200 g)
2 EL Olivenöl
Salz, Pfeffer
1 kleines Glas Weißwein
abgeriebene Zitronen-
  schale
1 EL kleine Kapern
1 EL Pinienkerne, evtl.
1 EL Rosinen, evtl.
Petersilie oder Basilikum
2 EL Olivenöl für die
  Sauce

Goldmakrele aus dem Wok

Auch hier muss man sehr behutsam vorgehen und nur vorsichtig mit der Bratschaufel umwenden, damit die Fischwürfel nicht zerfallen.

Das Fischfilet in kleine Würfel von höchstens einem Zentimeter schneiden und im Wok oder einer Pfanne rasch in wenig Olivenöl sehr heiß braten. Zuvor allerdings je einen halben Teelöffel klein gewürfelten Knoblauch, Schalotte, Ingwer und Chili in diesem Öl schwenken. Alles mit einer Bratschaufel ständig umrühren. Sobald die Fischwürfelchen weiß geworden sind, eine halbe Tasse frische, ebenfalls fein gewürfelte Tomaten zugeben und nur eben heiß werden lassen. Gehacktes Basilikum dazugeben, mit Salz abschmecken und bissfest gekochte, tropfnasse Spaghettini (ganz dünne Spaghetti) untermischen ...

Dazu einen kräftigen trockenen weißen Mallorquiner, zum Beispiel einen Son Bordils Blanc de Blancs, eine Cuvée aus Chardonnay und dem hier heimischen Prensal.

Für zwei Personen:
300 g Goldmakrelenfilets
2 EL Olivenöl
3 Knoblauchzehen,
  klein gewürfelt
1 Schalotte
1 walnussgroßes Stück
  Ingwer
1 Chilischote
2 feste Tomaten
Basilikum
Salz
200 g feine Spaghettini

Teller ausgelegt, auch von oben gesalzen und aus der Mühle gepfeffert, mit etwas Zitronenschale überrieben, mit einem Hauch Chilipulver bestäubt; mit wenig fein geschnittener, glatter Petersilie bestreut und mit einem dicken Kringel Olivenöl überzogen – vorzugsweise aus mallorquinischen Banyalbufar (ersatzweise aus Ligurien, wo man ein ähnlich mildes Öl erzeugt). Dazu Weißbrot und eine fruchtig-trockene Malvasia, ebenfalls aus Banyalbufar (ersatzweise Vermentino aus Ligurien, der Maremma oder Sardinien) und die Welt ist in höchstem Maße in Ordnung.

Ebenso schmackhaft wie selten – Raones

Ebenfalls im September versuchen die Fischer, den begehrten Raor ins Netz zu bekommen. Dieser Fisch ist nicht nur bildschön, sondern schmeckt unglaublich gut, und sein zartes Fleisch hat eine feste, sehr saftige Textur.

Der Raor gehört zu den Lippfischen *(labridae)* aus der Familie der Barsche. Er wird auch, weil er so schön und so bunt ist, etwas pauschal Papageienfisch genannt. Im »Xarcu«, unserer Strandbude auf Ibiza, stand er immer auf der Karte, wir haben ihn dort aber nie bekommen. Dafür war seine Bezeichnung in verschiedenen Sprachen aufgeführt: In Italien heißt er *pesce pettine* (in Kalabrien, wo er besonders geschätzt wird, *surice*), in Frankreich *rason* oder *donzelle lame*, auf Englisch *cleaver wrase* oder *razorfish* und auf Deutsch Scher(en)messerfisch. Sein wissenschaftlicher Name *xyrichthys novacula* (nach Linné, 1758), mag andernorts vielleicht einmal beim Auffinden helfen.

Es ist ein sehr interessanter Fisch, in mehrfacher Hinsicht: Er gehört zum Besten, was das Meer zu bieten hat. Er erreicht nur 15 bis 20 Zentimeter Länge (selten auch einmal 30 Zentimeter) und ist dabei extrem schmal. Von dieser äußeren Gestalt leitet sich sein Name ab: Das spanische *razor* und das mallorquinische Katalan *raor* bedeuten Rasierklinge. Der Fisch besitzt einen senkrecht ansteigenden Kopf, hoch sitzende Augen und ein ganz unten liegendes, kleines Maul mit spitzen, vorstehenden Zähnen. Er braucht sehr sauberes Wasser, lebt vorzugsweise über sandigem, mit Seegras – vorzugsweise Posidonia, Neptungras – bewachsenem Meerboden in Tiefen zwischen fünf und fünfzig Metern. Zwischen den Balearen und den Äolischen Inseln, rund um Sizilien und vor Kalabrien wird er am leidenschaftlichsten gefischt. Er ist aber im ganzen Mittelmeer und dem

Der Raor ist nicht nur wunderschön – er schmeckt auch unglaublich gut.

wärmeren Atlantik zu Hause. Wird er angegriffen, gräbt er sich tief in den Sand ein. So verbringt er angeblich auch den Winter – manche vermuten hingegen, dass er sich dafür in tiefere Gewässer verzieht. Er steigt kaum höher als einen Meter über den Sandboden an, ernährt sich vor allem von kleinen Schnecken und Muscheln, die er mit seinem kräftigen Gebiss knackt. Er ist ein Hermaphrodit: Sobald er geschlechtsreif wird, ist er zunächst weiblich, im Jahr darauf wechselt er sein Geschlecht und stirbt schließlich als Mann. Die Natur hat wahrlich schöne Ideen!

Sein Wohlgeschmack, das grätenlose, weiße, feste und gleichzeitig saftige Fleisch macht ihn höchst begehrt. Touristen nehmen ihn meist nicht wahr – man sieht ja nur, was man kennt, und wegen seiner geringen Größe fällt er nicht auf. Aber die Mallorquiner lieben ihn heiß und genießen ihn vor allem im September, sofern sie ihn bekommen – und bezahlen können. Der Raor ist ein seltener Fisch. Lange, oft von Jahr zu Jahr variierende Schonzeiten und eine stark eingeschränkte Fangerlaubnis machen ihn kostbar. Man braucht eine spezielle Lizenz und darf trotzdem nicht mehr als 50 Fische am Tag bzw. pro Boot maximal fünf Kilo fangen. Die Strafen bei Missachtung sind saftig (bis zu 30 000 Euro wurden schon kassiert!), die Kontrollen scharf. Deshalb sind die Raones (so der Plural von Raor) die teuersten Fische auf Mallorca – die Fans sind bereit, 80 bis über 250 Euro pro Kilogramm zu zahlen.

Das Einfache ist das Beste

Freunde von uns, die seit Langem ein Haus auf Mallorca haben, kennen einen Fischer, der ihnen ab und zu ein paar Raones zukommen lässt. Die zarte Schönheit dieser Fische, ihr wundervolles Aroma hat uns begeistert. Wir haben natürlich umgehend verschiedene Zubereitungsarten ausprobiert, aber gleich festgestellt, dass der einzigartige Geschmack durch welche würzende Beigaben auch immer nur verliert. Der pure Genuss ist die schönste Freude! Das wurde uns später in einem der besten, vielleicht dem besten Fischrestaurant der Insel, der »Casa Fernando« in Ciudad Jardìn, bestätigt. Hier werden kaum andere Gerichte serviert als in den umliegenden Lokalen, auch den eleganteren Häusern direkt am Meer, wo man gewiss schöner sitzt und manchmal mehr, manchmal weniger bezahlt. Aber so köstlich wie in der »Casa Fernando« schmeckt es nirgendwo!

Das Geheimnis ist bestechend einfach: beste Zutaten, eine ungekünstelte traditionelle Zubereitung und ein effizienter, freundlicher Service. Der

Gast sucht sich die Fische oder Meeresfrüchte an einer großen, reichlich mit Eis bestückten Theke gleich neben dem Eingang aus, bespricht mit dem Ober, wie er sie zubereitet haben möchte und in welcher Reihenfolge, und nimmt dann an seinem Tisch Platz. Er hat gerade noch die Zeit, sich einen Wein aus der umfangreichen Karte auszuwählen, da stehen schon Wasser, Brot und wenig später auch der erste Teller auf dem Tisch: die köstlichsten Raones, einfach auf der Plancha in einem Hauch Olivenöl und Salz gebraten – fertig ist das Gedicht.

Bei dem Lob des puren Genusses erinnern wir uns an unsere erste Begegnung mit Alain Ducasse, ein Jahr, nachdem er seinen dritten Stern in Monte Carlo bekommen hatte: Wie er von einer ganz frisch gefangenen Rotbarbe schwärmte, mitsamt ihrem Schuppenkleid auf den Grill gelegt, perfekt – nämlich gerade eben nicht mehr rosa an der Gräte – gegart, aufgebrochen und mit einigen Krümeln Fleur de Sel bestreut. Nichts weiter – das sei für ihn der größte Genuss, den er sich vorstellen könne! Natürlich, so sagte er, bedaure er zutiefst, dass ein Dreisternekoch seinen Gästen ein solch schlichtes Gericht nicht servieren könne. In einer luxuriösen Umgebung verlangen sie das Ausgefeilte und Raffinierte – nur dann

Purer Genuss: Rotbarben (Rougets) aus der Pfanne oder vom Grill

sind sie bereit, die großen Scheine aus der dicken Rolle zu klauben. In der Tat: Das bestmögliche Produkt und die perfekte Beherrschung der Kochtechniken als selbstverständlich vorausgesetzt, sind heute eher die Kreativität, die Einzigartigkeit, ja die Kühnheit und Meisterschaft zum Maßstab der Bewertung bei der Komposition geworden.

Dabei kann es allerdings vorkommen, dass der Geschmack des Produktes selbst irgendwann auf der Strecke bleibt. Ein Beispiel sind die Verfremdungen der sogenannten Molekularküche. Ist es nicht ein Jammer, wenn Zutaten von außergewöhnlicher Beschaffenheit, die rar und schwer aufzutreiben sind, bis zur Unkenntlichkeit entstellt werden, nur um zwanghaft etwas anderes, Originelles, etwas nie da Gewesenes daraus zu erschaffen? Wir finden es schade, wenn sich die Küche allzu sehr vom Produkt entfernt, wenn sie zu viele Elemente zu verbinden versucht und der Showeffekt wichtiger wird als der wahre, der ursprüngliche Geschmack. Natürlich gilt auch hier: Ausnahmen bestätigen glücklicherweise die Regel!

Alain Ducasse allerdings – mit seinem weltweiten Restaurantimperium (27 Restaurants in acht Ländern) und mehr Auszeichnungen als jeder andere lebende Koch – hat die Suche nach der Wahrheit auf dem Teller nicht aufgegeben. In einem Gespräch mit dem Slow-Food-Gründer Carlo Petrini (veröffentlicht im Feinschmecker 1/2011) beschreibt er sein Ideal für die Zukunft: »... *eine cuisine brute*, eine Küche, die noch einen Schritt über meine alte Liebe zum Produkt hinausgeht. Dabei will ich zum Wesentlichen zurückkehren, das Aroma konzentrieren – mit sehr direkten, kraftvollen Geschmäckern, wie man sie vielleicht gar nicht mehr gewohnt ist«. – Das ist genau die Küche, die auch wir uns wünschen!

Die lebende **Forelle**

Warum die Forelle einmal eine exquisite Rarität war und der wahre Forellengenuss heute immer noch selten und kostbar ist.

Sie hat nicht nur unseren guten alten Schubert zu seinem unsterblichen Lied inspiriert, sondern sie war auch jahrhundertelang eine begehrte Delikatesse. Wie begehrt, das können wir uns heute gar nicht mehr vorstellen. Das haben wir erst begriffen, nachdem unser Freund Peter Hofer, Forellenzüchter in Aistaig im Nordschwarzwald und sozusagen mit der Forelle im Mund zur Welt gekommen, uns die folgende Geschichte erzählte.

Vor hundert Jahren **eine Rarität**

»Wer vor hundert Jahren die ganz besondere Spezialität Forelle essen wollte«, beginnt er, »der musste dorthin reisen, wo Forellen gefangen wurden: Die Ulmer Patrizier fuhren nach Weiler bei Blaubeuren ins Gasthaus ›Forellenfischer‹. Die Reutlinger Frühkapitalisten und die Tübinger Professoren ließen sich unterhalb des Schlosses Lichtenstein im ›Rössle‹ in Honau Forellen aus der Echaz servieren. Die Uhrenfabrikanten aus Schwenningen fuhren nach Hammereisenbach und aßen im ›Hammerwirtshaus‹ Forellen aus dem Hammerbach und aus der Breg. Die Freiburger Honoratioren ertränkten im Glottertal im ›Engel‹ und im ›Sternen‹ die Forellen im badischen Wein. Und die Sigmaringer hatten genug Fische aus der Donau, zusätzlich war die Lauchert ein Wasser, das einen bemerkenswerten Überschuss an Forellen hervorbrachte.«

Peter Hofer zählt sie alle einzeln auf, all diese Forellengenießer aus der süddeutschen Umgebung, die auch er in seinem Forellenzüchterleben versorgt hat. Er faltet die Hände über dem stattlichen Embonpoint und fährt fort: »Vor allem die Steinharts aus Hettingen taten sich als erfolgreiche Forellenfischer hervor, schon um 1850. Sie fuhren mit dem Pferdefuhrwerk sogar lebende Forellen über den Schwarzwald nach Baden-Baden, weil dort die besten Preise zu erzielen waren. Man muss sich das vorstellen: Ein Schüttelfass wurde zur Hälfte mit 250 Liter Wasser gefüllt und mit 20 Kilogramm Forellen besetzt.« Er schüttelt den Kopf, als wundere er sich immer noch, welchen Aufwand man damals trieb. »Damit die Fische die Strecke überlebten, musste dauernd durch Treten mit dem Fuß das Wasser auf dem Wagen mit Luft durchmischt werden. Und alle zwei Stunden war ein Wasserwechsel an einem Brunnen oder an einem Bach notwendig, auch nachts.« »Ganz schön mühsam, aber offensichtlich lohnend«, werfen wir ein. »Durchaus«, sagt Peter Hofer und nickt. »In Hünigen, im Elsass, gab es bereits seit Napoleon III. eine staatliche Fischzucht. Und der König von Württemberg hatte seine eigene Forellenzucht beim Schloss Monrepos. Die hohen Forellenpreise lockten die Investoren, so den Pulverfabrikanten Duttenhofer in Rottweil«, erzählt er und lächelt seinem Urenkel zu. »Ja, genau, deinen Urgroßvater! Und auch den Oberbürgermeister Schuster in Freiburg. Es gab viele Nachahmer, der erfolgreichste war aber wohl der Waffenschmied Josef Hofer in Oberndorf am Neckar.« Peter Hofer grinst, denn dieser weisen Voraussicht seines Großvaters verdankt er seine eigene Forellenzucht. Diese führt sein Sohn Stephan mittlerweile in der nunmehr vierten Generation weiter, und die Familie Hofer erzeugt und verkauft mehr Forellen als je.

»Damals«, berichtet Peter Hofer weiter, »waren die Fische so knapp, dass das seinerzeit größte Hotel des Schwarzwaldes, das ›Waldeck‹ in Freudenstadt, in Dießen bei Horb eine Forellenzucht anlegte, nur um die eigene Versorgung sicherzustellen. Um den Absatz brauchten sich die Forellenzüchter nicht zu kümmern, das besorgten die Fischhändler Mayerlen in Stuttgart, Roming in Ravensburg, Müller in Baden-Baden und Gropp in Rohrdorf bei Nagold (später in Marxzell mit Filiale in Brunnen am Vierwaldstätter See).«

Er zählt die Namen auf, als sei das alles gestern gewesen. »Damals konnte man gar nicht genug Forellen züchten. Nicht einmal der Erste Weltkrieg und die Inflation 1923 konnten den Markt erschüttern. 1929, mitten in der Weltwirtschaftskrise, kaufte Großvater Josef Hofer Grundstücke am Schenkenbach und fing 1930 an, eine zusätzliche Forellenzucht riesigen Ausmaßes zu bauen. Das hätte ihn finanziell fast Kopf und Kragen gekostet, denn plötzlich konnten die Forellen nicht mehr kostendeckend verkauft werden. Neue Absatzwege mussten erschlossen werden.« Er setzt ein spitzbübisches Lächeln auf und erklärt uns: »Ein Forellenzüchter in der Lüneburger Heide hatte ein System für den Versand von ›küchenfertigen geringelten Forellen per Bahnexpress‹ entwickelt.«

Was war denn das? Davon hatten wir noch nie gehört – was für eine spannende Geschichte, wir hingen unserem Freund Peter an den Lippen.

»Mein Vater Leopold Hofer hat die Sache dann perfektioniert: Die Forellen wurden geschlachtet, wobei darauf zu achten war, dass die Schleimhaut nicht beschädigt wurde, damit sie bei der Zubereitung später gut ›blau‹ wurde. Dann hängte man die Forellen in Reih und Glied auf Nagelspitzen in Lattenregale, um die wertvolle Haut anzutrocknen. Anschließend wurden die Forellen ›geringelt‹: Mit einer Packnadel führte man einen Bindfaden durch das Maul ein und durch die Kieme aus, stach dann durch die Schwanzflosse und knotete Maul und Schwanz zusammen. Das geschah auf einer Nachttischplatte aus Marmor als Auflage, die man zum Durchstechen der Nadel mit einem ovalen Loch versehen hatte. Kunstdärme, im Durchmesser zu den geringelten Forellen passend, wurden mit gestoßenem Eis aus der Brauerei gefüllt und die Forellen dann über die ›Eisstangen‹ geschoben, vergleichbar mit den Brezeln beim Oberndorfer Narrensprung.« (Dieser Brauch der alemannischen Fastnacht – Fasnet sagt man dort – findet am Fasnetdienstag statt, und die Laugenbrezeln, die auf einer Art Szepter gestapelt sind, werden von dort aus unter das närrische Volk verteilt.)

»Stangenweise wurden die Forellen in Pergamin eingeschlagen«, fährt Peter Hofer fort, »mehrere Stangen kamen dann in eine Versandkiste aus Fichtenbrettern, die zur Isolierung mit Holzwolle gefüttert wurde. Mein Großvater Josef Hofer hatte damals einen eigenen Vertreter in Berlin, der dort die Gastronomie besuchte. An Spitzentagen wurden in solchen ›Spezialverpackungen‹ bis zu 2500 ›frische‹ Forellen über große Entfernungen verschickt. Jedenfalls kamen die Fische nicht verdorben an, sonst hätte dieser Absatzweg nicht bis in die 1940er-Jahre funktioniert. Die Forelle wurde beim Kochen schön blau, und wenn man sie dann beim Servieren mit dem Vorlegebesteck flach drückte, dann riss sie auf, genauso wie eine lebendfrische Forelle beim Einlegen in den Sud.«

Wir sind fasziniert: Was für eine großartige Idee – einfach genial! Aber man darf nicht vergessen, dass diese Forellen ein absolutes Luxusgut waren, das sich nur die wirklich Reichen leisten konnten. Und heute?

Frisch geschlachtet am besten

Lebende Forellen zu kaufen ist im Prinzip kein Problem, sofern man einen Fischhändler weiß, der über ein Hälterbecken verfügt und die schöne Tradition des Lebendfischverkaufs pflegt.

Forelle blau

Hat man eine lebende Forelle erstanden, muss man schnell nach Hause damit, einen Sud aufsetzen – halb Wein, halb Wasser – ruhig auch den Saft einer Zitrone hinzufügen oder eine in Scheiben geschnittene Zitrone. Ein bisschen Lauch, Zwiebel und Sellerieblatt geben dem Sud noch zusätzlich Geschmack, und Salz darf nicht fehlen. Der Sud muss deutlich gesalzen sein, sonst schmeckt die Forelle fad. Etwas Lorbeer und einige Pfefferkörner schaden nicht. Eine Weile durchkochen, dann erst die Forelle einlegen. Sie wird sich im heißen Sud sofort wunderbar blau färben. Es ist nämlich gar nicht nötig, sie mit heißem Essig zu brühen – nicht der Essig ist es, der für die Färbung sorgt, sondern die Hitze! Die Forelle unterhalb des Siedepunkts gar ziehen lassen – 6 bis 8, höchstens 10 Minuten. Ihr Fleisch gibt auf Fingerdruck nach, wenn sie gar ist.

Zutaten pro Person:
1 Forelle (ca. 350 g)
¼ l Wein, ¼ l Wasser
1 Zitrone
1 Stück Lauch
½ Zwiebel
2 Sellerieblätter
1 TL Salz
2 Lorbeerblätter
1 TL Pfefferkörner

Eine Forelle blau muss aussehen wie ein Trümmerhaufen.

Trotzdem wird man am ehesten in einem darauf spezialisierten Gasthaus in den Genuss einer wahren »Forelle blau« kommen, wie sie der liebe Gott gemeint hat. Nämlich so frisch nach dem Schlachten zubereitet, dass sie sich wölbt und verdreht und aufbricht, wie das eben nur eine frisch geschlachtete Forelle tut. Das ist das Erkennungszeichen, das die Frische signalisiert. Und dies versuchte man, wie oben beschrieben, mit der geringelten Forelle nachzuahmen, indem man sie mutwillig zerdrückte ... Allerdings wird sie dann eben nicht mehr diesen herzhaften Biss haben, diese unvergleichliche Knackigkeit, wie man das nur bei wirklich frischen Forellen findet, und auch nicht die einzigartige Nussigkeit im Geschmack.

Auch wir hatten immer den alten Kochbüchern geglaubt, in denen die Forelle zum Ring zusammengebunden wurde, damit sie in einen normalen runden Topf passt. Denn einen speziellen, langen Fischtopf hatten nur die wohlhabenden Haushalte im Küchenschrank. So war es also mitnichten – es ging, wie eigentlich immer, um eine Täuschung des Gastes.

Signalisiert Frische: das Aufbrechen der Forelle

Heute weiß kaum mehr jemand, dass das Aufbersten der Forelle ein Qualitätsmerkmal ist. Die meisten Gäste werden eher zufrieden sein, wenn im Restaurant die angeblich frisch geschlachtete Forelle strack und gerade auf dem Teller liegt, mit unversehrter Haut, nirgends auch nur ein bisschen aufgebrochen – dabei kann man dann sicher sein, dass das arme Ding auf jeden Fall schon vor einer Weile sein Leben gelassen hat, vielleicht sogar bereits eine geraume Weile in der Tiefkühltruhe verbracht hat, wer weiß? Eine schöne blaue Färbung bekommt der Koch trotzdem noch hin, wenn die Schleimschicht darauf intakt ist. Aber die Zähne des Gastes werden es am Fischfleisch sofort spüren: Die Spannung fehlt, die Festigkeit der Frische ist nicht mehr vorhanden. Vom Geschmack ganz zu schweigen – es ist ja wahr, was man in den siebziger Jahren des letzten Jahrhunderts gesagt hat: Die Forelle ist das Grillhähnchen unter den Fischen.

Direkt **aus dem Bach**

Für unser 1988 erschienenes Buch über die kulinarische Landschaft Baden hatten wir das Glück, im Schwarzwald noch eines der selbst damals schon rar gewordenen Landgasthäuser zu finden, die im Bach eigene Forellen hielten. Wer dort Forellen essen wollte, musste vorher anrufen – etwas anderes gab es ohnehin nicht. Und man musste sich dann bereits entscheiden, ob man die Forelle »blau« oder »Müllerin« zu verspeisen gedachte.

Die »Müllerin« wurde nämlich schon zwei Stunden vor dem Essen aus dem Hälterkorb gezogen, der im Bach vor der Haustür hing. Damit sich der Fisch entspannen konnte, nachher schön flach in der Pfanne lag und

gleichmäßig gar wurde. Für die »Forelle blau« dagegen wurde der Bruder der beiden Frauen in der Küche, mit seiner dunkelblauen Zipfelmütze auf dem Kopf und dem Kescher in der Hand, erst dann zum Bach geschickt, wenn die Gäste schon am Tisch saßen. Es war ein Gasthaus wie aus dem Bilderbuch: vor dem Haus das Bächlein, das wirklich wie im Lied munter plätscherte, drinnen dunkles Tannentäfer, blanke Tische aus demselben Holz, Wiesenblumen überall, auch im Herrgottswinkel, weiße Mullvorhänge filterten das Sonnenlicht.

Die Wirtin, im Schürzenkleid aus blau bedrucktem Kattun, erschien mit den Tellern und fragte: »Die ›Müllerin‹ – wer?« Hübsch ordentlich und appetitlich lag die gebratene Forelle auf dem Teller, den die Wirtin nun mit unbewegtem Gesicht absetzte. Als sie dann die »Forelle blau« servierte, die aussah wie ein Trümmerhaufen, huschte ein kaum merkliches Lächeln über ihre zerfurchten Wangen. Als sei dies eben doch die einzige, die wahre Art, Forellen zu genießen.

Vermutlich stimmt das. Auf jeden Fall dann, wenn die Forelle frisch ist – und nicht eine aus Amerika zu uns gekommene Regenbogenforelle, sondern eine echte Bachforelle, also die mit den roten Pünktchen.

Die in Europa heimische Forelle ist eben diese Bachforelle. Von Skandinavien bis in die Türkei kann man sie wild in sauberen Bächen finden. In der Zucht wurde sie zunehmend von der Regenbogenforelle verdrängt, die man schon zu Beginn des letzten Jahrhunderts aus Amerika eingeführt hatte, weil sie höhere Wassertemperaturen verträgt und sich deshalb leichter in Teichen halten und züchten lässt. Auch wenn Bachforellen ihnen vom Geschmack und der Kernigkeit des Fleischs meist überlegen sind, so können Regenbogenforellen, wenn sie in gutem, frischem Wasser gezogen, anständig gefüttert wurden und langsam haben wachsen dürfen, ihnen durchaus ebenbürtig sein.

Jetzt bleibt nur übrig, Sie zu ermuntern, sich auf die Suche nach einem Ort zu machen, wo man heute noch Forellen fast lebend in die Küche bringt. Aber bitte gehen Sie nicht dorthin, wo in einem trostlosen Miniaquarium traurige Fische schwimmen. Wenn sich die Tierschützer darüber entrüsten, kann man das verstehen. Suchen Sie nach solchen Gasthäusern, die ihre Lebendfische im Bach oder Fischteichen vor dem Haus schwimmen lassen, bis sie in den Kochtopf wandern. Die gibt's! Nicht nur im Schwarzwald.

Links: Die Bachforelle erkennen Sie an den roten Pünktchen.

Ein köstliches Krabbentier:
die venezianische *granseola*

Von einem Meeresgetier,
das im Restaurant eine teure Delikatesse ist.
Und wenn man es selber zubereitet, kaum etwas kostet.

Die See- oder Meeresspinne (auch Dreieckskrabbe – italienisch *granceola* genannt und venezianisch *granseola*, englisch *spider crab*, französisch *araignée de mer*) sieht recht bizarr und furchterregend aus und scheint äußerst wehrhaft. Dabei ist sie ein eher harmloses Geschöpf trotz ihrer Dornen und Zacken, an denen man sich freilich, wenn man nicht aufpasst, scheußlich verletzen kann. In der Adria kommt die *granseola* oder Meeresspinne noch immer recht häufig vor.

Bis vor 30, 40 Jahren war sie eine Spezialität in allen venezianischen Restaurants, die auf sich hielten. Heute serviert man sie nur noch selten, obwohl sie auf dem Markt spottbillig ist. Die traditionelle venezianische Art der Zubereitung ist so simpel, dass sie wirklich jeder hinbekommt. Und ungemein wohlschmeckend, einer jeden feinen Tafel würdig.

Warum aber bekommt man sie dann praktisch nie? Weil es unendlich mühsam ist, wirklich viel Arbeit macht, das Fleisch aus den Karkassen zu lösen und feinsäuberlich von allen spelzigen Teilen zu befreien. Diese Arbeit zu bezahlen ist teuer, deshalb ist die eigentlich billige *granseola* zur begehrten Delikatesse geworden, die man – wenn überhaupt – nur noch in Luxusrestaurants aufgetischt bekommt.

Zum Beispiel in der Antica Osteria *Cera*, nicht in Venedig selbst, sondern auf dem Festland in Richtung Chioggia, im Ortsteil Lughetto des

Städtchens Campagna Lupia, ganz nah an der Hauptstraße. In diesem in dieser Lage unerwartet edlen, modernen, luxuriösen Haus kommt die *granseola* so puristisch auf den Tisch, wie sich das gehört.

Die Tiere werden in Salzwasser nur wenige Minuten leise gekocht, bis sie gerade eben gar sind. Dann lässt man sie in Eiswasser rasch abkühlen (wodurch das Fleisch besonders saftig bleibt).

Zum Auslösen wird der Bauchpanzer abgehoben, die wattigen Kiemen werden entfernt und die gesamten Beinpartien herausgedreht, ohne den Rückenpanzer zu beschädigen. Falls es einen roten Corail (Rogen) gibt, wird dieser fein gehackt. In den kleinen Kammern an den Beinansätzen sitzt das wunderbare Fleisch, das man mit einem lanzettförmigen Messerchen vorsichtig und mit Engelsgeduld herauslösen muss. (Wer diese Arbeit einmal selbst auf sich genommen hat, der versteht spätestens jetzt, warum dies heute ein Luxusgericht ist!) Die Scheren und die dickeren Glieder der Beine muss man mit einem Nussknacker aufknacken, damit man das Fleisch auslösen kann. Aus dem Rückenpanzer eventuell geronnenes

Es macht viel Mühe, das Fleisch aus den Beinen der granseola *zu pulen.*

Eiweiß herauskratzen – das nämlich schmeckt besonders köstlich! – und zum Fleisch geben.

Panzer sauber auswaschen und zum Servieren auf ein Bett von Salatblättern setzen. Oder auf jenen speziellen Ständer, den man früher in den venezianischen Restaurants dafür verwendete, in den feinen hat man sie auch heute noch: ein Ring auf drei Füßchen, in edlen Häusern natürlich aus blitzendem Silber, in dem die Panzerschale der *granseola* absolut fest sitzt, sodass der Gast sie nicht halten muss, wenn er das Fleisch daraus gabelt.

Das ausgelöste Fleisch wird dann nur noch mit dem nötigen Salz, einer Messerspitze Chilipulver und ein wenig weißem Pfeffer gewürzt und schließlich mit etwas Zitronensaft und ein, zwei Löffeln vom besten Olivenöl, das Sie bekommen können, vorsichtig umgewendet. Dieser Salat wird noch lauwarm locker in die Schale gefüllt, den roten Corail als Garnitur obenauf, und serviert – für jede Person eine ganze *granseola*! Was für eine grandiose Vorspeise! Dazu gibt's einen frischen, aber kräftigen Weißwein – vorzugsweise einen guten Soave Classico oder aus dem Collio eine Ribolla

Das Fleisch der granseola *wird in ihrem Panzer als erlesene Kostbarkeit auf einem silbernen Gestell serviert.*

oder einen Friulano – und Weißbrot. Wenn die Dreieckskrabbe lebend-frisch war, wie man sie in Venedig auf dem Rialtomarkt kaufen kann, gibt es nichts Besseres!

Nach diesem Rezept lässt sich auch ein Taschenkrebs zubereiten, der allerdings ist nicht ganz so fein.

Bei uns findet man manchmal Meerspinnen auch in guten Fischgeschäften oder bei jenen Händlern, die in erster Linie Restaurants beliefern, aber auch private Kundschaft versorgen können.

Die große, riesige Variante der Meerspinne sind die Alaska-Königs-krabben oder Kamtschatkakrabbe genannten Tiere, die es in Dosen oder tiefgekühlt zu kaufen gibt. Letztere können, wenn man sie sehr vorsichtig und nicht zu heiß gart, ebenfalls gut schmecken. Ursprünglich kamen diese Krabben nur im Nordpazifik vor, wurden dann in der Barentsee angesiedelt und haben sich dort stark vermehrt, weil sie hier keine natürlichen Feinde haben. Inzwischen sind sie bereits in Norwegen und den Lofoten angekom-men und werden dort reichlich gefangen. Manche befürchten wegen ihrer starken Vermehrung eine ökologische Katastrophe. Also: aufessen!

Wofür man ganz besonders schwärmt:
Gulasch

*Vom Charme klassischer Schmorgerichte und
von den vielen Wegen, die nach Rom
beziehungsweise zum perfekten Gulasch führen.*

Nicht nur jener Sauerkohl, von dem die Witwe Bolte einstmals eine Portion sich holte, ist eine Speise, von der man ganz besonders schwärmt, wenn sie wieder aufgewärmt wird. Das trifft auf Schmorgerichte eigentlich immer zu, und für uns steht da das Gulasch an vorderster Stelle. Dieses muss ja ohnehin lange und sanft zusammengeschmurgelt sein, damit die vielen Zwiebeln, die Basis für die typische dicke, fruchtige Sauce sind, sich völlig und inniglich verbunden haben. Also kann man es ruhig wieder aufwärmen, sogar mehrmals, wobei sich jedes Mal die Aromen noch mehr konzentrieren und verdichten.

Selten ein Genuss: Gulasch aus dem Laden oder im Restaurant

Ein Gulasch ist eine herzerwärmende Sache, buchstäblich, es spendet Kraft und dank der von innen her wirkenden Paprikaschärfe auch Wärme, durch und durch. Wohl dem, der noch eine Großmama hat, die ab und zu einen großen Topf davon zubereitet. Er wird sich glücklich schätzen und davon Portionen als Vorrat in seine Tiefkühltruhe packen. Die anderen müssen selber ran, mit dem vorlieb nehmen, was man in Gasthäusern daraus macht oder zum Fertiggericht greifen. Fix & fertig in Dose, Glas oder TK-Packung werden ja eine Menge Schmorgerichte angeboten, vom Gulasch und den Rindsrouladen bis zum Sauerbraten. Wie gesagt – die lange Schmorzeit lässt das Aufwärmen nicht nur zu, sondern verstärkt sogar die guten Eigenschaften.

Nur ist das, was man als Fertiggericht kaufen kann, im Allgemeinen vom Preis diktiert und nicht für kulinarische Ansprüche gemacht. Ausnahmen bestätigen natürlich auch hier die Regel: So manche Metzger bieten tadellos selbst Gekochtes an, eingeweckt in Gläsern (zum Beispiel die Metzgerei Schaut in Lollar). Man muss nur Ausschau halten, es gibt überall im Land durchaus anspruchsvolle Betriebe, bei denen man so etwas kaufen kann und nicht enttäuscht wird.

Im normalen Gasthaus wird einem dagegen selten Gulasch aufgetischt, das als kulinarische Offenbarung gelten kann. Gulasch oder Gulaschsuppe dienen ja oft als sprichwörtlicher Hassbegriff, geradezu als Synonym für schlechte Küche. Mittelmäßiges Fleisch, zu hart und zäh oder zu lange gekocht und deshalb faserig, die Sauce nicht dem eigenen Geschmack vertrauend, sondern mit Tütenpulver angedickt und schon gar nicht auf zerschmurgelnden Zwiebeln aufgebaut, wie sich das für ein ordentliches Gulasch gehört.

Eigentlich müsste ein Gulasch zu den teuren Gerichten auf einer Speisekarte gehören, denn es braucht – neben ordentlichen Zutaten, versteht sich – vor allem eines, was kostbar ist: Zeit! Viel Zeit, denn das richtige Gulaschfleisch ist von Sehnen durchzogen, Gallerte, die erst nach langer und geduldiger Garzeit schmilzt, aber dann die Muskelfasern geschmeidig macht.

Unser Gulasch-Rezept

Es gibt sicher so viele Gulaschrezepte wie Liebhaber davon, na ja, fast! Wir haben im Laufe der Zeit natürlich unsere ganz persönliche Lieblingsversion ausgetüftelt. Und als wir diese eines Tages im Fernsehen zeigten, da gab es die unterschiedlichsten Reaktionen. Am meisten haben wir uns natürlich über die Begeisterung unserer österreichischen Freunde gefreut, die seither ihr Gulasch nach unserem Rezept ansetzen. Das unterscheidet sich von der österreichischen Tradition vor allem dadurch, dass wir zuallererst das Fleisch anbraten.

Wir nehmen am liebsten Rinderwade, wenn möglich, von einer Färse, also einem weiblichen Tier, das ein wenig fetter ist als der übliche (Jung-) Bulle. Wenn wir es bekommen können, nehmen wir auch gern das besonders geschmackvolle Fleisch vom Ochsen – das eine noch längere Garzeit braucht.

Das vom Knochen gelöste Fleisch wird in relativ große Würfel geschnitten, vier bis fünf Zentimeter Kantenlänge – so bleibt es saftiger. Diese Würfel in einem schweren Bräter – wir nehmen den großen, gusseisernen von der Großmutter – langsam und geduldig in einer Mischung aus Butter- und Schweineschmalz anrösten, und zwar portionsweise, damit die Fleischwürfel rundum schöne Bratspuren annehmen und ordentlich Maillard-Reaktion (siehe auch S. 200), also viel Geschmack entsteht! Dabei wird immer wieder mit ein paar Salzkörnchen und Pfeffer gewürzt, auch jetzt schon ein wenig Kümmel zugefügt.

Wenn alles Fleisch angebraten ist – das dauert gut und gern eine halbe Stunde! Was angebraten ist, wird in einer Schüssel geparkt –, kommt stattdessen eine reichliche Menge gewürfelte Zwiebeln in den Topf. Wir rechnen fast eins zu eins! Jetzt muss man die Hitze reduzieren, sie sollen nämlich nicht zu rasch bräunen, sondern hübsch langsam dünsten bis bräteln und ganz allmählich golden werden. Eventuell muss man noch einen Löffel Schmalz mehr zufügen, damit die Zwiebeln darin leise schmurgeln, fast baden können. Erst wenn sie weich wirken, appetitlich golden sind und duften – das dauert ebenfalls eine gute halbe Stunde –, wird gesalzen, gepfeffert und ein ordentlicher Löffel (oder zwei) Tomatenkonzentrat untergerührt. Dieses darf noch kurze Zeit mitrösten, bevor endlich papriziert wird.

Für sechs Personen:
2 kg Rinderwade
je 2 EL Butter- und
    Schweineschmalz
Salz, Pfeffer
1 EL Kümmel
1,5 kg Zwiebeln
2 – 3 EL Tomatenkonzen-
    trat
1 EL Rosenpaprika
2 EL Delikatesspaprika
5 – 6 Knoblauchzehen
2 EL getrockneter
    Majoran
1 – 2 Chilischoten
2 – 3 Lorbeerblätter
ca. ¾ l Wasser oder Brühe
abgeriebene Zitronen-
    schale
Petersilie, fein gehackt
1 – 2 EL Essig

Wird mit dem Löffel aus tiefen Tellern gegessen – Gulasch

Dafür den Topf vom Feuer ziehen, Paprika reagiert empfindlich auf Hitze und wird schnell bitter. Vom helleren scharfen Rosenpaprika nach Gusto (wir haben's gerne scharf!), unbedingt üppig vom milden, dunkleren Delikatesspaprika für das Aroma. Wenn alles schön rot leuchtet, das Fleisch zurück in den Topf geben, mitsamt dem inzwischen in der Schüssel gesammelten Saft, und mit den Zwiebeln mischen.

Jetzt auch Knoblauch, Majoran, ein bis zwei Chilischoten und ein paar Lorbeerblätter zufügen sowie eventuell noch mehr Kümmel. Insgesamt muss man mutig würzen, die milden Zwiebeln schlucken eine Menge! So viel Wasser oder eine leichte Brühe angießen, dass alles zu zwei Dritteln darin schwimmt.

Den Deckel aufsetzen und das Gulasch jetzt ganz leise schmurgeln lassen, drei Stunden mindestens. Dabei soll sich die Flüssigkeit geradezu unmerklich bewegen – auf keinen Fall darf sie richtig kochen, das macht das Fleisch hart. Zwischendurch ab und zu überprüfen, ob nicht zu viel Flüssigkeit verdampft, gegebenenfalls auffüllen.

Am Ende der Garzeit das Fleisch kosten, um festzustellen, ob es inzwischen zart und mürbe und dennoch saftig ist. Übrigens kann das alles auch im Ofen geschehen, bei 110 bis 120 Grad – so bleibt die Hitze konstant, ohne dass man darauf achten muss. Dann Chilis und Lorbeerblätter rausfischen, kräftig rühren, damit sich die letzten Zwiebelstückchen zur cremigen Sauce verbinden. Nochmals abschmecken – zum Beispiel mit abgeriebener Zitronenschale, auch ruhig fein gehackte Petersilie unterrühren und einen Schuss guten Essig! In tiefen Tellern servieren, damit die reichliche Sauce Platz hat.

Wer sich mit einem Bauernbrot als Beilage dazu nicht zufriedengibt, kann sich von Pell- oder Dampfkartoffeln über Nudeln, Spätzle oder Semmelknödeln dazu aussuchen, was Sauce tragen hilft – und was er am liebsten mag.

Über Geschmack lässt sich nicht streiten

Ein herrliches Essen, unser Gulasch! Wir kennen niemanden, der nicht begeistert ist, wenn man ihm so etwas vorsetzt. Aber – wir hörten auch kritische Stimmen: Das sei kein richtiges Gulasch! Es gab empörte Zuschriften unserer Zuschauer. Frau Hannelore B. aus L. in Österreich schrieb uns liebenswürdig: »Ich bin zwar ein Fan von Ihnen und habe schon viele Rezepte erfolgreich ausprobiert, aber was das Gulasch betrifft, so empfehle ich Ihnen dringend dieses Rezept.« Und sie fügte ihr eigenes Superrezept bei. Jaja, wir wissen schon, das hat man uns schon oft erklärt, dass für das einzig wahre Gulasch, das Saftgulasch, wie es sich in Österreich gehört, das Fleisch nicht angebraten wird, niemals! Das Rezept von Frau L. beginnt mit den Zwiebeln, die in reichlich Schmalz angeröstet werden, langsam und geduldig, gut eine Dreiviertelstunde lang! Dann wird papriziert, nur kurz mitgedünstet und mit Brühe aufgegossen. Sie lässt diese Zwiebelmischung eine weitere Dreiviertelstunde dann kräftig durchkochen, ohne Deckel! Dabei vermischten sich die Aromen, schreibt sie, Zwiebel und Paprika gingen eine innige Verbindung ein, und in »dieser Zeit können unangenehme und blähende Stoffe verkochen«.

Erst jetzt kommt bei ihr das Fleisch in den Topf – auch sie nimmt Rinderwade – und muss dann in dieser Sauce seine drei Stunden leise schmurgeln, bis es zart ist. Für ein Hühnergulasch, Kalbsgulasch oder Schweinegulasch oder auch ein Erdäpfelgulasch fügt man die entsprechenden, namensspendenden Zutaten ebenfalls erst jetzt hinzu, und diese sind mit ihren kürzeren Garzeiten natürlich eher fertig.

Wir wollen uns nicht streiten, ob man das Gulaschfleisch nun anbrät oder nicht. Vielleicht ist es einfach Geschmackssache – wir jedenfalls möchten ungern auf die köstlichen Röststoffe verzichten. Schließlich zählt ein Gulasch küchentechnisch zu den Ragouts, und dafür wird das Fleisch nun mal zuerst angebraten. Sonst wäre es ein Frikassee. Schon klar, dass die ungarischen Hirten, die der Welt dieses großartige Rezept geschenkt haben, das Fleisch in ihrem Kessel über dem offenen Feuer auf dem Feld natürlich nicht anbraten konnten. Sie füllten alle Zutaten nacheinander in den Kessel und schöpften ihn aus, wenn die Suppe fertig war. Übrigens, genau das war es eigentlich, eher eine Gulasch*suppe*, und es gehörten auch, wie in unsere Suppe, Kartoffelwürfel hinein oder Tarhonya, die köstlichen Nudel-nockerln, die man in Ungarn liebt. Das, was bei uns Gulasch heißt, nennt man in Ungarn Pörkölt. Aber egal – sollte es tatsächlich stimmen, dass bei der Art der Zubereitung nach unserer österreichischen Zuschauerin die blähenden Stoffe verkochen und das Gulasch besser bekömmlich ist? Das müssen wir noch ausprobieren ...

Das arme **Huhn**

Warum das Huhn bei uns ein armes Schwein ist,
wir das nicht zulassen dürfen, es ihm aber nichts nutzt,
wenn wir aufhören es zu essen.

Es war einmal … Wie ein Märchen aus alten Zeiten müsste man dieses Kapitel beginnen. Denn in keinem anderen Segment der Fleischproduktion hat sich so viel getan wie beim Geflügel, sei es Hähnchen, Hühnchen, Broiler oder Poularde. Ein märchenhafter Erfolg, sagen die einen – eine moralisch-ökologische Katastrophe, halten die anderen dagegen. Aber märchenhaft ist an der Geschichte nichts, und wie im Märchen jedenfalls leben Hähnchen und Hühnchen schon lange nicht mehr!

Und wenn wir uns hier auf die Suche nach einem verlorenen Hähnchengeschmack begeben, dann wird schnell klar: Es ist eine wahre *recherche du temps perdu* – wir werden nur in Frankreich fündig!

Denn in Deutschland gibt es für das, was einstmals Hähnchen waren, keine Nachfolger mehr – von ganz wenigen Ausnahmen abgesehen. In Frankreich dagegen hat ein geschmackvolles, gut gezogenes Hähnchen weiterhin einen hohen kulinarischen Stellenwert, und zwar nicht nur sonntags, wie es Heinrich IV. vor mehr als 400 Jahren seinem Volk versprach, sondern auch im Alltag. Und es gehört dort – bei uns kaum noch zu finden – selbstverständlich auch ein ausgewachsener Vogel, ob Huhn oder Hahn, zum Angebot.

In Frankreich interessieren eben nicht nur der Preis und die ständige Verfügbarkeit von Hähnchenfleisch, das Geflügel steht vielmehr für kulinarische Kultur, ist eine anerkannte Delikatesse.

Alltag in deutschen **Mastbetrieben**

Ehe wir uns aber dem Geschmack widmen können, müssen wir uns ein paar grundlegende Tatsachen und unschöne Wahrheiten klarmachen. Weil zum Eierlegen naturgemäß nur die weiblichen Tiere gebraucht werden, muss man die männlichen vernichten. Denn die auf das Eierlegen programmierte Zuchtlinie setzt wenig Fleisch an, diese Hähne sind also zum Mästen ungeeignet. Und so werden sie von darin geübten Menschen (das können übrigens erstaunlicherweise nur Chinesen oder Koreaner, die man eigens für diese Aufgabe einstellt) gleich nach dem Schlüpfen in Blitzesschnelle aussortiert und geschreddert. Bei den Zuchtlinien für die Mast hingegen finden beide Geschlechter Verwendung, ein Brathähnchen kann also auch ein Hühnchen sein. Aber geschlechtsreif werden die Tiere gar nicht erst (abgesehen davon, dass es Hybriden sind, die sich ohnehin nicht fortpflanzen könnten).

Masthühner werden bei uns nach genau kalkulierten Programmen erzeugt – eine industrielle Fließbandproduktion, bei der an keiner Stelle eine Verzögerung eintreten darf. Die Broiler (so hießen die Brathähnchen in der DDR, gleichzeitig ist dies der internationale Fachbegriff für industriell erzeugte Masthähnchen) sind ja bereits verkauft, wenn die Küken aus der Brüterei in der gerade gereinigten und für die Neuaufnahme hergerichteten Halle eintreffen ...

Die sogenannte Kurzmast darf nur 32 bis 35 Tage dauern, die Tiere erreichen dann etwa 1,4 bis 1,7 Kilogramm Lebendgewicht und stellen als klassisches Hähnchen das Hauptkontingent der als ganzes Geflügel verkauften, rund ein Kilogramm schweren Standard-Tiefkühlware. Mittelschwere Tiere, die nach 40 bis 42 Tagen etwa 1,7 bis 1,9 Kilogramm auf die Waage bringen, kommen meistens zerlegt und als Teilstücke (Brüste, Keulen) in den Handel.

Die in anderen Ländern, vor allem in Frankreich und Südeuropa, nachgefragten größeren Tiere, die zwei bis drei Kilogramm wiegen, werden in Deutschland selten gewünscht; dabei ist ihr Fleisch nach 41 bis 51 Tagen erheblich fester, fetter und geschmackvoller.

Die deutsche Geflügelindustrie rühmt sich (in einer großen Werbekampagne seit einiger Zeit) ihrer Nachhaltigkeit bei der Aufzucht, der Einhaltung weitreichender Tierschutzbestimmungen und einer vorbildlichen Ökobilanz. Deutschland habe, so kann man auf ihrer Internetseite nachlesen, »als erstes europäisches Land die EU-Richtlinie zur Hähnchenmast in nationales Recht umgesetzt – und dies noch restriktiver, als es der Rat der Europäischen Union vorgesehen hat«. Man braucht sich aber nur kurz einmal vorzustellen, wie es sich wohl anfühlt, wenn sich 39 Kilogramm Lebendgewicht (das sind mindestens 18 bis 20 ausgewachsene Hühner, bei den Küken entsprechend mehr) am Ende auf einem Quadratmeter drängeln – das ist sicher nicht sehr kommod. Und ein Blick über die Grenze nach Frankreich zeigt, dass es auch völlig anders geht.

Das kurze Leben der Broiler

Bei uns werden zunächst die Küken unter Rotlichtlampen gesetzt, die den wärmenden Körper der Mutterhenne ersetzen sollen. Auch nachts brennt Licht, sodass die Tiere immer zur Tränke und zum Futterplatz finden, um gleich von Anfang an stetig an Gewicht zu gewinnen. Der Boden ist mit Einstreu versehen – Stroh oder Sägemehl. Damit sich die Tiere wohlfühlen, wie die Industrie schönfärberisch sagt, scharren können und sich weich betten. Was allerdings dadurch beeinträchtigt wird, dass diese Einstreu das ganze Hühnerleben über im Stall bleibt, zunehmend mit Kot durchsetzt und abscheulich verunreinigt wird.

Zwar gibt es Heizung und Ventilatoren, aber so richtig angenehm trocken ist die Einstreu, wie man sich vorstellen kann, am Ende nicht, sondern vielmehr feucht und eine Gefahr für Erkrankungen. Dagegen werden Antibiotika verabreicht, die auch helfen, Wasser im Gewebe einzulagern, und längst dafür gesorgt haben, dass bei uns Menschen eingesetzte Medikamente nicht mehr richtig wirken. Vor allem im Sommer, wenn es heiß ist und die Ventilatoren keine kühle Luft in den Stall blasen können, wächst der Infektionsdruck; auch der Gestank steigt ins Unermessliche. Und Scharren können die Tiere in dieser Einstreu auf dem Betonboden auch nicht wirklich, Platz sich zu recken und dabei mit den Flügeln zu schlagen haben sie bei der angegebenen Besatzdichte kaum. Dieses Hühnerleben ist also ziemlich beschissen.

Der gesamte Mastbetrieb ist minutiös ausgeklügelt – alles muss reibungslos ineinandergreifen, soll das Werk gelingen. Die Brüterei, die die Küken liefert, muss ja Elternhaltung und Absatz planen, der Mäster einen Leerstand des Stalls vermeiden, der Schlachthof seine Bänder auslasten – und am Ende verlangt der Handel, kontinuierlich versorgt zu werden. Letzteres ist in Deutschland kein Problem, weniger jedenfalls als in anderen Ländern, denn die deutsche Hausfrau kauft hauptsächlich gefrorenes, also lagerfähiges Geflügel.

Termine, Schlachtgewichte, Transporte, Preise – in Verträgen zwischen den Unternehmen ist alles genauestens geregelt. Anders wären die nur in Centbeträgen zu erzielenden Gewinne dieser Massenindustrie nicht zu garantieren. Bei uns in Deutschland beherrscht eine geringe Zahl von Unternehmen den Markt derart weitreichend, dass sie ihren Partnern in den Mastbetrieben jedes Detail so genau vorschreiben können, als seien diese ihre Angestellten. Dabei bezeichnen die Unternehmen die Mäster trotzdem gern als Bauern oder Landwirte – klingt ja auch besser! Und auf der Plastikverpackung der Tiefkühlhähnchen sorgen liebevolle Zeichnungen von gemütlichen Fachwerkbauernhäusern mitten in einer Hühnerwiesenidylle für die rechte Einstimmung beim Verbraucher.

Hauptsache billig und effizient: das Futter

Was die Tiere zu fressen bekommen, bestimmt nicht der Bauer, sondern der Konzern. Und da es keine besonderen gesetzlichen Vorschriften für die konventionelle Mast gibt, kann er sein Augenmerk auf die eigene Gewinn-

Glückliche Hühner mit ihrem stolzen Hahn

optimierung richten: Das Futter soll möglichst billig sein, von den Tieren maximal verwertet, also rasch in Fleisch umgewandelt werden, und dabei so wenig Aufwand, sprich Kot, wie nur möglich verursachen. Die Basis besteht aus Getreide, und als eiweißhaltige Komponente wird Sojaextraktionsschrot hinzugefügt. Der Begriff klingt gut, es sind aber nur die Rückstände, die bei der Ölgewinnung anfallen. Und wenn das nicht reicht, dann werden irgendwelche Altfette untergemischt, die eigentlich nicht für den Verzehr von Lebewesen gedacht waren. Und irgendwann wundert man sich über die Dioxinwerte ... Nötige Vitamine, Mineralien, gegebenenfalls noch Aminosäuren (pures Eiweiß, das die nitrathaltigen Ausscheidungen vermindert) werden zugesetzt. Hormone sind nicht erlaubt und Antibiotika nur im Krankheitsfall – trotzdem gibt es um beide immer wieder Skandale. Damit sich die Sache lohnt, sollten die Mäster nicht mehr als 1,7 Kilogramm Futter aufzuwenden haben, um ein Kilogramm Fleisch zu erzeugen – bessere Futterverwerter als die hochgezüchteten Fleischhähnchen gibt es nicht.

Dass diese Hähnchen blasses, schlaffes Fleisch, dafür keinen Geschmack haben und ohne Biss und Inhaltsstoffe sind, scheint den deutschen Verbraucher nicht zu stören. Immerhin werden hierzulande etwa 1,7 Millionen Hähnchen verzehrt, pro Tag!

Lebt besser und schmeckt besser: das Bio-Huhn

Die Stiftung Warentest hat in einem Test nachgewiesen (Heft 10/2010), dass konventionell erzeugtes Hähnchenbrustfleisch eher neutral riecht und schmeckt, Bio-Hähnchenfleisch hingegen deutlich nach Geflügel. Allerdings beeinflusste diese Erkenntnis die Noten nur bedingt, denn die besten erhielt das Geflügel, das »keine sensorischen Fehler« und eine »geringe mikrobiologische Belastung« aufwies. Guter Geschmack und feste Textur wurden gar nicht erst bewertet. Mit »zart und saftig« oder »leicht zart und leicht saftig« drückte man eine positive Bewertung aus, trockene oder zähe Struktur wurde bemängelt, verdorbenes Fleisch als mangelhaft eingestuft – bei der Hälfte aller Proben wurde nicht ausreichende Frische am Ende der angegebenen Verbrauchsfrist festgestellt. Ein vernichtendes Urteil!

Nur ein winziger Teil des in Deutschland angebotenen Geflügels wird nach Bio-Richtlinien erzeugt und liegt geschmacklich über der konventionellen Mindestqualität. Allerdings darf man sich nicht darüber hinwegtäuschen, dass das »Ausgangsmaterial«, also die Küken, auch in den meisten Bio-Betrieben nur Hybridzüchtungen sind. Die alten Rassen, die deutlich kernigeres, wohl schmeckenderes Fleisch liefern, weil sie langsamer wachsen und bessere Gene haben, muss man erst wieder in größerem Rahmen vermehren. Man ist dabei, doch es braucht noch ein Weilchen, ehe so viel Küken zur Mast geliefert werden können, wie derzeit und in Zukunft nachgefragt werden. In Österreich, vor allem in der Steiermark, hat man das legendäre Sulmtaler, auch Kaiserhuhn genannt, wiederentdeckt. Eine kraftvolle Hühnerrasse, die beides kann: Eier legen und wohlschmeckendes Fleisch ausbilden. Diese wunderschönen, prachtvollen, gesunden und vitalen Hühner werden seit ein paar Jahren zwar mit Nachdruck vermehrt – bis nennenswerte Mengen verfügbar sind, wird es aber noch lange dauern.

Die Vorschriften zur Hühnerhaltung, vor allem die Ansprüche an Besatzdichte und Futter, gehen im ökologischen Landbau freilich weit über die gesetzlichen Anforderungen hinaus. Demeter und Bioland schreiben für zehn Tiere einen Quadratmeter Fläche vor, während sich in der konventionellen Mast 20 bis 25 Tiere auf diesem engen Raum drängeln müssen – abhängig vom Gewicht der Vögel. Zyniker sagen, wenn man die Halle mit 25 Küken pro Quadratmeter besetzt, dann sind es am Ende ohnehin nur noch 20. Tatsächlich überlebt ein gewisser Prozentsatz der Vögel den fünfwöchigen Aufenthalt in der Halle nicht. Sie sterben an Herzschwäche, Krankheiten, Verletzungen. Aber ganz so viele sind es dann doch nicht: Vier Prozent gelten als normal.

Bei den Bio-Betrieben ist diese Zahl natürlich geringer, weil weniger Stress herrscht und die Tiere Auslauf haben müssen: ein Wintergarten mit Außenluft (wenigstens ein Drittel der Fläche wie der Stall selbst) und vier Quadratmeter Grünauslauf stehen dort jedem Huhn zu. Das Getreidefutter sollte zu einem größeren Prozentsatz aus dem eigenen Betrieb kommen, statt Soja-Eiweiß werden Ackerbohnen (Sau- oder Pferdebohnen) oder Erbsen gefüttert.

Der Lebensraum deutscher Masthühner

	Konventionelle Mast	Mast in Bio-Betrieben
Besatzdichte pro m²	20 – 25 Hühner	10 Hühner
Tiere pro Stalleinheit	20 000 – 30 000; neuerdings 100 000	4800
Auslauf	nicht vorhanden	Grünauslauf und Wintergarten mit Außenluft

Im Öko-Landbau ist auch vorgeschrieben, dass pro Stalleinheit maximal 4800 Masthähnchen gehalten werden dürfen, während es im konventionellen Betrieb meist 20 000 bis 30 000 Tiere sind, neuerdings sind sogar 100 000 zugelassen! Höchstgrenze pro Bio-Betrieb sind 1600 Quadratmeter Stallfläche, große konventionelle Mastbetriebe kommen leicht auf das Zehnfache. Man braucht nicht viel Phantasie, um sich ein solches Inferno vorzustellen ...

Massenproduktion gehört verboten

Die großen Massenmäster der Welt preisen sich, weil sie die Menschheit mit wertvollem tierischem Eiweiß versorgen, leicht verdaulich und ohne ungesundes Fett, und obendrein für wenig Geld! Aber, und das sollten wir uns alle klarmachen, dieses billige Fleisch ist teuer erkauft! Mit Tierquälerei, wie oben geschildert, und mit einer schlimmen Umweltverschmutzung: Die Böden können die Menge der Exkremente dieser Tiere und das verunreinigte Wasser bald gar nicht mehr aufnehmen, in der Nähe der Masthallen stehende Bäume gehen ein unter der ätzenden Luft. Und, besonders schlimm, wir stützen die billigen Preise hier auf dem Elend in den Entwicklungsländern: Weil man in Deutschland das Brustfleisch und Schenkel bevorzugt, schickt man die übrig bleibenden Flügel, Hälse und Innereien tiefgefroren und zu Billigpreisen nach Afrika. In der dortigen Hitze sind sie, wieder aufgetaut, aufgrund der mitgebrachten Bakterien eine Gefahr für die Gesundheit der Bevölkerung. Und obendrein bringen sie die Wirtschaft durcheinander: Mit den billigen Preisen dieser nach Afrika verfrachteten »Abfälle« aus hiesiger Produktion können die dortigen Erzeuger nicht konkurrieren. Sie können ihre eigenen Produkte nicht mehr verkaufen. So wird in weiten Teilen des Kontinents die traditionelle Geflügelzucht aufgegeben, ist tatsächlich längst kaum mehr vorhanden. Ein Drama, ein Skandal!

All dies sind genügend Gründe, warum wir meinen, dass das übliche Massen-Standardhähnchen verboten gehört. Und dass wir es, bis es so weit ist, nicht kaufen und nicht essen sollten. Jeder muss wissen: Dieses Fleisch ist nicht billig, den Preis dafür zahlen andere. Wahren Genuss bietet es ohnehin keinen. Wir plädieren deshalb dafür, lieber seltener, aber dann ein Hähnchen, eine Poularde, ein Huhn aus ordnungsgemäßer, verantwortungsbewusster, artgerechter, aus anständiger Haltung zu kaufen. Weil es besser schmeckt und ein gutes Gewissen den Genuss noch größer macht!

Das tierquälerische Halten der armen Vögel in industriellen Massen-
mästereien ist immer mal wieder Gegenstand der öffentlichen Empörung –
zu Recht. Aber leider jedes Mal nur für kurze Zeit und ohne weitreichende
Wirkung. Weil sie auf so engem Raum zusammengepfercht werden, leiden
die Tiere in höchstem Maß unter Stress. Das macht sie aggressiv, und damit sie sich nicht gegenseitig blutig oder gar tot hacken, kürzt man ihnen
die Schnäbel.

Was harmlos klingt, ist in der Realität eine peinigende, schmerzhafte
Angelegenheit: Man darf sich das nicht wie Nagelschneiden vorstellen, der
Schnabel ist durchblutet und mit Nerven versehen. Man amputiert den
Tieren die Schnabelspitze mit 80 Grad heißem Infrarotlicht, ohne jede
Betäubung. Die wäre viel zu teuer! »Zu ihrem Besten«, sagen die Mäster,
»dann können sie sich nicht mehr verletzen.« Dieses Kupieren ist nach dem
Tierschutzgesetz zwar eigentlich verboten, wird über eine permanent gülti-
ge Ausnahmegenehmigung aber erlaubt – ein unerträgliches Pharisäer-
tum! (Anmerkung: Inzwischen soll sogar in manchen Bio-Betrieben
kupiert werden – laut DER SPIEGEL, Nr. 7/14.02.2011).

Das Problem der **Kühlung**

In Amerika und teilweise auch in Europa werden die Hähnchen, nachdem
sie geschlachtet, gerupft, von Kopf und Füßen befreit und ausgenommen
sind, durch Eiswasser gezogen, angeblich, um sie abzukühlen. Tatsächlich
freut man sich, dass ihr Fleisch dabei ordentlich an Gewicht zunimmt, das
man gewinnbringend mitverkaufen kann – bis zu elf Prozent Fremdwasser
ist in diesen Billighähnchen enthalten. Wie die Brühe aussieht, durch die
Tausende von Hähnchen geschleust werden, möchte man lieber nicht
wissen. Bei uns wird dieses Verfahren, das mit bemerkenswerter Sicherheit
dafür sorgt, dass alle Hähnchen gleichermaßen mit Keimen infiziert werden,
nur noch vereinzelt angewandt. An seine Stelle ist mittlerweile Sprüh- oder
Luftkühlung getreten, sodass wir in Deutschland heute im Schnitt eine
etwas geringere Keimbelastung von Geflügel haben als die gesamte EU. Das
teilt die Geflügelindustrie stolz und lautstark mit.

Aber woher weiß der Kunde, wie das Hähnchen gekühlt wurde? Auf
der Verpackung wird das nicht angegeben. Und in der Tiefkühltruhe liegen
schließlich auch Hähnchen, die aus allen möglichen Ländern importiert
sind, in denen die Tauchmethode noch immer praktiziert wird, Hauptsache billig! Und zwar ohne die in den USA anschließend durchgeführte

Desinfektion der Hähnchen, die nämlich ist in der EU verboten – mit Recht (siehe S. 131/132).

Gefährliches Geflügel

Vorsicht im Umgang mit Geflügelfleisch ist ohnehin dringend angesagt. Das Bundesinstitut für Risikobewertung (BfR) entdeckte im Jahre 2009 in einer groß angelegten Untersuchung genügend Gefahren, denn die im europäischen Vergleich besseren Werte in der Keimbelastung deutscher Hähnchen bewegt sich auf hohem Niveau: Auf mehr als der Hälfte aller Hähnchen (62 Prozent) wurden Durchfall auslösende Campylobacter-Bakterien gefunden, auf 17,6 Prozent außerdem Salmonellen. Ein Irrsinn! Angesichts dieser hohen Keimzahlen, die vor allem im Sommer hochgefährlich sind, sah sich das BfR zu der Empfehlung an die Verbraucher veranlasst, Hähnchen immer nur durchgegart zu verzehren, das rohe Fleisch sorgfältig getrennt von allen anderen Lebensmitteln aufzubewahren, und alle Geräte und Flächen, die damit in Berührung gekommen sind, sofort und gründlich sehr heiß abzuwaschen. Besser wäre gewesen, sie hätten deutlich gesagt: Hähnchen in Standardqualität gefährden unsere Gesundheit in ziemlich hohem Maße.

Ein Vorbild: **französische Qualitätssiegel und Normen**

Mit Geflügel aus Frankreich ist man eher auf der sicheren Seite. Unsere Nachbarn sind anspruchsvoller als wir und auch bereit, einen höheren Preis zu zahlen. Deshalb wird das Geflügel sorgfältiger und langsamer und länger gemästet, vor allem aber auch anders verarbeitet. Sogar für die einfachste Standardqualität dürfen die Tiere in der Regel 40 bis 45 Tage leben, ehe sie geschlachtet werden. Der größere Teil aller in Frankreich erzeugten Hähnchen entspricht jedoch weitergehenden Klassifizierungen, und diese unterliegen, was die Hygiene betrifft, erheblich strengeren Auflagen als bei uns. Da mag sich die deutsche Geflügelindustrie noch so sehr rühmen, die EU-Richtlinien würden hierzulande strikt eingehalten.

Was wir als Hähnchen bezeichnen, heißt in Frankreich *poulet* – im Prinzip. Doch wird das, was wir als Hähnchen kennen, im französischen Handel selten angeboten. Eine derart weit unten angesiedelte Qualität gibt es zwar im Supermarkt oder einer *Grande Surface*, einem jener für Frankreich so typischen Riesensupermärkte, in denen man von der billigsten

Massenware bis zum exzellenten Spitzenerzeugnis die ganze Bandbreite an Produktqualitäten finden kann. Doch so marktbeherrschend wie bei uns ist die mindere Qualität dort lange nicht: Unsere Nachbarn haben wesentlich höhere Ansprüche, als es die gesetzlichen Mindestanforderungen in Frankreich definieren.

Diese unterste Standardqualität findet dort in erster Linie in der Industrie Verwendung, für Chicken-Nuggets, Geflügelwurst und -farcen. Solche Fleischqualitäten kommen in den einfachsten Schnellrestaurants auf den Grill oder – wie bei uns – als billiges Tiefkühlprodukt in die Truhen der preisorientierten Discounter und entsprechenden Handelsketten.

Poulet CCP

Zunächst gibt es das *Poulet CCP* – mit einer *Certification de conformité produit*, also einer Produktkonformitätsbescheinigung. Was für ein wunderschöner, wohlklingender Begriff! Diese »CCP« erhebt nicht den Anspruch auf ein elitäres Produkt, schafft aber eine staatliche Garantie für eine deutlich über dem EU-Standard liegende Qualität. Diese gewährleistet eine längere Mastzeit (mindestens 56 Tage), eine etwas niedrigere Besatzdichte im Stall (18 Tiere pro Quadratmeter) und eine bessere und gesicherte Futterqualität (100 Prozent pflanzlich/mineralisch, davon drei Viertel Getreide, zusätzlich nur Vitamine und Mineralien). Tauchkühlung ist bei diesen Produkten untersagt.

Poulet Label Rouge

Die nächste Qualitätsstufe bezeichnet das Huhn »aus bäuerlicher« Erzeugung *(fermier)*, wenn es das rote Etikett trägt, das *Label Rouge*. Dieses garantiert, dass es mit Auslauf ins Freiland aufgezogen wurde, nur mit heimischem Getreide ernährt – ob mit Weizen oder Mais ist stets angegeben (Maisfutter bewirkt, dass das Fleisch und vor allem die Haut eine gelbe Farbe annehmen) – und erst nach frühestens 81, oft 90 Tagen geschlachtet wurde. Den Tieren wird weder der Schnabel kupiert, noch stutzt man ihre Krallen. Tauchkühlung ist auch hier nicht erlaubt.

Achtung: Das Wort *fermier* allein (ohne *Label Rouge*) sagt nichts über die Qualität aus, sondern weist nur darauf hin, dass das Tier auf einem Bauernhof aufgewachsen ist. Das Gleiche gilt für die Begriffe *paysan*, bäuerlich, oder *rural*, ländlich.

Das Huhn wiegt, bratfertig vorgerichtet, nur um die 1,8 Kilogramm. Es hat dafür nicht, wie eingangs bei der industriellen Intensivmast beschrieben, 1,7 Kilogramm Futter gefressen, um ein Kilogramm Gewicht zu erreichen, sondern dreimal so viel – nicht eingerechnet das, was es im Freigelände an Gräsern und Würmchen gepickt hat. Das wesentlich langsamer gewachsene und durch viel Auslauf trainierte Fleisch ist nicht einfach blass, wässrig und fast geschmacklos, wie man das von unseren Billighähnchen kennt, sondern kräftig gefärbt – je nach Art der Fütterung mehr bräunlich oder gelb getönt –, fest und muskulös, kernig und voll im Geschmack. Ausgereift eben!

Die *Poulets Label Rouge* (es sind Hähnchen oder Hühnchen) werden im Sprüh- oder Luftverfahren gekühlt, wobei sie kein Wasser aufnehmen. Sie werden entweder als ganze Hähnchen verkauft, und zwar innerhalb von neun Tagen nach dem Schlachttag. Für den Verkauf im Selbstbedienungshandel sind sie ausgenommen, also ohne Innereien und ohne Kopf und Füße. In den Fachhandel gelangen sie jedoch stets mit Kopf und Füßen und mit allen Innereien – ein zusätzlicher Qualitätsnachweis.

Das Huhn mit allem Drum und Dran

In Frankreich kaufen nämlich die qualitätsbewusste Hausfrau, der Hobbywie der Profikoch am liebsten das intakte Tier – für den Privatabnehmer übernimmt der Händler gerne das Ausnehmen und Zurichten, und der Profi lernt das Herrichten des Geflügels selbstverständlich in der Ausbildung. Es ist übrigens sehr viel hygienischer, wenn das Auslösen der Innereien erst kurz vor der Zubereitung erfolgt.

Vor allem ist wichtig, dass es von Hand geschieht, nicht mit einer Maschine. Wie das BfR am 07. März 2010 meldete und ausführlich kommentierte, zeigt eine *EU*-Studie, dass die oben erwähnten Krankheitserreger vor allem beim Schlachten aus dem Darminhalt auf den Schlachtkörper gebracht werden, weil beim Ausnehmen durch die Maschine häufig der Darm verletzt wird. Auch bei Bio-Hühnern muss man aufpassen, wenn sie aus größeren Betrieben kommen, wo sie ebenfalls maschinell geschlachtet und ausgenommen werden. Nur kleine Mastbetriebe erledigen diese Arbeiten von Hand.

Übrigens: Das französische Verbraucherministerium empfiehlt seinem Volk, Tiere mit Kopf und Füßen zu kaufen. Dann könne man nämlich genau erkennen, wie das Tier gehalten wurde: Am unverkürzten Schnabel lässt sich ablesen, dass die Vögel ohne Stress gelebt haben, also genügend Raum hatten und sich nicht gegenseitig bekriegen mussten. Auch der nicht beschädigte Kamm zeugt von friedlicher Existenz, und an ihren abgenutzten Krallen kann man sehen, ob die Tiere scharren konnten. Und die unversehrte, gleichmäßig geschuppte Haut an den Beinen verrät, dass die Hühner artgerecht gehalten wurden, frei laufen konnten. Alles Merkmale, die zugleich ein festes und wohlschmeckendes Muskelfleisch versprechen. Ein guter Rat – bei uns jedoch überaus teuer, denn in Deutschland ist es gar nicht erst erlaubt, Geflügel mit Kopf und Füßen anzubieten (für Bressehühner – siehe S. 124 – gibt es eine Ausnahmeregelung).

Das Stubenküken. Legt man auf größte Zartheit des Fleisches und ein zurückhaltendes Aroma Wert, kauft man ein *poussin*, ein Stubenküken, mit einem Gewicht von 450 bis 600 Gramm.

Die französische Poularde. Herzhafter ist die *poularde.* Sie ist auf jeden Fall weiblich (im Gegensatz zur deutschen, die eigentlich nichts anderes als ein etwas schweres Hähnchen oder Hühnchen ist, also vom Geschlecht nicht festgelegt) – weibliche Tiere setzen früher und mehr Fett an als männliche, was ihrem Wohlgeschmack entgegenkommt. Eine *poularde* ist demnach ein junges, aber ausgewachsenes Huhn, das noch nicht zu legen begonnen hat. Für das *Label Rouge* wurde sie in Kleingruppen gehalten, hat ebenfalls im begrünten und von Bäumen oder Sträuchern beschatteten Freiland von heimischem Getreide (Weizen und Mais) gelebt, wird erst nach vier Monaten (120 Tagen!) geschlachtet und wiegt dann küchenfertig 1,8 bis 2,2 Kilogramm. Die Mindesthaltbarkeit beträgt 15 Tage (in Teile zerlegt 13 Tage).

Der Kapaun. Der *chapon*, der Kapaun, ist ein kastrierter Hahn. Man nimmt ihm seine männlichen Merkmale, damit er in aller Ruhe Fett ansetzen und ein festes Fleisch ausbilden kann, ohne sich im Hühneralltag aufzureiben. Er gilt als besondere Spezialität und hat in Frankreich als Weihnachtsfestbraten Tradition. Er darf frühestens nach fünf Monaten (150 Tagen) geschlachtet werden und bringt dann ein stolzes Gewicht auf die Waage, zwischen drei und vier Kilogramm. Er hat als ausgewachsenes Tier eine Haltbarkeit von 15 Tagen – sein Fleisch sollte, natürlich bei eingehaltener Kühlkette, reifen können, um seinen vollen Geschmack zu entwickeln.

Ein besonderes Gütezeichen: das IGP-Siegel

Ein Teil des *Label-Rouge*-Geflügels genießt den zusätzlichen Schutz eines weiteren Gütezeichens, des IGP-Siegels (*Indication géographique protégée*; entspricht der g.g.A., der geschützten geografischen Angabe). Mittlerweile gibt es über ganz Frankreich verteilt 31 Regionen, die laut Gesetz zunächst einmal nur garantierten, dass die Tiere in diesem eng umfassten Gebiet nach genau definierten Maßgaben gehalten und gefüttert wurden. In Verbindung mit dem *Label Rouge* müssen sie natürlich mindestens dessen Anforderungen entsprechen, können aber auch darüber hinausgehen. Es dürfen weiterhin spezielle Ansprüche ausgewiesen werden, etwa die Rasse, zum Beispiel Blaufußhühner, *Marans, Poule d'Alsace, Noire du Berry* oder *Géline de Touraine*, was jeweils auf dem Etikett angegeben und erläutert wird.

Angesichts all dieser Vorschriften und Qualitätssiegel können wir erkennen: Die deutsche Geflügelindustrie hat durchaus absolut keinen Grund, sich ihrer angeblich so großartigen Regelungen zu rühmen – nach ähnlichen Maßregeln für die Hühnerhaltung und Merkmalen von Qualität sucht man bei uns vergeblich, leider!

Die Sopexa, die Vermarktungsgesellschaft für französische Lebensmittel, teilte im Februar 2011 zum *Label Rouge* mit: »1960 ins Leben gerufen, durfte sich erstmalig 1965 ein Produkt mit dem in Frankreich inzwischen wohlbekannten Siegel schmücken: das Geflügel aus dem Departement Landes.« (Anmerkung der Verfasser: Fünf Jahre, eine lange Zeit, bis endlich die nach den neuen Regeln erzeugten Produkte zu haben waren. Einen derart langen Atem würde man der deutschen Bauernschaft wünschen!) »Rund 500 Produkte wurden seitdem für ihre Top-Qualität ausgezeichnet. Die Familie der *Label-Rouge*-Produkte ist in allen Sparten vertreten, von Obst und Gemüse über Eier bis hin zu Milch-, Fleisch- und Meeresprodukten. Ausgezeichnet werden sowohl Nahrungsmittel als auch landwirtschaftliche Erzeugnisse von gehobener Qualität, und zwar in geschmacklicher, hygienischer und ernährungswissenschaftlicher Hinsicht. Diese wird bei strengem Einhalten der jeweiligen Lastenhefte amtlich bescheinigt, validiert durch das staatliche Institut für Herkunft und Qualität INAO sowie durch regelmäßige interne und externe Kontrollen.«

Davon können wir in Deutschland nur träumen. Und man muss sich fragen: Warum ist so etwas in Frankreich möglich? Könnten sich die deutschen Landwirte eine solche Qualitätssicherung nicht zum Vorbild nehmen?

Das AOC-Siegel

Aber Frankreich wäre nicht Frankreich, wenn es darüber nicht noch eine weitere Stufe für die Spitzenqualität gäbe, die *Appellation d'origine contrô-*

lée, AOC (entspricht in Deutschland der geschützten Ursprungsbezeichnung, abgekürzt g.U.). Diese garantiert, dass alle Stationen der Produktion im angegebenen Gebiet erfolgt sind, von der Zucht über die Mast (wie sie bei der geschützten geografischen Angabe reicht – siehe auch S. 259), bis zur verkaufsreifen Verarbeitung. Es gibt nur ein AOC-Huhn, und das stammt aus der burgundischen Landschaft Bresse.

Einsame Spitze: **Das Bressehuhn**

Neben der regionalen Herkunft ist natürlich auch die Rasse vorgeschrieben. Das Bressehuhn mit seinem reinweißen Federkleid, den blauen Füßen und dem roten Kamm symbolisiert die Farben Frankreichs. Und weiter ist präzise festgelegt: Das Geschlecht (*poulet* und *poularde* sind immer weiblich, der *chapon* männlich, freilich kastriert), die Art der Haltung mit Auslauf (zehn Quadratmeter Wiese pro Tier, nicht mehr als 500 Tiere in einem Stall mit Wiese), die Mindestdauer der Mast und Mindestgewicht (vier Monate für das Huhn von 1,2 Kilogramm, fünf Monate für die Poularde à 1,8 Kilogramm und acht Monate für den Kapaun, der mindestens drei Kilogramm wiegen muss). Natürlich ist auch die Zusammensetzung des Futters vorgeschrieben (nur Weizen und Mais, meist weißer, damit das Fleisch hell bleibt, manchmal auch Buchweizen, in der Endmast sind auch Milchprodukte erlaubt – in jedem Fall muss natürlich alles aus der Region Bresse stammen), sowie die tierärztliche Betreuung (keine Hormone und Antibiotika).

Sie sehen, ein Bressehuhn ist mit einem normalen Huhn nicht zu vergleichen – kein Wunder, dass es als der »Rolls-Royce unter den Hühnern« gilt und wie dieser erheblich teurer ist (als ein normales Luxusauto). Sein Fleisch ist fest und muskulös, dennoch gleichzeitig zart und saftig, es ist relativ fett und daher äußerst geschmackvoll. Allerdings muss man es auch anders zubereiten als ein Standardhuhn. Es verhält sich dazu wie etwa das Rind zum Kalb: Das Fleisch von jungen Tieren hat andere Eigenschaften als das von ausgewachsenen – nicht nur im Geschmack, sondern vor allem in der Textur.

Die klassischen **Zubereitungen**

Ein Bressehuhn, auch ein *Poulet Label Rouge*, sollte man nicht einfach grillen wie ein simples Hähnchen. Besser ist, es zu zerteilen und zu schmoren oder im Ofen unter häufigem Begießen langsam zu braten. Schmoren be-

Coq au vin

Das Huhn in acht Stücke zerteilen und in Butter, Öl oder Hühnerfett bei kräftiger Hitze rundum goldbraun anbraten. Die Hühnerteile aus dem Topf nehmen und stattdessen eine gute Portion Schalotten (oder kleine Zwiebeln) und Champignons anschmurgeln, einen Kräuterstrauß (Thymian, Lorbeerblatt, Petersilienstiele – die Blätter beiseitelegen) hinzufügen, eventuell auch etwas klein gewürfeltes Wurzelwerk. Bereitet man das Gericht mit Rotwein, darf auch ein wenig luftgetrockneter, nicht geräucherter Bauchspeck nicht fehlen – fürs Aroma.

Wenn das alles ebenfalls schön Farbe angenommen hat, gibt man die Geflügelstücke wieder in den Topf zurück, flambiert mit Cognac oder Marc (Tresterbrand) und gießt Wein an. Nach Burgunder Art wird natürlich ein Pinot Noir (Spätburgunder) genommen, der *Coq au vin blanc* nach Elsässer Art verlangt nach einem Riesling mit seiner schönen Säure. Abgeschmeckt wird mit Salz, Pfeffer, etwas Cayennepfeffer oder Chili und zum Schluss mit Petersilie, Kerbel oder auch Estragon gewürzt. Dazu passen traditionell frische Bandnudeln, aber warum nicht auch Kartoffeln in beliebiger Form oder eine cremig gehaltene Polenta?

Für sechs Personen:

1 Poularde (ca. 1,8 – 2 kg)
2 – 3 EL Butter, Öl oder
    Hühnerfett
500 g Schalotten oder
    kleine Zwiebeln
500 g Champignons
2 – 3 Thymianzweige
2 – 3 Lorbeerblätter
1 Bund glatte Petersilie
1 Stück Lauch, in dünne
    Ringe geschnitten
1 Möhre, klein gewürfelt
2 Selleriestangen, klein
    geschnitten
80 g Bauchspeck, evtl.
3 EL Cognac oder Marc
    zum Flambieren
1 Flasche Weiß- oder
    Rotwein
Salz, Pfeffer
Cayennepfeffer oder
    Chili
Kerbel oder Estragon

Brathuhn

Als Brathuhn – oder sollte man nicht vielleicht besser sagen: Hühnerbraten? – verhalten sich diese französischen Hühner, ebenso wie gute, ausgewachsene Poularden aus deutscher Bio-Mast, durchaus anders als ein deutsches Tiefkühlgrillhähnchen. Sie brauchen eine genaue, sensible Hitzeführung. Man sollte sie auf jeden Fall in den knallheißen Ofen schieben, 240 bis 280 Grad, wenn möglich mit Umluft.

Das Huhn innen und außen mit Zitronensaft einreiben, salzen und pfeffern, dann unbedingt in eine kompakte Form zusammenbinden. Sonst spreizen sich beim Braten Flügel und Beine ab, das Tier gart nicht gleichmäßig und sieht nachher auch nicht schön aus. Nach 15 bis 20 Minuten, wenn alles richtig brutzelt, auf 120 Grad herunterschalten und den Vogel unter öfterem Begießen in einer weiteren Stunde langsam fertig braten.

In der nachlassenden Hitze kann man etwas klein geschnittenes Wurzelgemüse (Zwiebel, Sellerie, Lauch, Möhre, Wurzelpetersilie) um den Vogel streuen, das im ausgebratenen Hühnerfett rasch bräunt. Erst dann mit Wasser und/oder Weißwein (gut schmeckt auch Apfelwein oder ein helles, nicht zu bitteres Bier) ablöschen.

Wer das Huhn besonders kross haben will, bettet es auf den Rost darüber – die Haut wird dann gleichmäßiger braun, vor allem im Umluftherd.

Zutaten:

1 schönes Huhn
Salz, Pfeffer
Zitronensaft
je 1 Tasse dünne Lauchringe, kleine Würfel von Zwiebel, Sellerie, Möhre und Wurzelpetersilie
½ l Weißwein, Apfelwein oder Bier

deutet ja, die Teile zunächst in Butter, Öl oder Hühnerfett bei kräftiger Hitze rundum goldbraun anzubraten, dann abzulöschen – mit Brühe, Weiß- oder Rotwein – und schließlich zusammen mit Würzgemüse und/oder Pilzen langsam bei milder Hitze und zugedeckt fertig schmurgeln zu lassen. Der berühmte *Coq au vin*, der Hahn in Wein, wurde in Burgund einst tatsächlich mit einem männlichen Vogel zubereitet, der seine Schar Hühner schon lange und ausdauernd gehütet hatte, also älter war und deshalb auch eine lange Garzeit benötigte. Heute nimmt man lieber eine Poularde, dann kommt man mit einer Stunde Schmorzeit aus. Trotzdem heißt das Rezept freilich weiterhin *Coq au vin* – wie man ja auch das Ochsenschwanzragout fast immer mit einem ganz normalen Rinderschwanz zubereitet ...

Tipp: **Krosse Haut**

Wer die Haut bei französischem Geflügel unbedingt kross haben und mitessen will, sollte es zwischen Schenkel und Körper mehrmals mit einer Gabel einstechen, so kann ein Teil des Fettes herausbraten. Und gegen Ende der Bratzeit den Ofen noch einmal auf volle Pulle schalten und das Geflügel mit kaltem Salzwasser oder Weißwein (Apfelwein, Bier) einpinseln – das macht auch eine festere, zähe Haut knusprig.

Beim geschmorten Geflügel empfiehlt es sich, die Haut vor dem Anbraten abzuziehen und in einer Pfanne langsam kross zu braten. Dabei mit einer Pfanne oder einem Topf beschweren, so entstehen herrlich knusprige Geflügelhaut-Cracker, die einfach unwiderstehlich sind.

In Frankreich legt man meist keinen Wert auf eine krachende Kruste. Tatsächlich ist die Haut eines solchermaßen ausgewachsenen französischen Spitzengeflügels viel dicker als von unseren Massen-Masthähnchen, auch liegt sie auf einer dicken Fettschicht. Diese hält das Fleisch saftig und geschmackvoll, weshalb man sie nicht vor dem Garen entfernt, sondern erst auf dem Teller.

Es ist also eine ganz andere Art des Geflügelgenusses als bei uns. Und es ermöglicht ein bei uns unbekanntes kochtechnisches Verfahren, das mit den Billighähnchen nicht zu machen ist: Man würzt das Brustfleisch, indem man Zutaten unter die Haut schiebt.

Das Paraderezept dafür ist in Frankreich die Poularde oder der Kapaun zu Weihnachten, denen nicht zu dünn geschnittene Scheiben von schwarzer Périgordtrüffel unter der Haut ein unvergleichliches Aroma verleihen. (Die Trüffel kann freilich auch aus der Provence kommen – »Périgord« bezeichnet in diesem Fall nicht unbedingt die Herkunft, sondern die Sorte). Sehr gut schmeckt aber auch eine unter die Haut geschobene Farce aus blanchiertem Spinat, etwas angedünsteter Zwiebel und eingeweichtem Weißbrot, gut gewürzt, vielleicht sogar abgerundet mit der Geflügelleber. Sie schützt das Brustfleisch, das so besonders saftig bleibt, und ist zugleich eine gemüsige Beilage.

Aber auch mit einfachen Kräutern lässt sich ein bedeutender Effekt erzielen: Estragon oder Kerbel eignet sich besonders gut, die unter die Haut geschoben in dem Fett des Zwischenraums brutzeln und ihr Aroma mitteilen! Dieses Fett fehlt unseren deutschen Normalhähnchen, deshalb ist die geschmackliche Entfaltung dieser Zutaten kaum wahrnehmbar – außerdem ist die Haut nicht stabil genug, meist reißt sie schon beim Füllen, spätestens aber beim Braten.

Hunger

Wie wir mit wenig Aufwand einen stattlichen Beitrag
gegen den Hunger in den Entwicklungsländern leisten könnten.

Etwa eine Milliarde Menschen auf der Welt leiden an Hunger. Dabei produzieren wir in Deutschland mehr Lebensmittel, als wir aufessen können – das ist doch verrückt! Und diese Lebensmittel werden dann, um auf dem Weltmarkt überhaupt abgesetzt werden zu können, mittels staatlicher Subventionen billiger gemacht – ein noch größerer Skandal!

Immer wieder müssen wir Meldungen hören, die uns sagen, daran könne man nichts ändern, denn die Nahrungsmittel, die an der einen Stelle zu viel erzeugt werden, könne man nicht in die notleidenden Gebiete transportieren. Zu viel Aufwand! Zu teuer! Ein weiteres Scheinargument: Die möglichen Empfänger würden diese Lebensmittel aus religiösen Traditionen nicht essen wollen oder verstünden sich nicht auf ihre Zubereitung.

Alles vorgeschobene Gründe. Natürlich ist es Unsinn, rasch verderbliche und auf Kühlung angewiesene Produkte in tropische Länder ohne leistungsfähige Infrastruktur zu bringen. Natürlich ist es Quatsch, Indern mit Corned Beef zu kommen, wo ihnen die Kühe doch heilig sind. Und natürlich bringt es nichts, Menschen mit Weizen zu überschütten, die eine tägliche Portion Reis gewohnt sind.

Es könnten aber durchaus alle satt werden, wenn wir nur an den richtigen Stellen das Richtige produzieren und – vor allem – gerechte Preise und faire Handelsbedingungen dafür akzeptieren würden. Aber wir importieren Soja und andere Eiweißträger, um Tierfutter daraus herzustellen, wodurch den Entwicklungsländern wertvolle Flächen zum Anbau der von ihnen benötigten Lebensmittel fehlen. Dort leidet man Hunger, damit wir uns den Wanst mit billigem Fleisch vollschlagen können – eine höchst unmoralische Angelegenheit!

Dabei könnten wir auf unseren eigenen Äckern mit Bohnen und Erbsen das nötige Eiweißfutter selbst anbauen. Natürlich wäre das teurer. Würde man diesen Anbau aber mit den gleichen Subventionen unterstützen wie die erneuerbare Energie, für die wir auf besten Äckern Biomasse erzeugen – unter Einsatz von Kunstdünger, bei dessen Herstellung wiederum Erdöl verbraucht wird –, dann wäre dieses Futter durchaus konkurrenzfähig. Und wir könnten ein besseres Gewissen haben. Außerdem würden wir Erdöl sparen, die Böden nicht verseuchen und brauchten nicht über die Zulassung von Genmais zu diskutieren.

Saubohnen und Erbsen standen früher in vielen Regionen Deutschlands auf den Feldern. Die Kinder mausten sich gern ein paar Hände voll, solange diese Feldfrüchte noch jung und saftig waren. Die Bio-Betriebe für Hähnchenmast und Schweinezucht zum Beispiel füttern sie schließlich auch weiterhin. Gewiss, deren Produkte wachsen langsamer und sind etwas teurer. Aber sie schmecken auch viel besser!

Zu viel **Hygiene**

*Warum Keimfreiheit gar nicht wünschenswert ist
und zu viel Sauberkeit sogar tödlich sein kann.
Und wieso die Größe des Betriebs dafür wichtig ist.*

Wir haben ein Problem: Die EU und ihre gesetzlichen Vorschriften sowie die Aufsichtsbehörden verlangen zu viel Sauberkeit. »Wie?«, werden Sie fragen. »Zu sauber? Das kann doch nicht stimmen!« Doch, es stimmt. Die exzessive Suche nach und Realisierung von keimfreier Hygiene ist tödlich für den Geschmack. Und für unser Wohlergehen.

Was nämlich auf den ersten Blick erstrebenswert erscheint, entpuppt sich schnell als Gefahr. Keimfreiheit bedeutet, möglichst alle Keime abzutöten. Nun gibt es aber in der Natur keine Keimfreiheit. Im Idealfall existiert ein Gleichgewicht zwischen »guten« und »bösen« Keimen, die sich gegenseitig derart in Schach halten, dass keine einzelne Art sich übermäßig vermehren kann. Tötet man aber auf einem Lebensmittel alle Keime ab, so hat die Keimart, die sich zuerst wieder ansiedelt und dank der vorhandenen Bedingungen ungezügelt vermehren kann, leichtes Spiel: Sie setzt sich durch, weil ein natürlicher Feind oder Gegenspieler fehlt und verhindert, dass sich andere Keime ausbreiten.

Eines ist allerdings klar: Das erwähnte Gleichgewicht kommt nicht ohne Weiteres vor und ist meistens auch nur für eine begrenzte Zeit ausgewogen. Liegt beispielsweise ein Fisch bei Zimmertemperatur herum, gerät das Gleichgewicht schnell aus dem Lot, und der Fisch fängt an zu stinken.

Da wäre also Handlungsbedarf. Neben guter Kühlung, die eine rasche Vermehrung der Keime verhindert, kämen verschiedene Möglichkeiten zum Abtöten der Keime infrage: anbraten oder durch einen Konservierungsstoff die Vermehrung der Bakterien wenigstens für eine gewisse Zeit zu unterbinden: Säure wäre möglich – etwa Zitronensaft –, weiterhin Essig (marinierter Hering), Benzoesäure (Nordseekrabben) oder Salz (Matjes). Man könnte den Fisch auch in ein Lysolbad tauchen – das hat man früher (manchmal geschieht es auch heute noch!) in den USA praktiziert –, leider schmeckt der Fisch dann nach totem Friseur.

Totale **Keimfreiheit** schadet

Inzwischen wurden jedoch subtilere Methoden entwickelt. Dabei kommen drei grundverschiedene Verfahren in Betracht.

Chemische Keimreduzierung. Hierbei werden die frisch gefangenen (und ausgenommenen oder bereits zerlegten) Fische mit Chlordioxid in Trinkwasserkonzentration gewaschen – die Keimzahl wird dadurch stark dezimiert, die Fische bleiben wesentlich länger frisch. Eine weitere Möglichkeit ist eine Behandlung mit Ozon, das rückstandslos zu Sauerstoff zerfällt.

Das Begasen ist in Deutschland (und vielen anderen Ländern) verboten – die Menschen lassen sich aber immer wieder etwas einfallen, um den Gesetzgeber auszutricksen. Vor allem, um Thunfisch länger frisch aussehen zu lassen, behandelt man ihn mit Kohlenmonoxid. Das nennt man dann nicht einfach Begasen, sondern »Räuchern in geschmacklosem Rauch«.

Tipp: Vorsicht beim Thunfisch

Lassen Sie die Finger von dem hellrot leuchtenden Thunfischfleisch in angeblicher Sushi-Qualität in den Läden. Die Farbe bleibt immer gleich schön, auch wenn der Fisch von Keimen übersät ist und es längst hochgefährlich geworden ist, ihn roh zu verspeisen. Da die Fäulnisbakterien den anderen Keimen unterlegen sind, riechen Sie leider auch nicht, ob der Fisch noch gut ist oder schon längst hinüber. Da hilft nur ein vertrauenswürdiger Fischhändler, der solchermaßen behandelten Thunfisch nicht in seinem Sortiment führt.

Physikalische Entkeimung. Bei dieser Methode setzt man verpackte Lebensmittel einem sehr hohen Druck (bis zu 6000 bar) aus. Dabei werden diese erstaunlicherweise nicht in ihrer Struktur verändert, die Keime jedoch weitgehend abgetötet. Das funktioniert bei Fisch genauso wie etwa bei Würstchen oder Erdbeeren. Die Haltbarkeit kann dadurch im Schnitt auf das Vierfache ausgedehnt werden.

Bestrahlung. Dieses Verfahren ist bei uns nicht erlaubt, in anderen Ländern aber für viele Lebensmittel Standard. Für Gewürze aus tropischen Ländern ist es ein wünschenswertes Verfahren, denn es bleiben keine Rückstände – anders als bei einer Begasung. Bei diesen Gewürzen müssen ja nicht nur Bakterien, sondern auch Insekten bekämpft werden; deshalb ist hier die Bestrahlung mit ionisierenden Strahlen (Röntgenstrahlen) durch Ausnahmegenehmigung erlaubt. Radioaktivität wird dabei nicht eingesetzt, es entsteht auch keine radioaktive Strahlung – bestrahlte Lebensmittel sind nicht zu verwechseln mit verstrahlten, wie es sie nach der Katastrophe von Tschernobyl bei uns gab (und teilweise noch gibt, etwa Pilze, oder in Japan nach den Kernschmelzen von Fukushima)! In den USA eine weitverbreitete Methode. Bestrahlt werden vor allem Fisch, Geflügel und Fleisch, um gefährliche Keime (Salmonellen, Listerien) abzutöten und die Haltbarkeit der Nahrungsmittel zu verlängern.

Bei allen diesen Verfahren gilt: Kommen neue, gefährliche Keime auf das Lebensmittel, können diese sich ungehindert vermehren, und zwar – wie oben geschildert – häufig, ohne dass man das erkennen kann. Reife- und Zerfallsprozesse finden zwar statt, bleiben aber nur allzu leicht unbemerkt, weil das Aussehen gleich bleibt, nicht einmal Geruch und Geschmack sich verändern. Diese Methoden sind zwar bei Herstellern und Handel beliebt, weil das sogenannte *shelf life*, die Haltbarkeit im Regal, länger ist – für den Verbraucher können sie dagegen hochgefährlich sein.

Besser ist es daher, wie gesagt, das Gleichgewicht zu pflegen und die Keime sich gegenseitig bekämpfen zu lassen. Oder gute Keime bewusst einzusetzen, um ein haltbares und geschmacklich verändertes Produkt zu gewinnen. Beispiel Käse: Die Milch, die verderben würde, wenn man sie

Rohmilchkäse, wie hier aus Ziegenmilch, halten länger als pasteurisierte Käse.

einfach ihrer natürlichen Entwicklung überließe, wird mit Bakterien oder Pilzen versetzt, und es entsteht daraus ein neues, haltbares Produkt.

Nun stellt diese Verarbeitung hohe Anforderungen an das Können der Produzenten und – paradoxerweise – an die Sauberkeit: Wenn zur falschen Zeit fremde Organismen eingeschleust werden, kann es zur Katastrophe kommen. Wie geschehen im Jahr 2010, als sich im Harzer Käse einer österreichischen Käserei Listerien entwickelt hatten und mehrere Menschen daran starben.

Zwei Jahrzehnte früher hatte es in der Schweiz einen Vorfall gegeben – damals waren im berühmten Vacherin Mont d'Or Listerien aufgetreten. Man hat daraufhin die Produktion des Vacherin total umgestellt – seither darf in der Schweiz dafür keine Rohmilch mehr verwendet werden, sie muss pasteurisiert sein. Damit glaubt man, die Sache aus der Welt geschafft zu haben. In Frankreich freilich wird der Vacherin weiterhin aus Rohmilch bereitet – weil er damit viel besser schmeckt und bei fortschreitender Reife eine schönere Cremigkeit gewinnt. Probleme mit Listerien gab es hier nie. Gefeit davor, dass solche Unfälle nie mehr vorkommen, ist man mit dem Käse aus pasteurisierter Milch jedoch keinesfalls. Der österreichische Harzer war ja schließlich aus pasteurisierter Milch hergestellt. Die Vernichtung der Keime in einem frühen Stadium (in der frischen Milch etwa) kann ja keineswegs verhindern, dass zu einem späteren Zeitpunkt Keime eingetragen werden.

Andererseits schmeckt ein aus roher Milch handwerklich erzeugter, »lebendiger« Käse einfach besser, und er hält sich später wesentlich länger als ein »toter« Industriekäse aus sterilisierter Milch.

Keime stärken das **Immunsystem**

Für unser körperliches Wohlbefinden spielt es lebenslang eine Rolle, wie leistungsfähig unser Immunsystem ist. Dafür ist es wichtig, dass wir uns immer wieder möglichst umfassend immunisieren. Dies geschieht im Idealfall auf ganz natürlich Weise – schon Kleinkinder stecken alles in den Mund, dessen sie habhaft werden können, und zwar, um es kennenzulernen. Dabei werden selbstverständlich Keime übertragen und damit die körpereigenen Abwehrkräfte aufgebaut. Geschieht dies im Kindesalter nicht, reagiert unser Körper bei einem späteren ersten Kontakt weitaus heftiger. Es leuchtet also ein, dass wir uns in jedem Lebensalter so viel wie nur möglich immunisieren sollten, um unsere Abwehr zu stählen.

Das geschieht ja ganz einfach schon beim Essen: Je mehr unterschiedliche Dinge wir zu uns nehmen, umso vielfältigere Arten von Keimen lernt unser Körper kennen und gewöhnt sich daran, damit umzugehen. Und die natürlichen Inhaltsstoffe von Lebensmitteln helfen uns auch, später weniger leicht Allergien zu entwickeln.

Zu den Allergien nur ein kleines Beispiel am Rande: Der Fall der Mauer hatte ja einen riesigen Feldversuch möglich gemacht. Bis dahin kannte man in der DDR keine industriellen Fertiggerichte westlichen Zuschnitts. Und den Menschen waren Allergieprobleme fremd. Das änderte sich schlagartig, als man sich begeistert auf diese neue, westliche, ungesunde, billige Ernährungsweise stürzte. Heute haben sich die Zahlen angeglichen. Allergien sind in den neuen Bundesländern ebenso verbreitet wie in den alten. Brauchen wir einen deutlicheren und genaueren Beweis, wie sehr industrielles Fertigessen den Menschen schadet?

Amerikanische Wissenschaftler haben ja stets größtmögliche Keimfreiheit als Ziel gepredigt – und die Notwendigkeit der Immunisierung nicht

Hätte vermutlich bei deutschen Gewerbekontrolleuren keine Chance:
ein Straßenkoch in Bangkok.

erkannt. Und die US-Bürger, die zu Hause ihre Dosen- oder Fertigkost und bestrahlte Lebensmittel gewöhnt sind, werden sofort krank, wenn sie nach Europa reisen. So wie wir vielleicht in Mexiko oder Indien Durchfall bekommen, weil wir gegen die dortigen Keime nicht immunisiert sind.

Man hat daher immer gern versucht, Touristen jeden Kontakt mit den Küchen und Lebensmitteln der Reiseziele auszureden. Aber das macht die Sache meist nur schlimmer: Diejenigen, die jedes Obst schälen, keinen Salat essen und nur Cola ohne Eiswürfel trinken, erwischt es fast immer als Erste – und das nächste Mal womöglich wieder, weil die Krankheitssymptome übermäßig mit Antibiotika bekämpft wurden. Wer dagegen stets (fast) alles probiert und sich landestypisch ernährt, kommt mit leichten Erscheinungen, meist sogar gänzlich unbehelligt davon. Denn das Essen in diesen Ländern ist ja ganz speziell auf solche Bedürfnisse zugeschnitten. Knoblauch, Galgant, Ingwer und Chili, zum Beispiel, die man in der thailändischen Küche reichlich verwendet, dienen nicht nur dem Geschmack – diese Gewürze sind auch wirkungsvolle Keimtöter.

So **hygienisch** wie nötig

Leider haben wir Europäer die amerikanische Leidenschaft für Hygiene übernommen, obwohl dafür im Prinzip gar kein Anlass bestand: Wir hatten hier völlig andere Lebensgewohnheiten, es kamen viel weniger sterile Produkte auf den Tisch, die Nähe zu anderen Ländern und andere klimatische Bedingungen hatten uns schon immer geholfen, sozusagen eine Breitband-Immunisierung aufzubauen.

Die industriellen Herstellungsverfahren verlangen jedoch eine weitreichende Kontrolle und aufwendige Einrichtungen. Es ist klar, dass ein großes Milchwerk, das jeden Tag Millionen Joghurtbecher bundesweit verteilt, mit größerer Keimfreiheit arbeiten muss als eine bäuerliche Käserei, die fast jeden ihrer örtlichen Kunden persönlich kennt, sozusagen jede Milchflasche bis zum Verbraucher verfolgen kann. Sie hat schließlich auch jedes Glas begutachtet und beim Verschließen gesehen, dass alles in Ordnung ist, während die Becher der großen Milchfabrik sofort nach dem maschinellen Abfüllen in alle Welt gehen und anonyme Kunden finden.

Natürlich haben beide Formen ihre Berechtigung. Aber es ist nicht selbstverständlich, dass bei der Herstellung im kleinen Rahmen dieselben Hygienestandards verlangt werden wie bei der industriellen Fertigung. Das führt zu unnötiger Gleichmacherei, zu Auflagen, die zu erfüllen für den kleinen Produzenten viel zu aufwendig und unbezahlbar sind, und ihn in der Regel vom Markt fegen. Aber genau das ist es ja, was die Großen erreichen wollen, damit der Verbraucher keinen Vergleich zwischen dem handwerklichen Produkt und der Industrieware ziehen kann. Und der Gesetzgeber hat sich mal wieder der Industrie gebeugt und deren Wünsche erfüllt. Natürlich ist klein nicht automatisch gut. Aber es können auf jeden Fall die Produkte handwerklicher Betriebe individueller sein als die der großen. Sie können die lokale Typizität oder einen regionalen Charme transportieren. Sie sind vielschichtiger im Geschmack, weil sie notwendigerweise mit mehr Berührung zur Natur und zum Menschen hergestellt werden und dadurch dringender ein natürliches, lebendiges Gleichgewicht der Keime brauchen, um überhaupt zu gelingen. Unter der Aufsicht und in den Händen von Menschen, die ihr Produkt lieben, genau kennen und beurteilen können, wann es sicher und am besten gelungen ist – und am besten schmeckt.

Innereien? Delikat!

Von den inneren Werten unserer Schlacht- und Jagdtiere.
Warum wir sie unbedingt wertschätzen sollten.
Und warum wir manchmal für den bizarren EU-Rechts-Irrsinn
dankbar sind.

Kalbskopf gesotten oder gebacken, abgebräunte oder gesottene Briesmilz-
wurst, Kalbsleberpudding, Pommersches Gänseschwarz oder Weißsauer
(Gänsefleisch mit dem Blut eingekocht bzw. mit Gelatine gebunden),
Schwesercroquettes (ausgebackene Bällchen von Kalbsbries oder Milken),
Saures Leberle oder Saure Nierle, Kutteln (Gekröse, Geräusch, Sulz),
Rindermagen, Lungenhaschee, Hirnsuppe, Schweine-Herzschlag (Leber,
Lunge und Herz, gut gewürzt, in ein Schweinenetz gehüllt und gebraten),
gefüllter und gebackener Schweins- oder Kalbsfuß, Kronfleisch (Zwerch-
fell), Oberbayrischer Stierbeutel (Hoden), Berliner Schnitzel (Gebacke-
ne Euterschnitten), Ochsenmaulsalat und Schweineschnäuzchen … Wir
könnten seitenweise aus hundert Jahre alten deutschen Kochbüchern die
phantasievollsten Rezepte für die unterschiedlichsten Innereien auflisten,
die heute leider kaum mehr jemand kocht. Zubereitungen für Innereien
oder andere Abschnitte vom Tier, die wir heute wegwerfen! Eine ganze
Welt von Wohlgeschmack, die uns verloren gegangen ist. Denn natürlich
wurde einst alles verzehrt, was man von einem Tier nur essen kann – und
versucht, diese Dinge so vielfältig und unterschiedlich wie nur möglich zuzubereiten.

Und heute? Die meisten Deutschen verschmähen Innereien, weisen sie
zurück, schaudern, ohne sie je gekostet zu haben – und sie wissen nicht,

was sie dabei verpassen. Denn Innereien sind, was den Geschmack, die Textur und ihre vielseitige Verwendbarkeit betrifft, wesentlich interessanter als das reine Muskelfleisch, dem man heutzutage den Vorzug gibt.

Nur Steaks und Schnitzel gelten gegenwärtig als edel und fein – an Innereien scheiden sich die Geister, selbst ausgesprochene Fleischliebhaber sind nur selten dafür zu haben. Dabei beweist schon ein schneller Blick in fast jede Länderküche der Welt: Ihr Niveau bemisst sich daran, wie sie mit Innereien umgeht, wie groß die Vielfalt und das Raffinement der Rezepte dafür sind. Es bedeutet eine schändliche Verarmung unserer deutschen und regionalen Küchen, ist ein beklagenswerter Kulturverlust und obendrein ein Frevel, wenn wir von dem Tier, das getötet wurde, um uns zu nähren und unseren Gaumen zu erfreuen, das Beste verkennen, als Tierfutter verachten, als Müll entsorgen.

Das ist in anderen Ländern undenkbar, vor allem in Frankreich. Dort gibt es sogar noch den Händler, der auf diesen Teilbereich spezialisiert ist: der *tripier*, der Kuttler, ist kein Metzger oder Wurstmacher – *boucher* oder *charcutier* –, sondern bietet in seinem Geschäft ausschließlich Innereien an. In Frankreich gehören die Innereien wie in den mediterranen Ländern, aber auch in Asien, Afrika und Lateinamerika zu den geliebten Spezialitäten, auf die niemand verzichten will:

Da gibt es gedämpfte Gänse- oder Hühnerfüße mit schwarzen Bohnen auf chinesische Art; französische *tripes à la mode de Caen* oder Florentiner *lampredotto*; die vielerlei *andouilles* und *andouillettes* (größere und kleinere Würste aus Schweinedärmen, die in rund 60 Orten Spezialität mit definierter Herkunft ist) – in anderen Ländern oft angereichert mit Kalbskutteln, Sauschädel oder Schweinebauch, wie die chilischwangere *nduja* aus Kalabrien; Kalbsnierchen *à la moutarde* (in Dijonsenf-Sauce); getrüffelter Schweinsfuß – oder gebacken nach Art von Sainte-Ménéhould; die unterschiedlichsten Blutwürste (Blunzen, wie man in Österreich sagt), die man in allen Ecken der Welt liebt und jedes Mal mit einer anderen interessanten Würzung; frittierte Luftröhre nach Art von Hanoi; die unscheinbaren, aber so köstlich schmelzenden *nervetti* aus Venedig oder Palermo (langsam weich gekochte Kalbssehnen, angemacht mit Vinaigrette, roher Zwiebel und eventuell Kräutern) ...

Was viele Menschen bei uns nur als unappetitliche Relikte aus alten, armen, glücklicherweise überwundenen Zeiten betrachten, sind in Wahrheit kulinarisch die interessanteren Teile, die uns ein Tier bietet. Ein Jammer, dass sie bei uns gar nicht oder nur selten auf den Tisch kommen, auf den Speisekarten der Gastronomie kaum zu finden sind und der Metzger sie höchstens auf Vorbestellung liefert.

Nur im Süden keine Stiefkinder

Allerdings zeigt sich da ein deutliches Süd-Nord-Gefälle in unserem Land: Im Süden, von Baden über Württemberg bis Bayern, gehören Innereien traditionell und selbstverständlich auf den Tisch. Meist sind es sogar Lieblingsgerichte, um die sich die Gäste streiten, wenn sie am Schlachttag auf der Speisekarte stehen. Denn Innereien sind ja rar: Ein Tier verfügt nur über jeweils zwei Nieren, hat nur ein Herz, Bries und Hirn, und die Leber ist nicht allzu groß. In Süddeutschland gibt es Innereien bei jedem Metzger, sogar im Supermarkt und beim Discounter. Und sie werden dort immer in guter Qualität, sorgfältig hergerichtet und geputzt, sowie in großer Auswahl angeboten. Anders im Norden und Westen, wo man Innereien für Hundefutter hält und, wenn überhaupt, entsprechend lieblos feilbietet.

Doch auch in Süddeutschland kauft man für zu Hause nicht mehr so regelmäßig Innereien ein, bereitet sie nicht mehr so vielfältig zu wie früher. Die jungen Leute überlassen das zunehmend den Gasthäusern und Restaurants, weil sie die Organe als zu tierisch, zu naturnah, als eklig empfinden und sie ungern in die Hand nehmen wollen. Außerdem machen Innereien Arbeit, denn man muss sie sorgsamer putzen und mehr sehnige und fette Partien abschneiden, als das beim Muskelfleisch nötig ist. Das überlässt man lieber dem Fachmann – wogegen ja im Prinzip nichts einzuwenden ist, dafür ist der Metzger ja schließlich da. Vielen Angehörigen dieses Standes kann man allerdings einen Vorwurf nicht ersparen: Wenn sie selbst ohne Respekt und bequem mit den Innereien umgehen, sie nicht richtig vorbereiten, putzen und küchenfertig richten, sie achtlos in einer Schüssel vor sich hin trocknen lassen, dann brauchen sie sich nicht zu wundern, wenn keiner Lust darauf bekommt und niemand Innereien kauft.

Da sollte man zum Vergleich nur mal einen Blick in die Auslage eines Metzgers in Frankreich oder Italien werfen, wo sich die Innereien bildschön präsentieren. Die unterschiedlichen Welten der Wertschätzung werden sofort deutlich: dort sorgfältig vorbereitete, gehäutete, von Sehnen und Schlünden gesäuberte Delikatessen, appetitlich zurechtgelegt und mit Kräutern oder Gewürzen dekoriert – und bei uns lieblos herausgeschnittene, von Sehnen, Häuten, Adern und Fett noch nicht befreite, tatsächlich wenig einladend wirkende Teile, denen man ansieht, dass sie zu Hause noch viel Arbeit machen werden.

Das ist vor allem deshalb unbegreiflich, weil doch jeder weiß, dass die meisten Menschen selbst beim ganz normalen Steak lieber nicht daran erinnert werden wollen, dass es ein Teil vom Tier ist, das sie essen. Sie kaufen ja auch lieber Hähnchenbrüste als ganze Vögel mit Kopf und Krallen, wie das in Frankreich üblich ist, weil man daran besser ablesen kann, wie glücklich das Huhn hat leben dürfen und wie alt es ist. Die Entfremdung zwischen Käufer und Produkt ist bei uns schon ziemlich weit fortgeschritten, und dem sollten die Schlachter Rechnung tragen. In einer deutschen Metzgerei wäre es schließlich unmöglich – nicht nur, weil vermutlich die Gewerbeaufsicht etwas dagegen hätte –, die ganzen Innereien an einem Strang, so wie sie aus dem Tier geholt wurden, an einen Haken zu hängen, sozusagen als Ladenschild, wie das in Asien oder Afrika völlig normal ist.

Nichts gegen **Kalbsleber Berliner Art**

Von allen Innereien wird die Leber in Deutschland noch am ehesten akzeptiert. Allenfalls die gepökelte Rinderzunge (die ja ursprünglich nicht zu den Innereien zählt, aber heute in diesem Zusammenhang betrachtet und gehandelt wird) findet außerdem in Nord- und Westdeutschland noch etwas Anklang. Aber man kennt dafür nur noch wenige Zubereitungsarten, und die sind meist einfach und stereotyp. Nichts gegen Kalbsleber Berliner Art, mit Äpfeln, Zwiebeln und Kartoffelpüree, das schmeckt wunderbar. Oder die Rinderzunge in Madeirasauce. Aber man könnte noch viel mehr daraus machen ...

Es kennen ja die meisten Kunden gerade mal eine Sorte Leber, allerhöchstens von zwei verschiedenen Tierarten – dabei liegen zwischen den Lebern vom Rind, Kalb, vom Schwein oder gar vom Lamm geradezu Welten des Geschmacks. Die zarten Lebern vom Zicklein oder einem jungen Reh sind ganz besonders feine Delikatessen! Wie schade, dass es sie so selten zu kaufen gibt (und kaum zu fassen, dass viele Wildlebern als Belohnung für den Jagdhund in dessen Futternapf landen, weil die Jägersfrau sie nicht zubereiten will. Kulinarisch gesehen geradezu ein Skandal!). Kaninchenlebern, die Lebern von glücklichen Hühnern, aber auch von anderem Geflügel wie Enten, Gänsen und Puten haben eine jede ihre ureigenen Vorzüge und ihren typischen Geschmack. (Die berühmt-berüchtigte Stopfleber ist ein anderes Thema; sie soll uns hier nicht beschäftigen.)

Wenn man die geschmacklichen Unterschiede der einzelnen Lebersorten kennenlernt, dann wird auch klar, dass jede ihre besonderen Verwendungsmöglichkeiten bietet und sich vorzugsweise für bestimmte Zubereitungsarten eignet. Dass man zum Beispiel für Leberknödel besser eine eher derbe, herzhafte Leber nimmt – wie die vom Schwein oder Rind, die obendrein erheblich preiswerter ist –, statt der zarten, feinen, erheblich teureren Kalbsleber, die wiederum sanft und nur kurz gebraten ihre besten Eigenschaften zur Geltung bringt. Und wie schon winzige Würzzugaben die unterschiedlichen Lebern verändern und verfeinern können: Da ist ja schon mal die Wahl des Bratfetts wichtig (Butter, Olivenöl oder Schmalz), oder die jeweilige Würze (etwa Zitronenschale, Knoblauch, Ingwer), auch das richtige Kraut (Petersilie, Thymian oder Koriandergrün) oder der entscheidende Spritzer Zitronensaft, Balsamico, Marsala, Sherry oder Port. Diese simple Aufzählung zeigt bereits, welch ein geschmackliches Potenzial in den Innereien steckt. Und welche Delikatessen sie sind! Die sich erfreulicherweise jeder leisten kann, denn die meisten sind bei uns ausgesprochen preiswert.

Wenn die Metzger freilich jene bessere Vorarbeit leisten würden, die wir uns wünschen, weil die Innereien dann bereits in der Auslage zum Kaufen einladen, müssten diese allerdings etwas teurer werden – aber das wäre nicht die Welt. Arbeitsintensive Spezialitäten wie Zungenblutwurst, Briesmilzwurst, Leberpastete, Ochsenmaul und Schweineschnäuzchen kosten ja auch jetzt kein Vermögen.

Hat nicht nur Vorteile: **die Fleischbeschau**

Hier droht indes eine ganz andere Gefahr: Einige Teile der Tiere unterliegen der besonderen Fleischbeschau und werden dabei so malträtiert, dass sie für die Küche nicht mehr taugen (siehe auch S. 145). Dass die Lebern von alten, ausgedienten Kühen deshalb erst gar nicht mehr in den Handel gelangen, lässt sich verschmerzen. Sie können nämlich derart mit Schwermetallen und anderen Giftstoffen belastet sein, dass sie für den menschlichen Verzehr nicht mehr geeignet sind, weil die Tiere mit schadstoffhaltigen Nebenprodukten gefüttert wurden, die bei der Herstellung von Lebensmitteln anfallen – die eiweißreichen Presskuchen von der Ölgewinnung aus Sojabohnen beispielsweise oder aus Kürbiskernen. Es können aber auch Zitrustrester (vom Orangensaft), Krabbenschalen, Kaffeeschalenpellets oder aus Schweineblut gewonnenes Hämoglobinpulver enthalten sein und

Kalbsniere im eigenen Fettmantel

Den Fettmantel der Niere rundum bis auf etwa knapp 2 Zentimeter Stärke abschneiden. Die Niere mit ein paar Estragon- oder Thymianzweigen locker in Küchenpergament einschlagen. Für 35 bis 45 Minuten in den auf 200 Grad vorgeheizten Ofen schieben. Nicht zu lange garen, sonst wird sie trocken! Dann warm stellen und 12 bis 15 Minuten nachziehen lassen. In fingerdicke Scheiben schneiden und auf vorgewärmten Tellern anrichten, mit Fleur de Sel und weißem Pfeffer aus der Mühle sowie einigen Tropfen Balsamico und Olivenöl würzen.

Dazu einen großen Wein trinken – am liebsten einen Burgunder, weiß oder rot ...

Für zwei Personen:

1 Kalbsniere in ihrem Fett
2 Estragonzweige
2 Thymianstiele
Salz (Fleur de Sel)
Pfeffer
einige Tropfen
* Balsamico und*
* Olivenöl*

andere Futtermittel, in denen sich Rückstände von Pflanzenschutzmitteln oder Hormonen konzentriert haben. Zudem können sich in bestimmten Stücken vom Schlachtvieh Krankheitserreger angesammelt haben (wegen BSE muss auch heute noch Hirn und Rückenmark von älteren Tieren entsorgt werden – damals, als die Sache akut war, waren sogar Kopffleisch und Markknochen verboten).

Eine Schande ist jedoch, dass in manchen Bundesländern der Kalbskopf nicht mehr verkauft, sondern sogar weggeworfen wird, weil das Auslösen vom Veterinär kontrolliert werden muss, was den Schlachthäusern zu teuer ist. Oder die Nierenbeschau, die in Deutschland vorgeschrieben ist: Dabei muss die Niere vollkommen aus ihrem Fettmantel gelöst werden – weshalb es den klassischen, wunderbaren Kalbsnierenbraten, der früher in Süddeutschland jede Festtafel beherrschte, heute kaum mehr gibt. Das einst wie gewachsen zusammengerollte Stück müsste kunstvoll wieder zusammengesetzt werden, nachdem der Beschauer alles auseinandergefieselt hat, und weil er dabei, wie man weiß, nur selten mit Gefühl vorgeht, ist das ohne Qualitätsverlust natürlich nicht mehr möglich. Wenn heutzutage jemand in Deutschland eine Kalbsniere in ihrem Fettmantel genießen möchte – eine einzigartige Delikatesse! –, muss er sie sich aus Frankreich importieren lassen. Dort ist sie weiterhin erlaubt, und was in einem anderen EU-Land angeboten werden darf, muss man nach EU-Recht auch in den anderen Ländern verkaufen dürfen, obwohl es zu produzieren dort verboten ist. Eine verrückte Welt! Die europäische Kleinstaaterei wird wohl noch lange für derartige Irrwitzigkeiten sorgen – für die Liebhaber von Innereien zumindest ist sie ein Gewinn.

Vom Kalb am liebsten die Bäckchen!

*Warum einige Gustostückerl verboten sind und
wie man sich trotzdem darüber hinwegsetzen kann.*

Im badischen Dorfgasthof, im anspruchsvollen Bergrestaurant im Salzburger Land oder im hippen Bistro im Berliner Kiez: Kalbsbäckchen sind groß in Mode. Geschmort und in (gern auch »an«) einer interessanten Sauce, mit Zitronenfilets und Kapern etwa, mit Cocktailtomaten und Basilikum oder mit Anis und Weißweinsahne – keine Speisekarte ohne Kalbsbäckchen. Das etwa handtellergroße, schön gewölbte, fast runde Fleischstück aus der Backe wiegt beim Kalb etwa 150 Gramm. Es ist gleichmäßig von einem Geflecht aus gallertigen Sehnen durchzogen, die das langfaserige Fleisch beim Schmoren wundervoll saftig halten. Es lässt sich gut portionieren, die quer zu den Sehneneinschlüssen geschnittenen Scheiben sehen mit ihrer an Rosen erinnernden Maserung hübsch aus und lassen sich auf dem Teller elegant anrichten. Und das Fleisch ist immer butterzart, man kann eigentlich nichts damit falsch machen. Es zergeht auf der Zunge. Die Sauce, die beim Schmoren wie von selbst entsteht, ist kräftig, aromatisch und hat durch die eigene Gelatine einen stabilen Stand.

Verboten, zerfetzt und **weggeworfen**

Wir wollen uns für unsere Sendung »Schmorbraten« ein Rezept dafür ausdenken, denn jedes Bäckchen ist ja sein eigener kleiner, sozusagen ein Portionsschmorbraten. Also bestellen wir welche beim Metzger unseres Vertrauens.

»Kein Problem«, sagt der, und »Oh ja!«, jubelt seine Frau. »Das haben wir doch neulich in Österreich gegessen.« Und er verspricht: »Bring ich Ihnen vom Schlachthof mit.«

Als wir die Kalbsbäckchen in der Woche drauf abholen, sind wir entsetzt: Statt der erwarteten appetitlich geformten Fleischstücke präsentiert uns der Metzger völlig zerfetzte Teile und ist genauso ratlos wie wir.

»Tja, so hat man sie mir am Schlachthof übergeben«, sagt er. »Der Veterinär muss sie so einschneiden, hat man mir gesagt, um sie auf Finnen zu kontrollieren.« Er zuckt kopfschüttelnd die Schultern. »Vorschrift!«

Wir können es nicht glauben: Wo haben denn all die Gastronomen die Kalbsbäckchen her, die wir bei ihnen schon gegessen haben, und zwar unversehrt?

Wir hören uns um, forschen im Internet und stellen fest: Das mit dem Finnenschnitt ist so. Damit soll kontrolliert werden, ob das Kalb frei von Würmern, den sogenannten Finnen, war. EU-Gesetz, im Prinzip. Und wie so manch andere dieser Vorschriften letztlich dem Ermessen der handelnden Personen unterworfen – gute Beziehungen zum Fleischbeschauer können helfen.

Wir finden über Gastronomen heraus, dass diese Vorschriften von manchen Schlachthöfen offenbar nicht ganz so strikt befolgt werden, vor allem in Frankreich oder Holland. Von dort gelangen die begehrten Bäckchen über den Großhandel an die Gastronomie, kiloweise vakuumverpackt. So können auch wir sie beim Spezialhändler für Großverbraucher kaufen. In der Tat, wie das Etikett verrät, aus Frankreich oder aus Holland. Allerdings können wir im Fernsehen natürlich kein Rezept bringen, das Zutaten verlangt, die man bei uns nicht ganz normal kaufen kann.

Im Internet-Kochrezepte-Chat finden wir unter dem Stichwort Kalbsbäckchen ganze Debatten und erfahren so, was der Hobbykoch auf der Suche nach Kalbsbäckchen alles zu hören bekommt. Manche Metzger fragen gar nicht erst nach, sondern behaupten gleich, das sei verboten, wegen BSE, Risikomaterial. Das ist natürlich Blödsinn, denn das mag fürs Hirn und Rückenmark zutreffen, aber nicht für das Kopffleisch und die Haut. Andere vermuten, die Metzger wären zu faul und hätten keine Lust, das bisschen Fleisch auszulösen. Zu viel Mühe für zu wenig Ergebnis. Der Gipfel aber ist die Auskunft, die einer der Chatter im Kölner Schlachthof bekam: »Kalbsköpfe werden bei uns gleich weggeschmissen.«

Sollte das stimmen, muss man sich wahrlich an den Kopf fassen. Jahrhundertelang war der Kalbskopf eine beliebte Spezialität und ist auch heute noch für viele eine begehrte Delikatesse, zum Beispiel gekocht, mit einer pfiffigen Vinaigrette oder in einer würzigen Rotweinsauce, gern auch paniert und gebacken, mit Remoulade. Obendrein ist die darin enthaltene Gallerte in jedem Fall bedeutungsvoll für die verschiedensten Würste, um sie zu stabilisieren, wenn man nicht ohnehin das Teil für eine Sülze verwendet. Wer kann glauben, dass ein so wertvolles Stück vom Kalb einfach weggeworfen wird?

Es geht auch anders

Wir sprechen mit Vinzenz Brandstätter, dem Chef des Schlachthofs in Flattach, einem kleinen Ort im Kärntner Mölltal. Sein Betrieb ist auf Kälber spezialisiert: 12 000 verarbeitet er im Jahr, dazu 8000 Rinder, und er bestätigt: »Ja, tatsächlich schreibt eine EU-Verordnung den Backenschnitt nach sechs Wochen zwingend vor. Das gilt natürlich auch fürs ausgewachsene Rind. Dabei hat man garantiert seit mehr als zehn Jahren keine Finnen mehr gefunden«, setzt er kopfschüttelnd hinzu und lacht: »Ich hab noch keine gesehen.«

Das liegt sicher nicht nur daran, dass fast drei Viertel aller Tiere, die er verarbeitet, aus Bio-Aufzucht stammen. Bei Rindern sind es sogar noch zehn Prozent mehr. Das Fleisch wird übrigens nicht etwa an ausgesuchte Fach- und Spezialbetriebe geliefert, die womöglich einen höheren Preis bezahlen können, sondern es geht an die Supermärkte Billa und Merkur, wo heimisches Bio-Fleisch unter der Marke »ja! natürlich« sehr begehrt ist und durchaus nicht als zu teuer empfunden wird.

Wir staunen. Erstklassiges Bio-Fleisch flächendeckend im Angebot, sogar in der Fleischtheke des Supermarkts, davon kann man bei uns nur träumen.

Brandstätter erklärt uns: »Bei euch wird ohnehin das meiste aus Holland kommen. In den Großbetrieben dort werden ja doppelt und dreimal so viele Tiere jeden Tag verarbeitet. Da laufen die Bänder schneller als bei uns.«

Bei ihm sind drei Tierärzte Tag für Tag mit der Beschau beschäftigt: Zuerst geht es um die lebenden Tiere bei der Anlieferung, dann sind die Betäubung und das Schlachten zu kontrollieren, und am Ende müssen Beschauer schließlich überprüfen, dass die Tiere vollständig ausgeblutet sind.

Die Kälber sind im Schnitt drei bis vier Monate alt und bringen dann ein Lebendgewicht von 140 bis um 200 Kilogramm auf die Waage. Drei, vier

Tage nach dem Schlachten werden sie zerlegt und vakuumverpackt. Dann müssen sie mindestens eine Woche etwa im Kühlhaus reifen – Jungrinder lässt man 17 bis 18 Tage, Ochsen mindestens 25 bis 30 Tage abhängen.

Kalbsköpfe, -füße und Knochen

Früher waren diese Teile eine völlig selbstverständliche, geradezu unersetzliche Zutat in der Küche. Noch vor 30 Jahren fragte die Metzgerfrau in Bayern: »No a bissl an Knochen?«, wenn jemand einen Rinderschmorbraten für das Sonntagsessen kaufte. Das war dann die »Beiwaage«, für die man allenfalls einen winzigen Aufpreis zahlte. Der verständigen Stammkundin wurde natürlich, wenn vorhanden, vom Besten eingepackt, nämlich ein Stück Kalbsfuß oder wenigstens andere kälberne Knochen, etwa vom Rücken. In Stücke gehackt und in der Bratenreine mitgeschmurgelt, sorgten die Knochen dafür, dass die Sauce Stand und Kraft bekam.

Gerollter Kalbskopf mit Salat und Schnittlauch-Vinaigrette

Lauwarmer Kalbskopf mit Kürbiskernöl-Vinaigrette

Wenn man überhaupt einmal bei einem deutschen Metzger einen vom Knochen ausgelösten Kalbskopf bekommt, dann muss man ihn meist selber noch gehörig putzen: also alles Geschladder und Unschöne säuberlich wegschneiden, sodass nur die hoffentlich gebrühte und geputzte Haut und die appetitlichen Fleischteile – wozu natürlich auch die Bäckchen gehören – übrig bleiben. Weil der Kopf ja halbiert wurde, besteht auch diese gesäuberte sogenannte Maske aus zwei Hälften, die man so aufeinanderlegt, dass die Hautschicht jeweils nach außen kommt. Das Ganze wird nun zu einer gleichmäßig dicken Rolle gewickelt, mit Küchenzwirn sorgfältig zu einem Paket verschnürt und zunächst im Sud sanft gar gekocht. Danach lässt man die Kalbskopfrolle am besten in einer Kastenform oder in einer Terrinenform abkühlen – später kann man die benötigten Scheiben in gewünschter Stärke abschneiden. Übrigens: Was nicht gleich verzehrt wird, lässt sich auch prima einfrieren!

Die Kalbskopfrolle mit dem klein geschnittenen Gemüse und den Gewürzen in einen Kochtopf geben, mit Wasser bedecken, aufsetzen und in etwa anderthalb Stunden gar kochen. Im Sud zunächst lauwarm werden lassen, dann herausheben und in eine mit Klarsichtfolie ausgelegte Terrinenform betten. Die Rolle sollte dabei eine schöne Form erhalten. Im Kühlschrank abkühlen und fest werden lassen. Die natürliche Gelatine sorgt dafür, dass beim Aufschneiden kompakte Scheiben entstehen, die nicht auseinanderfallen.

Zum Servieren die Kalbskopfrolle in gleichmäßige, gut zwei Zentimeter dicke Scheiben schneiden. Unmittelbar vor dem Essen die Teller in die Mikrowelle stellen und den Kalbskopf auf höchster Stufe in etwa 45 Sekunden lauwarm werden lassen. Dies geht natürlich auch im heißen Backofen. Für die Marinade die Frühlingszwiebeln mit ihrem

Für sechs Personen:
1 halber (oder ganzer) Kalbskopf
2 große Bund Suppengrün (Möhren, Lauch, Sellerie, Petersilie mit Wurzel)
2 Zwiebeln
1 junge Knoblauchknolle (!)
je 1 EL Pfeffer- und Pimentkörner
1 gehäufter TL Wacholderbeeren

Für den Salat
2 großzügige Handvoll gemischter Salat- und Kräuterblätter
1 Bund Schnittlauch

Vinaigrette
2 Frühlingszwiebeln
1 Naturzitrone
Salz, Pfeffer
1 TL scharfer Senf
2 EL Olivenöl
2 EL Kürbiskernöl

Und den Kopf? Der Metzger hat ihn früher immer im Ganzen zunächst etwa zehn Minuten lang mit nur 60 Grad gebrüht, damit die Haut sich gut putzen ließ und blendend weiß wurde, und danach säuberlich vom Knochen gelöst. Diese sogenannte Maske mitsamt dem Kopffleisch nahm gerne mit, wer eine feine Sülze zubereiten wollte, wenn er nicht das ganze Stück, zur Rolle gewickelt, gesotten und dann in Scheiben geschnitten seinen Lieben als Extraspezialität servierte. Doch mit der Zeit schwand die Nachfrage nach solchen Teilen, der Sonntagsbraten kam aus der Mode. Und wer Sülze essen wollte, kaufte sie fertig oder nahm statt Kalbskopf Gelatine beziehungsweise dickte die Sauce mit Saucenbinder an …

In Frankreich dagegen liegen im Schaufenster eines anspruchsvollen Metzgers geradezu einladend schimmernd die sauber hergerichteten Kalbsfüße, deren Haut weiß leuchtet und daneben, zur akkuraten Rolle verschnürt, der küchenfertige Kalbskopf – appetitlich wie im Bilderbuch. *Tête de veau* gilt dort als einer der köstlichsten Leckerbissen.

»Tja, wenn bei uns der Tierarzt den ausgelösten Kalbskopf durchgehen lassen soll«, sagt Vinzenz Brandstetter schmunzelnd, »dann hat er ein Problem. Das ist verboten, gesetzeswidrig!« Er lässt keinen Zweifel daran, wie absurd er das findet. »Sobald in Brüssel irgendeine Verordnung erlassen wird, dann sind Deutsche und Österreicher die Ersten, die sie umsetzen!« Mit einer wegwerfenden Handbewegung fügt er hinzu: »Und sie am liebsten obendrein auch noch verschärfen. Die Verordnungen können noch so widersinnig sein und jeglicher Vernunft entbehren. Deshalb werden sie ja auch so oft und so bald wieder novelliert.«

Bis es so weit ist, werden bei Brandstätter, wenn gewünscht, unter ärztlicher Aufsicht die Wangen so ausgelöst, dass die Bäckchen am Ende ihre Form behalten. Schließlich kann man diesen Finnenschnitt ja auch so behutsam setzen, dass das Teil nicht zerstört, sondern weiterhin als Delikatesse nutzbar ist. Das sollte man vielleicht mal den hiesigen Tierbeschauern zeigen …

Grün in feine Scheibchen schneiden und mit den restlichen Zutaten verrühren. Das Ganze dabei mit einer Gabel cremig aufschlagen. Die Salat- und Kräuterblätter ganz kurz in dieser Marinade wenden und rund um den Kalbskopf auf dem Teller verteilen. Die Kalbskopfscheiben mit der restlichen Marinade beträufeln und mit Schnittlauchröllchen bestreuen.

Beim Schwein ist dieser Backenschnitt nicht vorgeschrieben. Die Bäckchen vom Schwein sind zwar nur halb so groß wie die vom Kalb, aber sie lassen sich ebenfalls prima schmoren und schmecken ebenfalls sehr gut. Ihr Metzger sollte sie Ihnen nur pökeln, denn dann sehen die Schweinebäckchen appetitlicher aus. Sagen Sie ihm also rechtzeitig Bescheid – drei, vier Tage braucht er nämlich dafür. Außerdem halten sie dann besser und schmecken feiner.

Geschmorte Schweinsbäckchen

Die sauber parierten (von Flachsen und Sehnen befreiten) Bäckchen in einem flachen Topf im heißen Öl langsam rundum anbraten, dabei salzen und pfeffern. Das klein gewürfelte Wurzelwerk hinzustreuen und mitrösten. Das Paprikapulver darüberstreuen, die Senfsaat untermischen. Zugedeckt leise etwa zehn Minuten schmurgeln, bis das Wurzelgemüse schön weich ist. Erst dann die gehäuteten und gewürfelten Tomaten (mitsamt den Kernen) zufügen, denn die Säure der Tomaten verzögert oder verhindert das Weichwerden vom Wurzelgemüse. Dann lässt es sich nicht mehr zur Bindung der Sauce verwenden! Deshalb auch erst jetzt den Wein angießen. Und nunmehr das Fleisch zugedeckt eineinhalb Stunden leise schmoren, bis es butterzart geworden ist.

Zum Servieren die Sauce mit dem Pürierstab aufmixen – sie wird dadurch auch ganz ohne Sahne schön cremig. Zum Schluss nochmals abschmecken. Dazu passen Nudeln, Spätzle oder Kartoffelpüree. Und als Getränk: ein herzhafter Weißwein, eine trockene deutsche Spätlese vom Weißburgunder, etwa aus Franken oder Rheinhessen.

Für vier Personen:
ca. 1 kg Schweins-
    bäckchen
2 – 3 EL Olivenöl
75 g Speck in dünnen
    Scheiben
Salz, Pfeffer
je ½ Tasse dünne Lauch-
    ringe, fein gewürfelte
    weiße Zwiebel und
    Möhre, klein geschnit-
    tener Bleichsellerie
2 – 3 Knoblauchzehen
1 EL Paprikapulver
1 TL Senfsamen
½ l Weißwein
500 g Tomaten
Basilikum

Kochen mit Kindern
statt Kochen für Kinder

Warum man für Kinder nicht anders kochen muss.
Aber warum es so wichtig ist, mit ihnen und für sie zu kochen
und mit ihnen zu essen!

Sie war ein bisschen laut und wusste bei jedem Thema, das in dieser Tischrunde zur Sprache kam, immer gleich Bescheid. Und dann fiel ihr etwas ein.

»Ach«, flötete sie, »ich wollte Ihnen immer schon mal was sagen.« Sie beugte sich über den Tisch. »Ich hätte da einen Tipp für Ihr nächstes Buch.«

Wir reagierten eher zurückhaltend, als sie triumphierend rief: »Kochen für Kinder!«

Ach, du liebe Zeit, wie oft haben wir diesen Vorschlag schon gehört! Aber wir können uns einfach nicht mit dem Gedanken anfreunden, dass man für Erwachsene anders kochen soll als für Kinder. Sobald sie richtig zubeißen können, finden wir, braucht man mit dem Essen keine Rücksicht mehr auf sie zu nehmen. Sie können und sollen alles probieren und kennenlernen. Wenn ihnen etwas nicht schmecken sollte, dürfen sie das selbstverständlich sagen und werden nicht gezwungen, es trotzdem zu verspeisen. Etwas nicht zu mögen, das ist eines jeden Menschen gutes Recht – egal, wie klein beziehungsweise wie jung er ist.

Gerade Kinder haben ja gottlob ein noch unverfälschtes und deshalb untrügliches Gespür dafür, was ihnen guttut und bekommt. Vorausgesetzt allerdings, dass sie nicht längst durch falsche Kost geprägt oder durch schlechte Vorbilder (wie mäkelige Erwachsene, die ihnen ihren Ekel oder eine Abneigung vorleben) beeinflusst sind. Und die unterschiedlichsten Dinge zu mögen, das muss man lernen. Wie bei allem gilt auch hier: üben, üben, üben.

Während wir noch die Argumente zusammentrugen, die uns davon abhalten, ein solches Buch zu machen, fuhr unsere Tischgenossin seufzend fort: »Ich weiß manchmal wirklich nicht, was ich kochen soll. Ich tue tausend Gewürze dran, und trotzdem haben meine Kinder immer was zu meckern.«

Irgendwie konnten wir diese Kinder verstehen und versuchten, es nett zu sagen: »Vielleicht sollten Sie sich aufs Wesentliche konzentrieren? Sie bleiben doch auch bei Ihrem Lieblingsparfum, oder?«

»Und dann fischen sie mit spitzen Fingern die Hautröllchen aus der Tomatensauce …«

Ach so! Den Kindern könnte mühelos geholfen werden!

»Wir würden die Tomaten vorher häuten.«

Schließlich sind Tomatenhäute unverdaulich und wirklich kein Vergnügen im Essen – auch nicht für Erwachsene – und ohne viel Aufwand zu entfernen. Doch unser guter Rat traf auf eine eher säuerliche Miene.

Wichtiger als eigens *für* Kinder zu kochen, so versuchten wir der jungen Mutter klarzumachen, wäre es, gemeinsam *mit* ihren Kindern zu kochen und, so oft wie nur möglich, die Mahlzeiten gemeinsam zuzubereiten.

Damit kann man gar nicht früh genug beginnen. Schon das Baby kann von seinem Sitzkörbchen aus, das man auf die Arbeitsfläche stellt, zuschauen und miterleben, was Mama oder Papa oder alle miteinander da tun. Dabei nimmt es nicht nur mit den Augen teil, sondern erfährt auch mit allen anderen Sinnen, was passiert: Es hört Messer hacken, Gläser klirren,

Martina mit Magnus, Lina und Charlotte beim Dreh für eine Fernsehsendung

etwas in der Pfanne brutzeln, Topfdeckel klappern. Es wird sich die Düfte einprägen. Es werden Vorlieben gefördert, vielleicht mitunter auch eine Abneigung fürs Leben erzeugt – jedenfalls wird ein Bezug hergestellt zur Vielfalt der Welt der Ernährung.

Das Kleinkind kann von seinem Hochsitz aus über die Tischkante gucken und darf ruhig mit seinen Patschhändchen »mithelfen«, zum Beispiel das eigene Stückchen Teig kneten. Es wird lernen, seine Motorik zu präzisieren, indem es nach und nach diffizilere Arbeiten übt. Natürlich immer unter Aufsicht – vor allem, wenn es darum geht, mit einem Messer zu hantieren oder die peinigende Erfahrung mit der heißen Herdplatte zu machen. Dabei können Sie mühelos die verschiedenen Zutaten erklären, Handgriffe zeigen, vorführen, wie es richtig geht, Ihr Kind Erfahrungen machen lassen. Je früher Sie damit beginnen, umso besser, das weckt Neugier, fördert Verständnis und schafft Vergnügen. Kinder lieben es herumzupanschen – warum also nicht diese Lust in praktische Bahnen lenken und die Kleinen ruhig auch mal in der Küche und nicht nur im Sandkasten manschen lassen?

Natürlich kostet das Zeit, auch weil hinterher mehr aufzuwischen sein wird, als wenn Sie alles alleine machen. Doch wenn man von Anbeginn einübt, gleich alles wieder einigermaßen aufzuräumen – na ja, so gut es geht –, dann muss die Küche am Ende durchaus nicht wie ein Schlachtfeld aussehen. Kinder haben Spaß an allem Neuen. Sie hören nicht auf, Fragen zu stellen, sind noch so wunderbar lernfähig und lenkbar und mit einem so großartigen Eifer bei der Sache.

Was sie in dieser einprägsamen Phase spielerisch entdecken, werden sie sich besser merken als alles, was später mühsam erlernt und erarbeitet werden muss. Beispielsweise beim Gemüseschnibbeln ein Stück davon in den Mund schieben und kosten – so bekommen sie einen Bezug dazu, entdecken, wie zuckersüß die rohe Möhre schmeckt, wie die hübschen Erbsen, die in ihrer Schote wie in einem mit Samt ausgeschlagenen Etui liegen. Und dann der Unterschied, wenn das Gemüse nicht mehr knackig fest ist, sondern nach dem Dünsten oder Braten auf einmal eine völlig andere Konsistenz bekommen hat, auch ganz anders schmeckt. Wir sind sicher: Dann werden sie gern Gemüse essen! Vorausgesetzt, es wurde korrekt gegart und nicht, wie so oft, zerkocht. Manchmal haben wir das Gefühl, dass Kinder sich deshalb weigern, »gesundes Gemüse« zu essen, weil es laff, langweilig oder zu lang gegart ist. Wer will ihnen verdenken, dass sie auf so was keine Lust haben!

Das gilt natürlich mehr noch für Kinder im Kindergarten – oder gar im Schulalter. Dann sind sie ja bereits so verständig, dass sie kleine Küchenarbeiten und Verantwortung übernehmen können. Es macht sie stolz und vermittelt ihnen Selbstbewusstsein, weil sie an solchen Aufgaben wachsen.

Lassen Sie die Kinder auch ruhig mit scharfen Messern hantieren, nachdem Sie ihnen gezeigt haben, worauf es dabei ankommt, den richtigen Griff, die ideale Haltung – und unter Aufsicht, versteht sich. Auf keinen Fall sollten Sie sie mit angeblich sicherem, eher stumpfem Handwerkszeug beginnen lassen! Die Kinder müssen von Anfang erfahren, dass ein Messer kein Spielzeug ist. Sie müssen einerseits Respekt vor der Schärfe entwickeln, sodass sie vorsichtig damit umgehen, aber andererseits sich auch darauf verlassen können, dass das Messer etwas schneidet. Denn ein stumpfes Messer, das viel Kraft verlangt und obendrein leicht am Schneidgut abrutscht, ist wirklich gefährlich!

Wir finden, man sollte unbedingt schon im Kindergarten einführen, dass die Kinder ihre Mahlzeiten miteinander gemeinsam herrichten und sich natürlich dafür auch rund um einen Tisch setzen. Und ein Schulfach, das sich mit Kochen beschäftigt und Wissen über die Lebensmittel und die richtige Ernährung vermittelt, das wünschen wir uns schon lange. Dabei geht es uns nicht nur um die Kenntnisse rund um dieses unerschöpfliche Basisthema, sondern darum, dass das gemeinschaftliche Kochen das Sozialverhalten der Klasse fördert, die Kommunikationsfähigkeit verbessert und, wenn alle regelmäßig gemeinsam an der Tafel sitzen, nicht zuletzt auch hoffentlich ihre Tischmanieren …

Knoblauch & Zwiebel –
nicht gesellschaftsfähig?

Zur Frage, ob kräftige Düfte tatsächlich unzumutbar sind
und man Angestellten vorschreiben kann, was sie essen.

Die im Schalter- und Beratungsbereich tätigen Angestellten der feinen
Schweizer Großbank UBS müssen, so ein Pilotprojekt, ein ganzes Regel-
werk voller Vorschriften beachten. Die Reputation, so die Bank, sei ihr
höchstes Gut, lautet die Begründung für die strikten Weisungen. Es müsse
ein tadelloses Verhalten gezeigt werden, und dazu gehöre eine einwandfreie
Präsentation der Person – neben körperfarbener Unterwäsche und zurück-
haltendem Schmuck für Damen, schwarzen, nicht gemusterten Socken und
Schlips für Herren, gilt für beide Geschlechter gedeckte, gediegene, unauf-
fällige Kleidung sowie der Verzicht auf sichtbare Tattoos und Piercings.

Wenn auch die Vorschrift der Unterwäschefarbe befremden mag (geht
das nicht zu weit?), so kann man alles Übrige verstehen. Auch dass weiterhin die Vermeidung jedweder die Kommunikation negativ beeinflussenden
Gerüche gefordert wird, wie beispielsweise Zigarettenrauch. Zwiebel- und
Knoblauchdüfte sind aber ebenfalls ausdrücklich tabu. Nun wird niemand
leugnen wollen, dass es nicht nur Nichtrauchern unangenehm sein kann,
wenn der Berater seine Anlagestrategie in eine gewaltige Wolke von Ziga-
rettenrauchgestank hüllt oder die Person am Schalter, mag sie noch so

entzückend sein, einem die Würzkraft einer ganzen Knoblauchknolle ins Gesicht bläst. Das kann – wie auch der Rauch von Zigarren, die man doch hoffentlich den Chefs der Bank als Statussymbol nicht nehmen will? – einer harmonischen und vertrauensvollen Atmosphäre ja durchaus abträglich sein. Ein zartes Duftwölkchen, das von gehabten Genüssen kündet, sollte aber doch, finden wir, toleriert werden!

Denn was hieße es in der Praxis, wenn nicht? Adieu Wurstsalat und Musik zum Mainzer Handkäs', zum Harzer Roller oder Romadur! Tschüss angemachter Camembert, Tatar oder Matjes Hausfrauenart! Ciao *spaghetti aglio olio* und *pesto* oder *stoccafisso*! Keine provenzalische, keine italienische, keine spanische, keine jüdische oder arabische Küche mehr! Keine mexikanischen und südamerikanischen Spezialitäten. Chinesische, indische und indonesische, vietnamesische und thailändische Restaurants wären ganz klare No-Go-Adressen ...

Kann das wahr sein? Im Zeitalter der Globalisierung? Wo bleibt da der Geschmack?

Wir wollen doch nicht zurückfallen in die Zeiten Escoffiers und seines buchstäblichen Hauchs von Knoblauch. Der bedeutendste Koch um die Wende vom 19. zum 20. Jahrhundert biss bekanntlich in eine Knoblauchzehe und hauchte dann in die noch leere Salatschüssel, um dem darin später umgewendeten Salat ein kräftiges Aroma zu spenden. Und wir möchten auch nicht die frisch gewürfelten Zwiebeln wieder wie vor hundert Jahren zu milder Geschmacks- und Duftlosigkeit blanchieren, ehe wir sie verwenden dürfen.

Wir plädieren vielmehr für offene Geschmacksgrenzen: So, wie die ganze Welt bei uns zu Gast ist, dürfen auch wir in der ganzen Welt zu Gast sein, nach deren Rezepten kochen und Zwiebeln und Knoblauch genießen, wie man es da und dort tut. Auch als Bankangestellte. Und es wird sich ganz von allein regeln, nach der alten Erkenntnis: Wenn alle Zwiebel und Knoblauch essen, merkt niemand etwas!

PS: Wer schützt eigentlich die armen Angestellten der Bank vor den Düften, welche womöglich die Kunden verströmen? Die kommen ja schließlich – in Schweizer Banken besonders häufig – aus der ganzen Welt ...

PPS: Unser Zahnarzt-Freund Klaus hat uns erzählt, dass es ihm überhaupt nichts ausmacht, wenn ein Patient nach Zwiebel oder Knoblauch riecht. Dann weiß er ja, dass dieser gewiss anständig und gut gegessen hat. Es sei aber kaum auszuhalten, wenn der Patient vorher, womöglich in guter Absicht, Kaffee getrunken habe.

Vom **Kompilieren** und **Komponieren**

Warum man mit Hochstapeln nicht weiterkommt.
Und von den verschlungenen Irrwegen in der
modernen Gastronomie.

Aus Amerika kam die Mode, so viele Dinge wie nur möglich zu kombinieren, aufeinanderzuhäufen und zu mischen. Der Fast-schon-Klassiker *Surf 'n' Turf* ist ja schon verrückt genug: »Hummer ist gut, Steak ist gut – wie gut muss dann erst Hummer mit Steak sein!«, lautete die Devise.

Speisen als **Stapelware**

Aber das wurde bald langweilig: In den neunziger Jahren begann man, die Zutaten immer kühner aufeinanderzutürmen. Zunächst waren es mehr oder weniger locker aufgeschichtete Haufen, aber schon bald wurde die Sache anspruchsvoller gestaltet, strenger, architektonischer: Die Zutaten wurden in akkurat zugeschnittenen Formen aufeinandergestapelt, wobei verschiedene Zuschnitte für lebendige Abwechslung sorgten und man die einzelnen Elemente noch erkennen und schon optisch genießen konnte. Es schaute also hier eine Scheibe hervor, lugte dort ein Blättchen heraus, und das Ganze musste so ausbalanciert werden, dass es nicht in sich zusammenfiel, wenn der Ober es auf den Tisch stellte.

Dann wurde der Metallring erfunden, in den man kompaktere Zutaten drückt, und der, wenn er wieder entfernt ist, einen schönen, ebenmäßigen Sockel zur weiteren Dekoration zurücklässt. Dank dieses Metallringes kann man auch Zutaten, die eigentlich nicht so gern übereinander sitzen bleiben, erst mal in Form halten. Als spektakulärer Abschluss wird dem Gebilde gern noch ein Krönchen oder Diadem von kunstvoll gestaltetem, frittiertem Gemüse aufgesetzt oder topfeben gepresster und knusprig gerösteter Schinken oder Speck als Fähnchen hineingesteckt. Vielleicht lehnt man noch ein zerbrechlich zartes Gebäck daran oder ein in seiner natürlichen Eleganz dem Auge schmeichelndes Kraut. Akkurat drum herum gesetzte Tupfen einer cremigen Vinaigrette oder von Balsamico, auf dem Tellerrand ein wie absichtslos hingestäubtes Gewürzpulver vollenden das Kunstwerk!

Und der Gast? Der hebt nach gebührender, bewundernder Andacht sein Besteck und beginnt schnöde sein erschütterndes Werk der Zerstörung: Durchschneiden geht nicht, der Messerdruck zerquetscht alles. Also nimmt der Gast das Ganze wohl oder übel auseinander und verteilt die Zutaten wieder locker nebeneinander auf dem Teller. Dabei kann man dann auch bemerken, dass durch das Stapeln das Dressing oder die cremige Sauce innen gar nicht alle Teile erreicht hat, sondern lediglich außen heruntergelaufen ist. Der Gast muss sich die einzelnen Komponenten der Kreation wieder zusammensuchen und jeweils mit Sauce versehen – all die kunstvolle Anrichtungsarbeit des Künstlerkochs war umsonst ...

In allererster Linie betrifft diese Anrichtungsweise die Vorspeisen, insbesondere die Salate. Da kann der Meister seiner Phantasie freien Lauf lassen, die Vinaigrette wird's geschmacklich schon vereinen. Und der jetzt unverzichtbar gewordene Balsamico – inzwischen ist es immer öfter auch die unsägliche, mit allerlei Fruchtgeschmack verfeinerte Balsamico-Creme! – ist immer in der Lage, auch die gegensätzlichsten Dinge in Harmonie zusammenzuführen.

Kunstvoll gewickelt, gerollt und gestapelt – und mit einem Schnittlauchhalm verbunden

Eine Flut von **Zutaten**

Doch längst wird ja nicht nur auf dem Teller kompiliert beziehungsweise getürmt, sondern auch innerhalb der Zutaten. Und dann stößt man als Gast irgendwann an den Punkt, an dem man an der Umsicht und den gustativen Fähigkeiten eines Koches zu zweifeln beginnt. Was soll das, wenn er beispielsweise für eine Vinaigrette gleich drei verschiedene Sorten Öl (Argan-, Oliven- und Walnussöl), zweierlei Senfarten (Dijon- und Feigensenf), dreierlei Essig (Obstessig, Kokosnussessig, Balsamico), weißen und schwarzen Pfeffer, Fleur de Sel und fünferlei Kräuter (Schnittlauch, Kerbel, Koriander, Dill und Basilikum) anrührt. Was ist das für ein geschmackliches Tohuwabohu?

Ein anderes Beispiel: Als Beilage zur schwammig-weichen, bei Niedrigtemperatur gegarten (siehe S. 198) und obendrein zu allem Überfluss angeräucherten Taubenbrust verzieren den ansonsten übersichtlichen, weil widersinnig großen Teller dreierlei knapp teelöffelgroße Häufchen von Gemüse, jeweils mit »seiner« Sauce: grüne Bohnen mit Butter, Sahne und Bohnenkraut, Rote Bete mit Zwiebel, Dill und Olivenöl, Sellerie mit Szechuanpfeffer und Gänsestopflebercreme. Dazu gibt es noch einige kandierte Wildblüten als Dekoration und on top in der Pfanne ausgebackene, filigrane Käse-Kräuter-Taler mit einer würzigen Bestäubung von Schokolade mit Chili ... Sonst noch was?

Ja, was wird nicht alles komponiert! Dem ledrigen, auch längere Anrichtezeiten mit Anstand überstehenden und herbstfarbene Akzente setzenden Lollo Rosso sei Dank. Und der stabile Eichblattsalat – er wurde zum Liebling der Köche, wie der krachend-knackige, im Kühlschrank fast ewig jung bleibende Eisbergsalat, der die Aufgabe bekam, mit seinem Biss für hörbare Frische zu sorgen. Dass all dieses Grünzeug weitgehend geschmacksneutral ist, macht ja nichts.

Und wie oft werden weitgehend naturbelassene Zutaten wie Fischfilets (gedünstet, gebraten oder roh mariniert) und Meeresfrüchte, kurz gebratenes Fleisch und Innereien, Pilze und Gemüse (ebenfalls gern roh, aber auch gekocht oder gebraten) zwecks Steigerung des Raffinements mit Zubereitungen kombiniert, die ihrerseits wieder verschiedene Bestandteile in sich vereinen: Röllchen und Rouladen, Pasteten und Terrinen, gefüllte Nudeltaschen und Pfannküchlein und Ähnliches. Hauptsache, diese Werkstücke überstehen lange Steh- und Wartezeiten und machen optisch einen guten Eindruck.

Man stelle sich diesen Vorspeistenteller vor: Die Basis bilden gebratene Auberginenröllchen, gefüllt mit einer Lachsmousse. Abwechselnd gestapelt mit Nudelblättern, die jeweils mit ein paar gebratenen Champignonscheiben belegt und mit einem Tomatenragout (aus frischen und getrockneten Tomaten gemixt, mit Knoblauch und Basilikum gewürzt) bedeckt werden. Daneben ein mit Safran gewürztes, mit Blutorangensaft eingekochtes Fenchelgemüse, bestreut mit Streifen von kandierter Orangenschale sowie mit Speckwürfelchen gebratener Radicchio auf einem Artischockenboden. Das Ganze be- und umkleckst mit hellem und dunklem Balsamico. Nicht zu vergessen: auf der letzten Schicht Champignons mit Tomatenragout, keck draufgesetzt wie eine Baskenmütze, ein Häufchen Lachskaviar mit Dillspitzen! Ach ja, und dann steht auch noch ein Schnapsgläschen mit einer süßlichen, grellfarbigen Sauce auf dem Teller.

Die **fruchtig-süße** Epidemie

Sehr beliebt sind heute fruchtig-süße Akzente – Scheiben oder Schnitze von Carambola (Sternfrucht), Kiwi, Feigen und Pithaya (Drachenfrucht) sind da eindeutige Favoriten, fast immer absolut unreif – und ohnehin garantiert geschmacksfreie, dafür enorm dekorative Obstsorten. Mit der Ananas hingegen ist man lieber vorsichtig, will man doch nicht Gefahr laufen, in die Nähe des bekanntermaßen lächerlichen Toast Hawai zu geraten. Obst kommt gut an, vor allem in Verbindung mit der Süße des Balsamico. Deshalb machen viele Küchenchefs die Früchte gern zu ebenbürtigen Partnern in ihren Gerichten, das verleiht den Speisen ein exotisches Flair.

Dass man Fleisch oder Wurst, Schinken oder Speck mit der Süße von Früchten paart, kennen wir in der traditionellen europäischen Küche ja auch (Pflaumen im Speckmantel, Schinken mit Feige oder Melone, Rebhuhn im Sauerkraut mit Weinbeeren, Himmel und Erde). In den Spitzenrestaurants hatte man aber im letzten Viertel des vorigen Jahrhunderts weitgehend auf solche Verbindungen verzichtet und eher eine gradlinige, schlichte, weniger pompöse Geschmacksrichtung bevorzugt. Dies scheint sich gerade wieder zu ändern.

In der mittleren Ebene der Gastronomie, den international ausgerichteten Hotelrestaurants und in den Häusern einer gutbürgerlichen Küche waren solche süß-sauer-fruchtig-pikanten Zusammenstellungen immer ein Thema geblieben. Die jüngeren Köche, die hinzustießen und sich gern »die jungen Wilden« nannten, erdachten immer schrillere Kreationen, die Süße wurde markanter und die Palette der Möglichkeiten enorm erweitert: Da gab es Seezunge mit Pfirsich, Languste mit Mango und Vanille oder Wachtel mit Physalis (Andenbeere) und Schokolade – und das wurde als gelungene Grundzusammenstellung empfunden. Kreationen mit zunächst sechs, später auch zehn oder zwölf (fast) gleichberechtigten geschmacklichen Komponenten auf einem Teller waren keine Seltenheit. Die Generation von Gästen, die bereits im Babyalter mit Fertignahrung konsequent auf süß getrimmt und später mit Fertiggerichten an einen Einheitsgeschmack gewöhnt wurde, braucht andere, süßere, stärkere geschmackliche Eindrücke.

Die Qual der **Weinwahl**

War es schon schwierig, sich bei *Surf 'n' Turf* für einen das Gericht perfekt begleitenden Wein zu entscheiden (sollte es wegen des Steaks ein roter (Bordeaux) oder wegen des Hummers lieber ein weißer (Burgund) sein?), hat ein Gast, der traditionell erprobte Geschmacksmuster verfolgt, bei Gerichten mit derart vielen Geschmacksnuancen nun kaum mehr eine Chance.

Es galt also, auch bei der Speisebegleitung neue Wege zu finden. Die Winzer aus Übersee (vor allem die Neuseeländer) hatten bald die Nase vorn: Mithilfe spezieller Hefen, die bei kalter Vergärung bestimmte, sehr ausgeprägte Aromen erzeugen können, entstanden Weine mit bisher nicht gekannter Frucht- und Blumigkeit. Manchmal erinnerten diese zwar eher an die künstlichen Aromen von Fruchtgummi oder Himbeerdrops, doch mit der Geschmacksvielfalt dieser Gerichte wurden diese Weine mehr oder weniger spielend fertig. Inzwischen ist diese Art der Weinbereitung auch bei uns gang und gäbe. Nicht alle Gourmets sind darüber glücklich.

Aromenvielfalt statt Einheitsgeschmack

Als dann noch die Mode der aromatisierten Balsamico-Cremes aufkam, wurde es noch komplexer. Die vielleicht phantasiereiche, aber meist unstrukturierte, nicht auf ein Ziel hinführende Komposition der Gerichte, die Wiederholungen und Variationen ähnlicher, oft sich nur verstärkender, nicht sich ergänzender, erweiternder Geschmackskomponenten wuchert auf den Tellern unserer Mittelklasse-Gastronomie inzwischen wie in tropischem Klima. Wir haben Restaurants erlebt, da konnte man die aromatische Ausrichtung von Vorspeisen, Salaten, Fisch- oder Fleischgerichten, sogar der Desserts kaum unterscheiden!

Tatsächlich greift man in solchen Häusern längst mehr oder weniger auf vorgefertigte oder bereits vorverarbeitete »Grundzutaten« zurück – die Industrie liefert der Gastronomie ja eine schier unglaubliche Anzahl von Versatzstücken, die der Zubereitende (das muss kein Koch sein!) nur noch aus- und aufeinanderpacken, in die Pfanne oder Fritteuse hauen, auftauen oder zusammenrühren muss. Es wird heute in der »normalen« Gastronomie kaum mehr selbst gekocht – nur noch in den Spitzenhäusern arbeiten die Köche mit rohen, nicht bereits vorbereiteten, fast fertigen (oder sogar ganz fertigen!) Zutaten. Fast-Food-Ketten und Systemgastronomie, auch die meisten Kantinen kommen daher ohne speziell ausgebildete Arbeitskräfte (Köche) aus. Das Personal wird rasch angelernt, mit Piktogrammen oder Fotos werden die Arbeitsabläufe dargestellt – niemand muss noch eine Packungsaufschrift lesen.

Der Gesetzgeber betrachtet das mit Gleichmut. Er schreibt nicht einmal vor, dass wir erfahren, was in den Gerichten, die uns serviert werden, so alles enthalten ist. Deklarationspflicht besteht nur für einige als wesentlich erachtete Zutaten und Konservierungsmittel, die als starke Allergene bekannt sind.

Doch es kann jedes mäßige Asia-Restaurant auf seiner Karte behaupten, dass es keine Geschmacksverstärker, also in erster Linie kein Glutamat, verwendet. Dabei ist es in vielen Fertigsaucen und Hilfsmitteln – in der billigen Sojasauce zum Beispiel oder dem einfachen Currygewürz, die man dort aus Kostengründen gern einsetzt – schon drin. Der Gast erfährt ja nicht, welche Zutaten zum Einsatz kommen. Er kann vielmehr ziemlich sicher sein, dass in den allerwenigsten Restaurants der Geschmack durch natürliche Zutaten zustande gekommen ist und nicht durch Aromastoffe und Verstärker manipuliert wurde. Die auf diese Weise in die Speisen transportierten Aromen müssen jedenfalls nicht auf der Speisekarte angegeben oder sonst wie kenntlich gemacht werden.

Freilich gibt es gleichzeitig auch wieder einen Trend zurück, erfreulicherweise. In großen und kleinen Städten finden sich immer mehr Restaurants, auch Dorfgasthäuser (siehe S. 182) mit bürgerlicher oder bäuerlicher, auch ganz klarer, intelligenter, moderner Küche. Häuser, in denen man wieder mit natürlichen Zutaten arbeitet, reell kocht, übersichtlich und sinnvoll komponiert, Akzente mit unterschiedlichen Texturen und Temperaturen setzt, ausschließlich durch exakte Arbeit und neue Garmethoden überzeugende Effekte erreicht und ganz ohne aromaspendende Hilfsmittel auskommt. Kochen mit Geschmack!

Ein Hoch auf frischen **Kopfsalat**

Vom Luxus frischer Zutaten.
Warum man Salat nicht schleudern muss.
Und wieso das »Kochen« mit Kräutern ein Vergnügen ist.

Es ist jedes Mal dasselbe beim Kochseminar: Die Vorbereitungen fürs Mittagessen sind getroffen – wir backen Pizza! Der Holzofen hat die rechte Temperatur erreicht, in der großen Schüssel wölbt sich unter dem Küchentuch der Teig. Sämtliche Zutaten für den Belag sind auf dem Riesentablett versammelt. Was fehlt?

»Salat!«

Moritz betritt die Küche. Er kommt, in jeder Hand einen Riesenkorb, aus dem Garten, mit Bergen von Grünzeug, jeder Menge Salatköpfe und büschelweise Kräutern.

»Um Himmels willen, wer soll das alles essen?«

Viele Hände packen an, die Kräuter werden gewaschen, Schnittlauch, Basilikum, Pimpinelle, Liebstöckel. »Die Blätter bitte von den Stielen zupfen, nicht mischen.« Die Salatköpfe – »Oh, was sind die schön! Und so fest!« – werden in Angriff genommen.

»Halt!«, ruft Moritz, als er sieht, dass jemand die Außenblätter in kleine Stücke zupft. »Die werden total entfernt, weg mit allen ledrigen Blättern, den dunkelgrünen; auch solchen, die kleine Schneckenlöcher zeigen – alles für die Hühner.«

Dann werden die Köpfe zerlegt, größere Blätter längs der Blattrippe halbiert, kleinere dürfen ganz bleiben. Ausgewachsene Blattrippen, wenn sie unangenehm wattig sind, werden entfernt, knackige essen wir natürlich gern. Sogar den Strunk! Den schneiden wir quer in Scheibchen und mischen ihn unter die Salatblätter.

Wieder fragen wir uns, warum man im Gasthaus eigentlich immer nur dunkelgrüne, äußere, bittere Blätter in der Salatschüssel findet. Wer, bitte, isst all die vielen Herzen, die ja irgendwo bleiben müssen?

Es fällt uns aber auch ein, wie man im schicken »Grill Royal« in Berlin Kopfsalat geradezu zelebriert. Einen ganzen Kopf haben sie uns da serviert, geputzt, gewaschen und so kunstvoll wieder zusammengefügt, dass man den Eindruck hatte, ein unversehrter Salatkopf liege auf dem Teller, dekorativ und nachhaltig mit einer Vinaigrette bekleckert – eine leichte grüne Vorspeise, bevor man sich über die dicken Steaks hermacht, für die man ja eigentlich dort hingeht. Hat uns sehr gefallen!

Tipp: Wenn der Salat geschossen ist

Auch den hochgeschossenen Strunk ausgewachsener Salatköpfe essen wir gern. Das haben wir in einem thailändischen Bergdorf den Frauen abgeguckt. Den Strunk eventuell, wenn er faserig ist, schälen, quer in Scheibchen schneiden und rasch im Wok pfannenrühren, mit etwas Ingwer, Knoblauch und Chili. Hat einen knackigen Biss und nussigen Geschmack!

Es ist natürlich so eine Sache mit dem Salat. Im Winter gibt es nun mal keine ordentlichen festen Köpfe. Die leichten, dünnen Gebilde, die dann aus den Treibhäusern kommen, deren Blätter nur locker zusammenhalten, sich kaum zu einem Herzen zusammenschließen, die sollte man gar nicht erst in seinen Einkaufskorb legen. Man kann ausweichen auf die kleinen, kompakten Romanaherzen, die in der Zeit aus Spanien kommen (*cogollos*), Chicorée, Radicchio, Endivie, alles herzhafte Wintersalate. Oder Feldsalat! Für Kopfsalat lieber warten, bis im Frühjahr wieder die erste Freilandware auf den Märkten landet. Feste, stabile Köpfe, deren Blätter knacken und zum Herz hin immer gelber werden. Erst dann macht ein Kopfsalat richtig Spaß!

Für unseren Salat zum Mittagessen jedenfalls liegen nun fast nur hellgrüne und knackig gelbe Blätter im Waschbecken, wo sie im kalten Wasser kurz durchgemischt werden, damit aller Sand und womöglich dazwischen steckende kleine Schnecken und Würmer weggespült werden.

»Vorsicht!«, ruft Moritz, der die nicht aus den Augen lässt, die mit dem Salat beschäftigt sind. »Bitte nicht drücken, einfach locker bewegen. Zweimal das Wasser wechseln, dann ist der Salat sauber.« Es ist schon vorgekommen, dass die wunderschönen Salatblätter am Ende zu kleinen Schnipseln zerstückelt und total zerquetscht waren. Seither ist Salatputzen Chefsache.

Der Salat tropft in großen Salatsieben ab.

»Warum nehmt ihr keine Schleuder?«

Die halten wir für unnötig – die Blätter einmal ausschütteln, das bisschen Wasser, das jetzt noch dran haftet, macht nichts. Lieber halten wir die Marinade konzentrierter, sodass eine kleine Verdünnung gerade recht kommt.

»Unsere Salatschleuder verwenden wir lieber als Salatwaschmaschine.«
Staunen. Also zeigen wir unser Modell, das wir unglaublich praktisch finden: Die Schüssel, in der das Sieb sitzt, das sich, von der Schnur angetrie-
ben, in Bewegung setzt und die Salatblätter ins Schleudern bringt, hat im
Boden Schlitze, durch die das Wasser ablaufen kann. Meist ist dieser Unter-
satz geschlossen und soll laut Hersteller als Salatschüssel dienen. Aber
erstens finden wir die nicht so sehr schön auf unserem Tisch, zweitens wäre
sie für uns sowieso zu klein und drittens: Wie soll das Wasser vernünftig
ablaufen? Finden wir zu umständlich.

Wir stellen also die mit Salatblättern gefüllte Schleuder ins Spülbecken,
setzen den Deckel auf, und durch ein Loch darin lassen wir den Strahl aus
dem Wasserhahn laufen. Gleichzeitig wird der Drehkorb in Bewegung gesetzt. Jetzt werden die Salatblätter darin vom Wasser umspült und so lange
in Bewegung gehalten, bis aller Schmutz sicher abgewaschen ist. Dann den
Wasserhahn zudrehen, den Drehkorb noch so lange in Bewegung halten,
bis die Blätter trockengeschleudert sind. Einfach genial! Wenn es allerdings
um solche Mengen geht wie für einen ganzen Kurs, dann waschen wir im
Spülbecken und schütteln die Blätter von Hand trocken.

Fest geschlossen und leichtem Druck nicht nachgebend – so muss der Kopf sein.

Wir brauchen heute die Riesenschüssel, die leicht vier bis fünf Salatköpfe fasst.

»Aber wer soll denn das alles essen?«, wird noch mal gefragt.

Inzwischen wurden die Kräuter – nein, natürlich nicht gehackt, denn dabei arbeitet man nur allen Kräutersaft ins Arbeitsbrett. Wir nehmen lieber ein Riesenmesser mit einer möglichst breiten Klinge. Dann packt man so viel, wie die linke (Linkshänder nehmen die rechte) Hand gut fassen kann, sodass der berühmte Krallengriff alles gut umschließt, außerdem die Messerklinge am Knöchel entlanggeführt wird und nirgends ein Fingernagel oder -glied vorwitzig im Weg steht und womöglich abgesäbelt wird. Bitte nicht für einen solchen Salat die Kräuter im Mixer, Zerhacker oder mit sonst einem Brachialgerät zerkleinern, sondern mit der Hand schneiden. Sonst wird Mus draus, und das können wir in diesem Fall nicht brauchen. Manche Kräuter lieber fein schneiden, etwa den Schnittlauch in feine Röllchen oder den Liebstöckel (davon nie zu viel nehmen, er drängt sich leicht zu sehr in den Vordergrund) in feine Streifen. Während man andere, wie die Blättchen der Pimpinelle, solange sie noch zart sind, ganz verwenden kann, also einfach nur abstreifen, und das Basilikum einfach nur grob zerzupfen muss.

Welche Kräuter man nimmt und wie viel davon, hängt vom eigenen Gusto und natürlich von der Jahreszeit und dem Angebot ab. Im Frühling, solange das Basilikum noch selten ist, nimmt man vielleicht lieber Kerbel, und im Sommer, wenn der Estragon schön würzig ist, verzichtet man vielleicht zu seinen Gunsten gern aufs Basilikum. Denn nicht alle Kräuter vertragen es, gemischt zu werden.

Der Boden unserer gewaltig weiten Schüssel ist hoch bedeckt mit Kräutern aller Art.

»Das ist ja unglaublich, ist das nicht zu viel?«

Jetzt wird die Marinade angerührt, am besten in einem hohen Mixbecher.

»So viel Salz?«, staunen alle. Natürlich, schließlich steckt im Begriff Salat das Wort Salz. Und dieses wird jetzt aufgelöst mit Essig.

»So viel?« Ja, auch vom Essig ist eine ordentliche Ration nötig. Natürlich sollte es ein guter Essig sein, ein herzhafter Rot- oder Weißweinessig von etwa 6 bis 8 Prozent Säure, ein kräftiger Apfelessig (5 bis 6 Prozent) oder sogar ein Sherryessig, der kaum unter 8 Prozent Säure hat. Je herzhafter und säurereicher der Essig, desto weniger schaden übrigens die Wassertropfen an den ungeschleuderten Blättern. Schließlich das Öl, Olivenöl.

»So wenig?« Tatsächlich nehmen wir Essig und Öl in etwa derselben Menge, anders als in den meisten Rezepten angegeben, wo mitunter sogar auf drei Teile Öl nur ein einziger Teil Essig kommt. Das ist uns immer zu fett. Das Öl ist ja schwer und erdrückt die armen Salatblätter buchstäblich, sie fallen dadurch schnell zusammen. Und wir haben ja den Salat nicht geschleudert, sondern so viel Wasser belassen, dass der Essig ordentlich verdünnt wird. Das machen wir freilich nur mit solch einem reichlich gekräuterten Kopfsalat – wir finden, dass die Kräuteraromen so besser zur Geltung kommen. Ein Radicchio- oder Chicoréesalat verlangt freilich eine ganz andere Sauce, relativ mehr Öl, möglichst auch eine innigere Bindung dank zerdrücktem Knoblauch und Dijonsenf.

Selbstverständlich werden die Salatblätter erst unmittelbar vor dem Verspeisen mit der Marinade vermischt. Nichts ist trauriger als ein Salat, der schon eine Weile in seiner Schüssel hat warten müssen, bis die Gäste sich endlich seiner erbarmen. Trotzdem ist es aber auch nicht gut, wenn beides getrennt gereicht wird – außer auf einem Buffet, versteht sich, da geht's nicht anders –, denn auf seinem Teller kann man einen Salat nie so mischen wie in einer Schüssel. Es soll schließlich alles gleichmäßig benetzt und von der Marinade überzogen werden.

Die einfachste aller Marinaden für Kopfsalat

Diese einfachste aller Salatmarinaden passt eigentlich immer, und sie ist schnell und mühelos angerührt. Deshalb werden wir nie begreifen, wie es möglich ist, dass die Industrie den Menschen ein saures Pulver verkaufen kann, das ihren Salat krönen soll.

Die Zutaten für die Marinade mit einer Gabel oder dem Schneebesen (eine große Menge ruhig auch mit dem Mixstab) so lange schlagen, bis sich alles zu einer Emulsion verbindet. Die ist natürlich mangels Emulgator nicht stabil, deshalb rührt, wer sie lieber cremig mag, ein bisschen Senf darunter.

Jetzt alles in einer geräumigen Schüssel miteinander tüchtig umwenden – energisch und behutsam zugleich, denn die Blätter dürfen nicht zerdrückt werden. Die Schüssel schließlich in die Mitte stellen, und jeder nimmt davon, was er mag.

Zutaten:
frische Kräuter,
je nach Jahreszeit
Salz
Essig
Öl

Sie kennen doch die schöne alte Regel für den idealen Salat? Dafür braucht es vier Personen: den Weisen für das Salz, den Großzügigen für den Essig, den Sparsamen für das Öl und den Verrückten, der dann alles miteinander vermischt. Nun, ehrlich gesagt lautet die Regel umgekehrt, da soll der Geizige für den Essig sorgen und der Großzügige für das Öl – aber wie gesagt …

Zunächst sind unsere Kocheleven vorsichtig.

Eine Schülerin greift sich mit der Hand nur ein einziges Blättchen aus der Schüssel. »Ohhh! Das ist ja was, der ist ja irre, der Salat!« Und häuft sich den Teller voll.

Nun geht es Schlag auf Schlag: Jeder hat etwas zu sagen, die Frische, die Knackigkeit, die Kräuteraromen, der sensationelle Geschmack … Man ist sich einig: »So frisch aus dem Garten ist ein Salat halt doch was ganz anderes als aus dem Supermarkt.«

»Ja«, geben wir zu, »das wissen wir. Und dass es Luxus ist, wissen wir auch. Und wir verstehen Michelle Obama, die Frau des amerikanischen Präsidenten, dass sie das im Weißen Haus auch haben wollte und dort einen Garten anlegen ließ.«

»Deshalb sind ja in den Städten die Schrebergärten wieder *en vogue*: Junge Leute bauen wieder Gemüse, Salat und Kräuter an – und brauchen samstags keinen Rasen mehr zu mähen«, erzählt Claudia, die Gartenexpertin.

Wenn nach dem Essen in der badewannengroßen Schüssel nur noch ein paar Kräuterreste in etwas Marinade dümpeln, sind trotzdem alle ganz erstaunt.

»Nicht zu fassen, da haben wir tatsächlich alles aufgegessen!«

Landwirtschaft: Bio contra konventionell

Warum man die konventionelle Landwirtschaft nicht verteufeln darf.
Und Bio allein kein Qualitätsmerkmal ist.
Was vielmehr sonst die Kriterien dafür sind.

Unter dem Titel »Klasse statt Masse« erschien am 20. Januar 2011 in der »Süddeutschen Zeitung« ein Kommentar, in dem der Dioxinskandal zum Anlass genommen wurde, die Situation auf dem deutschen Lebensmittelmarkt zu durchleuchten. Darin moniert die Verfasserin, Silvia Liebrich, dass es nur für Bio-Produkte gesetzliche Qualitätskriterien gibt und nur ein Ökosiegel Auskunft gibt, wie sie hergestellt wurden, während die Mehrheit konventioneller Produkte keinen solchen Regeln unterworfen sei. Das ist richtig. Leider.

Aber erstens gehört das zum gewollten System der großen Lebensmittelkonzerne und einer sich an industriellen Produktionsmethoden orientierenden Landwirtschaft, und zweitens wird es von den meisten Verbrauchern gar nicht gewünscht. Denn für sie ist der Preis Kriterium genug, obwohl sie bei Umfragen stets anderes behaupten – nämlich auf Qualität zu achten. Aber dies tut tatsächlich nur ein kleiner Teil der Kundschaft, wie die Abstimmung an der Kasse deutlich zeigt.

Mogelpackungen und -etiketten

Die großen Produzenten und Lebensmittelkonzerne (und teilweise auch der Handel) in Deutschland wünschen sich eigentlich eine eher (produkt-) klassenlose Konsumgesellschaft. Es wäre nämlich geradezu gefährlich für den Massenmarkt, wenn auf breiter Front differenzierende Qualitätsmerkmale etabliert würden. Mancher Bauer fühlt sich in jeder Hinsicht ethisch verpflichtet, behandelt also seine Felder und Wiesen pfleglich und belastet das Grundwasser nicht durch überreichliche Kunstdüngergaben. Auch spritzt er nicht präventiv gegen Schädlinge wie »Unkräuter«, Pilze, Viren und Bakterien, hält seine Tiere artgerecht und geht rücksichtsvoll mit ihnen um. Er bringt sie mit selbst produziertem und nicht mit importiertem Schnellmastfutter (vorwiegend Sojabohnen-Eiweiß, oft aus genveränderten Sorten) so günstig wie möglich aufs Schlachtgewicht. Ja, solche Bauern gibt es! Und diese sollen möglichst gar nicht unterscheidbar sein vom ausschließlich gewinnorientierten Großbetrieb, der die Kosten für seinen rücksichtslosen Umgang mit der Natur auf die Gesellschaft abwälzt! Der Kunde / Käufer / Verbraucher soll bei den Produkten keinen Unterschied erkennen können.

Pflichtangabe oder Qualitätshinweis?

Bei den Fertiggerichten und verarbeiteten Grundprodukten sollen die Pflichtangaben auf der Verpackung möglichst identisch sein, das Erscheinungsbild nur durch die Wertigkeit bestimmt, die der Hersteller dem Produkt auf den Weg gibt, in seiner Ausstattung nämlich. Deren Signalwirkung – einfach oder hochwertig, markenspezifisch oder no-name-gerecht – soll auf keinen Fall Rückschlüsse auf die Qualität des Inhalts zulassen. Der Käufer soll nicht merken, dass der Inhalt womöglich von der »Qualität« der Ausstattung abweicht. Die nach standardisierten Vorgaben produzierende landwirtschaftliche Industrie kann sich das leisten, denn deren Produkte werden ja durch das Deutsche Qualitätssiegel (siehe Infokasten) bereits offiziell als ein »gutes« Erzeugnis ausgewiesen, sogar als »Spitzenqualität aus Deutschen Landen« bezeichnet.

Das Deutsche Qualitätssiegel
Welche Qualitätskriterien die Produkte dafür erfüllen müssen? Keine. Die gesetzlichen Mindestanforderungen genügen! Die deutschen Lebensmittelproduzenten haben es nämlich geschafft, den Gesetzgeber dazu zu bringen, bereits für die mindeste Qualität, die überhaupt in Verkehr gebracht werden darf, ein Gütesiegel zu vergeben!

QS – Ihr Prüfsystem
für Lebensmittel

Und sollte nun doch ein Produkt über den Mindestanforderungen des Deutschen Qualitätssiegels liegen, wie kann der Verbraucher das erkennen? Leider gar nicht. Jedenfalls nicht so einfach – sieht man von einzelnen, nur einen minimalen Marktanteil erreichenden Erzeugnissen ab, die sehr präzise formulierte, anspruchsvoller angelegte Vorschriften erfüllen müssen. Dazu gehören etwa Produkte mit »g.g.A.« (geschützter geografischer Angabe) oder mit »g.U.« (geschützter Ursprungsbezeichnung). Über den Wert und die Hintergründe dieser Herkunftsbezeichnungen haben wir in unserem Buch »Wo die glücklichen Hühner wohnen« ausführlich berichtet. Und vor allem beklagt, dass diese An-gaben längst nicht weit genug gehen. Wir werden das später noch einmal am Beispiel des Schwarzwälder Schinkens de-monstrieren (siehe S. 259).

Etikettenschwindel

Noch weniger aussagekräftig sind Hinweise auf dem Etikett, dass ein Produkt erfolgreich an einer Prämierung, einem Wettbewerb oder einem Test teilgenommen hat – vor allem deshalb, weil diese Auszeichnungen immer nur speziell für das eingereichte und geprüfte Produkt gelten (also mit der gleichen Losnummer), nicht für die gesamte Produktgruppe, für die Folge-produkte. Schließlich erzeugt jeder Großbetrieb laufend neue Chargen, die dann unter Umständen durchaus nicht mehr von der gleichen Qualität sein müssen, trotzdem weiterhin mit dem Prädikat beworben werden (dürfen). Wie zum Beispiel das eigentlich viel zu billige Olivenöl oder der verblüffend preiswerte Champagner eines Discounters, die bei Tests mitunter erstaun-lich viel besser abschneiden als teure und stets gleichbleibende Qualität garantierende Marken: Verdächtig oft handelte es sich dabei um kleine Chargen, die längst verzehrt oder ausgetrunken sind, wenn man nachfragt. Aber für die Folgechargen – die nur über eine andere Losnummer oder Erzeugerkennung zu identifizieren sind – darf ansonsten das Etikett unver-ändert bleiben, auch wenn der Inhalt längst nicht mehr den Anforderungen entspricht. Abgesehen davon, dass in diesen Tests die Losnummern, auf die es ankäme, meist gar nicht erst erwähnt werden (eine Ausnahme ist etwa die Wein- und Olivenölzeitschrift MERUM). Da verlangt es schon gerade-zu detektivischer Akribie, um diese Fakten aufzuspüren. Zu gern wird schließlich der Hinweis auf ein gutes Abschneiden bei einem Test auch später noch verwendet, obwohl er nicht mehr zutrifft. Oder man »vergisst«, ihn zu entfernen – dabei ist das in Wahrheit nicht anderes als Betrug, eine arglistige Täuschung des Verbrauchers!

Vom Preis und anderen Kriterien für Qualität

Der Preis kann Rückschlüsse auf die Qualität erlauben, er muss es aber nicht. Sicher lässt ein erkennbar zu niedriger Preis mangelnde Qualität vermuten, wie das Beispiel Olivenöl zeigt (siehe S. 230). Aber dafür muss man sich in der Materie auskennen. Andererseits kann unter gewissen Umständen auch gute Qualität erstaunlich preiswert sein. Manche Handelsketten und Discounter lassen sich mitunter außergewöhnliche, exklusive Produktionsmethoden einfallen (siehe S. 247). Oder sie zwingen ihre Lieferanten zu Garantien, die weit über den gesetzlich geregelten Vorschriften liegen, damit ihre Produkte überhaupt gelistet werden. Das kann Grenzwerte für giftige Substanzen betreffen, sich auf Rückstände von Spritzmitteln beziehen, die Abwesenheit von genveränderten Beimischungen oder ein ökologisch korrekter Fußabdruck sein. Solche gut kommunizierbaren und daher werbeträchtigen Besonderheiten sind dann ein höchst nützliches Verkaufsargument, vor allem, wenn die Öffentlichkeit nach einem Lebensmittelskandal gerade für dieses oder jenes Thema sensibilisiert ist.

Tatsächlich sind vergleichbare Produkte bei einem Discounter oder einer Supermarktkette manchmal nicht nur qualitativ besser, sondern kosten auch weniger als anderswo – die Marktmacht eines Großeinkäufers macht es möglich. Da können selbst Fachgeschäfte, die sich in erster Linie über den Preis positionieren, dann oft nicht mithalten.

In der Gruppe stärker

Und trotzdem stimmt es nicht, dass die kleineren, lobenswert produzierenden Landwirte und Viehzüchter, Gärtner und Winzer keine Möglichkeit haben, auf ihre andere, bessere Qualität gegenüber den Masseproduzenten hinzuweisen: Sie können sich zusammentun und vereint schlagen. Eine ganze Reihe von Organisationen und Gruppierungen, die für bestimmte Produktqualitäten, Herstellungsverfahren, Haltungsformen usw. geradestehen, machen es möglich. Hierüber ist an anderer Stelle ausführlich die Rede (siehe S. 35, 55, 119, 212). All die Anforderungen, Vorschriften und sonstigen Regelungen, die sich diese Vereinigungen und Gruppierungen auferlegen, obendrein noch in ein staatlich überwachtes Gesetzeskorsett zu zwingen, wäre allerdings unsinnig. Es würde zu einem Dickicht führen, das der Verbraucher am Ende kaum mehr durchschauen kann. Der Name einer solchen glaubwürdigen Gruppe allein muss diesem genügen, um sich rasch und mit größtmöglicher Sicherheit zu entscheiden.

Der Kunde muss sich also umtun, wenn er überdurchschnittliche Qualität einkaufen will. Dabei ist für ihn das Wichtigste der direkte Kontakt: zum Produzenten selbst, dem er vertrauen kann, oder zum soliden Fachgeschäft, in dem der Inhaber für Verlässlichkeit steht. Die Persönlichkeit, die hinter dem Produkt steht, bietet eigentlich immer eine gewisse Garantie für Qualität. Beim Blick in die Augen des Bauern, Gärtners, Winzers, werden Sie in der Regel erkennen können, wie ehrlich er es meint. Und ihm wird es hoffentlich schwerfallen, Sie anzulügen (natürlich gibt es auch abgefeimte Mitbürger, aber sie sind doch die Ausnahme!).

Der qualitätsbewusste Erzeuger und Händler ist stolz auf seine Ware, erklärt sie leidenschaftlich und kann die Vorzüge genau benennen. Der Metzger, der sich die Mühe macht, den Namen des Kalbes, das er gerade anbietet,

Wie bei den meisten Gemüsesorten kommt es bei Radieschen auf eine schnelle Vermarktung nach der Ernte an: Nur ganz frisch schmecken sie wirklich gut!

und dessen Erzeuger auf die Tafel hinter dem Tresen zu schreiben, wirbt damit gewiss zu Recht um Ihr Vertrauen. Und der Gastronom, der auf der Speisekarte eine Liste seiner Lieferanten aufführt, schafft eine Durchsichtigkeit der Produktion, die Respekt verdient – das macht keiner, der etwas zu verbergen hat. Transparenz schafft und garantiert Vertrauen.

Hinzu kommt, dass sich Produkte, die aus der Region stammen, aus kleinen, handwerklich arbeitenden Betrieben, nun mal leichter überprüfen lassen als anonyme Importe und Massenerzeugnisse. Und schließlich kontrolliert sich die Kette von engagierten und kenntnisreichen Menschen, die in solchen Zusammenschlüssen und Vermarktungsstrukturen zusammenarbeiten, gegenseitig. Niemand setzt leichtfertig seinen eigenen guten Ruf aufs Spiel, indem er in enger Zusammenarbeit unsauber arbeitende Mitglieder zulässt. Auf die Dauer wird ein schwarzes Schaf seine Mitstreiter kaum betrügen können.

Bio-Organisationen und Ideologie

In Bio-Organisationen sind meist von ihrem Tun zutiefst überzeugte Menschen vertreten. Das schafft Vertrauen, und das ist gut so. Fatal allerdings ist, wenn nur die eigene Überzeugung anerkannt, jede andere Meinung abgelehnt wird. Das führt dazu, dass inzwischen die konventionelle Landwirtschaft in Bausch und Bogen verteufelt und heute fast immer mit Massenproduktion gleichgesetzt wird. So ist bei vielen der Eindruck entstanden, nur Bio sei akzeptabel, nur Bio ethisch korrekt, nur Bio ökologisch zu vertreten, nur Bio vollwertig und gesund. Das aber stimmt so nicht!

Viele Intellektuelle und Alternative sind dieser Meinung, ein großer Teil der Grünen steht auf diesem Standpunkt und betreibt aus dieser Sicht die Politik dieser Partei, mitunter ideologisch verblendet und oft leider von keiner Sachkenntnis getrübt. Viele erkennen nicht, dass sie damit die Majorität der Landwirte, die konventionell, aber trotzdem gewissenhaft arbeitet, mit den Massenproduzenten und deren verwerflichen Methoden gleichsetzen und verhöhnen. Das liegt an mangelnder Information und unaufgeklärter Überzeugung; böse Absicht wollen wir nicht unterstellen.

Es wäre auch gar nicht möglich, jeden Betrieb auf Bio-Produktion umzustellen. Es können zum Beispiel klimatische Gründe dagegenstehen – ungünstige Lagen, in denen man auf manche Mittel, die im Bio-Anbau nicht zugelassen sind, einfach nicht verzichten kann. Mittel, die sich zwar schon nach kurzer Zeit abbauen und später im Produkt nicht mehr nachweisen lassen, aber trotzdem ein Bio-Siegel nicht erlauben.

Gute Kleinbetriebe fördern

Auf gerade mal 5,7 Prozent der in Deutschland landwirtschaftlich genutzten Fläche werden Bio-Produkte angebaut. Von den verbleibenden 94,3 Prozent müssen wir die Flächen für die landwirtschaftliche Massenindustrie natürlich abrechnen. Und man muss vor allem jene in den letzten Jahren geradezu explosionsartig ausgeweiteten Felder davon abziehen, auf denen die Pflanzen für die ärgerlicherweise von der Politik im Übermaß begüns-tigte und ausgerechnet »Bio« genannte Energie angebaut werden und die man besser für die Nahrungs- oder Tierfutterproduktion nutzen sollte. Übrig bleiben Flächen, die teilweise intensiv, teilweise extensiv (zum Beispiel als Streuobstwiesen, vor allem zunehmend für die Weidehaltung) genutzt werden, also durchaus nicht ausgebeutet oder überbeansprucht werden.

In den von der CDU/CSU regierten Ländern hat man für 2011 die besondere Förderung, die bislang auf Bio-Betriebe konzentriert war, daher auch auf die ökologisch korrekt und nach strengeren Tierschutzbestimmungen arbeitenden Kleinbetriebe ausgedehnt – leider wurden die Mittel dafür nicht gleichzeitig erhöht. Der Kuchen ist also in kleinere Stücke aufgeteilt worden, was bei den Bio-Landwirten verständlicherweise keine Begeisterung auslöste.

Gurken und Zucchini in allen Formen, Farben und Größen

Übrigens gibt es keine aufschlussreichen Zahlen, wie die einzelnen Flächen genutzt werden – die Massenproduzenten wissen solche verräterischen Statistiken zu verhindern. Das ist beispielsweise in Frankreich anders, wo fast die Hälfte der landwirtschaftlichen Nutzfläche nicht von Großunternehmen und Massenproduzenten, sondern von Bauern bewirtschaftet wird, die Produkte erzeugen, deren vorzügliche Qualität durch staatliche Gütesiegel wie AOC, AOP, IGP oder *Label Rouge* (siehe S. 120) garantiert wird.

Entscheidend: die Vermarktung

Gleichgültig, ob Bio oder konventionell: Die größte Chance für gute Produkte liegt in der direkten und regionalen Vermarktung. Ab Hof, auf dem Wochenmarkt oder durch einen engagierten Fachhandel, am besten immer im unmittelbaren Kontakt zwischen Erzeuger und dem Kunden. Das ist wichtig. Tatsächlich wissen die Fachhändler oft viel zu wenig von den Bedingungen und Bedürfnissen ihrer Lieferanten. Andererseits begreifen die Produzenten oft nicht, welche Art von Ansprüchen deren Kunden haben.

Diese, also Händler und Gastronomen etwa, verlangen beispielsweise rund ums Jahr möglichst immer gleichbleibende Qualität. Der holländische Milchbauer freut sich aber, dass er im Frühjahr von den jetzt wieder draußen weidenden Kühen eine andere, geschmackvollere, fettere – kurz: bessere – Milch bekommt als im Winter. Er macht daraus einen ganz besonders guten Käse, den Mai-Gouda.

Die Wünsche der beiden Parteien sind auf den ersten Blick nicht in Einklang zu bringen. Dabei könnten sie zu einem für beide mehr als befriedigenden Ergebnis kommen, würden sie nur miteinander reden:

Der Fachhändler nimmt den Mai-Gouda und überlässt den »normalen« Standardkäse dem Supermarkt. So machen sich beide preislich keine Konkurrenz, der Fachhändler aber kann seinen Kunden etwas anbieten, das sie nur bei ihm bekommen. Und der Discounter bleibt hier ganz außen vor, denn so viel Mai-Gouda, wie er brauchen würde, kommt gar nicht auf den Markt. Der Bauer erzielt am Ende für seine Spezialität einen ordentlichen Preis. Obendrein kann er einen Teil der Sommerproduktion länger reifen lassen und seinen Händler bald mit einer Palette von Spitzenkäse in verschiedenen Altersstufen beliefern, die wiederum für die treuen und anspruchsvollen Kunden eine neue, nun ganzjährig erhältliche Spezialität darstellen. So sind beide glücklich – und die Kundschaft auch!

Natürlich erfordert das Engagement und Zeit, Umsicht und Verständnis füreinander. Der Händler muss eine Vorstellung davon bekommen, was der Bauer überhaupt erzeugen kann. Und der Produzent muss Erfahrung und Phantasie entwickeln, um zu erkennen, dass eine engagierte Zusammenarbeit auch von ihm eine vielleicht völlig neu geartete Leistung verlangt.

Ideologische Grenzstreitigkeiten

Die konventionelle Produktion hätte im Prinzip die gleichen Möglichkeiten wie die ökologische Landwirtschaft, sich gegenüber den gesetzlichen Vorschriften mit festgelegten und kontrollierten Siegeln und Zeichen von privaten Verbänden abzugrenzen. Leider wird der Kunde durch die widersprüchlichen Aussagen und oft sogar unzutreffenden Schuldzuweisungen der verschiedenen Interessengruppen immer wieder von Neuem verunsichert. Die ideologische Auseinandersetzung wird mit einer ärgerlichen Verbohrtheit und Ausschließlichkeit, einer manchmal unerträglichen Arroganz und Selbstgewissheit geführt, sodass die vernünftigen und sachlichen Argumente auf der Strecke bleiben. Das betrifft durchaus beide Seiten.

Natürlich ist völlig unbestritten, dass in Bio-Produkten weniger Rückstände von Spritzmitteln, Fungiziden, Insektiziden, Wachstumsverminderern, Unkrautvernichtern, Reifungsbeschleunigern zu finden sind – ganz frei davon können sie nicht sein, weil sie einiges allein über die konventionellen Felder in der Nachbarschaft aufnehmen. Auch in Bio-Eiern wurde Dioxin nachgewiesen, ganz ohne jeden Betrug mit gepanschtem Futter, höhere Werte sogar als in Legekäfigen – weil auch in der freien Natur Dioxin vorkommt: zum Beispiel vermehrt im Sommer 2010 nach dem Vulkanausbruch in Island und den verheerenden Waldbränden in Russland.

Was so alles gemessen wird

Wir müssen uns weiterhin darüber im Klaren sein, dass mit den heutigen Methoden Inhaltsstoffe in so minimaler Menge nachgewiesen werden können, wie es noch vor wenigen Jahren unvorstellbar war. Wir erreichen Ergebnisse, die unter Umständen gar keine Aussagekraft haben, weil diese Stoffe womöglich schon von jeher in der jetzt gemessenen Konzentration vorhanden waren, nur dass sie in diesen winzigen Mengen nicht entdeckt werden konnten.

Viele Grenzwerte wurden deshalb willkürlich festgelegt und sind logisch kaum nachzuvollziehen. So gelten bei Dioxin für Leber andere (höhere) Grenzwerte als für Fisch oder Eier. Und wenn dann der maximal erlaubte

Quecksilbergehalt in Fischen manchmal überschritten wird, dann schlachtet das die Presse sofort als Skandal aus und prangert schlimme Umwelt-
schäden an. Muss aber gar nicht sein: Vor Jahren hat man in Dänemark
ganze Wälle von Austernschalen entdeckt, weggeworfen von den alten
Wikingern. Sie enthielten mehr Quecksilber als Austern heute ... Außerdem
braucht sich niemand über diesen als bedrohlich empfundenen Quecksilbergehalt Sorgen zu machen, der sich nicht alle Tage gewaltige Mengen
von Austern einverleibt. Und wer tut das schon?

Es gilt für viele Produkte unserer Landwirtschaft: Nicht alle öffent-
lich skandalisierten Werte lohnen die Aufregung! Man muss sich nur klar
machen, wie wenig es ist, wenn in einem Gramm Eifett fünf Picogramm
Dioxin festgestellt werden – das ist, als ob man auf der Strecke von der Erde
zum Mond an drei beliebigen Stellen einen Abschnitt von zwei Millimetern
herausgreift! Natürlich ist es eine bodenlose Sauerei, ein strafwürdiges Ver-
brechen, wenn dieses Dioxin über ein durch Industriefette verunreinigtes
Futtermittel ins Ei gelangt. Aber es ist keine Katastrophe, wenn man aus
Unkenntnis davon gegessen hat. Da gibt's Schlimmeres.

Das sah auch die Behörde für Soziales, Familie, Gesundheit und Ver-
braucherschutz in Hamburg so und erklärte am 5. Januar 2011 in einer
Pressemitteilung: »Es wird aktuell jedoch nicht die Notwendigkeit gesehen,
auf den Verzehr von Eiern zu verzichten, da sie in der Regel nur einen ver-
gleichsweise kleinen Anteil an der aufgenommenen Dioxinbelastung des
Menschen über Nahrungsmittel haben. Ein Mensch mit einem Körper-
gewicht von 75 Kilogramm könnte in der Woche bis zu 80 Eier mit einem
Dioxingehalt von 5 Picogramm (ein Picogramm = ein billionstel Gramm =
0,000 000 000 001 g) pro Gramm Eifett essen, ohne die von der Weltgesund-
heitsorganisation aus Vorsorgegründen festgelegte Aufnahmemenge an
Dioxin zu überschreiten ...« Dem ist nichts hinzuzufügen.

Die Kernfrage: **Schmeckt's?**

Die Wissenschaft bestätigt immer wieder, dass sich für Bio-Produkte keine
besseren Inhaltsstoffe nachweisen lassen als für auf korrekte Weise konventionell erzeugte Ware. Dem widersprechen die Bio-Leute natürlich – mit
Recht? Oder beziehen sie sich dabei einfach und pauschal auf die Ergebnisse, die bei der Untersuchung von Artikeln aus Massenanbau herausgekommen sind? Im Vergleich zu diesen sind die Bio-Produkte natürlich im
Vorteil, wie Untersuchungen der unterschiedlichsten Institutionen immer

wieder beweisen: Die Belastung mit Giften ist geringer und die Ökobilanz besser – sofern die Sachen nicht um den halben Erdball gekarrt wurden. Aber eins wird meist gar nicht erst überprüft: wie die Sachen schmecken. Dann würde man nämlich schnell feststellen, dass es unmöglich ist, Bio-Erzeugnisse von korrekt angebauten, konventionellen Produkten zu unterscheiden, es aber eine enorme Differenz zu den Massenprodukten gibt. Man könnte – würde es nur gelingen die Scheuklappen der Ideologie auszuschalten! – so manches Kriegsbeil schnell begraben, wenn die Produkte einem kritischen Geschmackstest unterzogen würden. Denn mit seinem Geschmackssinn, wenn er denn kultiviert und ausgebildet wurde, kann der Mensch deren Qualität sehr gut unterscheiden!

Bei all dem ist klar: Wer in der Anonymität des Supermarkts einkaufen muss, also nicht überprüfen und nachvollziehen kann, woher die Lebensmittel stammen, die er isst, der ist natürlich immer besser beraten, wenn er zu der mit einem Bio-Siegel gekennzeichneten Ware greift. Wer jedoch den Produzenten kennt oder seinem Händler vertrauen kann, der braucht ein solches Bapperl nicht, der kann getrost seinem Augenschein, seiner Nase und seiner Lust folgen.

Wer seinem Händler vertrauen kann, braucht kein Bio-Siegel.

Wer rettet das **Mittagessen?**

Warum man sich zum Essen Zeit nehmen und Muße gönnen sollte.
Und damit sogar die Gastronomie retten kann.
Ein überragendes Beispiel aus Baden.

Wer mittags in den Fußgängerzonen der Städte unterwegs ist, begegnet unablässig Menschen, die essen. Sie stehen an Stehtischen, hocken auf Treppenstufen, sitzen auf Mauersimsen, auf Bänken in Grünanlagen, sie stürmen sogar der Straßenbahn hinterher und haben irgendetwas Essbares in der Hand. Burger aus der US-Braterei, Hühnerbeine aus dem Wienerwald, belegte Brötchen vom Bäcker, Wurstschrippen vom Metzger, sogar Sushi picken sie, gegen eine Hauswand gelehnt, mit Stäbchen aus der Plastikschachtel. Überall verrichten sie ihre »Essdurft«, wie Friedrich Torberg das nannte, als er sich 1940 vor den Nazis nach Amerika retten konnte und erschüttert feststellte, dass dort kaum einer sich die Muße gönnte, an einem gedeckten Tisch Platz zu nehmen.

So weit sind wir hierzulande mittlerweile auch. Mittags bleiben die Restaurants weitgehend leer, wenn nicht sogar geschlossen. Dabei sagt die Statistik, dass die meisten Menschen nicht zu Hause essen, sondern unterwegs. Das tun sie in der Tat, und zwar buchstäblich, nämlich im Gehen kauend, die Semmel in der einen Hand, in der anderen den unsäglichen Deckelbecher aus Plastik oder Pappe, aus dem sie mittels eines Strohhalms Cola oder ein Fruchtsaftgetränk (worin kein Tropfen Fruchtsaft, sondern nur Chemie und Zucker ist) saugen. Oder wässrigen Kaffee, Betonung auf der ersten Silbe: *Káffee tó go.* Oder sie hocken in systemgastronomischen Imbissstuben vor aus vorgefertigten Komponenten zusammengestellten

»Menüs« – für ein richtiges Mittagessen in einer gepflegten Kantine, einem Gasthaus oder Restaurant, gar am Familientisch zu Hause, haben sie keine Zeit. Dabei sähe die Welt wesentlich freundlicher aus, wenn sich die Menschen wenigstens einmal am Tag gemeinsam um einen Tisch versammelten. Das vertreibt schlechte Laune, schlichtet Streit, verhilft zu Gelassenheit, fördert Zufriedenheit und macht letztlich nicht nur satt, sondern auch fröhlich.

Dieser Meinung ist auch unser Kollege Sebastian Dickhaut, Food-Journalist und Kochbuchautor in München. In seinem vergnüglichen Blog (www.rettet-das-mittagessen.de), den er seit einigen Jahren mit bewundernswertem Fleiß betreibt, beschreibt er mit gescheitem Witz (fast) jeden Tag sein Mittagessen. Mal geht er essen – in seinem Kiez gibt es ungezählte kleine Bistros, Bars und Kneipen –, mal kauft er ein und kocht etwas – für sich allein, ab und zu auch für Gäste –, mal ist er eingeladen oder macht einen Ausflug und erzählt von seinen Reisen. Immer amüsant zu lesen und appetitlich anzuschauen. Ausdrücklich nicht nur zum Klicken und Gucken, sondern auch zur Nachahmung empfohlen.

Wer jedoch wie wir nicht in einem quirligen Großstadtviertel lebt, tut sich mit dem Nachahmen schwer. Auf dem Land ist es schon lange ein Problem, ein Gasthaus mit abwechslungsreichem Mittagstisch zu finden. Meist kann man zwischen Schnitzel mit Tiefkühlpommes oder Fertiggerichten vom Großbetriebsversorger wählen. Aber für Dosenfutter oder Fertigkost aus der Mikrowelle braucht sich ja niemand ins Gasthaus zu begeben. Und die kleinen, schnuckeligen Landgasthöfe, in denen man sich auf die geliebten Gerichte aus der Familienküche versteht, die aus ordentlichen Zutaten der Region, ganz wie sie die Jahreszeiten liefern, frisch gekocht werden – ja, wo gibt es sie denn noch?

»Jammert nicht«, fordert uns Kollege Hans Roschach auf, »kommt in die ›Krone‹. Wir kochen! Ehrliche, klassische badische Küche vom Feinsten. Auch mittags!«

Wir staunen: »Wer ist wir?«

Wir wissen, dass unser Freund als Redakteur für das »Offenburger Tageblatt« zwei regelmäßige kulinarische Seiten betreut, auch eine Reihe von Restaurantführern geschrieben hat und sich in der Küche wie mit den Gastbetrieben seiner badischen Heimat ebenso gut auskennt wie im benachbarten Elsass. Aber dass er unter die Gastronomen gegangen ist, war uns neu.

»Wir geben uns viel Mühe. Vier Köche teilen sich den Herd, deshalb gibt's keinen Ruhetag. Es wird richtig und anständig gekocht. Die Produkte

kommen aus der Region, die Rezepte auch. Und«, er macht eine bedeu-
tungsschwere Pause, »das Wild erlege ich.« Er lächelt stolz. »Guckt's euch
an! Ihr könnt unser Gasthaus in Ortenberg nicht verfehlen, es liegt mitten-
drin, an der Hauptstraße.«

Es ist ein trüber Donnerstagvormittag, Ende Januar, auch in der Ortenau
ist der Frühling noch fern. Die winterlich trockene Landschaft wirkt wenig einladend, der graue Himmel trist, der Parkplatz vor dem »Gasthaus
Krone« ist proppenvoll. Eine Schiefertafel neben dem Eingang verspricht:
»Heute: Eingemachtes Kalbfleisch« und »Kalbskopf mit Brägele« – lauter
Leibspeisen, da ist für uns die Qual der Wahl bereits erledigt! Drinnen
kein einziger freier Tisch – außer dem für uns reservierten –, es herrscht
fröhliches Geschmause, Hochbetrieb.

»Das war nicht immer so«, erklärt uns der Kollege, »deshalb bin ich
eingestiegen.« Er erzählt, wie er zusammen mit Lioba, der früheren Päch-
terin, wieder Schwung in die Sache hat bringen können, indem er als Wirt
vor allem das Augenmerk auf die Küche richtete. Es ging ihm darum, sich
auf die regionalen Gerichte zu besinnen, die alle lieben, für die man sich
aber zu Hause nicht mehr die Zeit nehmen kann oder will: Hühnerfrikassee, aber von anständigen Hühnern, richtigen Landgockeln, die an die zwei
Kilo auf die Waage bringen, viel herumgelaufen sind und deshalb kerniges,
herzhaftes Fleisch haben. Wildragout, bei dem man keine Angst haben
muss, dass in einer dicken Sauce nur sehnige Fetzen versteckt sind. Der
badische Klassiker, das Siedfleisch, aber wirklich saftig und zart, und die
Meerrettichsauce dazu natürlich mit der traditionellen Mehlschwitze angesetzt, aber so lange durchgekocht, bis sie eben nicht klebrig, sondern fein
ist. Kurz, lauter Gerichte, die Zeit, etwas Mühe und ein gewisses Know-
how, einfach Übung erfordern. Und so wurde die »Krone« wieder ein
klassisches, badisches Wirtshaus, wie es früher viele gab.

Wie es sie zwar in Baden noch häufiger gibt als in allen anderen
Gegenden Deutschlands, wo immer mehr Wirtshäuser nach und nach
schließen mussten, weil nicht mehr genügend Gäste mit ausreichender
Regelmäßigkeit kamen. Fürs Mittagessen leider keine Zeit … Es beginnt
ja immer schleichend, wird aber bald zum Teufelskreis: Weil es sich für
immer weniger Gäste immer weniger lohnt, aufwendig zu kochen, wird die
Speisekarte gekürzt, billiger eingekauft, die arbeitsintensiven Spezialitäten
gestrichen, stattdessen Allerweltsessen und industriell vorgerichtete Essen
aufgetischt – kein Wunder, dass irgendwann die Gäste ausbleiben. Wozu

ausgehen, wenn man dort nichts anderes serviert bekommt als das, was man auch im Supermarkt kaufen kann.

Im »Gasthaus Krone« kann man erleben, dass und wie es auch anders geht. Ein ganz normaler Wochentag, und der Laden brummt. Mittags um eins sitzt hier eine so bunte Mischung von unterschiedlichen Menschen, wie man sie sich nur wünschen kann: Am Nebentisch die Gruppe Herren im feinen Zwirn, die Geschäftliches besprechen und sich zum Espresso nach dem Essen sogar ein kleines Digestif-Schnäpschen gönnen, bevor sie wieder an den Schreibtisch zurückkehren. In der Ecke die Familie mit zwei schulpflichtigen Kindern, daneben das alte Paar, das vermutlich schon länger nicht mehr selber für sich kocht und froh ist, dass es hier so gut schmeckt wie früher daheim. Hier Angestellte vom Finanzamt (Offenburg ist ja nur einen Katzensprung entfernt), dort eine Gruppe Elektriker auf Montagetour. Und die beiden eleganten Herrschaften da hinten sind offenbar auf Durchreise.

Gemütlich, der Gastraum mit seinem warmtönigen Holztäfer, den weiß gedeckten Tischen – alles unprätentiös, einladend. Und darüber schwebend das beruhigende Stimmengewirr von Menschen, die sich offensichtlich wohlfühlen. Das heimelige Klirren von Gläsern, Messer klackern auf

Es genügen wenige Mittel, um einen Tisch hübsch zu decken.

Porzellan. Natürlich gibt es keine musikalische Untermalung – all das ist Musik genug.

Und das Essen? Wir sind ja vorsichtig geworden! Speisekartenlyrik verspricht nur allzu oft »traditionelle Küche«, Gerichte »wie von der Großmutter«. Doch man traut sich inzwischen kaum mehr, so etwas zu bestellen, weil man meist nicht wiedererkennen kann, was dann auf dem Teller liegt, denn außer der Bezeichnung hat es nichts damit zu tun.

Wie das »Tatar vom Matjes« in einem Gasthaus auf Rügen. Damit kann man nichts falsch machen, dachten wir. Als die Bedienung mit einem Teller kam, auf dem sich unter einer dicken, weißen, vom welken Grün getrockneten Dills schütter gesprenkelten Sauce eine runde Wölbung erhob, und sie wissen wollte: »Für wen ist das?«, schüttelten wir alle den Kopf. Das hatte niemand bestellt.

»Was ist das überhaupt?«

»Tatar vom Matjes!«

Wer hätte gedacht, dass es einen Koch auf dieser schönen Welt gibt, der ein Matjestatar unter einer dicken weißen Sauce versteckt ...

Hier in der »Krone« ist alles, wie sich zeigt, gottlob anders. Die Speisekarte bietet als Tagesessen täglich andere badische Spezialitäten, und sie verrät auch ganz genau, von welchem Bauern, Gärtner oder Lieferanten die Produkte kommen! Und wenn »Eingemachtes Kalbfleisch« auf der Karte steht, dann ist in der alsbald servierten Schüssel auch eine ordentliche Portion davon drin, und zwar so, wie man sich dieses herrliche badische Familienessen wünscht: große, saftige Stücke von erstklassigem Kalbfleisch, vom Hals und aus der Schulter, sanft gegart, in einer sahnigen, cremig-würzigen Sauce, die sich geschmeidig um die breiten Nudeln schmiegt, die dazugehören. Gerade so, wie es früher die badische Großmutter sonntags immer auftischte. Und zum »Kalbskopf«, der butterzart gekocht, perfekt geputzt, in großen Würfeln in seiner Sauce liegt, kommen die »Brägele«, so heißen hier die Bratkartoffeln, auf den Tisch, wie sie sein sollen: knusprig, goldbraun, appetitlich glänzend, mit einem Hauch von Kümmel – einfach großartig!

Nach und nach leeren sich die Tische, die Gäste begeben sich satt, zufrieden und gestärkt wieder an die Arbeit. Herein kommt ein Paar, das jetzt noch speisen will.

»Kein Problem, solang' wir aufhaben, gibt's auch Küche. Da sind wir bestens organisiert.«

Das ist ein Teil des Geheimnisses, warum das alles so gut klappt. Hier wird niemand, auch nicht zwischen den Essenszeiten, mit aufgewärmter Fertigkost abgespeist. Einer der vier Köche hat immer Dienst, denn in einer guten Küche gibt es ständig etwas zu tun: zum Beispiel das frisch erlegte Wild versorgen, die Brühe, Schmorgerichte, Ragouts, Frikassees ansetzen, Maultaschen produzieren – und schließlich die Dinge klug vorausschauend so vorzubereiten und zu portionieren, dass für den nächsten Service alles parat ist.

Da ist die moderne Küchentechnik eine willkommene und unverzichtbare Hilfe. Statt im großen Topf, in dem man ständig die Hitze kontrollieren muss, werden Rindfleisch, Wild, Geflügel dem universellen Combi-Dampfgarer anvertraut, der die Aromen schont, die Struktur erhält und völlig neue Möglichkeiten erschließt.

»Omas Küche in den Händen ihrer Enkel«, sagt Hans Roschach lachend. Er freut sich diebisch über das, was ihm da in der »Krone« zu Ortenberg gelungen ist. »Man muss die Traditionen mit dem Fortschritt verknüpfen.« Die folgende Rezeptempfehlung – beispielsweise an die junge Generation – fürs typisch Badische Siedfleisch stammt von ihm.

Badisches Siedfleisch nach Art der »Krone«

Eine hohe Garpfanne im programmgesteuerten Dampfgarer mit Suppengemüse, etwas Bouillon oder Wasser füllen. Die Fleischstücke darauflegen und den Temperaturfühler ins dickste Stück zur Hälfte einstechen. Mit Salz bestreuen und eventuell ein Lorbeerblatt zugeben. Bei höchster Dampfstufe und 75 Grad Endtemperatur über Nacht (etwa sieben Stunden!) reifen lassen.

Zutaten:
Rindfleisch (Brustkern oder Schulternaht)
Suppengemüse
Bouillon oder Wasser
Salz
evtl. 1 Lorbeerblatt

»Solcherart schmeckt's am besten, ohne alles«, befindet Hans Roschach. »Nur mit Fleur de Sel und schwarzem Pfeffer aus der Mühle. Wenn es zwischendurch zu langweilig wird, kann man ja mit Sojasauce, mit Olivenöl, mit Mostarda (italienischen Senffrüchten), auch mal einer Gewürzsauce oder -paste aus Asien experimentieren. Bis es dann pur halt doch wieder am besten schmeckt ...«

Ach so: Abendessen kann man in der »Krone« selbstverständlich auch!

Vorratshaltung und **Mindesthaltbarkeit**

*Von der einstmals verantwortungsvollen Arbeit in Keller
und Vorratsraum und wer sie heute macht.
Und warum die Mindesthaltbarkeit ein irreführender Begriff ist.*

Es gab einmal eine Zeit, da hielten die Menschen in ihren eigenen Häusern große Vorräte an Nahrungsmitteln. Nachdem das Getreide geschnitten und gedroschen war, wurde es zum Müller gebracht und zu Mehl vermahlen. Das Mehl kam in Säcke, die sicher vor Mäusen, Ratten und Ungeziefer aufbewahrt wurden, trocken und luftig – das Mehl musste bis zur nächsten Ernte fürs tägliche Brot reichen. Das nur als kleines Beispiel. Im Prinzip wurden schließlich alle Lebensmittel mit verschiedenen Methoden haltbar gemacht:

Fleisch wurde eingesalzen, gewürzt, geräuchert und luftgetrocknet (Speck, Schinken, Würste).

Milch wurde zu Käse verarbeitet.

Konfitüren und Gelees wurden eingekocht.

Gurken, Rote Bete, Kraut, Rüben und andere Gemüsesorten wurden milchsauer vergoren oder in Essig eingelegt (seit dem 19. Jahrhundert auch eingeweckt).

Wintergemüse und Kartoffeln wurden eingemietet (in feuchtem Sand vergraben).

Kräuter, Obst, Beeren, Pilze und Hülsenfrüchte wurden auf dem Dachboden getrocknet oder im Ofen gedörrt.

Äpfel, Birnen und Quitten wurden auf Horden (speziellen Gestellen) im Keller ausgebreitet und täglich oder wenigstens zwei Mal die Woche durchgesehen.

Die verschrumpelten oder zu faulen beginnenden Früchte verspeiste oder verkochte man rasch, ehe sie ganz verdorben waren – so bekamen die Leute den ganzen Winter über nicht eine gute Zwiebel, nicht einen ganz gesunden Apfel. Stets wurde immer zunächst das verbraucht, was sich nicht gut oder länger hielt, was eben wegmusste. Die Hausfrau hatte den Überblick zu behalten, die Pflege zu organisieren und zu wissen, was sie im feuchten Keller und im trockenen Vorratsraum lagern musste (dem geräumigen Einmachkeller, wo auch die Zwiebeln lagerten und der Knoblauch hing und wo im Winter die in ein Wasserglas (ein wasserlösliches Alkalisilikat) eingelegten Eier standen). Eine höchst verantwortungsvolle Aufgabe, denn diese Vorräte hatten einen bedeutenden Wert, ja, sie waren überlebenswichtig.

Das ist heute, wo man selten mal den Vorrat für mehr als eine Woche einkauft und nur für besondere Gelegenheiten vorausplant, schwer vorstellbar – es wäre auch rein räumlich nur noch den wenigsten möglich. Und kaum ein Mensch heutiger Zeit wäre mit dem zufrieden, was gerade wegmuss. Nein, wir erwarten Frische und die beste Qualität rund ums Jahr!

So ist unser Vorrat zu Hause klein geworden – wir haben die Vorratshaltung den Produzenten und dem Handel übertragen, die Speisekammer in den Supermarkt verlegt. Das ist sicher praktisch, hat aber auch ein verändertes Einkaufsverhalten mit sich gebracht und erfordert Aufmerksamkeit an anderer Stelle: Nicht mehr der drohende, sichtbare Verderb der Lebensmittel, sondern das abstrakte Mindesthaltbarkeitsdatum setzt das Limit. Und dieses hat man in Deutschland grundsätzlich missverstanden.

Ein nach traditioneller Vorratshaltung reich gefüllter Keller

Mindesthaltbarkeit bedeutet: Bis zu diesem Datum garantiert der Hersteller, dass das Produkt etwa dasselbe ist wie am Herstellungstag, es hat sich jedenfalls nicht merkbar, höchstens minimal verändert. Auf Englisch sagt man: *best before*, in Frankreich wird darauf hingewiesen, dass der Genuss des Produkts vor diesem Datum am größten ist. Beides bedeutet jedoch nicht, dass die Ware nur bis zu diesem Zeitpunkt haltbar ist und danach weggeworfen werden sollte. Einzig bei uns in Deutschland gibt es diese unselige Verquickung eines Datums mit dem Begriff Haltbarkeit.

Genau das aber passiert in den Köpfen der Deutschen: Die meisten glauben, nach dem angegebenen Datum dürfe man das Produkt nicht mehr zu sich nehmen, ohne sich möglicherweise gesundheitlichen Gefahren auszusetzen. Dies ist nun aber keineswegs der Fall! Es handelt sich nämlich nicht um ein Verfallsdatum, sondern um den Zeitpunkt, bis zu dem das Erzeugnis absolut tadellos ist. Und manche Produkte, etwa eine Dose Ölsardinen oder im Glas eingelegte schwarze Walnüsse sind sogar weit darüber hinaus nicht nur gut, sondern werden immer besser (vorausgesetzt, die Ausgangsmaterialien waren in Ordnung).

Ob es sich bei dem Mindesthaltbarkeitsdatum um eine ungeschickte, typisch beamtendeutsche Formulierung handelt oder ob die Lebensmittelindustrie dafür gesorgt hat, damit die Waren früher weggeworfen und neue Einkäufe gefördert werden, dürfte schwierig zu klären sein. Aber dass man heutzutage den Menschen beibringen muss, dass ein ungeöffneter, immer korrekt gekühlter Joghurt, eine eingedoste Fleischwurst oder Gewürzgurken auch noch einen Tag nach dem Datum ebenso gut sind, ist abstrus. Man hat dem Verbraucher mit dieser Formulierung auf jeden Fall einen Bärendienst erwiesen – nur die Hersteller und der Handel profitieren davon.

Wir leben auf dem Land und haben einen großen Garten. Deshalb betreiben wir in weiten Bereichen noch die klassische Vorratshaltung – und entdecken immer wieder überlagerte Vorräte. Vor Kurzem haben wir Cornichons, deren Haltbarkeit seit vier Jahren abgelaufen war, mit größtem Genuss verspeist: Natürlich war nicht der geringste Fehler daran zu entdecken, sie waren knackig, leuchtend grün und schön sauer. Selbst das Einmachglas mit Mirabellen, das wir nach 30 Jahren geöffnet haben, erwies sich noch immer als tadellos: Es roch gut und fruchtig, die Früchte waren zwar weich, aber sie schmeckten prima. Unser Geschmacks- und der Geruchssinn sind sehr verlässliche Instrumente, mit denen wir kontrollieren und prüfen können, ob ein Lebensmittel nach dem Ablauf der Mindesthaltbarkeit noch gut oder schon verdorben ist.

Tipp: Vertrauen Sie Ihrem Geschmacks- und Geruchssinn

Wenn Sie nicht sicher sind, ob ein Lebensmittel nach Ablauf des Mindesthaltbarkeits-datums noch in Ordnung ist, betrachten Sie es zuerst genau. Riechen Sie daran, bewegen Sie etwas davon auf der Zunge und beißen Sie drauf: Wenn nirgendwo Schimmel zu sehen ist, alles appetitlich riecht, sich gut anfühlt und außerdem gut schmeckt, können Sie es ohne Bedenken genießen. Unsere Sinne sind durchaus in der Lage, Gefahren zu erkennen. Geben Sie ihnen eine Chance!

Miese **Muschelgeschäfte**

Warum Miesmuscheln ganz und gar nicht mies sind,
und wieso es trotzdem nicht leicht ist, gute Qualität zu finden.
Außerdem: Wie man sie am besten zubereitet.

Wir lieben Miesmuscheln, mögen ihren Grundgeschmack und freuen uns
über die vielfältigen Möglichkeiten, sie zuzubereiten und so immer wieder
für Abwechslung zu sorgen. Allerdings hat sich der Markt in den letzten
Jahren stark verändert – aus dem einstigen Alltagsprodukt ist eine beileibe
nicht mehr billige Spezialität geworden. Was ist passiert?

Miesmuscheln haben es nicht leicht

In der Nordsee, aus der die meisten bei uns angebotenen Muscheln stammen, hat man jahrelang Raubbau betrieben. Allein im deutschen Wattenmeer hat sich die Fläche der Muschelbänke in den letzten 20 Jahren um
zwei Drittel reduziert. Und in den Niederlanden, die den größten Teil
liefern, ging Anfang der neunziger Jahre die Gesamtfläche der Muschelbänke durch rigorose Fischerei und witterungsbedingtes Ausbleiben der
Vermehrung sogar von etwa 4000 Hektar auf sage und schreibe 200 Hektar zurück. Wie immer spielen auch hier mehrere Faktoren eine Rolle – der
wichtigste Grund für diese Entwicklung aber war und ist die Unvernunft
oder Uneinsichtigkeit der Menschen.

Miesmuscheln leben vereinzelt im Watt, viel lieber aber in riesigen
Gruppen, ganze Bänke bildend, sich gegenseitig mit ihrem Bart, den so-
genannten Byssusfäden, auf dem Grund und aneinander festhaltend. Diese
Fäden erinnern an Moos, mittelhochdeutsch mies – daher ihr Name.

Lange Jahre wusste man nicht, warum in unregelmäßigen Abständen
oder manchmal über mehrere Jahre hinweg eine Reproduktion der Muschel-
bestände ausblieb – es gab einfach kaum Nachwuchs, es entstanden keine
neuen Muschelbänke mehr, und die alten erholten sich nach der Muschel-
ernte nicht. Durch genauere Beobachtungen in den letzten Jahrzehnten
fand man dann heraus, dass sich die Muscheln nur nach eisigkalten Win-

tern gut vermehrten. Da bei Eisgang natürlich keine Muscheln geerntet werden können, nahm man zunächst an, die Vermehrung sei eine Folge der geringeren Muschelernten – dem ist aber nicht so, wie sich schließlich herausstellte. Denn durch den Eisgang werden große Populationen regelrecht abgeschabt (wie bei der Ernte), sodass die Verluste leicht noch größer sind als in einem milden Winter, wenn die Bänke kontinuierlich abgeerntet werden können. Vielmehr zeigte sich, dass sich die Bestände nach den Eiswintern rasch wieder erholten. Der Fachmann spricht hier von »Brutfall«, was illustriert, wie schnell und nachhaltig dies geschah. Daher weiß man heute, dass die Kälte nötig ist, um den Bestand zu halten – was zu der paradoxen Situation führt, dass man in milden Jahren, in denen eine große Ernte technisch möglich wäre, weniger Muscheln fischen darf.

Muschelleben: Zucht und Ernte

Da sich die zunächst frei im Wasser treibenden Muschellarven auf Sand oder im Schlamm des Wattenmeers nicht festhalten können, brauchen sie

Nordseemuscheln aus dem Wurzelsud

eine feste Unterlage: Schill, die Ansammlung von zerbrochenen Muschelschalen und Schnecken. Unterstützt von Stürmen und Gezeiten schwemmen Wasserströmungen den Schill zusammen. Sie legen auch alte Bänke, die zwischenzeitlich von Sand oder Schlick bedeckt waren, wieder frei. So entstehen immer neue ausgedehnte Bänke, die gegen Wellen und Gezeiten fast so widerstandsfähig sind wie Felsen. Hier leben Millionen von Muscheln dicht an dicht, bis zu 4000 Stück pro Quadratmeter.

Auf und zwischen den Muscheln bilden sich Kolonien von Tieren und Pflanzen – Krebse, Würmer, Schnecken, Algen –, sodass diese Muschelbänke wahre Biotope sind. Die Muscheln filtern das Meerwasser, um daraus ihre Nahrung zu sammeln – pro Tag säubert eine Muschel dabei etwa 15 Liter Wasser. Sie haben also eine wichtige Funktion im Wattenmeer.

Nun gibt es zwei vollkommen unterschiedliche Arten von Muschelbänken: Die einen sind immer von Wasser bedeckt unter der Gezeitengrenze (sublitoral), die anderen liegen im Gezeitenbereich, fallen bei Ebbe also trocken (eulitoral). Letztere sind für die Vermehrung und Befestigung des Wattenmeeres und als Nahrung für vielerlei Tiere (vor allem Eiderenten und Austernfischer, aber auch Zugvögel) äußerst wichtig und unterliegen daher einem besonderen Schutz. Früher wurden sie regelmäßig abgeerntet, heute sind nur noch wenige Bereiche in Niedersachsen freigegeben. Vor Schleswig-Holstein dürfen im Gezeitenbereich überhaupt keine Muscheln mehr gefischt werden.

Die Muschelfischer bedienten sich in der Folge also der subliteralen Muschelbänke – und zwar so großzügig, dass diese fast vollkommen vernichtet wurden. Um weiterhin Muscheln ernten zu können, legten die Fischer Bodenkulturen an, die mit Saatmuscheln besetzt werden. Diese Art der Bewirtschaftung begann in den Niederlanden um 1950, heute ist sie die wichtigste Grundlage auch der deutschen Muschelfischerei.

Die Saatmuscheln dafür besorgt man sich auf eine abenteuerlich primitive Weise: Man »erntet« die knapp drei Zentimeter langen Jungmuscheln auf den sich wild bildenden Muschelbänken im subliteralen Bereich. Damit werden natürliche Bestände vernichtet, um dann die Müschelchen auf dafür gepachteten Flächen zu Muscheln wachsen zu lassen – ein maßloser, unfassbarer Frevel! Freilich ist diese Art der Beschaffung sehr bequem und macht wenig Arbeit. Es ist heute das gängige Verfahren, an dem vor allem die Holländer festhalten.

Erst im Jahre 2007 wurden erstmals nach mediterranem Vorbild und wie an der französischen Atlantikküste üblich Saatmuscheln speziell herangezogen – nicht wie dort an Tauen, sondern an mit Netzen ummantelten Kunststoffrohren, an denen sich die noch frei herumschwimmenden Larven ansetzen. Jetzt muss diese Methode weiterentwickelt und im großen Stil eingesetzt werden, sodass in Zukunft die wilde Vernichtung der natürlichen Muschelbänke endlich unterbleiben kann. Die Bestände würden sich dann wahrscheinlich wieder erholen.

Wahrscheinlich! Denn gewiss ist das keineswegs – durch die in den letzten Jahren stetig zunehmende Durchschnittstemperatur des Nordseewassers sind die aus dem Pazifik für die Austernzucht ausgesetzten Gigas-Austern im Vorteil gegenüber den Miesmuscheln: Sie vermehren sich üppiger, wachsen schneller und auch übereinander, wodurch sie leichter an Nahrung kommen. Daher übernehmen sie nach und nach immer mehr Schillflächen und abgestorbene Muschelbänke, verdrängen auch auf vitalen Muschelbänken die alteingesessenen Bewohner. Für die Austernliebhaber freilich keine schlechte Nachricht – allerdings dürfen diese wild wachsenden Austern bisher nur von einer kleinen Gruppe nicht sesshafter holländischer Fischer geerntet werden.

Miesmuscheln **einkaufen**

Die Miesmuschelfans haben mit den handelsüblichen Angaben zu ihren Muscheln zu kämpfen. Früher wurden die Muscheln lose verkauft, und der Fischhändler wusste, woher sie kamen. Sie wurden in handliche Netze gepackt, an denen kleine Schildchen hingen, die über die Herkunft aufklärten. Heute werden die Muscheln fest verschlossen und gut geschützt in einer Plastikpackung angeboten – und darauf steht nun ganz schön viel zu lesen.

Aus der Nordsee

Unser Fischhändler Martin Müller zum Beispiel bietet aus der Nordsee »Föhrer Muscheln«. Da glaubt man doch, die Muscheln kommen von der Insel Föhr. Verwunderlich ist nur, dass auf der Packung angegeben ist: »Hergestelld (!) in den Niederlanden«. Wurden sie etwa von Föhr nach Holland gebracht, um dort entsandet, geputzt und verpackt zu werden? Mitnichten. Früher wurden Muscheln um Föhr geerntet und in Dagebüll verarbeitet und vermarktet von der »Föhrer Muscheln GmbH« – und die bringt jetzt unter ihrem Firmennamen Muscheln auf den Markt, die irgendwo im von der EU definierten Gebiet »Nordostatlantic« (so auf der Packung angegeben) gefischt wurden. Den Löwenanteil fangen die größeren niederländischen Kutter – die Holländer verarbeiten und verpacken und vermarkten, was nur eben geht. Zentrum der Muschelzucht ist Yerseke an der Oosterschelde, wo seit 1866 der »Anbau« von Muscheln gesetzlich geregelt ist.

Durch die unterschiedliche Herkunft ist selbstverständlich die Qualität der Muscheln keineswegs konstant, auch wenn die Firmen, unter deren Namen die Produkte vermarktet werden, ihre Ansprüche gewahrt sehen möchten. Aber da die Miesmuscheln aus der Nordsee in halbwilden Bedingungen auf den mit Saatmuscheln angelegten Kulturflächen gedeihen, sind sie je nach Region, der dortigen Wasserqualität, dem Reichtum an darin enthaltener Nahrung und dem Witterungsverlauf immer ein wenig unterschiedlich – eben kein reines, eindeutig programmierbares Zuchtprodukt. Was einerseits beruhigend ist, andererseits aber keine garantierte Qualität erlaubt.

Aus der Normandie

Nicht nur in der Nordsee, auch in anderen Meeren werden die Miesmuscheln immer und überall in freiem Wasser gezogen. In Frankreich sind die *bouchots* berühmt, benannt nach den Baumstämmen, die in den Meerboden gerammt werden. Zwischen ihnen werden Seile gespannt, an denen sich die Muschellarven ansetzen. Haben diese eine gewisse Größe erreicht, kappt man die Seile an einem der Stämme und wickelt sie bis zum Meeresboden in einer Spirale um den Stamm, an dem sie befestigt sind. Ebbe und Flut sorgen für ständigen Wechsel der Lebensbedingungen, transportieren Algen und Plankton als Futter heran.

Die Grundbedingungen der Bouchot-Muscheln beispielsweise vom Mont Saint-Michel in der Normandie (die eine eigene geschützte Herkunft, eine *Appellation d'origine contrôlée* haben, eine geschützte geografische Angabe) entsprechen denen der Nordseemuschelbänke im Gezeitenbereich, ihre Qualität ist aber aufgrund der speziellen Bedingungen an ihrem Standort immer ziemlich gleich. Die im Takt der Gezeiten trocken liegenden Muscheln bleiben übrigens etwas kleiner als die auf den Bänken, die ständig unter Wasser liegen.

Aus dem Mittelmeer und aus Galicien

Immer unter Wasser bleiben auch die Muscheln an Seilen, die ihrerseits an Flößen hängen – der klassischen Zuchtmethode im Mittelmeer und Nordwestspanien (Galicien). Daher sind die Muscheln aus diesen Zuchten im Allgemeinen größer – und ihre Qualität gleichmäßiger, weil sie ständig rundum von Wasser umspült sind.

Nun können auch große Muschelschalen nur kleine Körper enthalten, wenig gefüllt sein – wer hätte das nicht schon ärgerlich konstatiert! Das ist abhängig vom Alter der Muscheln und natürlich von ihrer Ernährung – und damit auch von der Jahreszeit. Gute Muscheln sollten voll gefüllt sein, alle in gleicher Größe. Sind die Muscheln in ihren Schalen unterschiedlich groß, deutet das darauf hin, dass sie nicht gleichmäßig mit Nahrung versorgt waren (vielleicht, weil sie auf dem Feld nicht gut verteilt waren und übereinanderlagen – was freilich bei den Zuchtmethoden am Seil nicht vorkommen kann). Möglicherweise stammten sie auch von unterschiedlichen Feldern.

Die Farbe des Miesmuschelfleischs kann zwischen weißlich-unauffällig bis leuchtend gelb-orange variieren. Schön gefärbte Muscheln sehen natürlich appetitlicher aus – auf den Geschmack braucht das aber keinen Einfluss zu haben. Viel wichtiger ist, dass sie im Verhältnis zur Schale groß sind, denn dann bleiben sie nach dem Garen saftig und zart!

In dieser Zucht bei Triest werden die Miesmuscheln in Netzschläuchen gezogen.

Miesmuscheln klassisch

Die klassische Zubereitungsart von Muscheln ist das Kochen. Dazu werden zunächst in einem großen Topf das Würzgemüse und der Knoblauch in Butter oder Öl angedünstet. Es wird aromatisiert mit Kräutern und Gewürzen sowie Wein oder anderen Flüssigkeiten. Auf jeden Fall salzen und aus der Mühle pfeffern.

Dann kommen die gewaschenen und abgetropften Muscheln (offene aussortieren) hinein und der Deckel auf den Topf. Kurz heftig kochen lassen, bis sich alle Muscheln geöffnet haben. Dazwischen mit fest aufgelegtem Deckel den Inhalt mehrmals durchschütteln, damit alle Muscheln mal zuunterst und im kochenden Sud waren. Die häufig zu lesende Angabe, die Muscheln müssten ganze zehn Minuten im geschlossenen Topf bei großer Hitze kochen, halten wir für gezielte Vernichtung jeglicher Tugenden von guten Muscheln: Sie sind dann nicht mehr wohlschmeckend, zart und saftig sowie leicht verdaulich, sondern fad, zäh und trocken und liegen schwer im Magen. Eine Garzeit von drei bis vier Minuten nach dem ersten Aufwallen ist perfekt.

Für vier Personen:
2 – 3 kg Muscheln
je ½ Tasse Wurzelwerk:
  fein gewürfelte
  Zwiebeln und Möhren,
  Lauchringe und
  Selleriewürfel
3 – 4 Knoblauchzehen
2 EL Butter oder Öl
Petersilie
nach Belieben Gewürze:
  z. B. je 1 TL Senfsaat,
  Koriander, Dillsamen
ca. ¼ l Wein (Riesling)
Salz, Pfeffer

Man kann den Muscheln aber auch ganz andere Würzen beigesellen:

Thailändisch: Neben dem oben genannten Würzgemüse etwas Ingwer, Zitronengras, eventuell auch Kaffirlimonenblatt und Galgant sowie Chilischoten und Thaibasilikum zugeben. Als Flüssigkeit etwas Fischsauce (Nam Plaa oder Nuoc Mam) angießen und den Saft einer Limette, mit einer guten Prise Zucker abrunden. Zum Servieren mit gehacktem Koriander bestreuen.

Chinesisch: Würzgemüse mit viel Knoblauch in einer Mischung aus Soja- und Sesamöl anbraten, dazu Ingwer und Chili, angießen mit Reiswein oder hellem Sherry (Fino oder Manzanilla) sowie Sojasauce, zum Schluss Koriandergrün drüberstreuen.

Provenzalisch: Würzgemüse mit hohem Knoblauchanteil, Tomaten (geschält, entkernt und gehackt – concassée) und Fenchelsamen. Angießen mit trockenem Vermouth (Noilly Prat) und eventuell einem Schuss Pastis. Zum Servieren mit Basilikum bestreuen.

Gratinierte Muscheln auf italienisch

Muscheln in einen Topf mit zwei Finger hoch heftig kochendem Salzwasser geben und sich öffnen lassen. Nur kurz garen! Abkühlen lassen, Muscheln auslösen und jeweils eine in eine Schalenhälfte setzen. Mit einer Mischung aus Semmelbröseln, Salz, Pfeffer, einem Hauch Chili, gehackter Petersilie, geriebenem Parmesan oder Grana Padano und viel zerdrücktem oder fein gehacktem Knoblauch bedecken. Mit Olivenöl beträufeln und zehn Minuten im heißen Ofen überbacken. Heiß oder lauwarm mit Weißbrot und einem würzigen Weißwein servieren. Wer mag, kann sich noch Zitronensaft auf die Muscheln träufeln.

Für vier Personen:

2 – 3 kg Muscheln
Salz, Pfeffer
ca. 100 g Semmelbrösel
1 Chilischote
glatte Petersilie
50 g Parmesan / Grana
3 – 4 Knoblauchzehen
4 EL Olivenöl

Mies- und Herzmuscheln, auf italienische Art überbacken

Niedertemperaturgaren –
nicht nur ein Unwort!

Wie eine gute und richtige Garmethode erst vergessen,
dann verhunzt und übertrieben wurde. Und wie sie wieder aufersteht!

Für uns steht es ganz oben auf der Liste der Unwörter des Jahres: das Niedertemperaturgaren. Dieses bandwurmähnliche Ungetüm ist ja in aller Munde, und das Ergebnis davon leider auch.

Zum Beispiel beim festlichen Galadinner, wenn zweihundert Gästen gleichzeitig aufgetischt wird. Da liegt dann der Hauptgang auf dem Teller: ein so perfekt zum akkuraten Rechteck zugeschnittenes und zurechtgepresstes Stück Fleisch, dass niemand auf den Gedanken kommen muss, es könne von einem Tier stammen. Und schon gar keiner erkennen kann, von welchem. Es befindet sich vornehm *an*, nicht in der Sauce. Diese ist dekorativ rundum gekleckst, auch gern zackig als Ausrufezeichen hingeworfen, und selbst ohne fein ziselierte Blattgold-Deko erinnert es eher an ein kleidsames Schmuckstück als an einen Gaumenkitzel.

Wenn jetzt das Messer ohne Schneidbewegung hindurchsinkt, sagen die einen »herrlich zart« dazu und schwärmen, wie es »auf der Zunge zergeht«, bewundern gar, dass es sich »mit einem Löffel zerteilen lässt«. Die anderen finden die Konsistenz »schwammig« und monieren »einen metallischen« oder »aufdringlichen Lebergeschmack ...« Was ist da los?

Da haben die Köche, ganz auf der Höhe der Zeit, das Essen so ausgesucht und angerichtet, dass es ihrer Erfahrung nach gut ankommt. Für diesen kleinsten gemeinsamen Nenner einigt man sich lieber auf Fleisch vom Kalb als vom Rind, nimmt besser Lamm statt Reh, und Schwein geht gar nicht. Natürlich muss es ein Stück sein, das sich eigentlich gut zum Kurzbraten eignet, möglichst vom Rücken, da sitzen die kürzesten Fasern, die keine Fleischstruktur erkennen lassen, keinen Biss erfordern. Auf keinen Fall darf es zu rosa auf den Tisch kommen, das mögen nämlich die wenigsten (Blut – zu animalisch! Dabei ist der rote Saft gar kein Blut, vielmehr Fleischsaft).

Die Köche bevorzugen das Garen bei Niedertemperatur, weil sich damit alles mühelos vorbereiten und anrichten lässt. Bei einem Galamenü kommt es schließlich zuallererst auf die Optik an, denn die meisten Gäste können besser sehen als schmecken, und wenn vielen Personen gleichzeitig serviert werden soll, dann herrschen nun mal andere Bedingungen als zu Hause.

Die **Garmethode**

Also wird das Fleisch gewürzt, eventuell auch mariniert und wahlweise in den Holdomaten gesteckt (eine Art Präzisionsofen, der seine niedrige Temperatur exakt halten kann), in den programmgesteuerten Profi-Dampfgarer geschoben oder notfalls auch einfach in einem dickwandigen Plastikbeutel eingeschweißt ins Wasserbad gehängt. Wenn die richtige Temperatur eingestellt ist, kann jetzt nichts mehr passieren: Das Fleisch bleibt stundenlang drin, bis es im Kern 70 bis 75 Grad erreicht hat. Je langsamer, umso besser. Nützlich ist ein Temperatufühler, der – in die dickste Stelle gepiekst – genau mitteilt, wenn es so weit ist.

Vorteil: Nichts kann schiefgehen

Das Eiweiß im Fleisch beginnt erst bei 68 Grad sich zu verändern, nämlich zu gerinnen. Dabei festigt sich die Zellstruktur, es verbinden sich die Moleküle und entwickeln sich zu einer neuen Konsistenz. Geschieht das rasch, bei hohen Temperaturen, verhärten die Zellen, sie können die Feuchtigkeit nicht mehr halten – und schon gar nicht binden! –, verlieren deshalb alle Flüssigkeit, das Gewebe wird trocken und hart. Geschieht es langsam in einer sanften, keine Spannungen verursachenden Hitze, bleibt die das Wasser einbindende Eiweißstruktur erhalten, das Gewebe wirkt saftig und zart.

Eventuell wird das Fleischstück vor dem Aufschneiden und Servieren noch mal kurz rundum angebraten – der schöneren Farbe wegen und auch, um ihm ein paar Röstaromen mitzugeben. Das geschieht aber durchaus nicht immer, obwohl es dem Geschmack guttäte. Auf diese Weise gegart, hat das Fleisch schließlich über die gesamte Schnittfläche die gleiche Farbe – es ist nicht, wie man das vom klassisch (nicht perfekt) gebratenen oder gegrillten Fleisch kennt, in den Außenschichten fest und womöglich sogar grau geworden –, und es ist durch und durch saftig. Nicht mal dem ungeschicktesten oder unerfahrensten Koch kann bei dieser Garmethode etwas misslingen.

Und noch ein Vorteil: Das Fleisch lässt sich eine Weile in diesem gewünschten Zustand halten. Praktisch, wenn vielen Gästen in kurzer Zeit serviert werden muss. Das alles klingt gut, geradezu nach der perfekten Garmethode, doch sie hat auch ihre Nachteile.

Nachteil: anfällig für Bakterien

Da es in der sanften Hitze lange dauert, bis auf der Oberfläche des Fleisches eine Temperatur erreicht wird, die die darauf befindlichen Bakterien abtötet, besteht die Gefahr, dass diese sich vermehren. Schließlich herrscht in den mit hoher Luftfeuchte arbeitenden Geräten eine geradezu ideale Brutatmosphäre für Bakterien, vor allem in der Phase um die 30 bis 40 Grad, und besonders natürlich dann, wenn man auf das keimtötende Anbraten verzichtet. Je länger sich dieser Prozess hinzieht, umso gefährlicher wird es. Den »Braten« (das Wort ist hier eigentlich fehl am Platz) die ganze Nacht über gar ziehen zu lassen ist nicht ungewöhnlich. Es gibt sogar Anleitungen, die Garzeiten von zwei, drei Tagen empfehlen.

Bratengeschichte

Diese langen Garzeiten wären kaum ein Problem, wenn man das Fleisch zunächst ordentlich anbraten würde. Die Hitze bewirkt ja zweierlei: Sie tötet die Bakterien und fördert obendrein eine appetitliche Kruste. Es bilden sich dabei durch die nach ihrem Entdecker benannte Maillard-Reaktion köstlich duftende, wohlschmeckende Röststoffe, die dem Fleisch auch eine schöne Farbe verleihen. Nach diesem Anbraten muss jedoch die Temperatur unbedingt wieder gedrosselt werden, damit die Säfte, die von der Brathitze zunächst ins Innere des Fleischstücks gepresst wurden, langsam wieder in die Außenschichten zurückkehren können.

Die Tradition: Braten auf offenem Feuer

So haben es ja unsere Großmütter und deren Altvordern immer schon gemacht: Bevor man Backöfen hatte, kannte man nur den Grill beziehungsweise das offene Feuer und die Glut. Ein Bratenstück durfte man nicht zu nahe an einer solch intensiven Hitzequelle garen, sonst verbrannte es außen, obwohl es innen noch lange roh blieb. Man musste also sehr genau dafür sorgen, dass das Fleisch nach dem ersten Bräunen weit weg von Feuer oder Glut in sanfter Hitze nachziehen konnte. Das erforderte viel Aufmerksamkeit und Geschick – der *rôtisseur*, der einer Bruderschaft *(chaîne)* angeschlossene Spießbrater, genoss daher höchstes Ansehen. Und die Großmütter schoben den Braten immer erst dann in den Holzofen, wenn die Hitze nach dem Brotbacken schon wieder am Abklingen war.

Schnell »durch« – Braten im Gas- oder Elektroherd

Später, als sich die Backofenhitze im Gas- und besser noch im Elektroherd mühelos einstellen und regulieren ließ, stellte sich heraus, dass ein Braten bei höheren Temperaturen in erheblich kürzerer Zeit »durch« war. Je mehr der Spruch »Zeit ist Geld« an Bedeutung gewann, desto weniger Geduld brachte man auf, und um so schneller musste der Braten aus der Röhre kommen. Also wurden Rezepte mit immer kürzeren Zeitangaben entwickelt, die natürlich zu einer schrittweisen Erhöhung der Temperatur führten. Man nahm dafür in Kauf, dass das Fleisch zunehmend zäh und trocken geriet. Weil obendrein der unmittelbare Vergleich mit einem ordentlichen Braten fehlte, wurde der Unterschied irgendwann nicht mehr wahr- beziehungsweise mehr oder weniger fatalistisch hingenommen.

Oder man lastete es dem Fleisch selber an, dessen Qualität zur selben Zeit durch die Art der Tierhaltung sowie das mangelhafte Reifen im Vakuum (siehe S. 251) ja immer weiter schwand. So kam es, dass ein perfekt gegarter Braten den meisten Menschen irgendwann aus der Erinnerung schwand ...

Die Entdeckung der Langsamkeit

Freilich gab es jene, die das nicht vergessen hatten und deshalb auf der Suche nach dem wahren Fleischgenuss blieben, dem zarten, saftigen Braten. Sie experimentierten natürlich vor allem mit der Hitzeführung, die dank moderner Technologie immer sensibler und präziser gesteuert werden konnte. Plötzlich erlaubte es die elektronisch geregelte Energie ohne Schwierigkeiten, exakt den richtigen Punkt zu erwischen und zu halten, in dem das empfindliche Eiweiß koaguliert, sich langsam umwandelt, die Flüssigkeit bindet und alle Säfte einschließt. Und sich damit sogar bei mittelmäßiger Fleischqualität optimale Ergebnisse erzielen lassen.

Der Begriff Niedertemperatur kam auf, wurde zum treffenden Schlagwort und die Methode Mode. Es wurde gewetteifert, wer es bei niedrigerer Hitze schafft – bei Zimmertemperatur 14 Tage (ein Scherz!) –, in welcher Zeit und mit welchem Gerät? Es wurden allerlei Apparate entwickelt, mit denen sich die Temperatur noch besser, präziser und länger halten ließ. Die Sache verselbstständigte sich schnell, vor allem, weil ein Koch den anderen übertrumpfen wollte. Und so wurde eine anfangs gute Idee pervertiert: Am Ende packte man alles, Fleisch samt Gewürzzutaten, kurzerhand in Plastikbeutel, setzte es unter Vakuum und lange Zeit einer geringen Hitze aus – und am Ende hatte das Fleisch zwar durchgehend eine gleichmäßige und sanfte Konsistenz, in der ewig langen »Gar«-Zeit aber seine typische Struktur verloren. Da waren keine Fasern mehr spürbar, der Biss war dem Muskel verloren gegangen. Die Konsistenz glich der von Leber. Aber wenn viele meinten, dass es »wie Leber« schmeckt, dann hat das nicht nur mit der ähnlichen Textur zu tun: Die Zwangsjacke des Folienbeutels beeinflusst ja auch den Geschmack, weil in der Plastikhülle das Aroma geradezu erstickt.

Weil aber, so sagt es der Südtiroler Sternekoch Herbert Hintner von der »Rose« in Eppan ziemlich drastisch, die Menschen inzwischen zu faul zum Kauen geworden sind und am liebsten alles mit der Zunge am Gau-

»Perfekt« gegartes Niedertemperatur-Filet vom Hirsch

men zerdrücken, kommt dies bei den geschmacklich weniger erfahrenen Gästen bestens an.

»Wenn ich ein saftiges, kerniges Rindfleisch perfekt gebraten anbiete, habe ich schon mal Schwierigkeiten mit der Kundschaft«, erzählt Hintner. »Neulich wurde ich von einer Dame an den Tisch zitiert und habe mir sagen lassen müssen, dass man an diesem Tag mit mir nicht zufrieden sei. Das Fleisch sei nicht so zart gewesen, wie man es neulich bei einem Kollegen bekommen habe. Da hieß es natürlich: aufgepasst! Wortreich habe ich ihr erklärt, dass das Fleisch von einem Tier stammte, das im wunderschönen Sarntal auf der Weide stehen durfte, den ganzen Tag draußen an der frischen Luft, nur zartestes Gras und würzige Bergkräuter gefressen habe, dabei fröhlich herumgelaufen sei und einfach ein schönes, ja: glückliches Leben hatte. Es habe so ein wunderbar bissfestes Fleisch ausbilden können, voller Geschmack. Aber natürlich nicht so weich wie das von einem Rind, das im künstlich beleuchteten Stall bewegungslos und traurig herumstehen und Intensivmastfutter aus importiertem Soja fressen musste, um möglichst schnell an Gewicht zuzulegen. Ein solches Tier könne keine Muskeln ausbilden, deshalb schmecke sein Fleisch eher langweilig, biete freilich den Zähnen weniger Widerstand ...« »Ja wenn das so ist«, sagte die Dame und freute sich – und mit ihr die zustimmend nickende Tafelrunde, die gebannt zugehört hatte! –, »dann haben Sie gutgetan, Herr Hintner, wir haben verstanden ...«

»Ein Koch und Wirt«, so Hintner weiter, »darf eben heute nicht nur ein Speisezubereiter sein, er muss den Gast auch aufklären, ihn mitnehmen in die Welt der guten Nahrungsmittel. Ohne ein fundiertes Wissen um die Qualität der Produkte geht heute gar nichts mehr. Und wenn man seinen Gästen dabei noch die Werte und Gefühlswelten der Region, der Heimat vermitteln kann, dann macht man sie einfach glücklich! Auch wenn sie dann mal kräftiger zubeißen müssen.«

In der internationalen Restaurantküche gilt dies leider noch lange nicht – da befinden wir uns küchenmodetechnisch immer noch im Stadium des Niedertemperaturgarens, das weiterhin polarisiert. Aber es gibt eine gute Nachricht: Der Zenit ist offenbar erreicht. Jener Restauranttester der FAZ, dessen geschraubtes Wortgedrechsel vorsichtshalber niemand hinterfragt, aus Furcht, sich womöglich wegen Begriffsstutzigkeit bloßzustellen, hat neulich erstmalig ein auf klassische Weise gebratenes Fleisch gelobt. Das lässt uns hoffen, dass die Wasserbadkisten und die Plastiktüten für das Sous-

Vide-Garen (Garen im Vakuum) bald ausgemustert werden und zur Abwechslung mal wieder ganz altmodisch gebratenes Fleisch in Mode kommt. In den angesagten Steakhäusern der Großstädte ist es ja schon angekommen – und bei der Zeitschrift BEEF auch.

Das absolut sichere Verfahren für **perfekte Braten**

Wir bereiten unsere Braten eigentlich immer schon nach folgender Methode zu, die in den achtziger Jahren des letzten Jahrhunderts wiederentdeckt wurde und im Grunde nichts anderes ist als eine Art Niedertemperaturverfahren. Wir wollen sie aber, um keine Verwechslung zu provozieren, nicht so nennen.

Zuerst wird der Ofen auf stärkste Stufe vorgeheizt, am besten mit Um- oder Heißluft, die ja noch intensiver wirkt, weil die heiße Luft im Ofenraum durch ein Gebläse umgewirbelt wird. Das Fleischstück – die Schulter oder Keule vom Reh, Lamm oder Zicklein, ein Braten vom Schwein, Geflügel, von der Wachtel über die Taube bis zur Poularde oder Ente (mit Ausnahme der Weihnachtsgans – siehe S. 205), ein Roastbeef oder was immer – wird gewürzt, eventuell mariniert, mit Olivenöl eingestrichen und in einer Bratenreine (nur das Roastbeef auf dem Rost) ins knallheiße Rohr geschoben – 280, 300 Grad, so heiß der Ofen kann! – und dort aufs Schärfste angebraten.

Die Anbratphase. Die trockene Hitze wirkt fast so schnell und direkt wie in einer Pfanne auf dem Herd, aber gleichmäßig von allen Seiten und außerdem auch bei so unregelmäßig geformten Stücken wie einer Keule oder Schulter, die ja nur punktuell aufliegt und niemals ausreichend direkten Pfannenkontakt haben kann.

Wir rechnen 15 bis 25 Minuten für diese Anbratphase, je nach Größe und Gewicht; sie ist entscheidend für den Garzustand am Ende. Faustregel: ungefähr zehn Minuten pro Kilogramm. Falls das Roastbeef sehr flach ist, etwas kürzer, beim Schweinebraten etwas länger. Das Fleisch soll brutzeln, rundum bräunen.

Wurzelgemüse und Wein. Dabei wird auch das Bratgeschirr erhitzt und kühlt selbst dann nicht entscheidend ab, wenn jetzt das Wurzelgemüse hinzukommt. In diesem Moment muss man die Temperatur bereits auf 80 bis 100 Grad herunterschalten, damit das Gemüse nicht verbrennt. Nach weiteren zehn Minuten, nämlich erst, wenn die Wurzelwerkwürfel weich genug sind, dass ihnen die Säure vom Wein nichts mehr anhaben kann (Säure stoppt den Garprozess, und mit zu hartem Gemüse kann man keine Sauce binden), wird dieser angegossen.

Tipp: Backofentür einen Spalt öffnen

Die Zeitspanne, die der Ofen braucht, um abzukühlen, bis in seinem Innern nur noch 80 bis 100 Grad herrschen, ist für den Garprozess natürlich wichtig – das sollte eher schnell gehen, weil sonst die Entspannungsphase nicht schnell genug beginnt. Deshalb ist es empfehlenswert, die Tür einen Spalt zu öffnen. Dann stellt sich auch bei Heiß- oder Umluft das Gebläse ab, und es wird nicht übermäßig viel Energie verschwendet.

Unsere Weihnachtsgans

Die Weihnachtsgans braten wir nicht an. Sie wird gesalzen und gepfeffert, innen und außen, mit gewürfelten Äpfeln und Zwiebeln sowie Majoran gefüllt und in den Bräter oder in die Fettpfanne gesetzt. Dann überbrühen wir sie zunächst mit einem Liter kochendem Wasser, damit sich die Hautporen öffnen und das Fett schnell herausbraten kann. Anschließend wandert sie in den 120 Grad heißen Ofen. Nach einer Stunde erst streuen wir Wurzelwerk drum herum.

Und nach weiteren drei bis vier Stunden (pro Kilogramm eine Stunde!) sollte die Gans fast perfekt sein: appetitlich gebräunt, durchgebraten und gar. Es ist nicht nötig, sie zu beschöpfen, zu bepinseln oder sonst wie zu überwachen. Sie macht alles von allein.

Am Ende der Garzeit füllen wir den inzwischen gehaltvollen Saft aus der Bratenform mitsamt dem Wurzelwerk in eine Kasserolle um und lassen ihn darin kurz stehen; das oben gesammelte Fett lässt sich dann zum großen Teil abgießen.

Während die mit Salzwasser eingepinselte Gans bei starker Oberhitze noch mal überglänzt wird, bis sie knusprig ist, kochen wir den Saft zur Sauce ein und mixen sie dann mit so viel vom Wurzelwerk auf, bis sie angenehm cremig ist.

Schließlich wird die Gans tranchiert und den festlich gestimmten Gästen aufgetischt. Fröhliche Weihnachten!

Zutaten:

1 frische Gans, ca. 4 – 5 kg
Salz, Pfeffer
2 – 3 säuerliche Äpfel
3 Zwiebeln
1 – 2 EL getrockneter
   Majoran
je 1 Tasse Lauchringe,
   Möhren- und Sellerie-
   würfel

Die Garzeit. Jetzt kann das Fleisch in der nachlassenden und nunmehr feuchten Hitze langsam durchziehen und garen. Die Säfte, die vom ersten Hitzeschock ins Innere des Bratenstücks gedrängt wurden, verteilen sich jetzt wieder, kehren auch in die Außenschichten zurück und machen das Fleisch wieder saftig.

In der milden Hitze rechnen wir etwa zwei Stunden für eine Schulter oder Keule, das Roastbeef (viel flacher und ohne Knochen) ist natürlich schon nach einer halben bis knappen Stunde fertig. Schaltet man dann den Ofen aus, kann man den Braten auch darüber hinaus eine ganze Zeit lang drin lassen. Er verändert sich kaum mehr und kann nicht austrocknen, bleibt saftig, selbst wenn die Gäste sich gehörig verspäten.

Deshalb ist die Frage »Wie lang war der Braten jetzt im Ofen?«, wenn die Lammkeule in perfekt rosa Scheiben tranchiert wird, falsch gestellt. Entscheidend ist, wie lange er bei stärkster Hitze angebraten wurde – fünf Minuten mehr oder weniger in der Anbratphase machen aus, ob die Keule innen »blutig« oder rosa ist. In der nachlassenden Hitze, die darauf folgt, kann sie ruhig zwei, drei Stunden nachziehen, ohne sich zu verändern.

Die delikaten Nordseekrabben

Von ihren absurden Reisen durch Europa.
Über menschlichen Erfindergeist und wieso
Thunfischfangquoten auch sie treffen.

Klein, aber fein sind sie, die Nordseekrabben. Eigentlich sind es ja gar keine Krabben, sondern Garnelen, auch Porren oder Granat genannt. Aber man sagt liebevoll Krabben zu den einzigen Krebstieren, die in Deutschlands Meeren in nennenswerter Menge gefangen werden – immerhin rund 10 000 Tonnen im Jahr (25 000 Tonnen in der gesamten Nordsee).

Für *crangon crangon*, so der lateinische Name, gibt es keine Fangbeschränkungen. Die Garnelen sind in ihrem Bestand nicht gefährdet – im Gegenteil: Da in der südlichen Nordsee Scholle, Kabeljau und Wittling immer weniger geworden sind, haben die Tiere kaum mehr natürliche Feinde und werden den Fischern nicht mehr weggefressen.

Krabbenpulen macht Arbeit

Doch bevor man sie genießen kann, gibt's Arbeit: Die Tierchen müssen geschält werden, gepult, wie es fachmännisch heißt. Zuvor werden sie natürlich gekocht beziehungsweise kurz gebrüht.

Dann nimmt man den Kopf der Krabbe zwischen Zeigefinger und Daumen der einen Hand – das muss sehr einfühlsam, behutsam geschehen, man darf nicht zu fest drücken, sonst wird die Krabbe gequetscht und der Körperinhalt tritt aus. Mit der anderen Hand fasst man den hinteren Teil der Krabbe und dreht die Hände gegeneinander, bis die Krabbe in der Mitte auseinanderbricht. Auch hier gilt: nicht zupacken, sondern zart anfassen, damit das in doppelter Hinsicht delikate Krabbenfleisch nicht leidet.

Andererseits muss der Griff so gesetzt werden, dass das Fleisch sich schon ein wenig von der Schale löst. Den Kopfteil wirft man weg, manche Liebhaber zuzeln ihn während des Pulens auch gerne aus – schmeckt gut! Schließlich fasst man den Schwanzteil mit der einen Hand ganz am Ende und kann nun das Fleisch mit der anderen vorsichtig aus dem

»Panzer« ziehen. Während dieser ganzen Arbeit müssen die Kräfte wohldosiert eingesetzt werden, sonst reißt das Fleisch, und ein Teil davon bleibt in der Schale stecken.

Wenn Sie das erledigt haben, was hier soeben so ausführlich beschrieben wurde – und wofür Sie mindestens so viel Zeit benötigt haben wie fürs Lesen –, verfügen Sie über etwa 0,6 bis 0,7 Gramm reines Krabbenfleisch. Sie müssen die geschilderten Arbeitsgänge also rund 150 Mal wiederholen, um 100 Gramm geschälte Krabben zu bekommen.

Wir verstehen, wenn Sie sich diesem Vergnügen verweigern. Und gestehen, dass auch wir die Krabben lieber gepult kaufen als in ihrer Schale – das macht eigentlich nur Spaß, wenn man an der Nordsee in Ferien ist und die Krabben direkt vom Kutter bekommt, wo sie gleich nach dem Fang gebrüht und abgekühlt und noch nicht mit Konservierungsmittel behandelt wurden. Sie dann sofort genüsslich auseinandernehmen und verspeisen – ein wahrhaft himmlisches Vergnügen! Das höchstens durch die Tatsache getrübt werden könnte, dass Sie wahrscheinlich keine selbst gemachte Mayonnaise zur Hand haben – gerührt aus Eiern von glücklichen, freilaufenden Hühnern, einem Löffelchen Senf, Zitronensaft und einem milden Olivenöl, etwa aus Ligurien (für das genaue Rezept siehe S. 63), mit der die Tierchen am allerbesten schmecken. Aber einfach so auf gebuttertem Vollkornbrot sind sie auch nicht zu verachten.

Herzhaftes Roggenvollkornbrot, mit Butter bestrichen und mit Krabben belegt – was für ein Vergnügen!

In der Ferne konserviert

Wir kaufen also die Krabben bereits gepult. Die Zeiten, da die Fischers-
frauen das mit ihrer Familie in Heimarbeit erledigten, sind lange vorbei, es
wurde aus hygienischen Gründen verboten. Und man kam auf die absurde
Idee, die Krabben in Marokko, Polen oder Weißrussland schälen zu lassen.
Kein Witz! Die Krabben werden in Kühlwagen gepackt und Hunderte, ja
Tausende von Kilometern durch Europa gekarrt. Schält man sie in Polen,
dauert die Hin- und Rückreise fünf, geschieht das in Marokko, zehn bis
zwölf Tage. Klar, dass das nicht spurlos an den empfindlichen Tieren vor-
beiginge, wenn man sie nicht sorgfältig vor dem Verderben schützen würde.
Das bedeutet: Sie werden nicht nur gekühlt, sondern (nachdem sie nach
Größe sortiert sind) gleich nach dem Eintreffen auch mit Konservierungs-
mitteln besprüht – meist einem Gemisch aus Salz, Benzoe- und Zitronen-
säure mit Natriumcitrat. Gerade die zum Konservieren unerlässliche Benzoesäure aber gilt als problematisch – von häufigem Konsum wird abgera-
ten, sie kann schlimme allergische Reaktionen hervorrufen (für Hunde und
Katzen ist sie schon in geringen Mengen tödlich). Nun isst man nicht jeden
Tag einen Berg von Nordseekrabben und begibt sich daher aller Wahrscheinlichkeit nach nicht in Gefahr. Aber angenehm ist es nicht, auch
schmeckt man es, wenn die Dosierung hoch ist.

Krabbenpulmaschinen

Seit den zwanziger Jahren des letzten Jahrhunderts haben findige Menschen
immer wieder versucht, Krabbenpulmaschinen zu ertüfteln, um die Pulerei
zu beschleunigen. Jahrzehntelang blieb der durchschlagende Erfolg aus –
die Maschinen arbeiteten nicht sauber genug, verstopften schnell, zerrissen
oder zerquetschten das Fleisch. Krabben sind wild wachsende Individuen,
die unterschiedlich groß sind und sich daher mechanischen und automa-
tisierten Abläufen widersetzen.

Inzwischen aber konnte man dank modernster Technik Maschinen entwickeln, die befriedigende Ergebnisse liefern. Zwar müssen diese noch am
Fließband von Menschen überprüft werden, und man muss immer noch
per Hand nacharbeiten. Auch gibt es einen nicht unerheblichen Teil an Aus-
schuss, aber es lohnt sich doch – die in den letzten Jahren rasant gestie-
genen Transportkosten machen die verrückte Reise der Tierchen nach
Marokko kaum mehr rentabel. Gottlob! Es sind obendrein dort wie in
Polen auch die Löhne stark gestiegen. Und schließlich ist das Ganze auch
aus ökologischer Sicht kompletter Wahnsinn.

Das Beste aber: Die jetzt im Krabbenschälzentrum in Cuxhaven gepul-
ten Krabben kommen natürlich viel frischer in den Handel, sie brauchen
daher nur noch einen Bruchteil der bisher benötigten Konservierungsmittel und schmecken deshalb unvergleichlich viel besser.

Professionelle **Fangschiffe** und Freizeit-**Krabbenkutter**

Das Fanggebiet muss auf der Packung angegeben werden – in unserem Fall
ist es »Nord-Ost-Atlantik (Nordsee)«. Diese Region ist von der EU definiert,
sie reicht von Norwegen bis Belgien, von der englischen bis zur dänischen
Küste. Wo genau aus der Nordsee die Krabben herkommen, erfahren wir
aber nicht – die besten Fanggründe liegen vor den Wattenmeer-Küsten der
Niederlande, Deutschlands und Dänemarks. Die Kutter haben also keine
großen Entfernungen zurückzulegen, selbst wenn sie vor den Küsten der
Nachbarländer fischen.

Nur bei den Krabben, die mit den Freizeitkuttern angelandet werden,
weiß man genau, woher sie kommen – diese Schiffe fahren ja nicht weit
hinaus, sondern fischen immer nur vor Ort. Sie haben es gerade aber mehr
als schwer: Die EU hat, um den Thunfisch im Mittelmeer zu schützen, eine
Verordnung erlassen, wonach es verboten ist, die Fänge von Freizeitfischern
kommerziell zu vermarkten. Das heißt: Weil die italienischen Thunfisch-
fänger sich nicht an Fangverbote gehalten haben, dürfen die Großhändler
den vielen Nebenerwerbs- und Freizeitfischern der Nordseeküste ihre Fänge nicht mehr abnehmen. Ziemlich dumm gelaufen, möchte man sagen –
und meinen, das hätte man vorher wissen, überdenken und als Ausnahmen
berücksichtigen können.

Wo wurden die Krabben gepult?

Dies steht leider nicht auf der Packung, die Sie kaufen – oder aus der Ihnen Ihr Fischhändler sie abfüllt. Sie können lediglich aus dem Mindesthaltbarkeitsdatum Rückschlüsse ziehen: Liegt es unter einer Woche, ist die Wahrscheinlichkeit groß, dass in
Deutschland maschinell geschält wurde, liegt es darüber, wurde mehr Konservierungsmittel verwendet, und die Krabben sind weit gereist. Und dann ist auch der Preis
ein Hinweis: Die auf teuren Maschinen hier geschälten Krabben kosten etwas mehr,
rechnen Sie etwa um die 6,50 Euro pro 100 Gramm.

Denn die Fänge der Freizeitfischer sind wahrlich nicht riesig und haben für den Krabbenmarkt eine eher geringe Bedeutung. So ein Kapitän aus Leidenschaft bringt von seinem alten, malerischen Kutter mit den charakteristischen Auslegern vielleicht drei, vier oder fünf, vielleicht auch mal zehn Kisten Krabben an einem Nachmittag heim. Ein gut ausgerüstetes, modernes Fangschiff dagegen landet gleich zwei, drei Tonnen an, wenn es einen guten Krabbengrund erwischt hat. Ihre bescheidenen Fänge reichten den Freizeitfischern aber bisher aus, um den Unterhalt ihrer Schiffe zu finanzieren, den Liegeplatz zu bezahlen, Farbe zu kaufen, ihren Diesel zu tanken. Seit 2010 fällt diese Einnahmemöglichkeit weg – an der Küste spricht man vom Kuttersterben. Die Folge: Wenn die Politik nicht schleunigst etwas unternimmt, wird der typische Anblick der kleinen Fischerhäfen an der Nordsee bald schon Vergangenheit sein, und man wird gar keine ganz frischen Garnelen mehr bekommen. Und niemand wird mehr da sein, den wir in den Ferien überreden können, uns durchs Watt zu schippern und zum Krabbenfischen mitzunehmen.

Mehr noch: Es werden nur noch die größeren Schiffe unterwegs sein, mit allen technischen Raffinessen ausgerüstet. Sie werden die See im gesamten Fanggebiet durchpflügen und sich gegenseitig Konkurrenz und die Fischerei unrentabel machen: 2010 brachte das Kilogramm frischer Krabben mitunter nur noch 2,25 Euro, weil zu viel auf den Markt geworfen wurde. Vor allem holländische Fischer wollten sich nicht an einer Selbstbeschränkung beteiligen – der Preis auf Auktionen fiel schon bis auf 1,50 Euro.

Im September 2010 endlich gingen die professionellen Krabbenfischer der Niederlande, Deutschlands und Dänemarks in Streik. In der Folge wurde vereinbart, dass pro Kutter und Woche nicht mehr als drei Tonnen Krabben gefangen werden dürfen. Probater wäre sicher ein Vorschlag, der aus Deutschland kommt: nicht auslaufen, wenn der Preis unter 3 Euro fällt. Das muss der Fischer haben, wenn er langfristig überleben will – vor einigen Jahren waren es immerhin noch fünf Euro. Ob man damit aber gegen die Discounter ankommt, die den Großhändlern im Nacken sitzen, bleibt ungewiss. Und werden sich die Querköpfigen unter den Holländern daran halten?

Gleichgültig, was passiert: Für den Endverbraucher ist der Grundpreis für die frisch gefangenen Krabben fast unerheblich, das Verhältnis ist ja geradezu absurd: Ein Kilogramm Rohware kostet kaum halb so viel wie 100 Gramm ausgelöstes Krabbenfleisch, ist also nur mit fünf Prozent am Endprodukt beteiligt. Alles andere ist Abfall, Be- und Verarbeitung, Handel – wahrlich eine aufwendige Delikatesse.

Mythos **Olivenöl**

Warum es so wichtig ist, gut darüber Bescheid zu wissen.
Wie man Olivenöl beurteilt,
einschätzt und in der Küche einsetzen kann.

»**W**elches Öl sollte man lieber nicht zum Kochen und Braten verwenden?«
lautet die Frage in der mittäglichen »Küchenschlacht« im Fernsehen. Im
Angebot sind Olivenöl, Maiskeimöl, Erdnuss- und Sesamöl. Beide Hobby-
köche hauen ohne langes Nachdenken siegessicher auf den Antwortknopf
und rufen unisono: »Olivenöl!«

Beide müssen auf den erhofften Gewinn, eine zusätzliche Zutat für ihr
anspruchsvolles Menü, verzichten. Maiskeimöl wäre der Treffer gewesen ...

Da wundert sich der Fachmann und staunt über dieses laienhafte Vorurteil. Aber es sitzt hierzulande tatsächlich hartnäckig in vielen Köpfen.
Wie es da hineingeraten ist, weiß der liebe Himmel, denn nichts ist falscher
als das. Das Gegenteil ist vielmehr richtig: Kaum ein anderes Öl eignet
sich besser zum Kochen, lässt sich problemloser erhitzen, ohne dass sich
Schadstoffe bilden, keines bietet einen höheren Rauchpunkt, und keines ist
überhaupt auch nur annähernd so vielseitig, geradezu universell verwend-
bar wie Olivenöl. Obendrein hat es den unschlagbaren Vorzug, praktisch
nicht ranzig zu werden, wenn man es richtig, nämlich kühl (nicht kalt!)
und dunkel, lagert. Dann vermag es seinen guten Geschmack sogar jahrelang zu bewahren – in der noch verschlossenen Flasche lange über das
angegebene Mindesthaltbarkeitsdatum (siehe Seite 186 ff.) hinaus. Allein der
Blick in die Küchen sämtlicher Länder rund ums Mittelmeer müsste doch
genügen, um das zu bestätigen. So viele Italiener, Franzosen und andere

Anrainer, die tagtäglich nichts anderes zum Kochen, Braten, Backen nehmen als Olivenöl, können nicht irren. Warum also denken so viele Leute, man dürfe Olivenöl nicht erhitzen?

Vielleicht hat es was mit Sparsamkeit zu tun: Olivenöl ist teuer; es kostet, bis der Frittiertopf damit gefüllt ist. Da verteufelt man gern die teure Taube auf dem Dach und lobt stattdessen den billigen Spatz in der Hand. Vor allem aber spielt hier die Lobbyistenarbeit der Samenölindustrie eine Rolle, die ihre preisgünstigeren Erzeugnisse für solche Zwecke als ideal empfiehlt und wider gesichertes Wissen das Olivenöl schon immer gern verteufelt hat. Sie hat es auf übelste Weise diffamiert – und vieles davon ist durch die gebetsmühlenhafte Wiederholung hängengeblieben.

Verstärkt wurde dieser Effekt zweifellos durch die Tatsache, dass die experimentierfreudigsten Verbraucher wirkungsvoll abgeschreckt wurden, wenn sie doch mal endlich ein Olivenöl ausprobierten: Im Supermarkt oder beim Discounter fanden sie nur miserable Qualitäten, und ohne rechte Erfahrung glaubten sie, Olivenöl müsse so miserabel schmecken. So wurde das Vorurteil bestätigt, es habe einen »viel zu starken Eigengeschmack«. Olivenöl galt daher vielen Menschen einfach als ein exotisches Zeug, das man lieber mied. Stand doch auch in vielen Rezepten, man solle es mit geschmacksneutralem Öl »verdünnen«, damit der Geschmack nicht so penetrant durchschlage ...

Frische Oliven zum Essen: Hier dürfen auch dunkle, vollreife Früchte dabei sein.

Der größte Feind von gutem Olivenöl ist nämlich schlechtes Olivenöl. Von Letzterem gibt es aber leider viel zu viel, weil sich eine Menge Geld damit verdienen lässt. Bei kaum einem anderen Lebensmittel wird so viel gepanscht, betrogen und gelogen – und immer ist am Ende der Verbraucher der Dumme.

Olivenöl wird aus den Früchten des Olivenbaums gewonnen, der in allen Gegenden mit mediterranem Klima heimisch ist. Geschmack und Qualität werden nicht nur von der Olivensorte, dem Boden, dem Klima (des Anbaugebiets ebenso wie vom Kleinklima des Olivenhains) und den Anbaumethoden bestimmt. Weitaus stärker hängt beides von einer Fülle sehr arbeitsintensiver Faktoren bei der Produktion ab. Und wie überall, wo landwirtschaftliche Unwägbarkeiten durch EU-Prämien ausgeglichen werden, ist betrügerischer Erfindungsgeist am Werke, um diese Gelder abzugreifen. Man sieht es dem Öl nicht an, wo und wie es gewonnen wurde – die Zunge spürt es, aber dann hat man die Flasche ja bereits gekauft.

Eine Menge **Handarbeit**

Olio extra vergine, huile vierge extra, natives Olivenöl extra – diese Begriffe stehen, so glaubt der arglose Käufer, für Olivenöl aus der ersten kalten Pressung, also allerbester Qualität. Gesetzlich ist das eigentlich klar definiert. Und dennoch muss man beim Discounter für eine Dreiviertelliterflasche davon meist nicht mehr als 3 bis 4 Euro zahlen. Wieso kostet dann dieselbe Menge beim Produzenten selbst häufig mehr als vier Mal so viel?

Um gutes Olivenöl zu erzeugen, ist eine Menge Handarbeit nötig. Das beginnt beim Anbau der Früchte, der Bearbeitung des meist kargen Bodens, oft auf schmalen, unwegsamen Terrassen an steilen, hochgelegenen Hängen, die keinerlei Maschinenhilfe erlauben, und es ist mit der mühsamen Ernte, von Leitern aus, per Hand, nicht zu Ende. Es hat beispielsweise gravierende Auswirkungen auf den Geschmack, ob vollreife Oliven vom Baum gerüttelt und irgendwann vom Boden zusammengefegt wurden, wie das für mindere Qualitäten üblich war (und in manchen Ländern noch ist), oder ob die Früchte noch grün, vor ihrer Reife mit einem Rechen vom Ast gestreift werden, wie man das für die guten Qualitäten macht. Für Spitzenqualitäten werden sie sogar einzeln von Hand gepflückt. Je grüner, also unreifer die Früchte, desto interessanter, finessenreicher die Aromen, umso geringer aber auch die Ausbeute. Reife Oliven ergeben ein weicheres, wenig facettenreiches Öl, liefern aber eine größere Menge.

Ein ebenso entscheidender Punkt für die Qualität ist, dass die Früchte schnellstmöglich in die Presse kommen. Jeder Augenblick, den sie am Boden liegen, gar in Säcken oder Kisten warten müssen, beschädigt ihre Inhaltsstoffe. Es fördert die Oxidation und treibt den Säuregehalt hoch. Dadurch wird das Öl derb, breit und schmeckt unangenehm.

Die Olivenernte

Für Reportagen haben wir in den unterschiedlichsten Regionen die Olivenernte erlebt. In Italien vom Gardasee an östlich wie westlich den Stiefel abwärts, in den Hügeln der Toscana, im Bergland von Ligurien, in Apulien und auf Sizilien. Wir waren in Frankreich an der Côte d'Azur und in der Provence, in Griechenland auf Lesbos, in Kroatien (Istrien), wo seit dem Fall des Eisernen Vorhangs zunehmend großartige Olivenöle erzeugt werden, und in Andalusien. Auch in Spanien, das mehr Olivenöl erzeugt als alle anderen europäischen Gebiete zusammen, produziert man längst neben simpler Massenware auch außerordentliche Spitzenqualitäten. Wir haben die unterschiedlichen Schnittmethoden der Bäume, die Ernte, das Mahlen und die verschiedenen Arten des Pressens für unsere Bücher fotografiert und dokumentiert.

Einmal haben wir auch selber mitgeholfen und die Strapazen des Pflückens, aber auch die Befriedigung, die das Ernten schenken kann, am eigenen Leib gespürt. Eingeladen von der Familie Gonnelli, die ihre Ölmühle »Frantoio di Santa Tea« schon seit 1585 in Regello betreibt. Der Ort liegt südöstlich von Florenz, auf halber Höhe über dem Arnotal am Pratomagno, einem Gebirgszug vor dem Apennin, der das um 400 Meter hoch liegende Hügelland vor den eisigen Winterstürmen schützt, die immer mal wieder vom Balkan über die Adria herüberfegen. Eine Bilderbuchregion für gute Qualität.

Diesmal war es für Ende Oktober eigentlich zu warm, wärmer als den Olivenbauern lieb ist. Erst kalte Nächte geben ja dem Öl Finesse, machen es säurereich und aromatisch; bei milden Temperaturen wird es breit und fett. Gerade in der Toscana, vor allem im Hügelland des Chianti, im Rufina-Gebiet und hier im Val d'Arno bevorzugt man ein Öl von pikantem, bitter-herbem, kräftigem und aromatischem Geschmack. Es passt dann wunderbar zu den typischen Eintopfgerichten der Region, der *minestrone* oder der *ribollita*, ist ideal zum geschmacksreichen, kernigen Fleisch der weltberühmten, hier heimischen Chianina-Rinder, zu den kräftigen Braten und Würsten der hiesigen Cinta-Senese-Schweine oder den traditionellen, tiefwürzigen Wildschweinragouts. Es duftet zartbitter nach Artischocken, nach frischen Kräutern, jungen, grünen Mandeln, und es leuchtet, wenn es frisch aus der Zentrifuge kommt, intensiv, von geradezu unwirklichem Smaragdgrün.

Ganz anders als das schwere, volle, goldene Öl von Lucca, die breiteren, üppigeren Öle aus der Maremma oder gar die viel zarteren, leichten, fast süßen Öle aus Ligurien, die Fisch und Meeresfrüchte so perfekt begleiten. Natürlich könnte man auch diese Öle strenger und bitterer herstellen, indem man die Oliven früher ernten würde. Aber der einzigartig milde Geschmack der unter der diesigen Meeresluft an der Küste entsteht, resultiert ja aus dem geringen Unterschied zwischen Tag- und Nachttemperaturen, während in den höher gelegenen Gebieten im Landesinneren tagsüber die Sonne heiß vom Himmel brennt, die Temperaturen in sternenklaren Oktobernächten schon dem Gefrierpunkt nahe kommen oder sogar darunter sinken. Dabei werden die markanten, fruchtigen Säuren bewahrt, während sie sich in den geschützten Regionen abbauen.

Es ist also auch die (Höhen-)Lage für den Geschmack entscheidend, neben dem Erntezeitpunkt und – Binsenweisheit! – natürlich der Sorte(n). In der Toscana, wie übrigens auch in Istrien, baut man vor allem die herbe, spritzig-elegante, auch vor der Reife schon ausdrucksstarke Sorte Frantoio an, weiterhin Moraiolo, die kleinere Früchte bildet und das beste Öl liefert, wenn sie sich bereits etwas dunkel färben. Außerdem wie im gesamten Adriaraum die mildere Sorte Leccino und, seltener, die eher neutrale Pendolino.

In Ligurien und im Hinterland von Nizza und Cannes spielt hingegen die kleine, hocharomatische Taggiasca-Olive eine singuläre Hauptrolle. Es haben alle Anbaugebiete rund um das Mittelmeer ihre Favoriten, überall gibt es Sorten, die jeweils dem Klima, den Böden, den örtlichen Bedingungen angepasst sind. Jedes Öl, das man aus diesen Früchten gewinnt, wird anders duften und schmecken, in Farbe und Klarheit anders aussehen, je nachdem, woher es stammt und wie es erzeugt wurde.

Zurück nach Regello: Eine Gruppe von Männern und Frauen hat sich hier in einem Olivenhain der Gonnellis verteilt, sie haben Körbe um den Bauch geschnallt, es wird geschwatzt, gescherzt, gelacht. Wir helfen mit, pflücken die einzelnen Früchte vom Boden aus mit der Hand, kämmen die Zweige mit den Fingern. Ganz grüne und leicht violett gefärbte, feste Früchte, erstaunlich klein – es dauert deprimierend lange, bis ein Korb zur Hälfte gefüllt ist und entleert werden kann, um die von der ungewohnten Last schmerzenden Schultern zu befreien. Zwei Männer stellen die Leitern an die Bäume, müssen sich beeilen, sie umzustellen, sobald alles in deren Reichweite abgeerntet ist. Die anderen streifen mit einem grobzinkigen, orangefarbenen Kamm die Oliven von den Zweigen, direkt in ihren Korb. Der wird in schnelleren Abständen als die unsrigen in Plastikkisten geleert, die am Boden warten. Das geht ruckzuck, und es dauert nicht lange, bis eine Baumreihe leer gepflückt ist. Die vollen Kisten werden auf einen Wagen gestapelt und sogleich in die Ölmühle gebracht.

Dort werden sie von zwei Arbeitern auf ein Laufband geleert, wo ein Gebläse Zweige, Äste und Blätter wegpustet. Die Oliven verschwinden dann in einem geschlossenen System. Ein gewaltiges Getöse kündet, dass sie in der riesigen blauen Metallkiste, die den Raum fast mannshoch ausfüllt, gewaschen und gemahlen werden.

Es ist ein von Vater Gonelli mit großer Akribie und Leidenschaft entwickelter Prozess, ein in Jahrzehnten ausgeklügelter und vervollkommneter, hochtechnischer Vorgang – das Ganze passiert so schonend wie möglich, unter Ausschluss von Sauerstoff in einer stickstoffgesättigten Atmosphäre (reduktiv genannt), damit alle Nuancen der Fruchtigkeit so rein wie möglich erhalten bleiben. Ein Lebenswerk, das unter seiner Ägide von seinen drei bildhübschen Töchtern in ebenso anspruchsvollem Geist weitergeführt wird.

Aus der Zentrifuge am Ende fließt ein geradezu unwirklich grüngolden leuchtender Strahl von frischem Öl, betörenden Duft verströmend, dem niemand widerstehen kann. Junges Olivenöl in seiner feinsten Form. Ein Stück Weißbrot darunter halten, die Augen schließen – der Duft von frischem Gras, grünem Apfel, unreifen Mandeln, und auf der Zunge eine geradezu feurige, prickelnde Schärfe, die wie ein Purzelbaum sich immer wiederholt und kein Ende nimmt ...

Wer einmal solches Olivenöl gekostet hat, wird es nie vergessen. Dieser Duft, diese Frucht, die anregende Bitterkeit, dieses zarte Kratzen, das sich im Hals anhaltend bemerkbar macht – es ist eine unbeschreibliche Erfahrung. Von unserem leider verstorbenen Freund Minuccio, Winzer und Olivenölerzeuger im Chianti, haben wir schon vor Jahren gelernt, wie sich diese Jugendfrische konservieren lässt: das ölmühlenfrische Öl sofort einfrieren. Noch Monate, sogar Jahre später zeigt es nach dem Auftauen ganz genauso diesen überwältigenden Duft und Geschmack. Seither haben wir eigentlich immer ein paar Gefrierdosen mit jungem Öl im Vorrat.

Ein spannendes Vergnügen: Olivenöle verkosten

Unendlich viele verschiedene Olivenöle gibt es, das ist genauso wie beim Wein. Wer je gekostet hat, wie unterschiedlich Olivenöl schmecken kann, wird sich nie mehr mit einer einzigen Sorte in der Küche zufriedengeben. Wir erleben das immer wieder, wenn wir mit unseren Kochschülern eine Olivenölprobe veranstalten.

Dabei lassen wir sie aus flachen, weißen Schälchen, in denen sich die Farbe gut präsentiert, im Schnitt zehn verschiedene Öle verkosten. Mit einem Stück Weißbrot, das man hineintunkt, besser aber pur mit dem Löffel. Professionelle Olivenölverkoster, die in sogenannten Panels die Qualität von Olivenöl für den Handel beurteilen und einstufen, nehmen dafür kleine halbkugelige Gläser. Durch deren tulpenartig nach oben ge-schweifte Öffnung wird zunächst der Duft überprüft – im positiven Fall etwa nach frisch geschnittenem Gras, wilden Kräutern, Blüten, Apfel, zart-bitterer Artischocke, erdigem Waldboden. Öle minderer Qualität wirken gleich unangenehm in der Nase, sie riechen stechend, rau, metallisch-rostig, dumpf und sumpfig, schimmelig, sogar ranzig.

Im klaren Glas oder auf dem weißen Teller nimmt man zuerst die Farbe in Augenschein – golden, hell oder kräftig, dunkler, grün in Abstufungen, man sieht auch, wie klar oder trüb das Öl ist. Dann lässt man einen be-herzten Schluck über die Zunge rollen, saugt gleichzeitig Luft ein, um ihn mit Sauerstoff in Kontakt zu bringen, und schwingt das Öl mit geräusch-vollem Saugen, Schlürfen und Hecheln mehrmals durch die gesamte Mundhöhle, damit es ordentlich Luftkontakt bekommt und sich entfalten kann, bevor man es endlich hinunterschluckt. Wenn es jetzt am Gaumen prickelt, beim Herunterschlucken in der Kehle sogar ein wenig kratzt, was unerfahrene Verkoster irritieren mag, ist das ein gutes Zeichen für beson-dere Qualität.

Bei unseren Proben bieten wir Öle aus ganz verschiedenen Anbau-gebieten zum Verkosten: aus Frankreich, aus Italien vom nördlichen Ligu-rien, sogar aus Südtirol, bis zur Stiefelspitze und Sizilien, aus Griechenland, von der Adria und von den Mittelmeerinseln. Immer verstecken wir auch ein Billigöl dazwischen.

Ein jeder kostet, schmeckt, begutachtet, riecht. Und dann jedes Mal das-selbe: Alle staunen, wie groß die Unterschiede sind. Alle können sofort die

Rechts: Bieten einen schönen Anblick, liefern aber leider kein gutes Öl: uralte verknorrte Olivenbäume.

guten von den schlechten Qualitäten unterscheiden. Und alle begreifen auf einmal, dass sie für ein gutes Öl mehr Geld ausgeben müssen und dass sie lieber nicht blind im Supermarkt einkaufen sollten. Und natürlich bevorzugen die einen ein milderes, die anderen ein kräftigeres Öl – die Geschmäcker und Vorlieben sind nun mal verschieden.

»Trotzdem«, sagt Kochfreundin Josi, »auch ich mache meine Mayonnaise lieber nicht aus reinem Olivenöl, sondern mische neutrales Öl drunter. Pur ist mir das zu heftig!«

Dabei muss das durchaus nicht sein. Vermutlich nimmt sie das falsche Öl. Zum Beweis rühren wir eine Mayonnaise und nehmen dafür vom mittlerweile ganz golden gewordenen Öl aus einer kleinen, altmodischen Ölmühle, das wir vor zwei Jahren aus Ligurien mitgebracht haben.

»Das schmeckt ja köstlich! Gar nicht streng. Auch nicht bitter«, sagt Josi staunend.

Genau! Mit einem milden Öl, vor allem, wenn es nach dem zweiten Sommer jede Fruchtigkeit verloren hat und ganz sanft und mild geworden ist, schmeckt die Mayonnaise absolut nicht aufdringlich. Sie ist weich und hat trotzdem mehr Charakter als eine Mayonnaise aus neutralem Pflanzenöl. Und wir lernen daraus: Man muss für die verschiedenen Zwecke auch unterschiedliche Öle auswählen und sie gezielt einsetzen. Das kräftige Öl aus den Höhenlagen der Toscana also lieber zum Salat aus frischen Bohnenkernen. Und das fast süße Öl aus Ligurien zum gedämpften *nasello*, dem jungen Seehecht, der so simpel zubereitet unwiderstehlich köstlich ist und kein weiteres Gewürz mehr braucht, allenfalls eine Prise Fleur de Sel.

Wann wird geerntet?

Die Zeiten ändern sich, die Gesetzgebung inbegriffen. Auch das Qualitätsbewusstsein rund ums Olivenöl ist insgesamt durchaus gestiegen. So hat man die Produktionsmethoden in den verschiedenen Regionen in den letzten Jahren verbessert und einander angeglichen. Sogar kleine Olivenbauern, die oft hauptsächlich für den Familienbedarf erzeugen, bemühen sich inzwischen um den sorgsamen regelmäßigen Schnitt der Bäume, nachdem sie gelernt haben, dass von struppigen Bäumen auch nur raues Öl zu gewinnen ist. Es ist zwar schade um jene prächtigen Olivenhaine mit jahrhundertealten, ehrwürdigen Bäumen, wie sie beispielsweise in Apulien noch üblich sind, wenn sie nur noch für schöne Fotos taugen, aber nicht für gutes Öl. Wenn die Bäume nicht regelmäßig gelichtet werden, sachkundiger Schnitt dafür sorgt, dass von allen Seiten Luft hineinkommt, damit der Wind Ungeziefer wegpusten kann, bevor es sich einnistet, dann lässt sich aus ihren Früchten kein anständiges Öl gewinnen.

Auch wird heute fast überall früher geerntet, weil man festgestellt hat, dass man so ein pikanteres, finessenreicheres Öl gewinnen kann, vor allem mit einem niedrigeren Gehalt an freier Ölsäure. Sogar in Ligurien, das berühmt ist für sein extrem weiches Öl aus den am Baum vollreif gewordenen, schwarzlila Früchten und wo noch vor 20 Jahren oft erst im Januar geerntet wurde, selbst hier fangen inzwischen viele Ölbauern bereits im November mit der Ernte an.

Wie das Olivenöl entsteht

Hinzu kommen neue Produktionsmethoden, die eine bessere Qualität ermöglichen. Moderne Mühlen, in denen die empfindlichen Oliven besser vor Oxidation geschützt sind, hygienischer Edelstahl statt schwer zu reinigender Presstaschen. Das traditionelle Zermahlen der Früchte unter den oft jahrhundertealten traditionellen Granitwalzen gilt heute zunehmend als verpönt. Olivenöl-Enthusiasten wie Andreas März, Chefredakteur der Zeitschrift für Weinliebhaber MERUM, halten es sogar für unmöglich, dass auf diese klassische Weise überhaupt ein qualitätsvolles Öl erzeugt werden kann. März, selbst Olivenölproduzent und ein absoluter Spezialist auf dem Gebiet der Olivenölqualität, hat sich in den letzten zehn Jahren hochverdient gemacht. Er wird nicht müde, in seinem Blatt fürs gute Öl zu kämpfen, die Verbraucher aufzuklären und die verantwortungsbewussten Produzenten zu fördern. Das finden wir prima und unterstützenswert, auch wenn wir uns seiner Rigorosität nicht immer uneingeschränkt anschließen können.

Die von dem Weinkritiker und Gastroführer Veronelli entwickelte, von März ebenfalls propagierte Mode, Öl aus entsteinten Früchten zu pressen *(snocciolato)*, halten wir sogar eher für einen Irrweg. Uns kommt dieses Öl irgendwie zu glatt vor, zu rein und fruchtig. Man könnte es mit einem Kirschwasser vergleichen, das ohne Steine gebrannt wurde, dem daher die zwar in zu großer Menge unerwünschten und schädlichen, aber ein typisches Aroma spendenden Bittermandelnoten fehlen. Mit dem Stein nimmt man auch dem Olivenöl seinen Charakter, sein Rückgrat! Und man muss natürlich unbedingt reduktiv arbeiten, weil dann die vor allem im Kern enthaltenen Antioxidantien beim Mahlen nicht mehr zur Verfügung stehen (siehe Seite 226).

Dass die vor der Verarbeitung ausgelösten Kerne anschließend noch nützlichen Zwecken zugeführt werden, ist freilich lobenswert: Als nachwachsende Rohstoffe sind sie nicht nur als Brennmaterial zu verwerten – wie man das früher auch mit dem Presskuchen gemacht hat –, sondern können hochmoderner Technik dienen: Tüftler von Mercedes haben ein Verfahren entwickelt, Olivenkerne zu verkoken und dann in den Aktivkohlefiltern einzusetzen, die für saubere Abgase sorgen. Eine pfiffige Idee!

Ein Spitzenöl aus Ligurien

Was nun die von Andreas März und den Anhängern des reduktiven Öl-gewinnungsverfahrens völlig abgelehnten Steinmühlen angeht: Da sollte man vielleicht nicht pauschalisieren. Wir jedenfalls kennen durchaus sehr gute Öle, für die die Früchte ganz bewusst nicht in der geschlossenen Edel-stahlmühle (übrigens mit einem höllischen Getöse!) zertrümmert und zentrifugiert, sondern vielmehr ganz traditionell in der klassischen Stein-mühle zermahlen werden. Öle, die am Ende auch auf gar keinen Fall gefiltert werden – was Andreas März ebenfalls als schlimmen Fehler wertet –, weil sie sonst ein Gutteil ihrer Aromen verlieren würden.

Ein Beispiel dafür ist das Olivenöl der »Azienda Dino Abbo« in Luci-nasco. Man erreicht den kleinen Ort nördlich von Imperia, der malerisch auf einer Bergkuppe hoch über dem Fluss Impero hockt, nur über hals-brecherische Serpentinen, die sich endlos durch Olivenhaine winden. Schon von Weitem kann man erkennen, wo der Besitzer seine Bäume pflegt und regelmäßig schneidet. Dort sind die kunstvoll aufgesetzten Trockenmauern intakt, die die handtuchschmalen Terrassen abstützen. Dazwischen bietet sich vereinzelt der traurige Anblick verwahrloster Mauern, vor denen sich Haufen heruntergebrochener Steine türmen, die der Herbstregen zum Ein-sturz gebracht hat. Bildschön, das Meer silbrig flimmernder Blätter, zwi-schen denen sich Tausende kleiner Oliven wie in einem Vexierbild ver-stecken, fast unsichtbar im Grün, weil sie noch kaum jene lila Verfärbung angenommen haben, die ihre beginnende Reife signalisiert. Taggiasca-Oliven, je reifer, desto dunkler ihre Farbe. Im Hause Dino Abbo erntet man sie lieber halb grün, wenn sie noch belebende Bitterstoffe liefern. In kleinen, gut zwölf Kilo fassenden, roten Plastikkisten werden sie in die Ölmühle gebracht, sofort gewaschen, von Blättern und Ästchen gesäubert und ohne weiteren Verzug in das gewaltige Granitbecken geschüttet. Hier setzen sich zwei enorme schwarze Mahlsteine in Bewegung, aus dem hiesigen Tauben-stein, der so heißt, weil er mit den weißen Adern, die ihn durchziehen, dem Federkleid von Tauben ähnelt. Sie drehen sich etwa eine Stunde im Kreis, im gleichförmigen Rhythmus über die Oliven hinweg, mit beruhigend polterndem Geräusch, bis alles, einschließlich der Kerne, zu einem cremigen, braunen Brei zermahlen ist. Wie lange genau, hängt vom Reifegrad der Früchte ab.

»Das muss man im Griff haben«, erläutert Gianni Abbo und nimmt eine walnussgroße Portion zwischen drei Fingerspitzen, »buchstäblich«. Er weiß, wie es sich anfühlen muss, bevor die duftende dunkelbraune Masse in die *fiscoli* gefüllt wird, jene runden Plastik-(früher Stroh-)taschen, mit ihrem Loch in der Mitte, mit dem man sie über ein Metallrohr stülpen und übereinanderstapeln kann, immer 30 Stück. Was jetzt an Öl, allein durch das eigene Gewicht herausgedrückt, durch das rundum wie ein grobes Sieb gelochte Mittelrohr nach unten sowie nach außen aus den Taschen rinnt, fängt die Wanne, in der der Turm sitzt, auf. Es ist das allererste, wahrlich jungfräuliche, nämlich von keiner fremden Kraft berührte Öl: *olio affiorato*, die Ölblüte, Blütenöl, auf Deutsch auch Tropföl genannt. Erst wenn der Eigendruck nicht mehr genügt, wird der Wagen mit dem Taschenturm unter eine Presse geschoben, die jetzt behutsam – mit höchstens 300 bar – auf die mit Olivenbrei gefüllten Taschen einwirkt, 45 Minuten lang. Der Saft, der dabei gewonnen wird, besteht nur zu etwa 20 Prozent aus Öl – der Rest

In Ligurien werden vor der Ernte Netze unter den Bäumen gespannt, damit keine Oliven auf den Boden fallen. Eine höchst aufwendige Sache!

ist Fruchtwasser, das in einer Zentrifuge abgeschieden werden muss. Was schließlich in grünlich-goldenem Strahl in einen Edelstahlbehälter fließt, heißt bei Familie Abbo, im Unterschied zum Tropföl, *olio da centrifuga*. Beides sind Öle allererster Qualität, also selbstverständlich *extra vergine*.

Nun muss sich das Olivenöl in großen Edelstahlcontainern erst mal absetzen und so auf natürliche Weise klären. Abgezogen und abgefüllt wird es erst unmittelbar vor dem Verkauf. Hier stehen keine fertig gefüllten Flaschen parat: Wer was mitnehmen will, muss warten. Nur die Reste des Öls vom Vorjahr werden, wenn etwas übrig sein sollte, kurz vor der neuen Ernte noch abgefüllt – es ist jetzt fast klar geworden.

Gianni Abbo hebt abwehrend die Hände. »Durch das Filtern gehen doch all die frischen, duftigen Aromen vom jungen Öl verloren!« Und er fügt hinzu: »Wer gleich nach dem Pressen abgefülltes, ungefiltertes Öl kauft, muss spätestens nach zwei, drei Monaten die Flasche überprüfen: Dann hat sich ein dunkler Satz am Boden gebildet. Das Öl lebt ja, doch sobald es steht, ballen sich die darin schwebenden Pflanzenstoffe nach und nach zusammen und setzen sich als Trubstoffe ab. Die müssen nach etwa drei Monaten entfernt werden, denn sie können den Geschmack, auch die Haltbarkeit beeinträchtigen. Dann muss man das Öl abziehen und in eine saubere Flasche umfüllen!« Er schaut uns eindringlich an und betont: »Unbedingt!«

Er greift eine seiner in Goldfolie eingewickelten Flaschen und zeigt, wie man die Folie ganz leicht am Boden lösen kann. »Damit man das immer überprüfen und sehen kann, füllen wir ausschließlich in klare Flaschen ab. Und als Lichtschutz wickeln wir diese Folie drum.« Er stellt die Flasche zurück und fährt fort: »Und dann darf man natürlich, nein, soll man sogar, das Öl filtern. Durch eine ganz normale Kaffeefiltertüte. Oder durch ein mit Küchenpapier ausgelegtes Sieb. Die grünen, frischen Aromen sind jetzt in den Trubstoffen eingebunden, also sowieso nicht mehr schmeckbar.«

Gianni Abbo gießt grünlich goldenes Öl in eine flache Schale. »Probieren Sie nur!«, sagt er mit einem stolzen Lächeln und hält uns das Gefäß vor die Nase. Welch ein betörend fruchtiger Duft! Nach frisch geschnittenem Gras, süßen Blüten, nach Klee, ein bisschen herb nach Löwenzahn – wir riechen förmlich den Sommer, Sonne! Klar, dass diese Düfte verfliegen, sobald dieses Öl erhitzt wird. Aber es zeigen sich dann ja andere, wieder völlig neue Aromen. Wie man allerdings auf die Idee kommt, dass sich dabei Schadstoffe bilden, sogar Gift sich entwickeln könne – Gianni Abbo schüttelt den Kopf, das ist ihm einfach unbegreiflich!

Wir sind wieder mal begeistert von diesem frischen Öl, und während wir darauf warten, dass unsere Bestellung auf Flaschen gefüllt und konfektioniert wird, erzählt der junge Patron von den Schwierigkeiten, mit denen sich die Ölmühle seiner Familie als kleiner Handwerksbetrieb im Kampf als unerschrockener David gegen die Goliaths der Lebensmittelindustrie herumplagen muss. Vom gesetzlich legalisierten Betrug der weltweit agierenden Hersteller, Abfüller, Vermischer und Verschleierer, gnadenloser Vermarkter auch der miesesten, eigentlich nicht für den menschlichen Verzehr zugelassener Qualitäten: Dahinter stehen die Namen großer Lebensmittelkonzerne. Er hat Beweise, dass und wie die Ölmultis betrügen, beispielsweise Öl abfüllen und als italienische Qualitätsware deklarieren, obwohl die Oliven nachweislich aus anderen Regionen stammen. Er hat versucht, mit seinem Anwalt dagegen anzugehen, aber kein Recht bekommen. Mit der sogenannten *Risonanza magnetica all'olio*, einer Magnetresoanzprüfung, lässt sich zweifelsfrei beweisen, woher die Oliven stammen, aus denen ein Öl erzeugt wurde. In Italien wird diese Methode jedoch vor Gericht nicht anerkannt – dahinter stecken natürlich die großen international agierenden Konzerne. Jeder kann aufs Etikett schreiben, was er will. Sollte jemand andere Werte entdecken, gilt das nicht, basta! Die Klage wird zurückgewiesen, und wieder ist der Verbraucher der Dumme.

Zu Hause stellen wir fest: Alle frisch gepressten Öle, die wir von dieser Reise mitgebracht haben – ein weiteres aus Ligurien, ein umbrisches und ein Öl aus den Marken –, zeigen nach einigen Wochen einen dunklen Satz, der in dicken Placken am Boden liegt und träge aufschwebt, wenn man die Flasche schüttelt. In der Ölflasche von Dino Abbo dagegen wölkt nur ein kaum wahrnehmbarer hauchzarter Belag wie Flaum am Flaschenboden. Er lässt das Öl ja vor dem Abfüllen zwei oder drei Monate stehen, damit sich die Trubstoffe absetzen können. Ganz offensichtlich hat das natürliche Klären genutzt.

Das zweite ligurische Öl ist die typische Demonstration überlieferter Qualität. Im Hinterland von Diano Marina gibt es noch eine uralte Mühle, deren wassergetriebenes Rad mit hölzernen Zahnrädern die Kraft auf ein Granitrad überträgt. Was das Besitzerehepaar an einem Tag an Oliven erntet, wird abends gewaschen und in den Steintrog gefüllt. Dann legt der alte Mann einen Hebel um, das Rad greift, der Mühlstein setzt sich ächzend in langsame Bewegung. Die beiden Alten gehen zu Bett, am nächsten Morgen werden sie den Olivenbrei mit den vollkommen zermahlenen Kernen auf die traditionelle Art (wie Gianni Abbo) pressen. Haben sie keine Angst, dass der Olivenbrei während der langen Mahl-Zeit oxidiert?

»Wie?«

»Wird das Öl nicht ranzig, bekommt es keinen schlechten Beigeschmack?«

»Nein, nein! In den Kernen gibt es so viele Substanzen, die das verhindern! Das wussten doch schon die alten Griechen! Seither hat sich an der Verarbeitung der Oliven doch nichts geändert!«

Von der reduktiven Methode unter Stickstoff haben sie noch nie gehört. Leider wollen ihre Kinder die Mühle nicht übernehmen, sie wohnen in der Stadt.

»Wir sind die Letzten, die ihr Öl noch in dieser Mühle machen«, erzählen die beiden Alten. »Die Letzten, die überhaupt noch die Oliven auf den steilen Terrassenhängen ernten. Immer mehr Haine verwildern. Die Jungen kaufen ihr Öl im Supermarkt – das kommt aus Apulien oder Kalabrien oder Spanien, macht keine Arbeit und ist billiger ...« Und schmeckt beliebig.

Woran Sie **gutes Olivenöl** erkennen

»Ja, woher weiß ich denn, ob das Öl gut ist?«, fragt Peter und schaut uns ratlos an.

Wir sitzen in einer kleinen Trattoria in Venedig, in einer unauffälligen Gasse im Dorsoduro, eher abseits vom Touristentrampelpfad. Trotzdem wird auch hier der Gast freundlich mit deutsch und englisch beschrifteten Schildern begrüßt. Doch es herrscht die Gelassenheit und Effizienz italienischer Gastfreundschaft: Der Tisch ist einladend gedeckt, natürlich mit Stoffservietten und großen Weingläsern. Im Handumdrehen steht ein Brotkorb auf dem Tisch. Das Wasser kommt sofort, der Wein wird mit großer Geste entkorkt. In der Menage eine handelsübliche Olivenölflasche mit unbekanntem Etikett.

»Lasst mal«, ruft Susanne, als wir davon aufs Brot träufeln wollen, »ich hab gestern dies hier geschenkt bekommen.« Sie zieht aus ihrer geräumigen Tasche ein Viertelliterfläschchen Olivenöl hervor. »Soll ganz großartig sein, aus der Toscana!«

Das Etikett, ebenfalls handelsüblich gedruckt, behauptet, es handle sich um Olivenöl »*extra vergine*, rein mechanisch aus italienischen Oliven gewonnen«. Es sagt also zum Verfahren etwas, das eigentlich selbstverständlich ist – *extra vergine* darf gar nicht anders als (ohne Erhitzen) auf mechanischem Weg (durch Pressen oder Zentrifugieren) gewonnen werden. Aber die Nase verrät uns schon von Weitem, dass es sich um eine Lüge handelt. Das angeblich qualitätsvolle Öl riecht abscheulich: unsauber, derb und breit, weist genau den oxidativen, unangenehmen Fehlton und Geschmack auf, den Supermarktöle so häufig haben. Dies ist kein echtes *extra vergine*, sondern ein übler Verschnitt, gewiss zumindest mit Lampantöl vermischt. Wir kosten also lieber von dem Öl auf dem Tisch, dessen Etikett verkündet, dass es aus einer Ölmühle aus den Marken stammt, und ebenso behauptet, auf »mechanischem Weg aus italienischen Oliven« gewonnen zu sein. Misstrauisch gießen wir eine Pfütze davon auf den Teller. Gott sei Dank: ein frischer Duft, harmonisch, ein schöner fruchtiger Geschmack – ein so deutlicher Unterschied, dass Peter erleichtert die Schulter sinken lässt.

»Ja!« sagt er und stippt sein Brot noch tiefer in den Ölsee auf seinem Teller. »So mag ich Olivenöl auch!«

Deklarationen, Analysen und Tests

Die analytischen Werte, mit denen Olivenöl eingestuft wird, sind eigentlich im Gesetz ziemlich präzise festgelegt, und sie lassen sich durchaus chemisch exakt überprüfen. Man kann ganz genau feststellen, von welchen Oliven das Öl stammt, ob anderes Pflanzenöl untergemischt wurde (auch türkisches Haselnussöl, das unschlagbar billig ist und deshalb lange Zeit gerne zum Strecken und Abmildern eines fehlerhaften Geschmacks verwendet wurde, kann man inzwischen schnell nachweisen) und wie die unterschiedlichen Inhaltsstoffe sich bemessen. Das klingt nach klaren Verhältnissen und bester Kontrolle. Nur: Selbst wenn ihre Daten chemisch den Analyseanforderungen vollkommen entsprechen, können Öle geschmacklich eine Katastrophe sein.

Dies wissend, hat der Gesetzgeber schon vor 20 Jahren die sogenannten Panels eingeführt. Das sind Expertenrunden von besonders geschulten Leuten, die Olivenöl sensorisch, also mit Gaumen und Nase, besser prüfen und verlässlicher einstufen können als jedes Laborgerät. Und so verlangt das Gesetz, dass Öle *extra vergine* vom Panel als »reintönig« und »frei von Fehlern« beurteilt werden. Öle mit leichten Fehlaromen müssen als *vergine* deklassiert und solche mit einem höheren Teil von Fehldüften als Lampantöl ausgeschieden werden. Allerdings sind diese Prüfungen nicht zwingend vorgeschrieben – nur die DOP-Öle (siehe S. 231) müssen sich dem Panel-Test unterziehen. Es bleibt dem Produzenten überlassen, ob er sein Erzeugnis testen lässt, bevor er abfüllt. Wie bitte?

Der Gesetzgeber hat also fabelhaft strenge Regeln erlassen – ob man sie jedoch befolgt, ist freiwillig. Eine absurde Situation! Das ist, als wenn man dem Autofahrer überließe, ob er sich an die im Straßenverkehr vorgeschriebene Höchstgeschwindigkeit halten will oder nicht. Wenn freilich ein Ordnungsamt auf eine Anzeige hin, eines missgünstigen Konkurrenten etwa, gezwungen ist, eine Ölcharge zu überprüfen, dann könnte es dem Produzenten an den Kragen gehen. Wenn man ihm nachweisen kann, dass er ein *olio extra vergine* auf den Markt gebracht hat, das keines ist, dann muss er büßen. Dieser Nachweis ist allerdings schwierig, weil eben viele objektive Untersuchungsmethoden (auf Betreiben der Betroffenen) nicht anerkannt werden. Und außerdem hat der mutmaßliche Panscher bis dahin schon jede Menge Geld gemacht ... Und vermutlich die infrage stehende Charge längst verkauft, sodass die Ware im Markt verschwunden ist, ehe die Untersuchungen beendet sind.

Natürlich sind die Panels, diese menschliche Komponente in der Qualitätssicherung, äußerst umstritten. Da werden die verschiedenen Panels in den jeweiligen Regionen und Ländern gern gegeneinander aufgehetzt und gegeneinander ausgespielt. Man arbeitet deshalb schon lange daran, mit Gaschromatographen und Massenspektrometern allgemeingültige und »unbestechliche« Analysenmethoden zu entwickeln. Aber das wird weiterhin dauern, weil die Fülle und Vielzahl von Aromen in ihrer unerschöpflichen Komplexität erst aufgeschlüsselt und analysiert und schließlich den Maschinen eingegeben werden müssen. Und bis dahin gilt immer noch die geschulte und geübte Nase in Verbindung mit dem unübertroffen komplexen menschlichen Hirn als das unbestechlichste Prüfmittel. Wie gesagt, im Prinzip.

Bei so viel Kontrolle und gesetzgeberischer Überwachung fragt man sich: Wie ist es überhaupt möglich, dass derartige Mengen an Olivenöl mit der Aufschrift *extra vergine* auf dem Etikett im Handel sind, die dann von Test-Panels als Lampantöle entlarvt werden? In der Zeitschrift MERUM (Nr. 5/2007) wurde diese Frage mit einer sehr eindrücklichen Grafik beantwortet, in der zwei widersprüchliche Qualitätspyramiden gegenübergestellt werden.

Die tatsächliche Qualität. Die linke Pyramide zeigt die Qualität allen in der EU erzeugten Öls: Das *olio extra vergine* (»natives Öl extra«) bildet eine winzige Spitze, darunter folgt zwei Fingerbreit die Menge an *vergine*, dem »nativen Öl«. Die Basis der Pyramide ist eine drei Finger breite Schicht, die für Lampantöl und rektifiziertes beziehungsweise raffiniertes Öl steht. Letzteres ist ein unter hohen Temperaturen aus Pressrückständen gewonnenes, chemisch gereinigtes, daher geruchs- und geschmacksfreies Öl, das auch aus Lampantöl gewonnen werden kann.

Die im Handel angebotene Qualität. Die Pyramide daneben zeigt die Qualität, unter der das im Handel befindliche Olivenöl erscheint. Hier gibt es auf einmal nur noch, fast die ganze Pyramide ausfüllend, *extra vergine*. Die nächstniedrigere Stufe – *vergine* – ist nur als zwei Millimeter feine Linie sichtbar, und das Lampantöl bildet einen zentimeterschmalen Sockel. Das Sinnbild einer wundersamen Spitzenölvermehrung ...

Und eben diese fördern auch immer wieder erstaunliche Tests zutage. Da wird, von Zeitschriften- oder TV-Redaktionen in Auftrag gegeben, eine Auswahl von Olivenölflaschen im Supermarkt und bei Discountern zusammengekauft und nach der chemischen Analyse auch einem Berufs-Panel zur Überprüfung vorgesetzt. Das erschreckende Ergebnis lautet jedes Mal: Von 20 Ölen wird mitunter nicht mal ein einziges als *extra vergine* eingestuft, allenfalls zwei bis drei Olivenöle. Der Rest ist billigeres *vergine*, öfters sogar mehr als die Hälfte ungenießbares Lampantöl – also für die Ölfunzel geeignet, keinesfalls für den Küchengebrauch. Frei im Supermarkt erhältlich und als Spitzenöl etikettiert! Sogar Bio-Öle wurden schon bei solchen Tests als Lampantöl entlarvt – man fasst es nicht!

Das Schlimme daran: Der vertrauensselige Verbraucher greift ins Regal und wundert sich zu Hause, dass ihm das Öl nicht schmeckt. Und wer nur fehlerhaftes, mieses Öl kennt, glaubt am Ende, Olivenöl schmecke eben so, zuckt die Schultern und stellt fest: »Ich mag's einfach nicht.« Er ahnt es nicht und wird vermutlich nie erfahren, welcher Genüsse und Freuden er sich da (un-)freiwillig enthebt.

Nebenbei sind diese Tests für die Auftraggeber durchaus riskante Unterfangen, weil jene beanstandeten Öle im Allgemeinen von finanzstarken Lebensmittelfirmen stammen, die unliebsame Ergebnisse gern mit kostentreibenden rechtlichen Verfahren zu unterbinden suchen. Meist geht es zwar, was ein klares Urteil angeht, aus wie das Hornberger Schießen, weil es den Richtern an fachlichem Wissen und Verständnis fehlt und weil es in der EU dank guter Lobbyarbeit der Pflanzenölindustrie ja keine offiziell anerkannten, also gerichtsfähigen Kriterien gibt. Die Verfahren kosten aber die Überbringer der schlechten Nachricht eine Menge Geld und Ärger.

Kein Qualitätskriterium: der Preis

Der Preis ist schon mal kein Erkennungsmerkmal für Qualität. Obwohl sich eigentlich jeder vernünftige Mensch von vornherein an jedem Geiz-ist-geil-Preis stoßen müsste. Es könnte sich jeder selber ausrechnen, dass es einfach nicht möglich ist, für weniger als zehn Euro pro Liter gutes Olivenöl zu erzeugen. Schließlich handelt es sich um ein Produkt, das der Mensch mit viel Schweiß und Mühe der Natur abringen muss. Aber auch der Umkehrschluss ist falsch: Nicht jedes Öl, das viel kostet, ist automatisch gut.

Was auf dem Etikett steht – und was darauf stehen müsste

Der Blick aufs Etikett (siehe Infokasten Seite 236) hilft aber auch nicht immer weiter. Blumige Worte besagen gar nichts, selbst die gesetzlich definierten Begriffe *extra vergine* (französisch: *vierge extra*, spanisch: *virgen extra*, deutsch: nativ extra – früher Jungfernöl extra) sind, wir haben es gesehen, ebenso wenig verlässlich wie Hinweise der Art »charaktervoll und kräftig« oder »fein und sanft«, die nur der Willkür des Produzenten unterliegen.

Herstellung

Weiterhin ist auf dem Etikett oft eine gesetzliche Grundbedingung für Olivenöl *extra vergine* oder *vergine* vermerkt, nämlich dass das Öl auf ausschließlich mechanischem Weg (also nicht mit Chemie, Dampf oder anderer Wärmeeinwirkung) gewonnen wurde. Eigentlich eine überflüssige Angabe, die streng genommen verboten sein müsste, denn man darf gesetzliche Vorschriften nicht zu Werbezwecken verwenden. Aber wo kein Kläger ...

Allerdings könnte die Angabe dennoch sinnvoll sein, denn die wenigsten Verbraucher wissen ja, welche Anforderungen an ein *olio extra vergine* gestellt werden. Ein Vergleich, der das illustrieren mag: In Deutschland steht oft auf den Etiketten von Säften, dass kein Zucker zugefügt wurde – was bei Säften ohnehin nicht erlaubt ist. Da der Verbraucher aber offenbar nicht glauben will, dass ein reiner Saft von Natur aus süß ist, sondern annimmt, die Süße stamme von zugefügtem Zucker, drückt der Gesetzgeber ein Auge zu – so kann ungesetzliche Verbraucheraufklärung also auch sinnvoll funktionieren.

Trotzdem: »Erste Pressung« oder »kalt gepresst« ist überflüssiges Gesäusel, weil es ohnehin über *vergine* längst garantiert sein sollte. Das ist, als würde ein Autohersteller sein neues Modell besonders bejubeln, weil es vier Räder hat. Wenn *extra vergine, vierge extra* oder »nativ extra« draufsteht, muss das Öl sowieso aus der ersten (übrigens heutzutage ohnehin einzigen) Pressung sein, und natürlich müssen die Oliven kalt verarbeitet, dürfen während des gesamten Prozesses niemals auf mehr als 27 Grad erhitzt werden. Nun, wir wissen: Papier ist geduldig.

Herkunft
Sie muss seit 2009 laut EU-Verordnung angegeben sein. Aber so genau auch wieder nicht. Wenn die Oliven aus einem einzigen Land (wenigstens das!) stammen, genügt der Name des Ursprungslandes. Man darf aber auch Öl aus verschiedenen Ländern zusammenschütten, dann muss das Etikett es als »Verschnitt von Olivenölen aus der Gemeinschaft« ausweisen, wenn es ausschließlich aus EU-Staaten kommt. Selbst ein »Verschnitt aus Drittländern« ist vorgesehen und sogar einer aus »der Gemeinschaft und Drittländern«. Man darf sich fragen, ob, wenn so was draufsteht, etwas Gescheites drin sein kann.

Besser, man hält sich ans Kleingedruckte – das kommt sowieso nur bei qualitativ hochwertigem Olivenöl vor. Bleiben wir noch bei der Herkunft: Steht dort »aus Oliven aus Italien«, so kann das eine Mischung aus verschiedenen Gegenden sein. Das Öl kann aber auch aus einer einzigen Region kommen, sogar von einem einzigen Produzenten stammen. Die Hersteller sind nämlich gezwungen, diese gesetzliche Formel zu verwenden: Das macht es den Manipulateuren leichter, ihr Öl auf dem Markt unterzubringen, denn diese groß zu druckende Aussage fällt auf allen Flaschen, guten wie schlechten, sofort ins Auge, erschwert also bewusst die Orientierung. Folgende Angaben führen weiter:

- Ist die Region deklariert, dürfen die Oliven nur dort geerntet worden sein: zum Beispiel »Toscana IGP« = *Indicatione geografica protetta* = g.g.A., geschützte geografische Angabe).
- Noch präziser ist die Angabe einer bestimmten Zone, die genau definiert ist: in Frankreich etwa »AOC« = *Appellation d'origine contro-lée* = bestimmtes, kontrolliertes Anbaugebiet (genau wie beim Wein); in Italien »DOP« = *Denominazione di origine protetta* = geschützte Herkunftsbezeichnung. Beim italienischen Wein steht hierfür das »DOC« = *Denominazione di origine controllata* (immerhin fällt auf, dass beim Öl kein *controllata* vorkommt).

Produzenten

Freilich besagt die Herkunft wenig über die Qualität aus, denn wie das Öl hergestellt werden muss, ist ziemlich lasch formuliert. Deshalb ist es am besten, wenn die Oliven aus eigenem Anbau oder von ausdrücklich genannten Produzenten stammen, die für die spezielle Qualität einstehen. Meist ist alles in der Landessprache angegeben – Italienisch, Spanisch, Französisch –, die Griechen übersetzen oft wenigstens ins Englische. Nur die Kroaten lassen einen oft rätseln ...

Wichtig zu wissen ist freilich, ob der Betrieb ein *frantoio*, eine Ölmühle, oder ein *stabilmento*, also gleich eine ganze Fabrik ist. Und weiter kommt es auf gewisse kleine Wörtchen an:

Imbottigliato besagt: Das Öl wurde hier lediglich abgefüllt – es kann also zuvor aus verschiedenen Partien zusammengestellt worden sein.

Confezionato bedeutet: Es wurde dort nur verpackt. Man kann sich vorstellen, dass ein und dieselbe Riesenpartie hier unterschiedliche Etiketten und Chargennummern bekommen hat.

Prodotto ed imbottigliato heißt: von diesem Betrieb also erzeugt und abgefüllt. Das ist schon mal gut, denn wer selber produziert, weiß, welches Material er verwendet, und bürgt dafür mit seinem guten Namen. Hier kann man beruhigt zugreifen.

Gerne wird der Firmensitz so gewählt, dass man vom Image der Region profitiert, obwohl das abgefüllte Öl mit dieser gar nichts zu tun hat. So sitzen die großen Abfüller gerne in Ligurien oder in der Toskana, weil das Öl aus diesen Regionen schon seit Langem einen guten Ruf hat. Steht groß auf dem Etikett »Imperia« und klein *imbottigliato da xxx in Imperia*, weiß man schon mit hundertprozentiger Sicherheit, dass kein Tropfen ligurisches Olivenöl drin ist. Schließlich wird in Ligurien nicht einmal ein Prozent des italienischen Olivenöls erzeugt – abgefüllt aber wahrscheinlich mehr als ein Drittel der in Italien vermarkteten Menge (auch aus anderen EU- und Drittländern). Insofern sind die DOP-Bezeichnungen Riviera dei Fiori (Provinz Imperia) oder Riviera di Levante (für die Provinzen Genua und La Spezia) schon eine gewisse Garantie. Man sieht, die Sache ist überhaupt nicht einfach.

Links: Zehn verschiedene Öle für eine Probe – das ist genug; aus den unterschiedlichsten Gegenden Europas: von Andalusien über die Toskana, von Sizilien über Griechenland bis nach Istrien. Von dort stammen die Oliven in den schwieligen Bauernhänden.

Für die Toscana (trotz ihrer Bekanntheit nur knapp drei Prozent der italienischen Olivenproduktion!) dürfte Ähnliches gelten. Lucca ist hier ein besonders beliebter Abfüllort. Die DOPs Lucca, Chianti Classico und einige andere weisen auch hier einen abgesicherten Weg.

Die Inhaltsstoffe

Manche Hersteller machen noch präzisere Angaben.

Freie Fettsäuren. Die wichtigste betrifft die Säure, womit die freien Fettsäuren gemeint sind. Nicht zu verwechseln mit der Ölsäure (Oleinsäure), die entscheidender Bestandteil eines jeden tierischen oder pflanzlichen Fetts ist. Ölsäure ist für unsere Ernährung besonders wertvoll, deshalb ist Olivenöl, das von allen Ölen den höchsten Anteil davon besitzt (70 bis 75 Prozent), so bekömmlich und gesund.

Man darf die freien Fettsäuren aber nicht mit den essenziellen Fettsäuren verwechseln, die – sowohl gesättigt als auch ungesättigt – unser Körper in bestimmter Menge braucht, und die ihm, weil er sie nicht selber zu produzieren vermag, zugeführt werden müssen. Auch da ist Olivenöl mit seinem besonders hohen Anteil an vor allem einfach ungesättigten Fettsäuren unschlagbar.

Die freien Fettsäuren hingegen sind überaus schädlich. Wie beim Wein die flüchtige Säure (Essigstich) auf mangelnde Ausgangsqualität und nachlässige Verarbeitung deutet, verweisen die freien Fettsäuren auf ein schlechtes Grundmaterial – kranke, schimmelige oder angefaulte, angefrorene oder welke, von der Ölfliege, Maden oder anderem Ungeziefer befallene Früchte – und falsche Gewinnung. Diese Substanzen entwickeln sich rapide, wachsen sprunghaft, je mehr Zeit zwischen Ernte und Verarbeitung verstreicht, steigen geradezu dramatisch an, wenn die Früchte auf dem nassen Boden herumliegen. Je kleiner die Zahl in Prozent, desto reiner und sauberer also das Öl.

Allerdings: Diese Angabe ist nicht zwingend vorgeschrieben. Wo sie fehlt, wird es seinen Grund haben. Entweder sind die Werte nicht überzeugend, oder sie können nicht einmal garantiert werden. Aber vielleicht möchte ein Produzent von Spitzenware seine Kunden nicht verunsichern, während der andere sie stolz auf dem Etikett vermerkt: 0,3 bis höchstens 0,5 Prozent bedeutet sehr gute *extra-vergine*-Qualität. Nach EU-Vorschrift sind bis zu 0,8 Prozent (früher 1 Prozent) möglich. Spitzenöle haben in der Regel nicht mehr als 0,1 bis 0,25 Prozent.

Peroxide und Lagerung. Wirklich aussagekräftig ist der Säurewert allerdings erst dann, wenn er mit der Angabe der Peroxide gekoppelt ist. Sie geben darüber Aufschluss, wie frisch die Oliven bei der Verarbeitung waren, wie das Öl gelagert wurde und wie weit es durch Lufteinwirkung Schaden nehmen konnte. Im Lauf der Lagerung steigt dieser Wert sogar noch in der Flasche an, deshalb sollte er vor dem Abfüllen nicht höher als bei 10 bis 12 liegen. Das Gesetz gestattet großzügig einen Höchstgehalt von 20.

Diese Angaben finden sich nur bei wenigen Herstellern – und sie sind eigentlich nur dann wichtig, wenn der Produzent nicht persönlich für die Qualität seines Erzeugnisses bürgt.

Außerdem findet sich manchmal im Kleingedruckten noch ein sensorischer Wert, der sogenannte Fehlermedian – er muss bei 0 liegen. Das bedeutet: Das Panel darf keine Fehler entdeckt haben. Der sogenannte Fruchtigkeitsmedian muss hingegen über 0 liegen – das Öl sollte also nach Oliven schmecken! Und schließlich noch ein letzter möglicher Wert auf dem Etikett, er bezieht sich auf das Wachs. Daran lässt sich ablesen, ob das Öl rein ist oder gepanscht wurde.

Wie, mag man sich fragen, um alles in der Welt kommt Wachs ins Olivenöl? Etwas vom natürlichen Wachsmantel, der jede Olive umschließt, gelangt beim mechanischen Zerkleinern in den Brei und dadurch in einer winzigen Menge auch ins Öl. Wird das Öl jedoch durch Extraktion erzeugt, also durch chemische Mittel gelöst, findet man eine wesentlich größere Menge an Wachs im Öl. Die Obergrenze liegt bei 250 Milligramm pro Kilogramm.

Wie gesagt: Alle diese Werte brauchen nicht auf dem Etikett zu stehen, müssen aber für ein Olivenöl *extra vergine* erfüllt sein, damit es als solches verkauft werden kann. Erreicht das Öl sie nicht, wird es zum *olio vergine di oliva* heruntergestuft, also zum einfachen Jungfernöl. Wieder ein eher schönrednerischer Begriff, den der arglose Verbraucher leicht verwechseln kann. Es ist ja auch wenig verständlich, was das Jungfräuliche an dieser zweiten Qualitätsstufe sein soll. Diese Qualitätsstufe war einst in Spanien und Italien die gängigste für das übliche Haushaltsöl. Sie wird aber immer seltener angeboten und ist hierzulande eigentlich kaum zu finden – als Angabe, als falsch ausgezeichnete Ware hingegen doch, wie bereits ausgeführt.

»Reines Olivenöl«? Sobald der Säurewert (der freien Fettsäuren) 2 Prozent übersteigt, wird das Öl als Lampantöl eingestuft: Es sollte nur noch für industrielle Zwecke, nicht mehr für den menschlichen Verzehr verwendet werden. Auch das, was man aus dem Presskuchen, den Rückständen der Ölpresse, mithilfe fettlösender Chemikalien noch herausziehen kann, gehört in diese Rubrik und hat in der menschlichen Nahrungskette eigentlich nichts zu suchen. Aber es ist ein viel zu gewinnträchtiges Material, als dass man es ausschließlich in der industriellen Verwertung, Seifenherstellung oder Tiernahrung verschwinden lässt. Deshalb zahlt die Industrie den kleinen Ölmühlen dafür gutes Geld.

Vier Euro pro Kilogramm hat Gianni Abbo dafür bekommen.»Vier Euro für ein Kilo Abfall, den wir sonst verheizt haben oder zum Düngen wieder unter die Olivenbäume werfen!« Er kann es kaum fassen.

Wenn man die dann oft schon verschimmelten Pressrückstände am Ende der Saison eingesammelt, das mittels Hitze und Säuren gewonnene Öl ordentlich raffiniert und von jedem üblen Geruch und Geschmack befreit hat, kann man damit große Mengen von mittelmäßigem Öl aufbessern, zu intensive Öle strecken, einen allzu strengen Geschmack mildern und so zu einer wundersamen Geldvermehrung beitragen. Und das Schöne daran ist, dass der Gesetzgeber dafür sogar noch einen griffigen Begriff zur Verfügung stellt. Solches Öl darf nämlich »reines Olivenöl« heißen. Klingt doch gut, oder? Für ein Öl, dass vielerlei chemischen Prozessen unterzogen wurde!

»Reines Olivenöl« ist also ein Produkt der Lebensmittelindustrie, das von den Big Players der großen internationalen Olivenöl-Branche in rauen Mengen angeboten wird. Gerne auch in edlen Inhalt verheißenden Blechkanistern, die hübsch bunt und/oder nostalgisch, mit traditionellen Motiven

---

Welche Werte für Olivenöl *extra vergine* gelten

- **Freie Fettsäuren:** Sehr gute *extra-vergine*-Qualität enthält 0,3 bis höchstens 0,5 Prozent. Spitzenöle haben in der Regel nicht mehr als 0,1 bis 0,25 Prozent.
- **Peroxide:** vor dem Abfüllen nicht höher als 10 bis 12
- **Fehlermedian:** 0
- **Fruchtigkeitsmedian:** über 0
- **Rückstände des natürlichen Wachsmantels** der Oliven: Obergrenze 250 mg/kg
- **Polyphenole:** Gute *extra-vergine*-Öle liegen bei 250 bis 500, Spitzenöle bei 700 bis 1000 mg/l.

geschmückt sind und mit längst nicht mehr aussagekräftigen Medaillen von Weltausstellungen, die vor mehr als hundert Jahren stattfanden ... und damit die gute alte Zeit beschwören.

Gesund und **köstlich**

Die freien Ölsäuren sind zwar für den Geschmack des Öls verantwortlich, schmecken aber nicht sauer. Sie kratzen streng im Hals, haben aber nichts zu tun mit den edlen Bitterstoffen, die ein frisch gepresstes Öl auszeichnen. Bei ungeübten Gaumen kann schon mal eine Verwechslung aufkommen, was bei einigen in Deutschland durchgeführten Tests für enorme Verwirrung gesorgt hat: Da waren ganz ausgezeichnete Öle als geschmacklich fehlerhaft bewertet worden, während nichtssagende »reine« Olivenöle gut abschnitten. Eine gewisse Bitterkeit mit Schärfe, die sich auch auf der Zunge bemerkbar macht und nach dem Schlucken noch eine Weile im Hals kribbelt, ist im Gegenteil begehrter Qualitätsbeweis. Erstklassiges, frisches Olivenöl erkennt man an genau diesem Prickeln, an diesem leicht bitteren, intensiv fruchtigen Geschmack. Vielleicht muss man erst lernen, das als angenehm zu empfinden – wir Deutschen lieben ja von jeher mehr das Milde und Süße als das Bittere und Scharfe, während die mediterranen Gaumen dem Bitteren einen höheren Stellenwert beimessen. Mit dem Bitteren muss man sich auseinandersetzen, es gepaart mit Säure, Süße und vegetabilen Noten geschickt einsetzen, um die Geschmacksnerven zu kitzeln und für komplexe Eindrücke zu sorgen. Erst dann werden Kochen und Essen schließlich zur Kultur.

Nicht eigentlich schmeckbar, obwohl sie auch den Geschmack beeinflussen, sind die vielen für unsere Gesundheit positiven Inhaltsstoffe von Olivenöl, die Polyphenole und andere Antioxidantien. Das sind diverse Pflanzenstoffe mit unterschiedlichen Aufgaben, sogenannte bioaktive Substanzen, die (unter anderem) zunächst die Frucht vor Verderb schützen, dann das Erzeugnis daraus, das Öl, vor dem Ranzigwerden, und schließlich auch uns Menschen vor den schädlichen, krankmachenden freien Radikalen. Ihre Bedeutung, die erst in den letzten Jahrzehnten richtig erkannt wurde und deren Erforschung noch längst nicht abgeschlossen ist, wird immer höher eingeschätzt. Sie sind der Grund, weshalb Olivenöl uns tatsächlich gesund hält. Die Wirkungskraft der berühmten Kreta-Diät, die die Ärzte bei uns erst mal jahrelang ungläubig forschen ließ, ist ja längst wissenschaftlich begründet und nachgewiesen.

Der Gehalt an Polyphenolen lässt sich messen und ist der beste Qualitätsfaktor – billige Supermarktöle enthalten in der Regel um 100 Milligramm pro Liter. Gute *extra-vergine*-Öle liegen bei 250 bis 500 und in Spitzenölen finden sich sogar 700 bis 1000 Milligramm pro Liter. So wird auch dem Dümmsten klar: je besser das Öl, umso größere Wirkung auf unsere Gesundheit. Leider hat sich bislang der Gesetzgeber nicht entschließen können, die Angabe dieses Wertes als Qualitätsmerkmal vorzuschreiben – die Olivenöl-Multis wehren sich vehement dagegen. Verständlich, denn dann müssten 90 Prozent aller sogenannten *extra-vergine*-Öle vom Markt verschwinden ...

Ein Blick in unseren örtlichen Supermarkt bestätigt das: Zwischen fast 60 verschiedenen Olivenölsorten – eine wahrlich eindrucksvolle Vielfalt! – fand sich nur ein einziges Öl – es kam aus der Toskana –, auf dessen Etikett sämtliche Daten aufgelistet waren, die zur Qualitätsbeurteilung wichtig sind. Alle anderen Olivenöle begnügten sich mit dem in großen Lettern aufgedruckten *extra vergine* und ansonsten schönen Worten und Bildern, einer vagen Herkunftsangabe und dem stolzen (ja, für *extra vergine* selbstverständlichen) Hinweis, dass das Öl auf mechanischem Wege gewonnen wurde.

Wo kann man also gutes **Olivenöl für zu Hause kaufen?**

Sicher ist, wo Sie es nicht finden werden: beim Discounter. Wie sollten auch solche Mengen ausgezeichneter Öle produziert, zusammengeführt, abgefüllt und garantiert werden können? Auch im normalen Supermarkt wird man sich schwertun. Da gilt es, sehr genau hinzuschauen und die Etiketten genau zu überprüfen – siehe oben. Gutes Öl ist immer ein sehr persönliches, ein handwerkliches Erzeugnis, nie ein Massenprodukt, das man für wenig Geld in großen Mengen auf den Markt schleudern kann.

Unserer Erfahrung nach gehören zu den sichersten Adressen für gutes Olivenöl die Weinimporteure. Sie bieten in ihrem Sortiment immer auch Öl an, weil viele Weingüter es selber produzieren. Wer guten Wein macht, wird auch stolz auf sein Öl sein und garantiert seinen guten Namen nicht mit Panschereien aufs Spiel setzen. Überall, wo Einkäufer mit Leib und Seele, aber auch mit Sachverstand ihre Regale bestücken, wird man das schnell merken. Sie bieten Öle an, die nicht aus großen Fabriken kommen, sondern von kleinen Erzeugern. Und dann heißt es: probieren, probieren, probieren!

Wahrscheinlich werden Sie nach einiger Zeit Vorlieben entwickeln und Ihre Lieblingsöle für die verschiedenen Verwendungszwecke finden – ein herzhaftes hierfür, ein feinfruchtiges dafür, ein mildes dafür. Während Sie das eine vielleicht für eine kräftige Vinaigrette vorziehen, stellen Sie das andere lieber als zarte Würze auf den Tisch – es gibt keine verbindlichen Vorschriften, nur den individuellen Geschmack. Kaufen Sie ruhig mehrere Sorten, aus ganz unterschiedlichen Gegenden, und setzen Sie diese Öle immer wieder zu anderen Gerichten ein. Haben Sie keine Angst, das Öl könne verderben, wenn Sie es nicht bald aufbrauchen. Olivenöl schmeckt nicht nur köstlich, lässt sich überall für alle Zwecke in der Küche einsetzen, man kann sogar damit Kuchen backen! Und es bleibt gottlob auch lange gut.

Um die Qualität zu bewahren, sollten Sie Olivenöl immer dunkel stellen. Gut sind Flaschen aus dunklem Glas, klare Flaschen lassen sich mit Folie vor dem verderblichen Licht schützen. Auf keinen Fall dürfen sie im Sonnenlicht stehen, etwa auf der Fensterbank, sondern eher kühl. Ideal sind 12 bis 16 Grad für den Vorrat. Das, was im ständigen Gebrauch ist, natürlich bei Zimmertemperatur – der Kühlschrank ist zu kalt. Dort flockt das Öl aus, verklumpt und lässt sich nicht mehr gießen.

In geschlossenen Flaschen behält Olivenöl jahrelang seine guten Eigenschaften. Wichtig: Immer wieder überprüfen, ob sich Trub abgesetzt hat und, wenn nötig, umgießen. Dieses am Ende reife, milde und sanft, vielleicht sogar fast neutral gewordene Öl eignet sich bestens überall, wo Olivengeschmack nicht zu stark vorherrschen, sondern sich bescheiden unterordnen soll. Soll ja manchmal nötig sein …

Tipp: Olivenölprobe beim Weinhändler

Manche Händler lassen ihre Kunden gern verkosten, bieten womöglich regelmäßige Proben. Diese Gelegenheit sollten Sie unbedingt nutzen – das schärft den Gaumen, verhilft zu neuen Erfahrungen. So werden Sie mit der Zeit ein immer genaueres Geschmacksbild gewinnen, Vorlieben entwickeln und nach und nach ein Gespür für Qualität. Das genauso wie beim Wein – das Probieren, Vergleichen, Abwägen und Auswählen, die Auseinandersetzung mit dem Produkt, machen mindestens genauso viel Spaß wie die Verwendung in der Küche oder an der Tafel.

Wo der **Pfeffer** wächst

Warum man auch bei Gewürzen darauf achten muss,
woher sie kommen.
Wieso das Teure eigentlich das Billigere ist und
weniger immer mehr.

Gewürze sind schwer en vogue. Selbst im normalen Supermarkt sind die Gewürzregale gewaltig gewachsen. Von A wie Anis bis Z wie Zwiebel, getrocknet – eine immer größere Auswahl, pur und in Mixturen, von verschiedenen Anbietern und in durchaus unterschiedlicher Güte. Allerdings kann man gleich von vornherein sagen: Spitzenqualität wird man dort sicher nicht finden.

Aber was ist das: Spitzenqualität? Ist das Gewürz besser, weil es in einer schmucken Dose abgefüllt und mit einem schicken Etikett ausgestattet ist? Gewiefte Vermarkter können genau das suggerieren und haben damit beträchtlichen Erfolg.

Ob Gewürze tatsächlich überdurchschnittlich gut sind, kann einem nur die Nase sagen. Aber wie beschreibt man das, was vorzügliche Qualität auszeichnet, jemandem, der so etwas noch nie wahrgenommen hat? Erstaunlicherweise genügt meist die Probe aufs Exempel.

Guter Pfeffer duftet

Das stellen wir jedes Mal aufs Neue fest, wenn wir mit unseren Kochschülern das Riechen üben. Da öffnen wir die Dosen mit dem weißen, dem schwarzen und dem grünen Pfeffer, alle schnuppern rein – und mehr braucht man nicht mehr zu sagen. Jedem ist sofort klar, dass dies außerordentliche Qualitäten sind, manche haben so etwas noch nie in der Nase gehabt. Vor allem beim weißen Pfeffer wird das deutlich, bei dem es weniger darauf ankommt, wo er gewachsen ist (in welch besonderen Regionen, von speziellen Plantagen oder Gärten), sondern vor allem, wie er aufbereitet wurde. Grüner und schwarzer Pfeffer sind weniger problematisch.

Grüner Pfeffer. Grünen Pfeffer, das sind die unreif geernteten Pfefferbeeren, kann man ja in den Asia-Läden frisch kaufen, sein Charme liegt eben in der Frische, dem grünen, scharfen Fruchtgeschmack. Haltbar wird er durch Gefriertrocknen – so bleiben die schöne Farbe und sogar das fruchtige Aroma ganz gut erhalten – oder durch Einlegen in Salz- oder Essiglake, was ihn aber stark verändert. Vor allem verlieren die Beeren durch das Konservieren auch ihren herrlich knackigen Biss.
Schwarzer Pfeffer. Er entsteht aus diesen noch unreifen Beeren, indem man sie an der Luft trocknet, wobei sie fermentieren, einschrumpeln und schwarz werden. Dabei verändert sich der Geschmack natürlich auch, aber die charakteristische Schärfe wird konzentriert, und das Fruchtige sollte bei guter Ware noch zu schmecken sein.
Roter Pfeffer. Mit zunehmender Reife färben sich die Beeren rot, wobei sich noch mehr Schärfe ausbildet. Roten, also ausgereiften Pfeffer findet man fast nie, manchmal ist er, wie der grüne, in einer Essiglake eingelegt. Allerdings übertönt die Säure das Aroma. Besser ist gefriergetrockneter roter Pfeffer, doch der ist noch seltener zu haben.
Weißer Pfeffer. Für den weißen Pfeffer werden die roten Beeren im ausgereiften Zustand oder kurz davor geerntet. Um die Schale zu entfernen und an den weißen Fruchtkern zu gelangen, werden sie in Wasser eingeweicht, bis zu vierzehn Tage lang, wobei das Fruchtfleisch mit der Schale verrottet und anschließend abgewaschen werden kann. Dabei ist entscheidend, mit welcher Sorgfalt das geschieht, dass vor allem sauberes Wasser verwendet wird (was teuer und daher leider überhaupt nicht selbstverständlich ist). Nur bei gewissenhafter Kontrolle während des gesamten Herstellungsprozesses ist am Ende ein vom Geschmack und Aroma her optimales Ergebnis möglich.

»Weißen Pfeffer mag ich nicht«, sagt Kochfreundin Hilde, während sie zögerlich die Dose unter die Nase hebt. »Da fehlt ja dieser muffige Ton, den ich nicht leiden kann«, stellt sie erstaunt fest. »Weißer Pfeffer riecht doch sonst immer so modrig.«

Tja, das ist er eben, der Nachweis von der Qualität. Dieser schlammige, manchmal richtig eklige Fäkalgeruch entsteht bei der natürlichen Rotte geradezu zwangsläufig – umso mehr, je schlechter und abgestandener das Wasser ist. Durch häufiges Waschen in Frischwasser kann man diese Duftnote vermindern, wäscht dabei aber natürlich auch pfeffrige Schärfe und Aroma aus. Deshalb werden inzwischen für Spitzenpfeffer spezielle Enzyme verwendet, damit dieser negative Effekt gar nicht erst entsteht: Weil das Verfahren nur 12 bis 48 Stunden dauert (gegenüber 2 bis 3 Wochen klassischer Rotte), bleibt der Pfeffer reintönig, pfeffriger und geschmacksintensiver.

Tipp: Schwarz oder weiß?

In jedem Fall ist weißer Pfeffer schärfer und obendrein fruchtiger als der schwarze. Deshalb sollten Sie beide Sorten gezielt einsetzen, dafür zwei verschiedene Mühlen in der Küche haben. Liebhaber werden in einer dritten Mühle auch eine Mischung parat halten, die zusätzliche Würzdimensionen bietet.

Dass man Pfeffer nicht bereits gemahlen kaufen sollte, muss nicht extra betont werden, das gilt schließlich für alle Gewürze. Im Ganzen halten sie länger – ihr Aroma verfliegt erst nach dem Zerkleinern –, und man kann sicher sein, dass sie von vornherein von besserer Qualität sind.

Wo gibt es guten Pfeffer?

Wir meinen, dass man Gewürze lieber nicht im Supermarkt kaufen sollte.

»Ja, wo dann?«

Wir raten, dafür in den Asia-Laden zu gehen. Dort gibt es im Allgemeinen sehr ordentliche Gewürze, vor allem auch würzende Samen, die man sonst bei uns gar nicht oder nur selten findet: Samen vom Dill, Liebstöckel oder Basilikum geben einer Würzmischung ein interessantes Flair.

Sehr empfehlenswert sind auch Apotheken, was kaum einer weiß. Dort gibt es nahezu jegliche Art von Gewürzen; wenn nicht vorrätig, so kann man sie in jedem Fall bestellen – Spezereien waren schließlich früher eine Spezialität der Apotheken. Daher kommt übrigens auch der Begriff Apothekerpreise. Das hat nichts mit Geldschneiderei zu tun, wie wir heute oft glauben, sondern damit, dass die Apotheker Zutaten wie Gewürze, Kräuter,

Rechts: Prall, fest und leuchtend grün sitzen die unreifen Pfefferbeeren dicht an dicht an langen Rispen. Die lianenartige Pfefferpflanze rankt sich an Bäumen empor.

Spezereien grammweise für ihre Salben, Pasten oder Cremes abwogen und einsetzten – Gewürze haben ja meist auch Heilwirkung – und daher zu ganz ungeraden Zahlen gelangten, mit Bruchteilen hinterm Komma.

Gewürze von absoluter Spitzenqualität findet man jedoch nur bei Spezialisten. Einer von ihnen ist Ingo Holland in Klingenberg. Der gelernte Koch mit der hohen Stirn, dem melancholischen Blick und dem ironischen Lächeln, das er hinter seinem Dreitagebart versteckt, betreibt die Gewürzkunde als Steckenpferd bereits seit Langem. Schon als er noch in seinem mit einem Stern dekorierten Restaurant, dem »Alten Rentamt«, für seine Gäste kochte, suchte und forschte er nach den Geheimnissen des Kosmos der Gewürze nicht nur in alten Büchern und Folianten, sondern in aller Welt.

»Gewürze haben meiner Art zu kochen eine andere Dimension gegeben«, sagt er. »Gewürze selbst entwickeln, rösten, mahlen und mischen ist meine Leidenschaft.«

Und so hat er eines Tages, um sich ganz seiner Passion widmen zu können, sein Restaurant zu- und dafür das »Alte Gewürzamt« aufgemacht. Seither, seit mehr als zehn Jahren, sind Gewürze sein Lebensmittelpunkt. Er kennt sich aus und weiß Bescheid wie kein Zweiter. Wenn einer als Gewürzpapst bezeichnet werden darf, dann er (was er aber gar nicht schätzt).

Inzwischen ist sein Betrieb vor die Tore der mittelalterlichen Stadt am Ufer des Mains gerückt. Im idyllischen Ortskern befindet sich noch das Ladengeschäft, die ehemaligen Restauranträume nutzt Ingo Holland für Events. Seine Manufaktur, in der tatsächlich nahezu alles von Hand gemacht wird, empfängt den Besucher schon auf dem Parkplatz mit Wolken von Düften. Hier werden die Gewürze, die er selber aufspürt oder über Spezialisten aus aller Welt bezieht, nach seinen Ideen und Vorstellungen ausgetüftelt, gemischt, geröstet, gemahlen, komponiert, abgefüllt und schließlich in die typischen grünen Dosen abgepackt.

Natürlich sind Spitzengewürze teurer als normale Standardware. Aber man muss nicht lange rechnen, um herauszufinden, dass eine 250-Gramm-Dose erstklassiger Pfeffer am Ende billiger kommt als fünf 50-Gramm-Päckchen mit mieser Ware.

»Aber die große Menge! So viel kann ich doch gar nicht aufbrauchen. Halten sich die Gewürze denn so lange?«, werden wir immer wieder gefragt. Tatsächlich kann man die meisten Gewürze, solange sie nicht zerkleinert sind, aufbewahren, sogar jahrelang. Vorausgesetzt, es handelt sich um eine ordentliche Qualität, und sie werden dunkel und möglichst luftdicht verschlossen gelagert. Pfefferbeeren, aber auch die meisten anderen

Gewürzkörner duften und würzen nach vier, fünf Jahren noch immer genauso intensiv.

Deshalb haben wir auf unserem Gewürzregal kaum fertige Mischungen, sondern hauptsächlich Gewürzkörner, -beeren oder -samen, und stellen daraus je nach Bedarf unsere eigene Mischung zusammen, für die unterschiedlichen Gerichte ganz individuell und jedes Mal ein bisschen anders – ob das eine Gewürzmischung für Gulasch ist, um den Schweinebraten oder die Rehkeule zu würzen oder das ureigene Pastetengewürz, mit dem wir vielleicht auch mal ein Hühnerfrikassee aromatisieren.

Hebt die Würzkraft – **das Rösten**

Manche Gewürze rösten wir zuvor in der trockenen Pfanne an, um ihre Würzkraft zu intensivieren. Bei Szechuan- oder japanischem Bergpfeffer ist das unerlässlich, gut bei Piment, Pfeffer, Kreuzkümmel, Senfsaat oder Kardamom. Es schadet überhaupt nie bei allen ganzen Körnern – für andere Gewürze ist das nicht nötig (getrocknete Kräuterblätter würden ja verbrennen).

Nach dem Anrösten lassen sich die Gewürze im Übrigen auch besser im Mörser zerkleinern. Damit die Körner nicht unter dem Stößel (Pistil) herausspringen, gibt man am besten etwas Salz dazu. Allerdings bedarf es doch ziemlicher Muskelkraft, bis alles im Mörser puderfein zerstoßen ist. Ein guter elektrischer Zerhacker macht das sozusagen mit links, eignet sich dafür bestens; er benötigt aber eine gewisse Grundmenge, um alle Körner auch erfassen und gleichmäßig zerkleinern zu können. Vorsicht beim Öffnen des Deckels – der puderfeine Staub kann einem ganz schön scharf in die Nase steigen! Aber wenn dann die Küche voll von herrlichen Düften ist, schmeckt das Essen noch mal so gut.

Gepfefferte **Geschmacksnuancen**

Sobald Sie eine bessere Qualität verwenden, steigt garantiert auch Ihr Pfefferverbrauch – das jedenfalls beobachten wir immer wieder. Die meisten Leute stellen dann nämlich auf einmal fest, dass Pfeffer nicht nur irgendwie schärft, sondern sehr differenziert würzt, der weiße Pfeffer eine fruchtige, geradezu üppige, rassige Schärfe bietet, während der grüne einen fast süßen, schärflichen Biss und der schwarze eine vielschichtige, herzhaftere Aromatik liefern.

Ganz unterschiedliche Geschmäcker also, weshalb man diese drei auch jeweils anders einsetzen sollte – wir finden den Urwaldpfeffer vom Pfefferkontor (Berlin) besonders gut: Den weißen Pfeffer gibt man ja nicht nur deshalb gern in helle Saucen, weil dann keine schwarzen Pünktchen stören, sondern weil die fruchtige Schärfe zur deren Milde gut passt, ihnen eben Pep verleiht. Der schwarze Pfeffer setzt mit kräftigen Aromen noch mal eins drauf. Deshalb lieben ihn die Thais in ihrer Küche besonders, sie nennen ihn auch prik thai, also thailändischen Chili, und zeigen damit, wie wichtig er für sie ist.

Gai prik thai – Huhn mit schwarzem Pfeffer

Eines unserer Lieblingsrezepte. Dafür stellt man zunächst eine Würzpaste her: Frische, rote Chilischoten, Galgant, Knoblauchzehen und einen guten Schuss Öl – das verhindert, dass der Knoblauch oxidiert und bitter wird – glatt mixen und die Paste mit etwas Kurkuma leuchtend gelb färben.

Die ausgelöste Hähnchenbrust mit dem Küchenbeil fein hacken und etwas Stärke darunterkneten; sie wird nachher beim Braten mit dem Fleischeiweiß eine Art Hülle bilden und das Fleisch saftig halten.

Die Paste in zwei Löffeln heißem Öl anrösten, bis sie duftet, dann das Fleisch hinzufügen. Mit Salz und viel, sehr viel frisch gemahlenem schwarzen Pfeffer würzen. Am Ende nur noch mit etwas Fischsauce beträufeln und reichlich fein geschnittene Frühlingszwiebeln sowie Kaffirzitronenblätter in haarfeine Streifen untermischen. Auf Pfefferblättern (gibt's auch im Asia-Laden, stammen ebenfalls von einer Schlingpflanze, allerdings nicht vom *piper nigrum*, sondern von einer Schwesternart, *piper sarmentosum*) oder auf Salatblättern anrichten und mit duftendem Thaireis servieren. Oder esslöffelweise auf die Blätter häufen, auf einer großen Platte nebeneinander anrichten und zum Aus-der-Hand-Essen mit einem Aperitif reichen!

Für vier Personen:

Würzpaste:

3 – 4 frische rote Chilischoten

1 walnussgroßes Stück Galgant

4 – 5 Knoblauchzehen

1 EL und 2 EL Erdnussöl

½ TL Kurkuma

500 g ausgelöste Hähnchenbrust

1 EL Speisestärke

Salz

1 TL schwarzer Pfeffer

2 EL Fischsauce

2 – 3 Frühlingszwiebeln

3 Kaffirzitronenblätter

einige Salatblätter oder Pfefferblätter

Qualitätswein für Aldi

Der Beweis, dass sich Qualität auch im Massenmarkt durchsetzt. Und dass, wenn viele sich zusammentun, sie miteinander Großes schaffen können.

Ja, da haben wir was in Bewegung gesetzt!« Fritz Keller lacht verschmitzt. Der Sohn des legendären Franz Keller, des streitbaren Gastronomen und Winzers vom Kaiserstuhl, zeigt, dass auch in Winzerfamilien der Apfel nicht weit vom Stamm fällt. Die Augen des Präsidenten des Freiburger SC blitzen, als er über sein neuestes »Baby« spricht. »Wir sind eben einen anderen, ungewohnten, noch nie da gewesenen Weg gegangen – und das hat dann auch zu kontroversen Diskussionen geführt.«

Er schenkt aus der Flasche mit dem wunderschönen und charakteristischen Künstleretikett nach. »Unser Weißburgunder kostet 5,99 Euro und ist damit ein Wein, den man sich schon mal leisten kann.« Die Eiswürfel klirren im Kübel, als er die Flasche zurückstellt. »Mein Vater hat immer gesagt, Wein ist ein Lebensmittel für alle Tage – wir brauchen also Wochentags- und Sonntagsweine. Und beide müssen gut sein. Die Edition, das sind die gehobenen Weine für wochentags.«

»Edition Fritz Keller« und Aldi – wie geht das zusammen?

»Ganz einfach: Die Edition ist ein Projekt, das bei seiner Markteinführung im Jahr 2008 im deutschen Lebensmittelhandel einmalig war.« Fritz Keller wird ernst: »Ich wollte damit durchaus auch für mehr Qualität im Discount beitragen. Dass ich damit hochwertige badische Weine einem größeren Publikum präsentieren konnte, zugleich alte Weinbergslagen erhalten, die sonst aufgelassen worden wären, und natürlich obendrein die

Einkommen der Winzer erhöhen – das war natürlich das Sahnehäubchen obendrauf!«

Aber hohe Qualität in hoher Auflage – geht das überhaupt? Mit seinem eigenen Weingut konnte Keller sowieso keinen Wein für dieses Projekt liefern, er hat ja selbst nicht genug, um die Nachfrage zu befriedigen. Deshalb hat der leidenschaftliche Winzer für diese Edition ein neues, völlig anderes Konzept entwickelt.

Als Erstes formulierte er sehr hohe Qualitätsansprüche, wie zum Beispiel alte Rebstöcke, ausgesuchte Lagen, Ertragsreduzierung durch Traubenteilung, naturnaher Anbau, um nur einige zu nennen. Weiter ist die aufwendigere Handlese vorgeschrieben, die eine Traubenselektion erlaubt. Maschinenlese ist nicht gestattet, weil dann eben auch die faulen oder kranken Beeren mitgeerntet werden. Außerdem beginnen angeschlagene Beeren schon im Weinberg zu oxidieren, und damit wird wirklich gute Qualität unmöglich. Dies ist deshalb so besonders wichtig, weil der Wein durchgegoren trocken sein und keine »dienende Restsüße« wie üblich die Fehler verstecken soll.

»Es war zwar nicht leicht, all das durchzusetzen, und Aldi ist ein durch-

Für Qualitätsweine braucht man gut gepflegte Trauben, die von Hand geerntet werden.

aus harter Geschäftspartner – aber als die Bedingungen festgelegt und einmal akzeptiert waren, ging alles mit einer tollen Eigendynamik weiter.« Tatsächlich haben sich in einem bis dahin noch nie da gewesenen Solidaritätsakt Winzer und Genossenschaften aus ganz Baden an diesem Projekt beteiligt und dessen Anforderungen dann im Weinberg umgesetzt.

»Hinzu kommt«, Fritz Keller setzt ein spitzbübisches Grinsen auf, »dass ein aufwendiges Qualitätssicherungssystem dafür sorgt, dass diese Auflagen auch erfüllt werden. Schummeln gilt nicht.«

Die Winzer – schon beim ersten Weißburgunder waren es 432 – durften sich daher über ein gutes Preisniveau freuen. Der Wein war sofort ein Riesenerfolg, die Flaschen waren schnell ausverkauft. Es folgten Riesling, Spätburgunder und Spätburgunder Rosé. Inzwischen sind noch weit mehr Weinbauern an diesem Projekt beteiligt, die Edition wurde auf weitere Weine ausgeweitet.

Das supergestylte Etikett ist ein ausgeklügeltes, das Gesamtkonzept unterstreichendes Detail: immer ein Bauhaus-Motiv, etwa ein Ausschnitt aus dem Aquarell »Entwurf für eine Weberei« (1927–1930) von Margaret Leischner oder aus dem »Zwölfteiligen Farbkreis« (1922–1923) von Ludwig Hirschfeld-Mack.

»Das Bauhaus«, erläutert Fritz Keller, »verfolgte ja das gleiche Ziel: gutes Design, gute Architektur für alle und für wenig Geld. Geschmackvoll und stilistisch aktuell kann auch ein Massenprodukt sein, wenn man nur will.« Er nimmt einen Schluck aus seinem Glas und hält es prüfend ins Licht. »Es geht dabei nicht um ›billig‹, der Preis muss ›fair‹ für alle Beteiligten sein«, sagt er, während er sein Glas schwenkt, um dem Wein mehr Luft zu geben. »Dass wir vielen Betrieben ein berechenbares Einkommen mitgeben konnten, dass wir nachhaltig arbeiten und unsere Kulturlandschaft pflegen können. Das haben wir erreicht, das wurde von den Kunden erkannt und verstanden und durch Nachkauf honoriert – sonst würde die Aktion ja nicht im vierten Jahr laufen.«

Wir stoßen an mit dem neuen Weißburgunder, dem badischen Klassiker, und genießen den weichen Anklang von Birnen, üppigen exotischen Früchten und Zitrusaromen, eine angenehme Fülle und zarte Cremigkeit, auf der Zunge ausgewogen, mit spritzigem Abgang. Gratulation!

Das Ganze ist eine Erfolgsstory, die den anfangs vielen skeptischen und hämischen Beobachtern bewiesen hat, dass man auch auf dem Massenmarkt durch intelligente und leidenschaftliche, sorgfältig geplante und kontrollierte Arbeit eine sehr befriedigende Qualität erreichen kann.

Vom Rind:
Bio-Fleisch und Knochenreife

Warum es so wichtig ist,
seinem Metzger vertrauen zu können.
Und manchmal Bio drin ist,
obwohl es gar nicht draufsteht.

Ich habe übrigens den Bio-Status aufgegeben.« Alexander Thomma, der Metzger unseres Vertrauens in der nahe gelegenen Kleinstadt Horb, lächelt verlegen und legt für uns die drei gewünschten Paar Wiener Würstchen auf die Waage. »Es hat sich einfach nicht gerechnet.« Er erzählt, wie schwierig es immer war, stets alles hübsch getrennt zu halten, die »normale« und die Bio-Produktion, nicht mal in der Theke durften die Würste mit dem Bioland-Ausweis neben der anderen Ware liegen. Und in der Wurstküche schon gar nicht. Dieser Aufwand und schließlich das Geld, das die Kontrollen kosten, das er sich sparen kann, weil seine Kunden ja wissen, dass und wie ordentlich er arbeitet. »Und am Ende sind wir auch noch auf den Bio-Würsten sitzen geblieben, weil die Leute letztlich doch lieber zur konventionellen Ware gegriffen haben ...«

Wir schauen ihn verständnislos an.

»... wegen der schöneren Farbe!«

Das trifft auch auf uns zu, wir ertappen uns bei einem schlechten Gewissen. Wir lieben diese Würstchen, die im Schwäbischen nicht Wiener, nicht Frankfurter, sondern schlicht und vertraut »Saitewürschtle« genannt werden. Von unserm Metzger sind sie Weltklasse – aber auch wir haben stets lieber die mit der dank Pökelsalz appetitlichen rosa Farbe genommen ...

»Und jetzt?«

»Es ändert sich ja nix«, meint Metzger Thomma und zuckt mit den Schultern. »Das Fleisch kaufe ich weiterhin bei denselben Erzeugern und Lieferanten, ich verzichte halt nur aufs Bio-Etikett.«

Na, dann!

Unserer Treue kann er sich sowieso sicher sein. Nicht nur wegen seiner großartigen Würstchen, der fabelhaften Lyoner oder Dettinger (Fleischwurst) und seinem einzigartigen gekochten Schinken – wo gibt es das denn noch? Richtigen, echten, ganzen, saftigen Hinterschinken mit dem obligaten Fettrand –, sondern auch wegen des phantastischen Rindfleischs, das er am Knochen abhängen lässt, wie es sich gehört.

Davon hatte er in unserem Buch »Wo die glücklichen Hühner wohnen« gelesen. Und sich erinnert, dass es der Vater früher auch so gemacht hat. Seither sucht er im Schlachthof die entsprechenden Tierhälften aus oder wenigstens die Hinterteile mit dem Rücken, von einem anständig aufgezogenen Charolais- oder Angus-Rind etwa, und lässt sie in einer ungestörten Ecke in seinem Kühlhaus in aller Ruhe abhängen, vier Wochen mindestens. Erst dann schneidet er die inzwischen eingetrocknete äußere Fettschicht ab, die das Fleisch vor dem Austrocknen geschützt hat, das so am Knochen in kühler, sauberer Luft reifen konnte. Dabei wandeln Enzyme die im Fleisch enthaltenen Kollagene um, die dem Fleisch seine feste Struktur geben, und das sonst, wenn das nicht geschieht, zäh bleibt. Gereiftes Fleisch sieht schon ganz anders aus als frisches: Es ist dunkler in der Farbe, gibt auf Fingerdruck sanft nach, federt nicht elastisch zurück. Das Fleisch ist in sich fest und kernig, es steht geradezu auf dem Knochen, man könnte fast sagen mit hohlem Kreuz und lustbetonten Zügen (wie der Turner bei seinem Handstand auf der Loreley von Erich Kästner). Da schwitzt nichts oder lässt gar roten Saft unter sich, wie das bei vakuumgereiftem Fleisch üblich ist.

Die Fleischreifung in der Plastiktüte unter Luftausschluss wurde in den siebziger Jahren vehement propagiert, das sogenannte *wet aging*, das Reifen in feuchter Atmosphäre. Man war begeistert von dieser Entdeckung, weil sich damit eine Menge einsparen ließ: Zeit und Material und somit bares Geld. Statt die Tiere erst ein, zwei Wochen lang ins Kühlhaus zu hängen, wurden sie jetzt gleich nach dem Schlachten zerlegt. Für die Wurst benötigte man das Fleisch ohnehin eher frisch. Die edlen Teile, Filet, Lende oder Bratenstücke, die »abhängen« sollten, wurden zugeschnitten, vakuumverpackt und zum »Reifen« kalt gelegt.

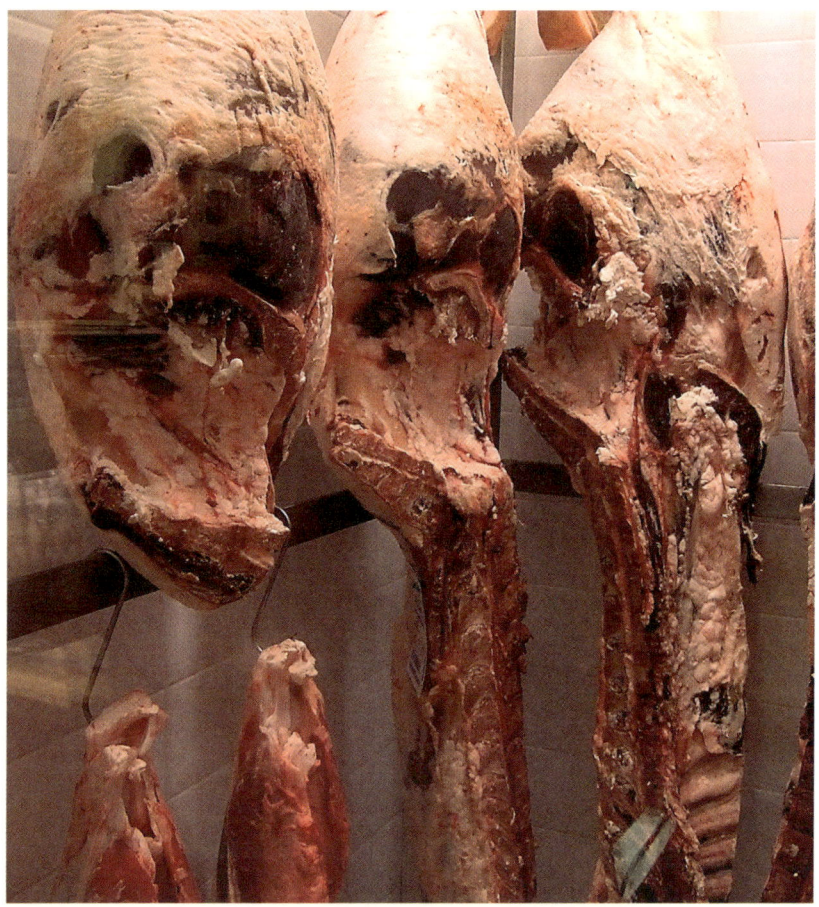

Keulen vom Rind in der Reifekammer; die beiden rechts mit dem halben Rücken nennt man »Pistole«.

Dabei war der Begriff vom Hängen ursprünglich durchaus bildlich gemeint: Die gesamte Tierhälfte oder auch nur das Viertel, die sogenannte Pistole, wie man das Hinterviertel mit den wertvollen Bratenstücken sowie Rücken (Roastbeef) und Filet anschaulich nennt, hatte man früher am Haken bei null Grad im Kühlhaus hängen lassen, und zwar so lange, bis die enzymatische Entwicklung abgeschlossen und der ph-Wert reguliert, also aus dem toten Tier qualitätsvolles genussreifes Fleisch geworden war.

Das Fleisch, das beim *wet aging* in der Plastiktüte in seinem eignen Saft liegt, entwickelt einen zunehmend intensiver werdenden säuerlichen

Geschmack, der längst bei uns als normal gilt. Trocken gereiftes Fleisch ist die Ausnahme. Erst vor kurzer Zeit ist diese Methode unter dem Namen *dry aging* aus Amerika wieder zu uns zurückgelangt und kommt nun langsam wieder zu Ehren. Seither sind in den Großstädten Steakrestaurants schick geworden, wo, für alle Gäste sichtbar, in gläsernen Fleischreifekühlkammern ganze Tierleiber wie Preziosen in Vitrinen ausgestellt sind, deren Fleisch nach diesen Regeln der traditionellen Kunst dort reifen darf. Die Gäste suchen sich ihr Steak nach Augenschein aus. Von Angriffen wütender Tierschützer hat man erfreulicherweise noch nicht gehört.

Bei unserem Metzger haben längst auch andere Kunden mitgezogen und sind bereit, für das vorzügliche Fleisch einen höheren Preis zu bezahlen. Freilich hat er Lehrgeld bezahlen müssen, bis er herausgetüftelt hatte, worauf es ankommt, damit das Fleisch reift und nicht etwa verdirbt. Dass zum Beispiel die Temperatur sehr genau eingehalten werden, Keimfreiheit so weit wie möglich garantiert sein muss, das Fleisch also nicht in einer Kammer mit häufigem Zugriff oder gar Durchgang hängen darf, sondern unbehelligt vom Alltagsgeschäft in der hintersten Ecke oder sogar in einem eigenen Kühlraum.

Vor allem aber ist wichtig, dass das Tier eine überdurchschnittlich gute Grundqualität, ein vernünftiges Alter und eine ausgeprägte Fettdecke hat. Das bedeutet: Es muss artgerecht gehalten sein (so viel wie möglich in der freien Natur), anständig und mit dem höchstmöglichen Anteil an Raufutter (Gras oder Heu) genährt – eben nach den Maßgaben gehegt, die für die Bio-Aufzucht gelten. Und es muss ein ausgewachsenes Tier sein, weil erst dann die Struktur ausreichend fest und nicht so wässrig ist, dass das Fleisch womöglich fault, anstatt zu reifen.

Zunächst aber gehörte eine gehörige Portion Mut dazu, das Ganze überhaupt zu beginnen – ohne zu wissen, wie das Ergebnis schmecken soll. Bislang kannte Metzger Thomma schließlich nur das, was nach den in Deutschland üblichen Verfahren vakuumgereift als beste Qualität auf dem Markt ist. Eine sechs Wochen trocken gereifte toskanische *bistecca* vom Chianina-Rind, ein nur ganz kurz gegrilltes Steak eines ausgewachsenen Charolais-Rinds aus dem Burgund, ein korrekt abgehangenes, butterzartes Filet vom Limousin-Rind hatte er noch nie gekostet. Jedenfalls braucht das Superfleisch, das er nun anbieten kann, den Vergleich nicht zu scheuen. Und die Kundschaft kann sicher sein, dass in seinen Produkten Bio drin ist, obwohl es gar nicht draufsteht.

»Restaurant 181« –
ein intelligentes **Restaurantkonzept**

Wie Traditionen und Innovationen zueinanderpassen.
Und wie fast Unmögliches möglich wird:
ein Ausflugsrestaurant mit Spitzenküche.

Je schöner der Ausflugsort, desto mieser die Küche – das klingt böse, trifft aber leider ziemlich häufig zu. Jedenfalls bei uns in Deutschland. Wenn zu einem interessanten Ausflugsziel viele Menschen pilgern, steht dort zu deren Verköstigung entweder eine Fritten- oder Würstchenbude parat. Manchmal ist es auch eine mehr oder weniger gesichtslose Restaurationsstätte der Systemgastronomie, in der man sich mit Pappdeckelpizza oder lascher Pasta selbst bedienen kann oder industrielles Fertigfutter, als regionale Gerichte getarnt, serviert bekommt.

Das ist im Ausland nicht selten anders. Da kann man auf dem Großglockner unweit der Massenabfütterungsstation auch die bäuerlich betriebene Berghütte finden, in der die Bratwürste tatsächlich hausgemacht sind. Und auf dem Eiffelturm sorgen 15 von Alain Ducasse eingesetzte Köche dafür, dass täglich frisch gekocht wird. Spektakuläre Küche an einem spektakulären Ort.

Ein staunenswerter Ausflugsort ist zweifellos auch der Fernsehturm in München, der seit 1968 das Stadtbild im Norden dominiert. Der Blick von dort oben über die Stadt bis weit ins Land ist in der Tat spektakulär: An föhnigen Tagen stehen die Alpen zum Greifen nah vor den Fenstern in 181 Meter Höhe. Natürlich gab's hier immer schon ein Restaurant – dass es sich um die eigene Achse drehen konnte, das war die besondere Attraktivität.

Allerdings wäre bis vor einem Jahr wohl kaum jemand auf die Idee gekommen, hier auch eine spektakuläre Gastronomie zu vermuten. Im Gegenteil, man erheiterte sich vielmehr bei der Vorstellung, dass bei erhöhter Drehgeschwindigkeit den Gästen womöglich das Essen aus dem Gesicht fallen könnte.

Das ist entscheidend anders geworden, seit Otto Koch, der die Münchner gastronomische Szene schon seit vier Jahrzehnten prägt, hier oben eingezogen ist. In seinem legendären »Messestüberl«, das er Mitte der siebziger Jahre zum »Le Gourmet« transformierte, kochte er Geschichte: Die

»Weißwurst von Meeresfrüchten« und die »Falsche Prinzregententorte« (mit schwarz gebratenen Champignons) sind sozusagen *landmarks* der deutschen Spitzengastronomie. Otto Koch hatte es damals nicht leicht, die Münchner zur exquisiten Küche zu erziehen. Er versuchte es mit einem Balanceakt zwischen Traditionellem und Moderne, doch seine großartigen Kalbskutteln in Weißwein reüssierten erst, nachdem er einen Schuss Champagner an die Sauce gegeben hatte und dreimal mehr dafür verlangte.

Später hat er den berühmten »Schwarzwälder« geführt. Dann entwickelte er das gastronomische Konzept für die Robinson-Clubs und war dafür ständig rund um die Welt unterwegs.

Jetzt ist er nach München zurückgekehrt und hat sich die *landmark* im Olympiapark erobert, hoch oben im Fernsehturm, der sich im Besitz der Stadt München befindet. Die luftige Höhe hat Otto Koch nicht nur zum Namen des Restaurants inspiriert – die Plattform befindet sich 181 Meter über dem Grund –, sondern ihm auch die Assoziation an ein Flugzeug vermittelt. Es steht wie im Flugzeug nur eine nicht erweiterbare Anzahl von Plätzen zur Verfügung. Da dennoch möglichst viele Gäste in den Genuss seiner Küche kommen sollen, hat Otto Koch auch hier drei Klassen eingeführt – Economy, Business und First. Diese unterscheiden sich, das versteht jeder, im Anspruch und im Preis.

Das »First«, das Flaggschiff, ist ein Luxusrestaurant der Spitzenklasse, mit aufwendigen Gerichten und exzellentem Service. Es wurde mittlerweile von allen Restaurantführern mit Auszeichnungen und vom gestrengen Michelin nach nur einem Jahr bereits mit einem Stern geschmückt. Das »Business« entspricht eher einem sehr guten Restaurant klassisch-bürgerlicher Prägung.

In der »Economy« gibt es ein einfaches, grundsolides Drei-Gänge-Menü, natürlich frisch aus besten Zutaten zubereitet: Es beginnt mit einem Salat, einer Suppe oder einer kalten Vorspeise, als Hauptgang folgt ein Fisch- oder Fleischgericht mit üppigen Beilagen zur Auswahl, den Abschluss bildet ein Dessert. Alle Gäste essen das Gleiche. Wenn jemand etwas partout nicht mag oder verträgt, wird es selbstverständlich durch etwas anderes ersetzt – das sollte man aber, wenn möglich, schon bei der Reservierung angeben. Es gibt also keine riesige Karte mit vielerlei Kombinationsmöglichkeiten – das wäre in der relativ kleinen Küche, die sich wie der gesamte Versorgungstrakt in der Mitte der rundum im Kreis angelegten Räumlichkeit befindet, für 180 Gäste in befriedigender Qualität und zu einem günstigen Preis unmöglich umzusetzen. Überdies ist das Ganze nur zu realisieren, weil Otto

Koch für die »Economy« die Zeit begrenzt hat: Das »Sunset Menu« gibt es ab 18 Uhr, gegen 20 Uhr wird die Rechnung präsentiert und die Gäste werden verabschiedet. Das kommt natürlich nicht überraschend: Gäste oder Gastgeber werden bereits bei der Reservierung auf diese Tatsache hingewiesen – es ist also allen von vornherein klar.

»Economy«. Das »Sunset Menu« ist inzwischen zu einem Renner geworden. Ursprünglich gedacht, um die ruhige Zeit zwischen Nachmittags- und Abendgeschäft zu beleben – man kann in dieser exponierten Lage ja sein Personal nicht mal eben zur Ruhepause aufs Zimmer schicken –, ist das Restaurant am frühen Abend fast immer ausgebucht. Der attraktive Preis und die Zeit zwischen Arbeit und kulturellem Abendvergnügen, das kommt vor allem bei den Münchnern bestens an. Sie führen gern Gäste hierher aus, weil sie ihnen ein ausgezeichnetes Essen mit spektakulärer Aussicht auf die ganze Stadt und die Alpen bieten können, und das für relativ wenig Geld. Es gibt eine ausgezeichnete und sehr günstig kalkulierte Auswahl an offenen Weinen. Ein absolut faires Geschäft.

»Business«. Ab 20.30 Uhr ist dann das »Business«-Restaurant geöffnet – es nimmt nun den Platz ein, in dem vorher die »Economy« getafelt hat. Wieder haben also im Prinzip 180 Gäste Platz. Auch sie werden in der Eingangshalle im Fuß des Turms von einer Hostess empfangen und in den Sonderfahrstuhl geführt, der sie hinauf in die Höhe bringt, den realen wie den kulinarischen Sternen näher. Diese Fahrt kann bei zartbesaiteten Menschen schon mal Magendrücken hervorrufen, das mulmige Gefühl verschwindet jedoch sofort, sobald man aus dem Lift tritt und sich vor dem grandiosen Panorama wiederfindet.

Für die »Business«-Gäste gibt es wiederum ein »Feinschmeckermenu« als Hauptvorschlag, das allerdings großzügiger und vielgestaltig variiert werden kann. Auch können sie zusätzlich aus einer gut abgestimmten Speisekarte aussuchen, wenngleich sich erfreulicherweise in den letzten Jahren auch bei uns in Deutschland die Erkenntnis durchgesetzt hat, dass die französische Sitte, dem Vorschlag des Patrons zu folgen und ein einheitliches Menü zu nehmen, die glücklichere Wahl ist. Dabei wird mit den besten gerade erhältlichen Zutaten gearbeitet, die Zubereitung ist perfektioniert und bekommt die höchste Aufmerksamkeit des Küchenpersonals. In Frankreichs Spitzenrestaurants werden üblicherweise stets weitaus mehr Menüs bestellt, als à la carte gegessen wird. In Illhäusern bei den Haeberlins haben wir einmal erlebt, wie der Maître triumphierend in die Küche rief: »*Cent pour cent!*« Hundert Prozent, das hieß: Alle Gäste hatten Menu bestellt.

Das erlaubt dem Restaurateur eine bessere Warenkoordination und Kalkulation, wovon wiederum der Gast profitiert: Otto Koch kann deshalb im »Business«-Restaurant einen für dieses Niveau – und damit ist die Qualität der Speisen und nicht die Höhe über Grund gemeint – sensationellen Preis anbieten.

»Business«-Gäste können bis 21.30 Uhr bestellen, der Service ist aufmerksam, die Rundfahrt – in 49 Minuten ist eine Umdrehung komplett absolviert – amüsant und abwechslungsreich: Immer wieder ist etwas Neues am Horizont oder in der Stadt zu entdecken. Aufpassen muss man nur, wenn man vom Örtchen zurückkehrt und seinen Tisch sucht – da kann es passieren, dass man auf einmal die ganze Runde machen muss ...

Das »Business«-Restaurant ist täglich geöffnet, mittags gibt's ein kleines Menü, auch à la carte, eine Kinderkarte und für die Ausflügler natürlich Kaffee, Kuchen und Eis.

»First«. Das »First« hat am Wochenende Ruhepause. Die von Montag bis Freitag dafür reservierten Tische werden der »Economy« und dem »Business« zugeschlagen. Denn der gesamte Raum des Drehrestaurants kann mit beweglichen Stellwänden und durch die Tischwäsche unterschiedlich gestaltet werden. In der Regel sind für das »First« nur 20 Plätze reserviert, welche die Gäste ab 19 Uhr einnehmen können. Der Raum lässt sich für besondere Gelegenheiten aber auch auf Kosten von »Economy« und »Business« vergrößern. Allerdings nicht viel, denn die Speisen hierfür werden in einer eigenen Küche von einem vom »Business« unabhängigen Küchenchef zubereitet. Das ist zwar ein ziemlich hoher Aufwand, aber anders ließe sich die Spitzenqualität für das »First« nicht erreichen. Auf Vorbestellung wird eine Ente aus der silbernen Presse, die einst auf einem Kreuzfahrtschiff ihren Dienst tat, serviert und in der Luft tranchiert – eine klassische, wahrlich spektakuläre Spezialität, die man heute nur noch selten geboten bekommt.

Damit signalisiert Otto Koch seine kulinarische Botschaft: zubereiten, was gut ist, was sich bewährt hat, was dem Produkt und seinen Möglichkeiten, seiner Einzigartigkeit gerecht wird. Er arbeitet mit klassischen und modernsten Techniken, verweigert sich keineswegs den zeitgenössischen Strömungen. Er setzt Akzente mit verschiedenen Texturen, Temperaturen und Aggregatzuständen – aber seine Küche lebt nicht von Verfremdung und Effekthascherei. Seine Kompositionen sind klar auf das wesentliche Grundprodukt bezogen, variieren aber auch mal spielerisch ein Thema. Hier steigert er die aromatische Grundstruktur durch ein bewusstes Gegeneinandersetzen von scheinbar unharmonischen Komponenten, dort genügt ein einziger überraschender Akzent, um Spannung aufzubauen. Harmonie ist bei ihm nie Langeweile, sondern eine animierende – inspirierte und inspirierende – Perfektion des Geschmacks.

Die Persönlichkeit des Patrons, seine Fröhlichkeit (selten haben wir eine Küche erlebt, in der so viel gelacht wird – nach dem Service, versteht sich!), die Bandbreite seiner Erfahrungen, seines Wissens und Könnens sind in das Projekt eingegangen. Seine 55 Mitarbeiter folgen ihrem Chef begeistert – seine Motivationskraft und Leidenschaft sind einfach unwiderstehlich. Die Küche und das Konzept des »Restaurants 181« haben eine wunderbare, beruhigend solide Basis und entsprechen voll der luftigen Position und der Rotation des Restaurants an einem Ort, an dem man vor gar nicht langer Zeit noch keine kulinarischen Höhenflüge erwarten konnte. Alles ist fundiert, aber in ständiger Bewegung – »inspired by Otto Koch«, wie die Speisekarte verspricht.

Schwarzwälder Schinken
aus der Scheinidylle

Was man wissen muss, damit man die Lügen,
die der Gesetzgeber erlaubt, durchschauen und
ordentliche Produkte finden kann.

Es ist ein übliches und anerkanntes Verfahren, dass Erzeuger von Lebensmitteln – vor allem von frischen und verarbeitenden Grundprodukten – sich Marktvorteile verschaffen, indem sie ihre Regionalität herausstreichen. Diese ist umso wertvoller, je bekannter und beliebter ein Ort oder eine Region ist oder wie vertrauenswürdig sie erscheinen. Nun hat die EU etwas dagegen, wenn allein die Herkunft aus einem Ort, einer Region, einer Landschaft oder einem (Bundes-)Land schon als schützenswerte Qualität betrachtet wird, und das mit Recht. Es muss, so wurde es inzwischen in den umfangreichen Gesetzesblättern der EU und ihrer Mitgliedsstaaten festgelegt, darüber hinaus eine genau definierte, kontrollierte und nachvollziehbar bessere Qualität als der Standard beziehungsweise die gesetzlichen Mindestanforderungen dahinterstehen.

Regionalität muss demnach gepaart sein mit bestimmten Anforderungen an die Grundzutat, einem besonderen, oft traditionellen Herstellungsverfahren also, definierten Produktionsabläufen und/oder den natürlichen oder vom Menschen geschaffenen Grundbedingungen bei der Produktion.

Im Prinzip genügt jedoch eine einzige sogenannte Verarbeitungsstufe, um von der EU das Qualitätssiegel der geografisch geschützten Angabe zu bekommen (g.g.A.= geschützte geografische Angabe; französisch, italienisch und spanisch: IGP = *Indication géographique protégée / Indicazione geografica protetta / Indicación geográfica protegida*; englisch: PGI = *Protected geographical indication*). Man muss diese beantragen, ausführlich und nachvollziehbar begründen und kann dann hoffen, ein Siegel zu erhalten, das die Interessengruppe, also etwa den Verband der bisherigen Produzenten oder Erzeugergemeinschaften, vor unerwünschter Konkurrenz schützt.

Wohl alle Produkte, die eine g.g.A. haben, preisen die schöne Landschaft und die reine Natur, in der sie entstehen – ob Südtiroler Speck, Bündner Fleisch oder Schwarzwälder Schinken.

Natur pur?

»Hohe Tannen, frisches Quellwasser, reine Luft – Natur pur: Das ist die eindrucksvolle Bühne für den Auftritt eines der weltweit bekanntesten geräucherten Rohschinken: den Schwarzwälder.« Mit diesen Worten wirbt der Schutzverband der Schwarzwälder Schinkenhersteller auf seiner Website für sein Produkt. Weiter heißt es da: »In diesem Szenario werden von den Menschen im Schwarzwald seit über 200 Jahren Schinken hergestellt – nach einem Verfahren, das durch Salzen und Räuchern über einheimischen Nadelhölzern für Haltbarkeit und für besonderen Genuss sorgt. An diesem traditionellen Verfahren halten die Manufakturen im Schwarzwald bis heute fest und wurden schon im Jahr 1997 dafür mit dem EU-Siegel der ›geschützten geografischen Angabe‹ ... ausgezeichnet.«

Der Schwarzwald also, die reine Natur. Dunkle Tannen, die gemütlichen Bauernhäuser mit den tief heruntergezogenen Dächern und die hübschen jungen Frauen mit dem Bollenhut – das positiv besetzte Stimmungsbild entsteht, genau wie erwünscht, recht schnell vor dem geistigen Auge. Traditionsbewusstsein, es klappert die Mühle am rauschenden Bach, heile Welt, natürlich entspricht auch der Schinken diesem Traum.

Die Wirklichkeit sieht jedoch völlig anders aus: Kaum ein Bauer schlachtet noch für sich selbst und für den Verkauf schon gar nicht. Die früher üblichen Hausschlachtungen im Schuppen oder im Hof sind ohnehin schon lange verboten. Geschlachtet wird im gemeinde- oder verbandseigenen Schlachthaus. Und findet die Verarbeitung des dort vom Tierarzt freigegebenen Schlachttieres auf dem eigenen Hof statt, dürfen Fleisch, Schinken und Würste nicht mehr weiterverkauft, sondern nur für den Hausgebrauch verwendet oder verschenkt werden. Nur größere Betriebe haben einen eigenen Schlachtraum mit davon getrennter, aufwendig einzurichtender Metzgerei. Und danach trocknet und reift der Schwarzwälder Schinken in der klimatisierten Luft der Kühlhäuser von Metzgereien oder Fabriken.

Schweine aus Massentierhaltung

Doch weiter im Text mit den Angaben des Verbandes: »Am Anfang steht natürlich das Schwein. Die Anforderungen an die Qualität des Rohstoffs sind sehr hoch. Daher kommen nicht nur Schweine aus der unmittelbaren Region, die als touristisch geprägtes Land den Bedarf auch gar nicht decken kann, in Betracht. Die Hersteller beziehen diese aus Deutschland oder aus den benachbarten Ländern. Die Maxime lautet: Qualität hat Vorrang vor Regionalität.«

Das klingt vorteilhaft, bedeutet aber genau das Gegenteil: Indem man behauptet, Qualität habe Vorrang vor Regionalität, sichert man sich die Möglichkeit des günstigeren Einkaufs bei Großbetrieben in anderen Regionen und Ländern. Man ist also nicht an die geringe Menge gebunden, die sich in der Region produzieren ließe, sondern hat so die Möglichkeit, sich ohne Schwierigkeiten beliebig viel geeignetes Schweinefleisch zu beschaffen. Freilich würde der Schwarzwald leiden, wenn die von der Schinkenindustrie benötigte Anzahl von Schweinen hier gemästet werden müsste.

Trotzdem: Es ist die Legitimation für einen klaren Betrug. Das Produkt darf sich mit dem Namen der Region schmücken, obwohl es gar nicht von dort kommt. Eigentlich unglaublich, oder?

Der folgende Absatz ist nicht weniger unglaublich: »Die nächste Hürde bilden die Kontrollen beim Wareneingang. Die sensorische Prüfung ist hier von besonderer Bedeutung: Temperatur, Farbe, Fettanteil und der ph-Wert müssen stimmen.« Diese absolute Selbstverständlichkeit als großartige Leistung hervorzuheben, ist absurd. Ein Auto wird schließlich auch nicht besonders gepriesen, weil es Bremsscheiben hat, deren Funktionsfähigkeit überprüft wurde. Schließlich ließe sich aus Fleisch, das diesen Parametern nicht entspräche, kein Schinken erzeugen.

Vom Pökeln und Reifen

»Schwarzwälder Schinken ist ein Rohschinken ohne Knochen, das heißt, das Fleisch muss im nächsten Verarbeitungsschritt davon befreit werden ... Knochenloser Schinken hat einen entscheidenden Vorteil: Er bleibt besonders lange haltbar.«

Das ist schon starker Tobak! Dann wären ja Parma, San Daniele, San Leo und andere italienische Schinken, der dalmatinische Pršut, vor allem die berühmten spanischen Serrano- und Iberico-Schinken, die alle am Knochen reifen, nicht so lange haltbar wie der Schwarzwälder! Dabei dauert bei allen dieser Schinken die Herstellung länger als ein Jahr, Spitzenschinken kommen sogar erst nach zwei, drei, ja fünf Jahren in den Handel.

Der Schwarzwälder dagegen ist erheblich früher am Markt: »Nach dem Einsalzen in speziellen Pökelbehältern gelagert, nimmt das Fleisch dort alle Aromen der Gewürze in sich auf. Das Salz entzieht ihm dabei Wasser, und es entsteht eine sogenannte Mutterlake, in der die Schinken etwa zwei weitere Wochen lagern ... Dann werden die Schinken in die sogenannten Brennräume gebracht, kühle Räume, in denen sie weitere 14 Tage lang gut ›durchbrennen‹, bevor sie in den Kaltrauch wandern. Dort, in speziellen Rauchtürmen, hängen sie bis zu drei Wochen lang und entwickeln Aroma, Farbe und Geschmack weiter ... Gemäß der Norm RAL-RG 0102 hergestellt, erreicht Schwarzwälder Schinken nach drei Monaten einen Austrocknungsgrad von mindestens 25 Prozent ... Der Genießer betritt jetzt die Bühne und zelebriert Genuss à la Schwarzwald.«

Von langer Reifezeit kann also gar keine Rede sein. Tatsächlich ist ja im Gegenteil gerade die kurze Reifezeit einer der Vorteile des Schwarzwälder Schinkens, denn durch das Auslösen des Knochens ist ein wesentlich flacheres, nur sieben bis zehn Kilo schweres Stück entstanden, das daher schneller vom Salz vollkommen durchdrungen werden kann. Obendrein ist es keineswegs zwingend, diesen ganzen Schinken am Stück zu pökeln, man kann ihn auch in einzelne Teilstücke schneiden – Unterschale, Oberschale, Nuss und Hüfte – und diese pökeln: Dann geht es noch schneller!

Dieses Verfahren wird auch für den *culatello* angewandt, die legendäre, wie ein Rollbraten verschnürte Schinkennuss aus der Poebene, die in den winterlichen Nebeln ihre besondere Schimmelkultur entwickelt. Auch hier gilt es, das Durchpökeln so rasch wie möglich zu erreichen – am Knochen würde ein ganzer Schinken sofort zu faulen beginnen. Aber der so begehrte *culatello* reift anschließend noch mindestens ein Jahr, ehe er verkauft wird. Die Aussage auf der Homepage des Schutzverbandes der Schwarzwälder Schinkenhersteller ist also purer Hohn: »Der jetzt folgende Reifungsprozess braucht ausreichend Zeit – und die gewähren die Schwarzwälder Schinkenhersteller gern.«

Jeder ordentliche Rohschinken auf dieser Welt wird zum Pökeln mit Salz eingerieben. Nicht mit Maschinen, sondern von Hand. Und zwar nicht von Hilfsarbeitern, sondern von Menschen, die das gelernt haben. Deshalb aber jene Schinkenfabriken, die eine, zwei oder sogar drei Millionen Schinken im Jahr raushauen, gleich »Manufakturen« zu nennen, wie das die Schwarzwälder Schinkenhersteller tun, finden wir kühn. »Die Herstellung von Schwarzwälder Schinken ist traditionell in weiten Teilen Handarbeit. In den Manufakturen werden die Keulen per Hand mit Salz und Gewürzen eingerieben«, wird da vollmundig behauptet. Und auf ihren Homepages zeigen sie die herrliche Landschaft, dann das unvermeidliche Schwarzwaldhaus und all die anderen Versatzstücke der heilen Welt. Da sie aber natürlich auch auf ihre Modernität und ihren Erfolg stolz sind, präsentieren sie meist auf untergeordneten Seiten auch eine Ansicht ihrer stattlichen Werke: industrielle Fertigungshallen, ziemlich beherrschende Klötze in der Landschaft und ganz und gar nicht romantisch.

Jaja, nicht nur Papier ist geduldig: »Zum traditionellen Herstellungsverfahren gehört auch die genau abgestimmte Dosis Pökelsalz. Sie hat einen maßgeblichen Einfluss auf die Qualität und das Aussehen des Schinkens. Das Salz konserviert nämlich das Fleisch nicht nur, sondern gibt ihm auch seine typische Farbe und das unverwechselbare Aroma.« Es gibt selbstverständlich weniger das Salz das typische Aroma, sondern vielmehr die beim Einsalzen zugefügten Gewürze – und natürlich der Rauch: »Gewürzmischungen«, heißt es auf der Homepage, »sind das Geheimnis aller erfolgreichen Qualitätsprodukte. Das gilt auch für den Schwarzwälder Schinken. Jeder Hersteller schwört auf seine eigene Rezeptur, mit der er seinem Produkt eine individuelle Note verleiht. Doch es gibt einige Gewürz-Gemeinsamkeiten: Neben Pökelsalz gehören vor allem Knoblauch, Pfeffer, Koriander und Wacholderbeeren dazu.« Und »sie räuchern bei 25 Grad über naturbelassenem Tannenholz und Tannensägemehl aus dem Schwarzwald.« Danach haben sie »vier bis sieben Wochen lang ... Zeit, um in klimatisierten Reiferäumen ihre Qualität endgültig zu vollenden.«

Hier erfahren wir also so ganz nebenbei, dass das Reifen also keineswegs an der würzigen Luft des Schwarzwaldes geschieht, sondern unter genauestens kontrollierten Bedingungen. Das ist im Prinzip verständlich, denn Wetterumschwünge könnten, vor allem wenn die Luft zu warm und zu feucht ist, die ganzen Bemühungen zunichtemachen.

In der natürlichen Umgebung an der Luft gereifte Schinken verlangen nämlich besondere Bedingungen: reine und trockene Luft, verlässliche Winde – oder bauliche und technische Maßnahmen, die eben das regeln können. In den Alpen beispielsweise kann man Schinken erst ab einer bestimmten Höhe in der natürlichen Umgebung herstellen – weiter unten im Tal würden sie verfaulen. Und man sorgt mit der Architektur, Schlitzen in den Mauern, dafür, dass die an den Hängen hinaufsteigende oder abfallende Luft die Schinken trocknend umströmt.

In Italien sind es die regelmäßig auftretenden, über die karnischen Alpen beziehungsweise den Apennin herunterwehenden, in der Höhe gereinigten und getrockneten Winde, die optimale Reifebedingungen für den San-Daniele- oder Parmaschinken schaffen. Die traditionellen, lang gezogenen Reifehäuser dort stemmen sich geradezu gegen den Wind, durch die an der gegenüberliegenden Seite mit Läden oder Luftklappen versehenen Öffnungen kann der Luftstrom brausen und auf diese Weise geregelt und kontrolliert, verstärkt oder ganz unterbunden werden, ganz, wie es die Wetterbedingungen erfordern. Aber natürlich arbeitet man längst auch dort mit jeglicher Technik, klimatisiert die Luft, weil so die Reifung besser und präziser zu kontrollieren ist.

Die Bedingungen im Schwarzwald sind für eine längere Luftreifung nicht ideal, eigentlich sogar außerordentlich schwierig. Deshalb hat man hier seit Jahrhunderten ein Verfahren entwickelt, das mit anderen Mitteln zu einem guten Ziel führt. Dazu gehört das erwähnte Entbeinen, das das Pökeln beschleunigt.

Ebenso das Räuchern. Früher geschah das in der Esse des offenen Kamins in der Küche, einer Art gemauerter Haube, in der der Rauch zunächst aufgefangen und abgekühlt wurde, damit kein Funkenflug das Strohdach gefährden konnte. Die Esse war der ideale Ort für eine längere Reifezeit: mäßig warm, immer trocken und frei von Ungeziefer. Der entbeinte Schinken verlor dort relativ schnell die Feuchtigkeit und wurde dadurch relativ rasch haltbar. Natürlich wurde früher nur im Winter geschlachtet, damit das Fleisch schnell abkühlen konnte – heute sorgen Kühlanlagen ganzjährig für die erforderlichen Temperaturen – doch das Räuchern und Trocknen selbst geht im Prinzip weiterhin genauso vor sich.

Vielleicht leiten die Schwarzwälder Schinkenproduzenten ja daraus eine Legitimation ab, dem Kunden zu suggerieren, die Schinken stammten von einem romantischen Bauernhof. Wir empfinden das als Verbrauchertäuschung – auch wenn es der Gesetzgeber nicht so sehen und produzentenfreundlich argumentieren mag, der Verbraucher wisse schon, dass der Supermarktschinken in einer Fabrik hergestellt werde. Aber die Verführung zum Kauf durch Suggestion nicht vorhandener, aber erträumter Idylle auf dem Lande (die wir ja auch aus der Hähnchen- und Butterbranche bestens kennen), ist halt nichts anderes als Vortäuschung falscher Tatsachen.

Es ist uns unverständlich, dass der Gesetzgeber ständig den Wünschen der Produzenten nachgibt. Er hat es nicht immer getan: Vor langer, langer Zeit gab es Margarinemarken, die vorspiegelten, aus Sahne oder Rahm gemacht worden zu sein, sie hießen »Rahma« und »Sahnella«. Das »h« mussten sie dann streichen – so war das Problem zumindest relativiert.

Es gibt ihn – **guten Schinken** wie früher; man muss ihn nur suchen!

Wir wollen keineswegs behaupten, dass der Schwarzwälder Schinken keine kulinarische Qualität besitzen kann – industriell hergestellt, meinen wir, ist er aber weder eine bäuerliche Spezialität noch richtig regional. Er tut nur so. Er ist mit Sicherheit ordentlich gemacht und hygienisch einwandfrei, doch das Ausgangsprodukt stammt aus simpler Massentierhaltung. Und es werden junge Schweine verarbeitet, die noch wenig Fett angesetzt haben – das Fleisch des Schinkens soll nicht mit Fettadern marmoriert sein, sagen die Hersteller, weil die meisten Kunden das Fett fürchten wie der Teufel das Weihwasser. Fett aber ist wichtigster Aromaträger. Würde man schwerere, fettere Schweine verarbeiten (wie etwa in Parma oder San Daniele), die vielleicht sogar frei unter Streuobstbäumen oder im Wald herumlaufen konnten (wie etwa die Iberico-Schweine) und nicht mit Sojaeiweiß turbogemästet wurden, könnte man auch nach der traditionellen Schwarzwälder Verarbeitung durchaus Spitzenprodukte erzielen – Schinken, der so schmecken könnte wie einst auf Schwarzwälder Bauernhöfen. Dieser nämlich hatte ursprünglich den guten Ruf des Schwarzwälder Schinkens begründet. Die derzeit üblichen Schinken dagegen sind bestenfalls ein gutes Standarderzeugnis, nichts von herausragender Qualität – selbst wenn sie von Bio-Schweinen stammen, die ja ebenfalls meist zu jung geschlachtet werden.

Etwa 90 Prozent aller Schwarzwälder Schinken kommen aus den größeren Betrieben der Schutzgemeinschaft. Leider ist jedoch keineswegs gesagt, dass die restlichen zehn Prozent besser sind. Aber vielleicht entdecken Sie bei einem Metzger, der mit erstklassig gemästeten Schweinen gute Arbeit leistet, doch ein hochwertigeres Produkt. Oder bei einem Bauern, der Schweine einer alten Rasse artgerecht hält, richtig ernährt, frei herumlaufen lässt, damit sie Muskeln ausbilden und dabei schwer und fett werden, einem, der sein Handwerk versteht und auf seinem Hof die entsprechenden

Einrichtungen hat … Es ist nicht ganz einfach und Glückssache, Schwarzwälder Schinken in allerbester traditioneller Qualität zu finden. Aber die Suche lohnt sich!

PS: Schinken Schwarzwälder Art ist ganz etwas anderes – nämlich mit Tannenrauch-aroma behandeltes Pökelfleisch …

Weingenuss statt Sauferei

Warum schon Kinder den Umgang mit Wein lernen müssen.
Und wieso diese Erfahrung sie auch vor anderen Drogen schützt.

Jede Woche wieder müssen wir von Jugendlichen oder gar Kindern lesen, die sich »die Kante gegeben« haben, bewusstlos ins Krankenhaus gebracht wurden und gerade noch gerettet werden konnten. Natürlich sind nicht sie, sondern die Eltern, die Erwachsenen, die ganze Gesellschaft daran schuld. Denn sie hat erfahrungsgemäß kaum etwas anderes im Sinn, als ein Verbot zu verhängen. Dabei sollte doch inzwischen jeder begriffen haben, dass Verbote nicht funktionieren. Die Menschen wurden aus dem Paradies gewiesen, weil es unmenschlich war, dem Verbot zu widerstehen, den Apfel zu pflücken. Wir sind uns sicher: Wäre Eva standhaft geblieben, hätte Adam ihn ihr geschenkt ... Erst das Verbot macht doch das Verbotene so interessant, dass man wissen möchte, was sich dahinter verbirgt.

Statt zu verbieten, sollte man also aufklären. Statt jede Art von alkoholischen Getränken zu verteufeln, sollte man auf den kulturellen Wert, das großartige Handwerk der Winzer und Brauer hinweisen. Und nach und nach die Zunge der Kids ausbilden – damit könnte ihnen ein gewisses Maß an Verständnis für die abendländische Kultur vermittelt und die Beherrschung ihrer Sinne entwickelt werden.

Natürlich geht das nicht von heute auf morgen, und es erfordert Geduld und Zuwendung. Aber es könnten dann – gewiss nicht alle, aber doch viele – solcher Abstürze vermieden werden. Arm dran sind natürlich die Kinder aus zerrütteten Elternhäusern, ihnen wird nur schwer zu helfen sein. Zum Entsetzen ihrer Erzeuger kommen aber die meisten jugendlichen Säufer aus durchaus bürgerlichen und geordneten Verhältnissen. In denen aber, wie schon erwähnt, heute der Mittelpunkt des täglichen Lebens fehlt – das gemeinsame Essen.

Würde eine Familientafel geführt, wie es früher üblich war, würden sich solche Probleme möglicherweise rasch und ganz von allein erledigen: Am Sonntag ein Gläschen Wein (bei Kindern ein halbes, mit Wasser aufgefüllt), das stillt die Neugier, grenzt nicht aus und schafft Vertrauen. Bei einem Fest der Erwachsenen darf ein Kind mal am Glas der Eltern nippen, eine Heranwachsende ein eigenes Gläschen probieren. Damit wird ihr signalisiert, dass man ihr zutraut, mit dem Sekt oder Wein umgehen zu können;

es wird Verantwortung übertragen – und verstanden. Auch sollten Eltern nicht schimpfen und von Alkoholexzessen reden, nur weil ihr halbwüchsiger Sohn im Restaurant statt Cola lieber ein Bier will, sondern froh sein, dass er es nicht heimlich trinkt. Sonst darf sich niemand wundern, wenn Jugendliche in unbeobachteten Situationen über die Stränge schlagen.

Das A und O bei den ersten Begegnungen mit Getränken, die durch Gärung entstanden sind, ist, sie zu einem Genuss zu erklären. Es muß von Anfang an das Genießen im Vordergrund stehen, damit nicht die Wirkung gesucht wird. Nur dann können die Kinder und Jugendlichen ein Verständnis für unsere abendländische Kultur entwickeln, in der den alkoholischen Getränken eine wichtige Funktion zukommt: Unsere Küchen – ob die deutsche oder italienische, die polnische oder die französische – sind so ausgerichtet, dass ein Glas Wein oder Bier dazu der Gesundheit und dem Wohlbefinden dient, die Verdauung und das Gespräch anregt. Nur probierend kann der junge Mensch allmählich lernen, das zu verstehen und schließlich maßvoll zu genießen. Und wenn es dann doch mal ein Glas Wein zu viel wird, geht es nicht gleich um die Gesundheit oder das Leben – auch mit einem kleinen Rausch sammelt man schließlich Erfahrung.

Die bemitleidenswerten jungen Opfer des Rauschmittels Alkohol hätten also lernen müssen, sich seinen Gefahren zu entziehen und stattdessen erfahren sollen, wie man das Kulturgut Wein, Sekt oder Bier genießt. Gewiss: Whisky, Cognac, Rum oder Obstbrände sind auch ein Kulturgut, wenn sie ordentlich gemacht sind – aber die hochprozentigen Dinge sollten später im Leben drankommen.

Zunächst reicht es vollkommen aus, die Kids mit leichteren alkoholischen Getränken vertraut zu machen. Und auf keinen Fall mit solchen,

in denen der Alkohol unter einer maßlosen Süße versteckt ist. Da merkt niemand, wie er an der Nase herumgeführt und besoffen, willenlos gemacht wird. Deshalb ist die Ausbildung des Geschmacks ja so wichtig: Nur der unerfahrene, unentwickelte Gaumen gibt dem Süßen stets den Vorzug vor den feinsäuerlichen, den zartbitteren, den differenzierten Geschmacksnoten. Je schneller ein Kind lernt, dass »nur süß« blöd ist, dick und krank macht, desto besser für seine Entwicklung.

Natürlich stellt das auch Anforderungen an die Erwachsenen: Wer hinter jedem Glas Wein als Ziel nur einen kapitalen Rausch vermutet, wer immer ängstlich alles verbietet, braucht sich nicht zu wundern, wenn sich seine Kinder bar jeder Erfahrung die Birne zuknallen, bis sie besinnungslos am Boden liegen. Man muss sich darum kümmern, den Geschmack der Kinder auszubilden, ihn zu einem Instrument des vernünftigen, wohldosierten Umgangs mit dem Alkohol zu formen und ihnen damit das Rüstzeug dafür zu vermitteln. Im Übermaß ist Alkohol ein gefährliches Stimulans und Gift. Aber es ist hier nicht anders als mit vielem im Leben: Erst die Dosis macht das Gift. Und das zu erkennen, muss erlernt werden.

Das müssen die Verantwortlichen freilich erst selbst verstanden haben. Sie müssen sich mit dem Geschmack beschäftigen, guten von schlechtem Wein unterscheiden können und in der Lage sein, die Unterschiede zwischen einem Weißbier und einem Pils zu schmecken und zu kennen, zu erklären und zu kommentieren. Mehr Wissen bedeutet mehr Genuss. Nur die kritische Auseinandersetzung mit den Produkten und ihrer speziellen Qualität bringt Erkenntnis und Lebensfreude. Und außerdem die Fähigkeit, das erworbene Wissen weitergeben, mitteilen zu können.

Sicher muss man am Anfang ein paar Abstriche machen, einen zugänglicheren Wein aussuchen und nicht gleich einen tanninschweren Tropfen auswählen, der die Zunge voll in Beschlag nimmt, sondern lieber einen leichten, fruchtigen Rotwein. Bei den Weißen keinen rassigen Riesling, sondern einen vollen, weicheren Ruländer. Im Prinzip aber immer und bei jeder Gelegenheit sollte man die Kinder und Jugendlichen kosten lassen, was man selbst gerade trinkt.

Verzichtet man auf Verbote, lässt man es an Zutrauen in die Lernfähigkeit der jungen Menschen nicht fehlen und setzt auf eine intelligente und liebevolle Ausbildung ihrer Genussfähigkeit, wird man seinen Kindern helfen, eine der gefährlichsten Klippen im Strom des Lebens zu umschiffen. Und wer den Alkohol im Griff hat, wird sich kaum den Gefahren anderer Drogen aussetzen.

Wer gibt seinen **Senf** dazu?

Wozu man Senf braucht.
Und warum die Vielfalt von Geschmäckern hier weniger wichtig ist
als die Qualität der Grundzutaten.

In den letzten Jahren sind an allen Ecken und Orten »historische« Senf-manufakturen entstanden. Nur ein Teil von ihnen sind tatsächlich Senf-mühlen, die selbst Senfsaat vermahlen und zu Senf anrühren – die meisten kaufen fertigen Senf und vermischen diesen mit Kräutern und Gewürzen. Wirklich gut sind daher die wenigsten – die meisten dieser angerührten Senfe schmecken dumpf und muffig, weil die Qualität der zum Würzen verwendeten Zutaten ziemlich mäßig ist.

Körner und **Aromen**

Frische Kräuter kann man zum Würzen in diesem Fall kaum nehmen, sie würden faulen. Sie müssten also entweder in Essig eingelegt und durch-tränkt werden – was den Senf aber aggressiv sauer werden lässt. Oder man müsste sie ein wenig antrocknen lassen, bis die Wasseraktivität so weit heruntergesetzt ist, dass keine Fäulnis entstehen kann. Das müsste man in einem Dörrapparat selbst machen – man könnte dann die angetrock-neten, noch nicht nach Heu schmeckenden Kräuter in dem Moment in den Senf mischen, solange noch ihr originales, vielschichtiges Frische-aroma vorhanden ist. Das aber macht viel Arbeit, verlangt peinliche Sauberkeit und hohe Aufmerksamkeit. Man nimmt also bequemerweise Industrieware, die aber leider nicht über die frische Aromenvielfalt ver-fügt – und schon entsteht ein zwar individuell ausgearbeitetes, aber im Grunde auch nichts anderes als gepanschtes Industrieprodukt. Aus der Manufaktur? Eine ärgerliche Verbrauchertäuschung!
Andere Senfe schmecken grauslich bitter – da man entweder die falsche Senfqualität genommen hat oder die aromatisierenden Zutaten nicht die richtigen sind. Vor allem mit Wein »verfeinerte« Senfe zeichnen sich häu-fig durch diese Bitternote aus, besonders, wenn mit Riesling gearbeitet

wurde. Das muss nicht einmal schlechter Wein gewesen sein, aber seine Herbheit und der möglicherweise im Hintergrund noch vorhandene Schwefel sowie die Hefenoten arbeiten nicht harmonisch mit den Senf-aromen zusammen.

Wie **Senf** hergestellt wird

Wenn die Manufaktur tatsächlich zugleich eine Mühle ist, kann der Bitter-ton vom falschen Herstellungsverfahren herrühren: Nach dem Mahlen muss das Senfmehl einige Stunden lang gerührt werden, damit er sich aufschließt. Dabei verschwinden die Bitternoten durch Oxidation. Die modernen Stahl-kegelmühlen arbeiten zwar schneller als die klassischen Steinmühlen (man braucht höchstens ein Viertel der Zeit), sie sind auch wesentlich billiger und einfacher zu warten. Doch das Mahlergebnis ist ein anderes: Nur in den sich langsam drehenden Steinmühlen erwärmt sich der Senf nicht – und seine Aromen und ätherischen Öle bleiben voll erhalten.

Es kommt freilich auch darauf an, welchen Senf man nimmt: *Sinapis alba* ist der hellgelbe Samen mit wenig Schärfe, der im deutschen mittel-scharfen Delikatesssenf eine dominierende Rolle spielt. Der schwarze oder

Klassische Senftöpfchen aus Steinzeug mit gedrechselten Buchenholzdeckeln

grüne Senf, *brassica nigra*, ist schon ein ganzes Stück schärfer, der braune Senf, *brassica juncea*, schließlich höllisch scharf. Er spielt im Dijon- und Düsseldorfer Löwensenf die Hauptrolle und sorgt dafür, dass es einem die Tränen in die Augen treibt, wenn man zu viel davon auf einmal in den Mund nimmt.

Nach dem Mahlen müssen die Schalenteile sorgfältig ausgesiebt werden, dann kann man das Senfmehl mit Flüssigkeiten und Gewürzen zum Brei rühren. Dabei ist natürlich beste Qualität gefragt. Nimmt man stattdessen minderwertigen Essig oder Verjus (Saft von unreifen Trauben, also Most) oder gar Essigessenz, bleiben die Aromen oberflächlich und nur sauer beißend, sie gewinnen keine Tiefe. Der seit dem Mittelalter übliche, im 20. Jahrhundert in Vergessenheit geratene Most – als Verjus erlebt er im Augenblick eine unerwartete Renaissance, allerdings meist in einer süßen, balsamicoartigen Variante – hat dem Senf den Namen gegeben: englisch *mustard*, französisch *moutarde*, bei uns Mostrich oder Mostert. Das Wort Senf selbst leitet sich natürlich vom lateinischen *sinapis* ab.

Einen besonderen Reiz haben Senfe mit ganzen oder gequetschten Körnern – aber nicht solche mit den beim Vermahlen belassenen Schalen. Sie müssen vielmehr eingeweicht werden, ehe man sie dazugibt. Schön, wenn sie noch einen leichten Biss haben und zwischen den Zähnen zart knacken, unschön, wenn ihr Inhalt beim Zubeißen breiig aus der harten Schale quillt.

Süße kaschiert

Hat der Senfmüller einen oder gar mehrere der oben genannten Fehler erst einmal gemacht, wird er versuchen, diese mit Süße zu überdecken. So macht man aus der Not mit Zucker oder noch lieber Honig eine Tugend, und es entstehen eher pappig-schwere als elegante und erfrischende, appetitanregende und die Fettverbrennung fördernde Senfe. Auch süße Senfsorten sollten durch ihre Schärfe und Säure im Gleichgewicht mit der Süße sein – was offenbar nicht leicht zu bewerkstelligen ist, denn bei den meisten Senfen, die wir probiert haben, liegt die Süße schwer darüber.

Als Süßungsmittel ist Honig wohl deshalb so besonders beliebt, weil er eine gesunde Bio-Anmutung einbringt. Balsamico? Bringt auch Süße, guter ist jedoch zu teuer und der billige nicht aromatisch genug, um dem Senfaroma Widerpart zu leisten. Wenn sonst gar nichts mehr nützt, werden gern noch Beeren- oder Obstzubereitungen (Pürees, Essenzen, Mark) zugefügt, vielleicht auch noch eine andere Schärfekomponente (grüner Pfeffer, Chili) um das Ganze rund und komplex zu machen. In der Manufaktur handgerührt. Bitte schön: Guten Appetit.

Ein guter Senf aber ist ein Magenpflaster, er bindet Salatsaucen mit Geschmack, begleitet Würste und Würstchen, Schinken und Fleisch perfekt, hebt ihren Geschmack mit seiner Schärfe, reinigt die Zunge vom Fett, sodass der nächste Bissen wieder schmeckt wie der erste, regt die Magensäfte an, sorgt für bessere Bekömmlichkeit ... Ein guter Senf macht ja den Mund schon wässrig, wenn man nur an ihn denkt, oder etwa nicht?

Doppelt scharfer Senf

Zur Senfschärfe gesellt sich hier noch Chilibiss, in des Wortes doppelter Bedeutung. Eine fabelhafte Begleitung zum einfachen Würstchen oder eine herzhafte, fruchtig-feurige Grillsauce.

Den Senf mit fein gewürfelter Zwiebel, Knoblauch, Ingwer und Chilis sowie beiden Ölsorten glatt rühren. Mit Salz und Pfeffer abschmecken und am Ende reichlich fein gehackte Korianderblätter untermischen.

Für vier Personen:

150 g mittelscharfer Senf
1 kleine Schalotte oder
rote Zwiebel
1 – 2 Knoblauchzehen
1 walnussgroßes Stück
Ingwerwurzel
1 rote und 1 grüne Chilischote
1 EL neutrales Öl,
1 TL Sesamöl
Koriandergrün

Der **Sommelier**

Warum der Gast im Restaurant froh sein müsste,
wenn es ihn gibt, und ruhig seinem Rat folgen sollte.
Und Tipps, wie er ihn herausfordern kann.

Den richtigen Wein zum Essen auszuwählen ist für die meisten Menschen eine schwierige Aufgabe. In einem guten Restaurant kann man sich auf den Sommelier oder die Sommelière verlassen – im Regelfall liegen im Keller des Restaurants schon die passenden Topfen bereit. Für zu Hause kann man sich vom Weinfachmann in einem Fachgeschäft beraten lassen und die entsprechenden Flaschen mitnehmen. Freilich können nur die wenigsten und besten Läden Weine anbieten, die gerade den optimalen Reifegrad haben – die meisten sind zu jung, noch nicht zu ihrer vollen Trinkreife entwickelt.

Der eigene **Weinkeller**

Wer über einen eigenen Keller verfügt, ist im Prinzip fein raus, muss sich aber allerdings selbst Gedanken machen. Jeder Weinliebhaber, der einen Keller führt, weiß, wie schwer das manchmal fällt. Es geht ja stets darum, sich das Gericht vorzustellen, das der Wein begleiten soll, sich also dessen bestimmende oder auch nur bestimmte Komponenten bewusst zu machen – Säure und Süße, eine cremige oder klare Sauce, die Intensität der Aromen, die Herkunft des Rezeptes und so fort – und im Geiste mit verschiedenen Weinen zu kombinieren, die ihm in den Sinn kommen beziehungsweise zur Auswahl stehen.

Dazu hat man ja auf dem Weg in den Keller eine ganze Weile Zeit. Aber auf dem Weg dorthin fällt einem womöglich ein anderer Wein ein, und, unten angekommen, entdeckt man beim Durchforschen der Regale einen ganz anderen ... Entweder spürt man sofort: Das ist er! Vielleicht kommt man aber auch auf den ersten Gedanken zurück. Oder nimmt vorsichtshalber gleich beide Flaschen mit.

Natürlich ist viel Zufall dabei, und man muss vielleicht, wie Wolfram Siebeck einmal meinte, tatsächlich ein ganzes Haus vertrunken haben, ehe man mit traumwandlerischer Sicherheit stets den idealen Begleiter greift. Dann ist man sein eigener Sommelier.

Wahre Weinkenner

Jedes Restaurant, das auf sich hält, beschäftigt einen Sommelier oder eine Sommelière, also einen männlichen oder weiblichen ausgebildeten Weinkellner. Ob Sommelier oder Sommelière: Ursprünglich nannte man so den Beschließer (die Beschließerin), der (die) in einer Gemeinschaft für die Wäsche, das Geschirr, das Brot sowie Wein, Schnäpse und Liköre zuständig war. Am Tisch hingegen war der Mundschenk tätig. Heute sind es nur noch die Getränke, um die sich der Sommelier kümmert, und zwar bis zur Neige. Wir bleiben für den Rest dieses Abschnitts einfach mal bei der männlichen Form, weil es immer noch mehr männliche als weibliche Weinfachleute gibt, obwohl Letztere längst eine enorme Bedeutung erlangt haben. (Man denke nur an Paula Bosch, jahrzehntelang im »Tantris« in München, Christina Fischer in »Fischers Weingenuss & Tafelfreuden« in Köln und Claudia Stern im »Vintage Restaurant & Weinhandel« ebenfalls in Köln oder Natalie Lumpp, einstmals »Bareiss« in Baiersbronn und »Bühlerhöhe« in Baden-Baden, heute freie Autorin und Weinberaterin).

Die augenfälligste Aufgabe des Sommeliers besteht darin, den Gast zu beraten, den ausgewählten Wein zu präsentieren, in der richtigen Temperatur an den Tisch zu bringen, die Flasche korrekt zu öffnen, den Wein gegebenenfalls zu dekantieren, ein- und nachzuschenken. Doch die Arbeit im Hintergrund ist nicht weniger wichtig: Der Sommelier hat den Keller zu pflegen, den Einkauf (gegebenenfalls zusammen mit dem Patron des Restaurants, dem Wirt oder Koch) zu erledigen und die Weinkarte zu schreiben. Eine umfassende, abwechslungsreiche und verantwortungsvolle Aufgabe.

Sommeliers müssen Spezialisten für jeden Geschmack sein, sie dürfen keine Geschmacksrichtung vernachlässigen. Anders als der Privatmensch, der seine ganz persönlichen Vorlieben in seinem Keller pflegt, muss er sich im Restaurant auf die unterschiedlichsten Wünsche einlassen können. Auf einen säurefrischen Riesling ebenso wie auf einen wuchtigen Grauburgunder, auf einen (hoffentlich) eleganten Bordeaux ebenso wie auf einen unnachgiebigen Brunello. Die Bandbreite des Weingeschmacks ist schier unendlich. Und der Sommelier muss sie kennen!

Ein Sommelier lebt nur zu einem kleinen Teil in der Gegenwart – sein berufliches Dasein ist fast ausschließlich geprägt von der Vergangenheit und der Zukunft. Er muss wissen, was in Weinen passiert und wie sie schmecken, die von ihren Erzeugern und Erziehern längst entlassen wurden, sich nun in seiner Obhut befinden und im Keller darauf warten, zum passenden Gericht serviert zu werden, oder die vielleicht bereits von seinen Vorgängern in den Keller geholt wurden, die er nun probieren, bewerten und für seine Arbeit aktivieren muss. Andererseits muss er wissen oder ahnen, wie die als Probe neu eingetroffenen Weine sich entwickeln werden, die er gerade verkostet – ob sie seinen Ansprüchen genügen werden, ob sie in sein Konzept und das des Küchenchefs passen, wann sie voraussichtlich ihren höchsten Trinkgenuss erreichen werden, ob die Preis-Leistungs-Relation stimmt ... Eine Menge Überlegungen, die er anzustellen hat, ehe er sich entscheidet.

Der passende **Wein zum Gericht**

Ein Sommelier kann nur dann gut sein, wenn er die Struktur und die Komposition der Gerichte seines Küchenchefs kennt. Und er muss das präzise Gedächtnis und die assoziative Phantasie besitzen, unter einer Vielzahl von Weinen genau den herauszufinden, der sowohl zu dem Gericht passt, als auch den Vorstellungen des Gastes entspricht.

Wie er »zum Gericht passend« definiert, beschäftigt ihn vermutlich schon lange, und er wird es immer wieder neu definieren müssen. Es gibt ja sehr unterschiedliche Möglichkeiten, ein Gericht »passend« zu begleiten.

Nach klassischer Auffassung geht man in Richtung »Harmonie«, begleitet also die unterschiedlichen Komponenten geschmeidig, kann dadurch bestimmte Geschmackseindrücke verstärken oder fein herausarbeiten. Ein diametral entgegengesetzter Weg wäre, »Spannung durch Gegensatz« zu wählen, also Wein und Essen gegenüberzustellen, die geschmacklichen Eindrücke auf verschiedene Spitzen zu treiben, für Tumult an den Geschmackspapillen zu sorgen und damit ganz neue Erlebnisse zu schaffen.

Der geschulte Geschmackssinn des Sommeliers ist sein grundlegendes Werkzeug. Und ebenso sein Gedächtnis, das die Eindrücke, die es einmal von einem Wein aufgenommen hat, so abspeichert, dass er sie immer wieder aufrufen kann, wenn er den Wein (oder einen ähnlichen) aufs Neue probiert. Beides, Geschmackssinn wie Gedächtnis, muss also zunächst in der Anlage vorhanden sein, dann vorzüglich ausgebildet und ständig trainiert werden. Nur dann können die komplexen Ansprüche, die Weinberatung und Weinauswahl stellen, reibungslos und blitzschnell funktionieren. Wein zu probieren, seine Qualitäten einzuordnen und kritisch zu bewerten, die Aromen, Düfte und geschmacklichen Komponenten zu erkennen und zu speichern: Das ist echte, anstrengende Arbeit – auch wenn sich mancher Laie das eher als Vergnügen vorstellen mag.

Der passende **Wein zum Gast**

Je nach Gast wird der Sommelier dann individuelle Abstufungen in die eine oder die andere Richtung vornehmen, er muss schließlich auch die Vorlieben des Gastes für die Herkunft des Weins, die Traubensorte, die Art des Ausbaus und vieles andere mehr berücksichtigen. Und am Ende muss er – sehr wichtig! – die Preisvorstellungen des Gastes richtig einschätzen können und dann das herausgefundene Niveau optimal ausnutzen.

Es muss also sehr viel beachtet, »gecheckt« werden in den wenigen Minuten, die ein Sommelier während des Services für die Besprechung und Beratung mit seinem Gast hat. Natürlich helfen Erfahrung und Routine, aber eine gewisse Grundbegabung und Kommunikationsfähigkeit ist absolut vonnöten! Kommen dann noch Charme, beste Umgangsformen und fachliches Wissen hinzu, ist schon viel gewonnen. Fehlt aber ein besonderes Einfühlungsvermögen in fremde Menschen, die Fähigkeit, blitzschnell deren Wünsche zu erkennen, zu analysieren und richtig einzuordnen, nützt

Zwei Sommeliers in Südtirol: Kathrin Oberhofer vom »Pillhof« bei Bozen und Karl Mair vom »Pretzhof« im Pfitscher Tal

das alles nichts – verwirklicht der Sommelier nur seine eigenen Vorstellungen und nicht die des Gastes, sind die Konflikte schon angelegt. Der Erfolg eines Sommeliers beruht sicher in seiner ausgeprägten Sensibilität und einem gefühlsmäßig guten Verständnis für den Gast – Eigenschaften, die vielleicht eher weiblich sind?

Der kluge und umsichtige, erfahrene Sommelier versteht es, den Gast zu führen und auf eine Wahl hinzuleiten, die nicht nur das berücksichtigt, was der Gast schon kennt und weiß (und manchmal auch mit aller Bestimmtheit bestätigt haben will – dann muss der Sommelier gehorchen!), sondern ihm neue Horizonte eröffnen wird, wenn er den Empfehlungen folgt. Dabei darf freilich beim Gast nicht das Gefühl aufkommen, diese Auswahl werde dem Hause mehr dienen als ihm selbst – deutsche Gäste vermuten übrigens viel eher als italienische oder französische, das Personal eines Restaurants wolle ihnen aufschwatzen, woran am meisten verdient wird oder »was weg muss«. Ob gelassene Bestimmtheit oder fröhliche Aufmunterung eher zur ins Auge gefassten Auswahl führt, muss der Sommelier so spontan entscheiden, dass der Gast keinerlei Unsicherheit verspürt, die ihn zweifeln ließe. Gratwanderungen.

Kennt der Sommelier seinen Gast bereits, kann er sich natürlich mehr Zeit lassen, die Erfahrungen mit einbringen und wird dadurch eine perfektere Arbeit leisten können als bei seinem ersten Besuch. Eine gewisse Vertrautheit mit den Vorlieben des Gastes und dem gegenseitigen Vertrauen, dass die Vermählung von Speise und Wein gelingen werde, erlaubt mitunter Kombinationen, die man sich unter anderen Umständen nicht trauen würde, die aber zu unvergesslichen Highlights werden können. Eine solche Wechselbeziehung zwischen Gast und Sommelier ist unter Umständen bedeutender und inniger, als die zwischen Gast und Koch oder zum Oberkellner je sein können.

Wenn alles **vom Besten** ist: Weinkenntnisse, der Wein und das Essen

Viele Sommeliers sind noch verhältnismäßig jung. Da kann es schon mal passieren, dass ein Wein empfohlen wird, der ebenfalls noch zu jung ist. Schön, aber doch nicht ganz glücklich, wenn man als Gast nach vorsichtigem Verweis auf diese Tatsache die Antwort bekommt: »Ja. Er wirkt noch etwas verschlossen, hat aber großes Potenzial.«

Ein alter Hase, wie etwa Jürgen Fendt im Restaurant »Bareiss« in Baiersbronn, weiß da bessere Lösungen: Als er von seinem Vorgänger den Keller übernahm, hat er zunächst einmal sämtliche Weine durchprobiert, die er nicht kannte – schließlich musste er wissen, was er mit ihnen anfangen, wo er sie einsetzen kann. Einen noch im Jahre 2000 nicht auf dem Höhepunkt seiner Entwicklung angekommenen Bordeaux hat er beiseitegelegt. 2010 war er dann so weit: genau der passende Begleiter zum sanft gebratenen Reh in einer Sauce mit Gewürzschokolade. Es war ein Wein aus dem Jahre 1981, der unter dem Eindruck des folgenden Jahrhundertjahrgangs zunächst einfach unterschätzt worden war.

So etwas ist ein Glücksfall, der freilich nur eintreten kann, wenn ein exzellenter Wein und beste Weinkenntnisse aufeinandertreffen. Nicht zu vergessen die Küche, deren Gericht die dritte Komponente in diesem Geschmacksbild ist. Die am Ende für alle Beteiligten höchst befriedigende Entscheidung fiel ja nicht aus Zufall, sondern nach eingehender Beschäftigung mit der Materie, in kritischer Liebe zum Wein. Und setzt ein Produkt voraus, das berechenbar ist – eine bewusste Schöpfung, hervorgegangen aus einer jahrhundertealten Weinkultur.

Wein ist ein abendländisches Kulturgut, einen guten Wein zu genießen eine kulturelle Handlung. Wein genießen zu können, muss man lernen – in den romanischen Ländern, vielleicht auch in den deutschen Weinregionen, dürfen bereits Kinder mal am Glas nippen. Der große Piemonteser Weinmacher Angelo Gaja ließ seinen Sohn, kaum hatte er sich von der Mutterbrust gelöst, an seinem in Barolo getauchten Finger lutschen. Wer schon als Kleinkind dem Wein begegnet, wird ihn immer lieben, aber nur in Ausnahmefällen von ihm beherrscht werden können. Wer weiß, wie man Wein genießt, kann mit ihm auch umgehen. Genuss entsteht nur aus dem richtigen Maß – und kann nie Alkoholkonsum bedeuten. Das wäre nur ein unmäßiges, lediglich zielführendes Heruntertrinken ohne Genuss, eher von Fusel als von Wein. Dazu braucht niemand einen Sommelier.

Tipps für das Gespräch mit dem Sommelier

Nehmen Sie sich Zeit dafür! Lassen Sie ihn Ihre Vorlieben (Herkunft, Rebsorte, wie leicht oder eher gewichtig der Wein sein darf) wissen. Und seien Sie offen für seine Vorschläge und Ideen. Im Zweifel kennt er sich besser aus als Sie – garantiert jedenfalls weiß er, was sein Keller bietet. Haben Sie keine Angst, dass er ihnen Ladenhüter aufschwatzen will. Und wenn Ihnen der Wein nicht schmeckt, den er für Sie ausgesucht hat: Sagen Sie ihm das, erklären Sie ihm, warum – zu parfümiert, zu leicht, zu schwer – oder gar korkig. Er wird ihn selbstverständlich zurücknehmen!

Supermarkt:

Architektur oder Schuhschachtel

Wie Unternehmen sich darstellen,
und warum schon der äußere Eindruck auf die Qualität
der Produkte schließen lässt.

In Gewerbegebieten und Vorstädten, wo die Wohnsiedlungen der Städte ausfransen, wie an den Ortsrändern auf dem Lande – überall dasselbe Bild: Supermärkte und Discounter haben dort ihre Verkaufsbaracken abgesetzt, scheußliche Schuhschachteln, phantasie- und lieblos. Billig, damit das Angebot billig bleiben kann. Aus Fertigbauteilen schnell zusammengebastelt, kahle Außenwände, die Fensterfronten und der Eingangsbereich mit Plakaten zugekleistert, die das extra Billige, die Sonderangebote anpreisen. Von Architektur keine Spur.

Anders in Österreich: Da sind die Supermärkte oft von bemerkenswertem Gestaltungswillen geprägt – nicht alle, aber viele und vor allem immer mehr. Was neu gebaut wird, bekommt eine individuelle, der jeweiligen Situation und der umgebenden Landschaft angepasste architektonische Form, ausgeführt mit örtlich oder regional verwendeten Materialien. Der Supermarkt signalisiert den Kunden selbstbewusst: Schaut her, hier bin ich! Und das Gebäude informiert – schon rein ästhetisch – über den Stellenwert, der hier den angebotenen Waren beigemessen wird. (Nur nebenbei: Der Anteil der Bio-Produkte im Warenangebot, sogar bei Fleisch und Wurst, liegt weit über dem, was man bei uns in Supermärkten findet, wo es gerade mal ein bisschen Gemüse in Bio-Qualität gibt.)

Es ist schließlich immer zunächst die Verpackung, die auf den Inhalt schließen lässt. Dabei gibt es zwei Komponenten: Was man wertschätzt, möchte man schön präsentieren. Es genießen also gute Produkte allein durch eine anspruchsvolle Gestaltung des Ladengeschäftes schon besondere Wertschätzung. Und: Ein Produkt, das in einer schönen Umgebung attraktiv angeboten wird, gilt gleich viel mehr als das, was im schmucklosen Regal in einer öden Halle gestapelt ist. Klar, dass zwischen diesen Polen eine ständige Wechselbeziehung besteht. Deshalb ist das Ganze nur sinnvoll, wenn äußere Form und innerer Wert nicht auseinanderklaffen, sondern in einem ausgewogenen Verhältnis zueinander stehen.

Die künstlerisch-architektonische Qualität der Gestaltung zwischen einem Supermarkt in Österreich und einem deutschen springt also ins Auge. Und was sagt uns das? Dass die Supermärkte in unserem Nachbarland ihren Kunden mitteilen wollen, welch großen Wert sie auf Qualität legen und wie stolz sie darauf sind, gute Produkte anzubieten. Die deutschen Schuhschachteln dagegen verkünden: Hier gibt's alles mögliche Zeug billig zu kaufen. So einfach ist das.

Vermutlich gibt es auch in deutschen Supermärkten, vielleicht sogar bei den Discountern, gute Produkte. Und in Österreich womöglich auch schlechte. Aber die Aussage, die mit der Architektur (und natürlich auch mit der Innenausstattung) gemacht wird, lässt Rückschlüsse auf das Selbstverständnis und die Philosophie der Unternehmen zu. Sie ist nicht nur eine Frage der Ästhetik, sondern auch Teil der Kommunikation zwischen Anbieter und Kunde. Solange der Verbraucher nur nach Preis einkauft und nicht nach Qualität sucht (wir meinen nicht die scheinbare, nur werblich und wortreich sowie verlogen auf den Werbeplakaten beschriebene), so lange sind die bei uns üblichen Schuhschachteln adäquat und leisten – leider! – perfekte Dienste. Wenn ein Unternehmen sich aber über Qualität definieren und damit überzeugen will, muss es sein architektonisches Konzept überdenken.

PS: Kein Grund zur Umgestaltung läge allerdings vor, wollte man nur dafür sorgen, dass sich die luxuriösen Limousinen und dicken Geländewagen vor den Discountern besser ausnähmen …

Mit einfachen Mitteln auffällig gute Architektur schaffen

Sushi & **Thun**

Warum Sushi kein Fast Food ist,
wir den Roten Thunfisch unbedingt schonen müssen
und dabei ganz neue Möglichkeiten entdecken können.

Der Rote Thunfisch, auch Nordatlantischer Blauflossenthun genannt, ist der beliebteste und begehrteste aller Thuns – und vom Aussterben bedroht. Im Mittelmeer und östlichen Atlantik sollen nur noch sechs Prozent des ursprünglichen Bestandes vorhanden sein. Deshalb wäre es sinnvoll, diesen Fisch ein paar Jahre lang gar nicht mehr zu fangen, damit seine Population sich erholen kann. Eigentlich! Monaco hatte im März 2010 auf der CITES-Konferenz des Washingtoner Artenschutzübereinkommens in Doha in Katar einen entsprechenden Antrag gestellt: Er wurde nur von 20 Ländern angenommen, von 68 Ländern dagegen uneinsichtig abgelehnt (bei 30 Enthaltungen).

Es geben zwar alle Beteiligten zu, dass es fünf vor zwölf ist – dass es in Wirklichkeit längst bereits nach zwölf ist, wollen sie nicht sehen. Deshalb konnte man sich bisher lediglich auf Schonzeiten und eingeschränkte Fangquoten einigen – im östlichen Atlantik und im Mittelmeer um rund vier Prozent auf 12 900 Tonnen pro Jahr –, was allerdings nach Meinung von Fachleuten überhaupt nicht ausreichen wird. Die Unbelehrbarkeit der Menschen sowie die mangelnde Phantasie, was die Folgen ihrer Unvernunft betrifft, ist ungeheuer – vor allem Spanien und Japan tun sich hier hervor. Wirtschaftliche Interessen auf der einen und die Leidenschaft zur raren und teuren Delikatesse auf der anderen Seite stehen jeglicher Einsicht im Wege.

Gefahr für den **Roten Thunfisch**

Die Japaner sind bereit, für ihr geliebtes Sashimi und Sushi fast jeden Preis zu bezahlen. So wurde Anfang 2011 in Tokyo auf einer Auktion ein Blauflossenthunfisch (übrigens nicht im Mittelmeer, sondern im Pazifik, vor der japanischen Nordinsel Hokkaido, gefangen) von 342 Kilogramm für umgerechnet 300 000 Euro zugeschlagen. Mit Kopf gewogen, ohne Schwanz und Flossen. Das macht nach Abzug aller ungenießbaren Teile einen Preis von weit über 1000 Euro für ein Kilogramm Thunfisch, Einkaufspreis! Uns scheint das irrsinnig teuer, doch einem japanischen Gourmet sind 20 Euro für einen winzigen Happen in absoluter Spitzenqualität nicht zu viel. Eine einzigartige geschmackliche Qualität kann – die Japaner kennen sich da aus! – immer nur von einem großen und fetten Fisch kommen, nicht von einem zu jungen, kleinen, mageren. Nicht umsonst werden die besten im Mittelmeer gefangenen Thuns (mit einem Gewicht von bis zu 500 Kilogramm) per Flugzeug nach Tokyo transportiert.

Sushi und Sashimi als Inbegriff japanischen Alltags und Lebensstils? Ein totales Missverständnis! Dass man heute in Europa, Amerika und selbst in Japan an jeder Straßenecke für geringes Geld ein paar Sushis einwerfen, sich eine Sushi-Bento-Box ins Büro oder nach Hause liefern lassen kann, war vor 30 Jahren in Japan praktisch unvorstellbar. Da war eine Sushi-Bar in Tokyo ein Ort für ausgepichte Liebhaber, nur wohlhabende Leute konnten sich das leisten. Die weitaus überwiegende Mehrzahl der Japaner hatte noch nie im Leben Sushi oder gar Sashimi gegessen, nur davon geträumt.

Erst als immer mehr Japaner für ihre Firmen im Ausland arbeiteten oder auswanderten, etwa in die USA, begann ein neues Kapitel: Die heimwehkranken Japaner sehnten sich nach ihrem rohen Fisch. Es eröffneten die ersten Sushi-Bars fern der Heimat, mancherorts als Selbstbedienungsladen der besonderen Art: Sushi vom laufenden Band. Der rohe Fisch galt plötzlich auch den Langnasen als cool, wurde zum kulinarischen Ideal einer sportlich-dynamisch-elitären Lebensart, zum typischen Lifestyle-Imbiss der kreativen Macher in der Medienbranche. Es begann ein Preiskampf und mit ihm die Ausweitung der Rohfischzone in den Citys.

Der Handel reagierte zunächst zögerlich. Nach und nach aber konnte man zuerst dort, wo viele Japaner leben, und dann auch anderswo in guten Läden und Kaufhäusern Fische (oder Filets) speziell für Sushi kaufen.

Für erstklassiges Sushi: von Fett durchzogener Thunfischbauch

Darunter war und ist Roter Thunfisch – jedoch fast immer nur *maguro*, das magere, so herrlich appetitliche, intensiv rot gefärbte Rückenfilet–, vor allem aber Lachs und andere, preiswerte oder bekannte Fische wie Makrele, Aal, Goldbrasse, Loup de Mer, ferner Oktopus, Kalmar, Fliegenfischrogen und abgekochte Garnelenschwänze. Die ausgefallenen, viel teureren Fische und Meeresfrüchte, wie Gelbschwanz, vom Thunfisch auch die fetten, hellroten, elfenbeinfarben durchzogenen Bauchteile *chu-toro* und *o-toro*, Jakobs- und andere Muscheln, Seeigel, Lachskaviar, rohe Süßwassergarnelen und Ähnliches gab und gibt es nur in ausgewählten, anspruchsvollen Häusern, und sie sind sündhaft teuer.

Billigsushi allerorten

Mit der Verbesserung der Kühltechnik und neuen Methoden zur Verlängerung der Frische von Fisch – Vakuumverpackung, »geschmacksneutraler Rauch«, Schockfrosten – boomten alsbald die Billigsushis. Sie können hier und da ganz ordentlich sein – aber oft ist es gefährlich, sich diese Bakterienvermehrungsteilchen zu Gemüte zu führen.

Dass Sushi und Sashimi nur wenig kosten, ist also eigentlich ein Missverständnis – und das hatte natürlich Folgen: Gerade die einfach zu vermarktenden Fische wurden immer mehr nachgefragt, der weltweite Boom wurde zum Schicksal des Nordatlantischen Roten Thuns. Der Verbrauch erreichte schwindelnde Höhen, also wurde immer mehr gefangen, ohne

Tipp: Der Schwindel mit dem Räuchern

Vor allem vor dem geschmacksneutralen Rauch muss gewarnt werden: Es handelt sich hierbei um Kohlenmonoxid, das als Konservierungsmittel nicht zugelassen ist. Um seine Wirkung trotzdem einsetzen zu können, hat man das Gas kurzerhand zu einem geschmacksneutralen Rauch erklärt – Räuchern ist ja erlaubt. Dadurch und durch die anschließende Aufbewahrung unter Sauerstoff (wie Hack- oder Rindfleisch) bekommt der Thunfisch (meist aus dem Pazifik) eine leuchtende, etwas durchscheinend und künstlich wirkende, hellrote Farbe, die er auch beibehält, wenn er schon dabei ist zu verderben ... Er wird gern als Sushi- oder Sashimi-Qualität verkauft und ist hochgefährlich, denn wenn das Fischfleisch sich beim Altern nicht bräunlich oder grau verfärbt, lässt sich ja nicht erkennen, dass er nicht mehr frisch und zur Bakterienansammlung geworden ist. Deshalb: Hände weg von dieser Ware!

dass man die Nachfrage befriedigen konnte. So stieg der Preis immer weiter. Und es wurde immer lohnender, Thun zu fangen. Ein klassischer Teufelskreis, in dem der Thunfisch nun gefangen ist wie im Ringwadennetz der Fischerei-Realität.

Die 12 900 Tonnen, die 2011 vom Roten Thunfisch *(thunnus thynnus)* im Nordostatlantik und im Mittelmeer gefangen werden dürfen, erscheinen uns zunächst als eine bedeutende Menge – allerdings sind sie ein Nichts gegenüber den 4,6 Millionen Tonnen Thunfisch der verschiedenen Arten, die man noch 2006 weltweit gefangen hat. Das meiste davon wandert in Konserven, knapp 80 Prozent des frischen Thunfischs ging nach Japan. Ein winziger Teil des Restes gelangt frisch zu uns nach Deutschland.

Auf andere Thunfischarten ausweichen

Angesichts der Bedrohung des Roten Thunfischs sollten wir uns ein Beispiel an Fürst Albert von Monaco nehmen: Er hat auf seinem Territorium Fang und Verkauf von Rotem Thunfisch verboten. In den feinen Restaurants von Monte Carlo weicht man auf andere Thun-Arten aus – zum Beispiel auf den Weißen oder Langflossen-Thun *(thunnus alalunga*, französisch *germon*, englisch *albacore)*, dessen rosarotes Fleisch man in manchen Gegenden der Welt sogar noch viel mehr schätzt als das des Roten Thunfischs. Er wird vom WWF (World Wildlife Fund) mit einem grünen Punkt empfohlen, wenn er vom MSC (Marine Stewardship Council) das Siegel für nachhaltigen Fang (Nordostpazifik) führt. Deshalb findet er jetzt immer häufiger den Weg in unsere Fischtheken. Optisch ist es eine große, geschmacklich hingegen kaum eine Veränderung, da vom Weißen Thunfisch ebenfalls *toro* und *maguro* unterschieden werden können. Da sollte es doch möglich sein, für ein paar Jahre auf den Roten zu verzichten und auf den Weißen oder den ebenfalls sehr wohlschmeckenden und butterzarten Gelbflossen-Thunfisch (*thunnus albacares,* französisch: *albacore,* was natürlich immer wieder zu Verwechslungen mit dem Weißen Thun führt) oder die ebenfalls zu den Thunfischen zählende Bernstein- oder Gelbschwanzmakrele umzusteigen, den man auch Kingfish nennt (*seriola,* japanisch: *hamachi*).

Für den Feinschmecker bedeutet es ja durchaus einen Gewinn, die differenzierten Textur- und Geschmacksnuancen der verschiedenen Thunfischarten zu entdecken, als sich mit dem hierzulande üblichen, mageren Rückenfleisch des Roten Thunfischs zu begnügen. Vor allem, wenn er, wie meist bei uns, obendrein auch nicht sorgfältig präpariert und daher wenig angenehm zu essen ist. Denn anders als in den klassischen Sushi-Restaurants in Japan, wo ein Sushi-Meister sieben Jahre ausgebildet wird, ehe er einen Fisch selbstständig zerlegen darf, sind in den Take-away- und Billigsushi-Restaurants keine Meister am Werke. Entsprechend bescheiden fällt der Genuss aus, zumal man aus Kostengründen auch nicht die von Sehnen und Fett oder ins dunkle Fleisch übergehenden Partien entfernt. Von einer mäßig bezahlten Hilfskraft darf man keine gekonnte Präparation erwarten. Im Gegenteil: Wenn die Partien nicht sauber ausgelöst, die Scheiben nicht exakt geschnitten werden – je nach Fisch und Partie gegen oder mit der Faser! –, kann das Ergebnis höchst unbefriedigend ausfallen. Nur ein gut ausgebildeter und dementsprechend gut verdienender Sushi-Meister kann allein durch seinen perfekt beherrschten Schnitt aus einem erstklassigen Fisch eine erlesene Delikatesse machen. Und die kann dann nicht billig sein, sondern kostet richtig Geld.

Vegan, vegetarisch oder Tiere essen?

Warum es keinem Tier hilft, wenn wir alle Veganer sind.
Und die Frage, wieso Vegetarier nicht gerne gutes Gemüse essen.

Wenn wir Deutschen etwas tun, dann gründlich. Das weiß die ganze Welt
von uns!

So war es auch zu Beginn des Jahres 2011: Sobald man den Fernseher
einschaltete, landete man unweigerlich bei Sendungen, in denen über Landwirtschaft, Lebensmittel und korrektes Verhalten beim Essen diskutiert
wurde, stundenlang, ohne dass auch nur eine Silbe über dessen Geschmack
verloren wurde. In Zeitungen und Zeitschriften erschienen Hunderte von
Artikeln, Essays und Interviews über Vegetarismus und Veganertum, ökologisch korrekte Produktion und ethisch verwerfliche Massentierhaltung,
anständiges oder unanständiges Essen, in denen jedoch der Geschmack
eben dieses Essens nicht erwähnt wurde. Er kam ganz einfach nicht vor,
war kein Thema …

Guter Geschmack oder gutes Gewissen?

Erstaunlicherweise geht es vielen Menschen in unserem Lande beim Essen
offenbar gar nicht darum, ob etwas gut schmeckt und vielleicht Vergnügen oder sogar Genuss bereitet, sondern ausschließlich darum, ob es korrekt erzeugt wurde, kein Tier dabei gestorben ist oder gelitten hat, die Umwelt nicht geschädigt und das Klima nicht verändert wurde, keine schlechte
Ökobilanz entstehen konnte – das allein scheint Befriedigung genug. Nichts
Sinnliches braucht es, schon gar nichts Animalisches – auf keinen Fall aber

Genuss. Eigentlich geht es nicht einmal darum, richtig zu ESSEN, sondern sich zu ernähren. Oder, um es noch neutraler (oder politisch korrekter?) auszudrücken: zu verstoffwechseln. Vegan oder wenigstens vegetarisch mit ökologisch reinem Gewissen Nahrung verstoffwechseln. Du liebe Güte!

Dabei ist der Geschmack ein in Jahrtausenden geprägtes und ausgebildetes Sinnesorgan, das primäre Auswahlkriterium, über das auch wir Menschen als zoologische Wesen verfügen, wenn es darum geht, unsere Nahrung auszuwählen. Das macht die Kuh auf der fetten Weide, die Ziege im kargen Gebirge, der Gazellen jagende Löwe in der Savanne ebenso wie der Plankton aus dem Meer siebende Wal. Unser Hund Pünktchen verschmäht den von uns geliebten Kartoffelsalat zugunsten einer leicht angegammelten Fleischwurst, und sogar die Katzen von Karen Duwe weigerten sich, zusammen mit ihr Veganerinnen zu werden.

Der Geschmack könnte uns lenken, um zu erkennen, was richtig und gut, anständig und ökonomisch-ökologisch korrekt erzeugt wurde. Er kann uns zwar nicht davor warnen, mit Eiern Dioxin zu uns zu nehmen oder uns mit den im Wald gefundenen Maronen das darin auch nach 35 Jahren noch vorhandene Caesium 137 aus Tschernobyl einzuverleiben. Aber er kann uns erkennen lassen, dass ein mit Sojaeiweiß schnell (und unter grausamsten Bedingungen) gemästetes Massenhähnchen weder den Biss noch den Geschmack einer nach alter Väter und Mütter Sitte anständig aufgezogenen Poularde besitzt, die in ihrem Leben viel herumspazieren durfte und deshalb ein wesentlich muskulöseres Fleisch entwickelt hat. Unser Geschmackssinn lässt uns erfahren, dass eine überdüngte Turbo-Hybrid-Tomate nicht über das Aroma einer sorgfältig gehegten Gartentomate verfügt und dass ein am Knochen gereiftes Fleisch einer im Freiland gehaltenen Angus-Färse besser schmeckt als die im Vakuumbeutel erstickte Lende einer verbrauchten Milchkuh. Oder dass ein Brot aus einem mit wenig Hefe langsam gegangenen Teig von Bio-Mehl saftiger und geschmackvoller ist als das aus der Schnellback-Fertigmischung.

Diese ganzen Interviews, die jeden Geschmack vermissen lassen, diese unsinnlichen, mit gebetsmühlenartigen Wiederholungen gespickten und apodiktisch verteidigten Standpunkten geprägten Gesprächsrunden, die stets schwarz-weiß malenden, immer nur die miesesten und unsittlichsten aller Methoden den hehren Zielen edler Gesinnung gegenüberstellenden Polemiken hängen uns mittlerweile zum Hals heraus. Menschen haben doch ebenso wie Tiere und Pflanzen einen Anspruch auf Genuss – selbstverständlich bei höchsten ethischen Anforderungen und unter Berücksichtigung aller uns zur Verfügung stehenden Erkenntnisse der modernen Wissenschaft. Genussverzicht und Selbstkasteiung mögen dem Einzelnen Befriedigung verschaffen und seien ihm auch unbenommen – eine gesellschaftliche Lösung der Problematik der Fleischerzeugung und der Umweltbelastung kommt dadurch allerdings nicht in Sicht. Der Verzicht auf Fleisch und tierische Produkte mag vordergründig zum einen die mitleidende Seele oder das empfindsame Gewissen entlasten und zum anderen die immer wieder als besonders katastrophal dargestellte Ökobilanz verschönern – einen Königsweg zur Verbesserung der Welt können wir darin nicht erkennen. Keinem Tier geht es besser, bloß weil ein paar Leute ihren Fleischkonsum einstellen.

Und genau darum sollte es doch gehen. Aber das funktioniert nach unserer Meinung anders, zum Beispiel im Sinne von Slow Food. Diese aus Italien stammende Bewegung setzt sich für die Erhaltung der Vielfalt unserer Lebensmittel ein, und zwar durch bewusstes Essen und Genießen. Indem wir sowohl unsere Sinne als auch unseren Geist nutzen, unsere Gefühle einsetzen und unsere kognitive Intelligenz schärfen, unsere Erfahrungen erweitern und unseren Geschmack kultivieren.

Zugegeben: Die Materie ist komplex und nicht mit ein paar Begriffen oder leicht verständlichen und griffigen Formeln zu erklären. Die Produktion von Lebensmitteln ist schließlich das Ergebnis jahrtausendelanger Entwicklungen und Züchtungen. Sie basiert auf einem komplizierten und komplexen Wissensgerüst, das immer wieder neu individuell ausgestaltet und genutzt werden muss. Was sich aufgrund von Erfahrungen mit dem jeweiligen Boden und Klima entwickeln konnte, mit den Sorten und Rassen, die im Laufe von Jahrzehnten oder Jahrhunderten ihrem Standort durch Selektion optimal angeglichen wurden, lässt sich nicht einfach durch neue Ideen, wissenschaftliche Untersuchungen oder Planwirtschaft ersetzen. Die Fruchtbarkeit der Erde, ihre Mikrobiologie und die Verfügbarkeit von Mineralien kann man im Labor untersuchen und Vorschläge für den Anbau gewisser Pflanzen erarbeiten – aber wohin die Ergebnisse am Ende führen und welche Schlüsse daraus möglich sind, das erweist sich erst in der Praxis. Es ist gut, wenn hier viel geforscht wird – mindestens ebenso wichtig aber ist das überlieferte Wissen der Bauern.

Mensch und Natur – früher eine Symbiose

Leider hat man diese Tatsache in den Jahren nach dem letzten Weltkrieg (nicht nur bei uns in Deutschland, sondern weltweit) allzu sehr vernachlässigt. Stattdessen wurden nach industriell geprägten Vorstellungen Verfahren entwickelt, die Pflanzen wie Tiere nur noch als Produktionsmittel betrachteten. Der Respekt vor der Natur, vor den Lebewesen, wie sie Pflanzen und Tiere ja gleichermaßen sind, ging verloren. Aus Kulturpflanzen wurden Nutzpflanzen, aus Haustieren Nutztiere. Massenproduktion in schlimmster Form, ja, legalisierte Tierquälerei ist seither an der Tagesordnung. Rein sprachlich zeigt sich die Veränderung in der Anschauung vom Haus- zum Nutztier: Aus einem Geschöpf, mit dem man traulich verbunden war und nah zusammenlebte, wurde ein Produktionsmittel, das man in zielstrebig und nüchtern auf Gewinnmaximierung ausgerichtete Gebäude abschob. Das Tier wird benutzt zur Herstellung von Fleisch. Die Massentierhaltung nimmt auf die Bedürfnisse der Lagerinsassen nur dann Rücksicht, wenn sie aus produktionstechnischen Gründen notwendig ist oder sich dadurch eine Verbesserung der Ergebnisse erzielen lässt.

Im Laufe der Entwicklung unserer Haustiere – Geflügel, Schafe und Ziegen, Schweine, Rinder, Pferde – hatte sich ein Abhängigkeitssystem heraus-

Schinken und Wurst vom glücklichen Schwein, Bergkäse, Radieschen, Gürkchen. Was fehlt? Ein Glas Wein!

gebildet, das auf Gegenseitigkeit beruhte: Der Mensch kümmerte sich um die Bedürfnisse des Tieres, schützte es vor Feinden, bot ihm Unterkunft, sorgte für Nahrung und Wohlergehen. Das Tier revanchierte sich, indem es Eier legte, Milch gab, bei der Arbeit half (zum Beispiel bei der Bodenbearbeitung), für den Menschen unverdauliches Grünzeug in wertvolle Nahrung umwandelte, Dünger produzierte. Und schließlich durch seinen Tod den Mensch mit Fleisch und über Schinken und Wurst mit dauerhaften Vorräten versorgte. Die durch Pökeln, Räuchern und Trocknen haltbar gemachten tierischen Produkte (wozu natürlich auch der Käse gehört) waren in früheren Zeiten überlebenswichtig und in weiten Teilen der Welt durch nichts anderes zu ersetzen.

Alles jederzeit verfügbar

Heutzutage allerdings – und darauf zielt die Argumentation vieler Vegetarier und Veganer ab – ist dies nicht mehr nötig: Wir können uns aus aller Welt zu jeder Jahreszeit das besorgen, was wir zum Leben brauchen – allerdings ist das ökologisch durchaus nicht immer so sinnvoll, wie jene propagieren. Längst sind wir nicht mehr auf häusliche Vorräte angewiesen, sondern können alles immer frisch (oder verarbeitet, als Konserve, tiefgekühlt, eingeschweißt als Fertiggericht) einkaufen. Die Lagerung von Obst und Wintergemüse ist aus dem Vorratsbewusstsein der Menschen verschwunden, das haben inzwischen Unternehmen mit bestens klimatisierten Kühlhäusern übernommen. Wann was Saison hat und frisch aus der Umgebung auf den Markt kommt, wissen heute nur die wenigsten Städter.

Das Verständnis für Vorgänge in der Natur ist bei den meisten von uns nicht mehr vorhanden. Die Großstadtbürger wissen nicht mehr, wie Nahrungsmittel erzeugt werden, und ihre Kinder glauben an die Milch von der lila Kuh. Aber auch von den auf dem Land lebenden Menschen bauen nur noch wenige ihren eigenen Salat an, kaum jemand hält sich noch Hühner, ein Schwein, Ziegen oder Lämmer. Alles ist delegiert, alles ist spezialisiert. Eine Entwicklung, die nicht mehr umzukehren ist.

Es ist nur ein kleiner Teil der Bevölkerung, der sich bewusst für Ernährung, Gesundheit, Umwelt und die Entwicklung der Menschheit interessiert und mit den dabei auftauchenden Problemen auseinandersetzt. Für viele von ihnen gelten jedoch, leider, der Geschmack und der Genuss nicht als Werte an sich.

Die meisten Menschen – wenn sie überhaupt einen Gedanken auf solch »weltbewegende« Fragen und Probleme verschwenden – haben vor all den

Skandalen, der Angstmache und der Ideologisierung resigniert. Sie ziehen sich aus der Verantwortung und kaufen nur noch über den Preis ein, frei nach dem Motto: »Es ist eh' alles wurscht!« Gedanken über Fragen der Ethik, die Beeinträchtigung der eigenen Gesundheit oder gar über differenzierte Geschmacksbilder sind nicht erwünscht, kritischer Genuss findet nicht statt.

Aus all diesen Gründen ist es trotz Slow Food und der zunehmend besseren Qualität der nicht in Massenproduktion erzeugten Lebensmittel äußerst fraglich, ob bei uns eine Rückbesinnung auf die geschmacklichen Qualitäten unserer Lebensmittel in größerem Umfang stattfinden wird – in Italien, Frankreich, Spanien ist das Bewusstsein dafür nie ganz untergegangen.

Fleischlos glücklich?

Zweifellos kann man sich vegetarisch vollwertig ernähren, ohne Mangel befürchten zu müssen. Pflanzliches Eiweiß ist ein vollwertiger Ersatz für tierische Proteine. Und Veganer können sich mit ein paar Nahrungs-

Romanesco und Blumenkohl: köstliches Gemüse – nicht nur für Vegetarier!

ergänzungsmitteln ausreichend mit den nötigen Vitaminen, Mineralien und Spurenelementen versorgen. Es ist also durchaus möglich, auf Fleisch zu verzichten.

Doch wird der Verzicht auch als solcher gesehen beziehungsweise erlebt? Auch bei jenen, die freiwillig kein Fleisch oder keine tierischen Produkte essen, ist nämlich die Prägung auf das Geschmacksbild »Fleisch« vorhanden (vielleicht in unseren Genen angelegt?) und bei den meisten durchaus positiv besetzt. Nur so ist zu erklären, dass sich die entsprechenden Surrogate – aus Soja produzierte Würstchen, Ragouts und Eintöpfe – großer Beliebtheit erfreuen. Auf Schinkenimitat und Kunstkäse auf der Veganerpizza, jeweils angereichert mit entsprechenden (künstlichen!) Aromen will man nicht verzichten. Dabei sorgen genau die gleichen Dinge für Riesengeschrei, wenn üble Produzenten sie den Verbrauchern als Kunstkäse und Formschinken unterjubeln. Für Veganer gibt es längst nicht nur das Aroma von gebratenem Lamm, Huhn oder Schwein, sondern auch von im Beutel eingeschweißt bei Niedrigtemperatur gegartem Fleisch – natürlich aus pflanzlichem Grundmaterial gewonnen.

Fleischlos künstlich – die VeggieWorld

Am 12. Februar 2011 berichtete die FAZ von der ersten Messe für veganes und vegetarisches Essen: der »VeggieWorld« in Wiesbaden. Dort kam es zwar zu einem Eklat, als die Deutsche Vegane Gesellschaft ihre Teilnahme absagte, weil ein Hersteller sein Hühnerschnitzel aus Milch und Pflanzenfasern präsentierte – Veganer lehnen alle tierischen Produkte ab, natürlich auch Milch. (Und so mancher Vegetarier bemerkte erbost, dass seine Ernährungsweise in den Augen der Veganer fast so unanständig ist wie die der Karnivoren.) Aber stolz wurde weiter berichtet, dass die Testesser einer Männerzeitschrift keinen Unterschied zwischen besagtem Hühnerschnitzel und Hähnchennuggets herausschmeckten – welch großartige Erkenntnis! Ausgerechnet Hähnchennuggets, diese aus Resten und Abschnitten von Hähnchenfleisch aus Massentierhaltung zusammengebastelte Retortennahrung.

Wenn solche Vergleiche schon befriedigen, dann hat die Industrie die Vegetarier und Veganer längst fest in ihrem Griff. Es geht also nicht um den guten und wahren, sondern um einen lauten, überdeutlichen, plakativen Geschmack: Salami, Bratwurst oder Leberkäse auf Weizen- und Sojabasis, ein milchfreier Käse aus Reis und Kartoffeln – das sind keine Naturprodukte, sondern reine Chemie! Hallo Aromastoffe! Hier wird alles vorgetäuscht, zwar aufwendiger, aber im Prinzip mit derselben Technologie hergestellt wie die konventionellen Fertiggerichte. Die denaturierenden Prozesse und Verarbeitungsstufen schenken sich nichts, ob Bio oder herkömmlich oder vegan. Die Emulgatoren, Stabilisatoren, Antioxidantien und Säuerungsmittel sind praktisch dieselben, statt Gelatine aus Schweinesehnen oder vom Rind nimmt man eben Agar-Agar aus Algen. Ohnehin stecken immer mehr Zusatzstoffe in den klassischen wie in den Bio-Industriegerichten pflanzlicher Herkunft, weil sie stabiler und in industriellen Prozessen sicherer und eleganter einzusetzen sind. Längst belässt man viele Lebensmittel nicht mehr in ihrem ursprünglichen Zustand, sondern behandelt sie aus irgendeinem Grund – zum Beispiel enthält heute fast jede Sahne, auch Bio!, aus Rotalgen gewonnenes Carrageen, um zu verhindern, dass sie aufrahmt, also sich oben eine Schicht von dicker Sahne absetzt. Nebenbei: Genau das ist aber eigentlich ein von Genießern hochbegehrtes Produkt, diese dicke Sahne ist nichts anderes als Crème double! Man muss also stets sehr genau die Etiketten studieren, auch das Kleingedruckte lesen.

Natürlicher Geschmack statt Zutatenmix

Die Grenzen zwischen unbehandelten Zutaten und *processed food* verlaufen quer durch die verschiedenen Weltanschauungen und Ernährungsweisen. Ob konventionell, bio, vegetarisch oder vegan – ohne Zusatzstoffe und Aromen geht es nicht, und es sind überall dieselben. Die künstliche Aromatisierung treibt auf allen Feldern die gleichen absurden Blüten, die Zusammenstellungen sind ähnlich willkürlich und teilweise abstrus. Immer neue Aromenkombinationen überschwemmen in allen Bereichen den Markt, das naturbelassene Lebensmittel hat immer weniger eine Chance. Ob im Weißen Sortiment (es gibt kaum noch Naturjoghurt, fast alle Angebote sind bereits mit Fruchtzubereitungen, Zucker oder Süßstoff und Aromen fertig gemixt), bei Tee (selbst grüner Tee wird mit den erstaunlichsten Geschmäckern parfümiert. Wer trinkt überhaupt noch nicht aromatisierten?) oder den unterschiedlichsten Erfrischungsgetränken (Bier mit Passionsfrucht, Wein mit Apfelwein, Apfelsaft mit tropischem Früchtemix).

Da ist es wohl kein Wunder, wenn sich inzwischen immer deutlicher herausstellt, dass die konventionellen Esser mit Bio-Bewusstsein die höchsten geschmacklichen Ansprüche stellen. Sie verlangen nach den besten Grundzutaten, die nicht nur gut schmecken sollen, sondern auch ethisch und ökologisch korrekt erzeugt sein müssen – was glücklicherweise ja Hand in Hand geht. Sie suchen nicht nach der phantasievollsten oder erstaunlichsten Bearbeitung des Produktes. Sie suchen nicht nach Mixturen und zur leichteren Verarbeitung aufbereiteten Zutaten, sondern nach dem wahren Geschmack des natürlichen Produkts. Und sie verweigern sich den verarbeiteten industriellen Fertiggerichten ebenso wie dem größten Teil der elaborierten Speisen der sogenannten Molekularköche, die schließlich oft nichts anderes machen als die Industrie – freilich handwerklich perfekter und mit kreativer Phantasie.

Ohne Tiere geht es nicht

Wie sinnvoll der gänzliche Verzicht auf Fisch und Fleisch und tierische Produkte ist, wird immer umstritten bleiben. In manchen Regionen kann man ja auf die Mitarbeit von Tieren bei der Landschaftspflege nicht verzichten – es würden zum Beispiel ohne die Beweidung der Almen die Alpen total zuwachsen, eine in Jahrhunderten geschaffene Kulturlandschaft in einer ökologischen Katastrophe enden. Auch die englische Parklandschaft und die Marschen an Nordsee oder Atlantik sind auf Rinder und/oder Schafe als lebende Rasenmäher angewiesen. Ohne Heidschnucken gibt es keine offene Heide, ohne Alblämmer keine Wacholderweiden.

In diesen Bereichen sind die Tiere auch die einzige Möglichkeit einer sinnvollen Nutzung der Landschaft, weil sie, wie bereits geschildert, in der Lage sind, das Angebot der Natur in für den Menschen geeignete Nahrung umzuwandeln. Im Gegensatz zur Massentierhaltung mit ihren ökologisch negativen Auswirkungen sind Tiere hier ein Gewinn – sowohl für die Umwelt als auch für die Produktion. Und wenn sie in kleineren, übersichtlichen Betrieben (und nur solche lohnen sich bei solcher Weidehaltung!) gut versorgt und behütet werden, genießen sie eine Freiheit und ein artgerechtes Leben, das in jeder Hinsicht anständig ist, tiergemäß!

Natürlich müssen diese Tiere eines Tages sterben, aber man kann voraussetzen und erwarten, dass sie einen würdigen Tod erleben. Jeder Bauer, der seine Tiere gut hält und liebt, will das natürlich ebenso, anders als die Erzeuger von massenhaftem Billigfleisch. Und natürlich muss man für solches Fleisch mehr bezahlen – aber es schmeckt viel besser und man kann es im Bewusstsein genießen, dass die Tiere ein Leben lang zufrieden, sogar glücklich waren. Deshalb ist der Geschmack, der von Slow Food immer geforderte Genuss so wichtig: Er garantiert den edlen, in Jahrhunderten gezüchteten und den geographischen und klimatischen Bedingungen der Region angepassten Rassen ein Überleben – oder sollen sie alle aussterben?

Die Hinterwälder Rinder im Schwarzwald, die Glanrinder in der Pfalz, die Werdenfelser, die Hohenloher? Kein Fleckvieh mehr auf den Weiden, keine Braunen auf den Allgäuer Bergmatten? Keine Einkehr mit frischer Buttermilch, keinen würzigen Käse in den Spätzle? Es sind ja gerade jene Rassen, die in vernünftiger Weise zu robusten und gesunden Tieren optimiert wurden, die gutes Fleisch liefern. Nicht die speziell auf die Massenproduktion von Milch oder Fleisch hin gezüchteten, entweder mit enormen Muskeln bepackten Bullen oder mit Rieseneutern bestückten Turbokühe.

Wenn wir uns auf die regionalen Produkte beschränken, die geschmacklichen Qualitäten in den Mittelpunkt unseres Interesses rücken und auch bereit sind, sie zu bezahlen, dann könnten wir auf die ethisch verwerfliche Massenproduktion verzichten. Es ist nicht nur Irrsinn, sondern auch völlig überflüssig, dass Deutschland inzwischen mehr Lebensmittel exportiert als importiert! Das eröffne den Bauern eine Perspektive, ist zu hören.

Ganz vegetarisch und ein großes Vergnügen: feine grüne Böhnchen mit Pfifferlingen

Allerdings: Warum erzeugt man so viel billiges Zeug für unsere Alltags-
versorgung und den Export, und wir importieren dafür Delikatessen (oder
was wir dafür halten) aus aller Welt? Warum packen wir uns teuren italienischen oder iberischen Schinken aufs Brot und französischen Rohmilchkäse, wollen aber für hierzulande produzierte Lebensmittel und Alltags-
produkte so wenig wie möglich ausgeben? Die Bauern beklagen sich, weil
sie nicht genug Geld für ihre Erzeugnisse bekommen, weigern sich jedoch,
statt Masse Klasse zu produzieren, Lebensmittel, die ihr gutes Geld auch
wert sind.

Natürlich brauchen gute Produkte Vermarktungswege, müssen ihre
Kundschaft schnell und zielsicher erreichen. Hier sind die Länder und
Kreise, Kommunen und Stadtverwaltungen, Erzeugergemeinschaften und
Verbände gefragt: Es müssen die lokalen und regionalen Märkte gefördert,
die direkt vermarktenden Landwirte unterstützt und bekannt gemacht werden, damit beispielsweise die Hofläden mehr Produkte auch aus anderen
Betrieben anbieten können. Ein Kunde, der von Angesicht zu Angesicht
mit dem Produzenten, dem Erzeuger spricht, wird sich ein besseres Bild
machen können, wie er arbeitet, sich informieren, hinschauen, nachfragen,
diskutieren – und probieren, was auf unseren kleinen Bauernhöfen erzeugt
wird. Wer nur im Supermarkt über den Preis einkauft, hat ja keine Ahnung,
wie viele gute Dinge mit welchem Ethos auch in Deutschland produziert
werden!

Jeder, wie und was er mag

Wir wollen keinen Veganer und Vegetarier zum Fleischessen überreden,
obwohl sich auch manche so nennen, die nicht unbedingt und immer
der strengen Lehrmeinung anhängen. Es ist wie bei Rauchern und Nichtrauchern: Auch wenn ich gerade keine Zigarette rauche, kann ich Raucher
sein – und umgekehrt kann jemand, der eigentlich nicht raucht, sich einmal im Monat eine Zigarre anzünden, um sich dem als außerordentlich
empfundenen Genuss hinzugeben. So sündigen auch einige, die gern vegan
leben wollen, schon mal mit einem Ei, Käse oder Joghurt. Und so manche
Vegetarierin lässt sich hin und wieder zu einem Fischgericht oder einem
Ragout von einem glücklichen Lamm verführen.

Dass die Zahl der Vegetarier und Veganer in der letzten Zeit derart zu-
genommen hat und vielleicht auch noch weiter zunehmen wird, liegt sicher
an der miserablen Qualität des Fleisches: Vor allem junge, städtisch gepräg-

te und bildungsnahe Menschen wollen lieber fleischlos essen, statt ein mieses Schnitzel zu verzehren. Ihnen scheint auch der Verzicht auf Fleisch weniger auszumachen als älteren Umsteigern, die ein Leben lang an den Geschmack und Verzehr von Fleisch gewöhnt sind. Und dass Kinder aus Mitleid mit Kuscheltieren auf Fleisch verzichten, ist ohnehin verständlich.

Eins jedenfalls ist klar: Die öffentliche Meinung ist eine andere als die veröffentlichte. Die Auseinandersetzung in den Medien, die veröffentlichte Meinung also, wird vom Bildungsbürgertum getragen, das keineswegs repräsentativ für die gesamte Gesellschaft ist. Am größten Teil der Fleischesser geht die Diskussion unbemerkt vorbei.

Das lässt sich an der Fleischtheke im Supermarkt beobachten und an den hoch beladenen Einkaufswagen ablesen. Wer täglich zum ersten Frühstück zwei Spiegeleier auf Speck isst, drei Stunden später 250 Gramm Leberkäse zwischen zwei Brötchenhälften zum zweiten folgen lässt, mittags eine Portion Rouladen oder drei Weißwürste zu sich nimmt und sich abends schwitzend ein paar Scheiben Schweinebraten oder ein dickes Steak einverleibt, dem ist ohnehin nicht zu helfen. Dass gegenüber solchen Konsumgewohnheiten die vegetarische und vegane Ernährungsweise gesünder ist, hat nur der Fresssack noch nicht begriffen. Aber ein, zwei Mal in der Woche ein Stück Fleisch von einem glücklichen Tier, einmal Fisch und ab und zu ein Wurst- oder Käsebrot zwischendurch – das darf sich ein gesunder, den Wohlgeschmack liebender Mensch ohne Weiteres gestatten. Mit Muße, Hingabe und Ehrfurcht vor dem Geschenk der Natur – und bitte mit Genuss!

Spätburgunder, weiß gekeltert

Warum ein Wein, der eigentlich rot wäre,
weiß ist und tatsächlich die Eigenschaften beider Weinarten
in sich trägt – und wie viel Vergnügen das machen kann.

Nur in der Champagne hat es sich gehalten, das Verfahren, aus roten Trauben weißen Wein zu bereiten. Dafür werden entweder die ganzen Trauben gepresst oder die Beeren von den Stielen (Rappen) getrennt und sofort danach ausgepresst, sodass die Schalen den nur in ihnen enthaltenen roten Farbstoff nicht dem Saft mitteilen können. Denn der Saft von den meisten roten Traubensorten ist farblos.

Die wohl besten Weißweine dieser Art – Blanc de Noirs (weiß aus schwarzen = roten Beeren) – liefert der Spätburgunder oder Pinot Noir, in Deutschland wie in der Champagne. Daneben ist für den Champagner die neutralere Rebsorte Pinot Meunier oder Müller-Rebe von großer Bedeutung, die ihren Namen den weiß behaarten Blättern verdankt, die wie mit Mehl überpudert wirken. In Württemberg heißt diese Rebsorte auch Schwarzriesling und wird ebenfalls immer häufiger weiß gekeltert. Diese Weine sind leichter und zartfruchtiger als die vom Spätburgunder.

Man könnte den weiß gekelterten Spätburgunder also auch als einen besonders hellen Rosé bezeichnen; tatsächlich schimmert er meist ein ganz klein wenig rosa. Lässt man den Saft auf den gemahlenen oder zerquetschten Beeren einige Zeit stehen, so geht immer mehr Farbstoff in den Most über – nach einer Stunde ist er noch immer sehr zart hellrosa getönt, nach 12 bis 24, bei besonders kühler Temperatur sogar 36 Stunden färbt er sich richtig rosa, wird also zum sogenannten Weißherbst. Lässt man den

Most nun auf den Schalen zu Rotwein vergären, so wird die Farbe immer intensiver – und man bekommt, wenn man nach zwei bis vier Tagen einen Teil des bereits gärenden Mostes abzieht, die sogenannte *saignée* (Aderlass), einen schon ziemlich stark gefärbten Rosé –, der auf den Schalen verbleibende Wein bekommt eine höhere Konzentration und einen dichteren Charakter.

Die edelste **Rotweinsorte**

Der Spätburgunder gilt als die edelste Rotweinsorte in Deutschland. Früher hat man ihn deshalb so lange wie möglich am Stock hängen lassen und gewartet, dass er mit zunehmender Reife möglichst viele Öchslegrade (hohen Zuckergehalt) erreicht. Das brachte sehr häufig immense Schwierigkeiten mit sich, denn die Beerenhaut dieser Rebsorte wird bei Überreife immer dünner, und dann kann schon ein kleiner Regenguss im Herbst sie zum Platzen bringen. Danach fangen die Beeren rasch an zu faulen, und der Wein daraus entwickelt flüchtige Säure, einen Essigstich. Das passiert am ehesten, wenn der Behang groß ist, wie der Winzer sagt, das heißt, wenn der Stock viele Trauben trägt. Früher ließ man immer viel zu viele Trauben am Rebstock hängen, weshalb die Beeren relativ schlecht versorgt waren.

Dann besannen sich die (badischen) Winzer auf eine alte Sitte und herbsteten (so heißt die Weinlese hier) die Trauben in verschiedene Bütten. »Die gesunden für den Roten, und aus den schlechten wird immer noch ein guter Weißherbst«, war die Devise. Und weil man gleich beim Pressen ordentlich Schwefel dazugab, um noch mehr bakterielle oder pilzliche Desaster auszuschließen, war das Ergebnis daraus dafür verantwortlich, dass die Freiburger Studenten unter Kopfweh litten.

Diese Zeiten sind längst vorbei: Inzwischen liest man die Trauben nach Burgunder Vorbild voll-, aber nicht überreif, fügt lieber, falls sich noch nicht genügend Zucker in den Beeren gebildet hat, Zucker hinzu (die berühmte »Chaptalisierung«), der zu höherem Alkohol vergärt und den Wein rund macht. Dann muss man zwar auf Prädikate wie Spät- oder Auslese verzichten, bekommt aber dafür einen gesunden und sauberen, klaren und reintönigen Wein.

Auch an den Weißherbst stellt man heute inzwischen höhere Ansprüche. Der darf übrigens, anders als ein Rosé, weder ein Tafelwein noch aus verschiedenen Sorten zusammengesetzt, sondern muss stets ein Qualitätswein sein – ohne oder mit Prädikat – und aus einer einzigen Sorte. Frisch,

sauber und mit angenehm belebender Säure wünscht man sich einen Weißherbst, fein-fruchtig und elegant, keinesfalls darf er breit und schwer auf
der Zunge liegen.

Genau diese typische Weißwein-Charakteristik erwartet man zunächst
einmal auch vom weiß gekelterten Spätburgunder. Man nimmt deshalb dafür gerne vorweg gelesene, nicht allzu reife Trauben, die leichte, erfrischende
und zügig zu trinkende Sommerweine ergeben, auch ein guter Aperitif, um
den Appetit anzuregen. Ebenso geeignet für diese Kelterart sind von jungen
Weinstöcken gelesene Trauben, die noch nicht ausreichend Power für einen
Rotwein haben, dafür besonders weiche, sehr fruchtbetonte und doch sprit-
zige Essensbegleiter liefern. Sie passen ausgezeichnet zu gesottenem Fisch,
Gemüsegerichten oder Ragouts von hellem Fleisch (Frikassee).

Charaktervolle **Weißweine**

Ganz anderen Ansprüchen gerecht werden Spätburgunder Weißweine aus
hochwertigem Lesegut, nämlich aus Trauben im Spätlesebereich. Sie ergeben mächtige Weine von starkem Charakter, die eine ganz eigenwillige,
außerordentliche Strahlkraft besitzen können.

*Auch Weißweine kommen besser in einem geräumigen Glas – vor allem, wenn
sie aus roten Trauben gekeltert wurden.*

Als einer der ersten deutschen Winzer hat Paul Fürst vom Weingut Rudolf Fürst in Bürgstadt am Main eine solch konzentrierte Bombe herausgebracht – sehr mineralisch, mit etwas Gerbsäure unterfüttert, so elegant wie ein Weißburgunder und so kraftvoll wie ein Ruländer (Grauburgunder). Ein Strauß von Zitrusaromen (vor allem Blutorangen und rosa Grapefruit), aber auch rote Beeren und exotische Früchte, wie Ananas und Physalis; im Abgang der Zunge gleichzeitig eine abgerundete Säure und cremige Fülle bietend. Ein solcher Wein gelingt natürlich nur mit einem absolut gesunden Lesegut, das einerseits vollreif ist, andererseits aber noch über eine sehr lebendige Säure verfügt. Geradezu ein Kerl von einem Wein, der wunderbar zu einem mächtigen Fischgericht, etwa einem Steinbutt in Sahnesauce mit Champignons, passt.

Damit waren ein Weincharakter und ein Geschmack geboren, den man bisher aus Deutschland nicht kannte – von der kräftigen, muskulösen Eleganz eines großen Champagners, wenn er vorwiegend aus Pinot-Noir-Trauben hergestellt ist oder zumindest mit einem hohen Anteil dieser Trauben an der Cuvée. Die meisten Champagner sind ja Verschnitte von den beiden roten Rebsorten Pinot Noir und Pinot Meunier und dem weißen Chardonnay.

Inzwischen arbeitet eine ganze Reihe von Winzern und Genossenschaften mit unterschiedlicher Stilistik an den weiß gekelterten Spätburgundern. Wobei man in Baden, dem klassischen Land des Spätburgunders, mehr auf die leichten, erfrischenden Aperitifweine setzt – vermutlich, um weiterhin die besten Trauben für die Spitzenrotweine zu reservieren –, während in den anderen Weinbaugebieten der weiß gekelterte schon öfter auf dem hohen Niveau der Rotweine zu finden ist.

Es macht Spaß, sich mit dem Spätburgunder Weißwein auseinanderzusetzen und dessen Bandbreite zu erforschen. Da dieser Weintyp noch nicht von präzisen Vorstellungen geprägt wird, die Winzer noch experimentieren und das Potenzial der Ausbaumöglichkeiten noch längst nicht ausgeschöpft ist, wird man immer wieder von neuen geschmacklichen Eindrücken überrascht. Und da auch die eigenen Kriterien erst geschaffen werden müssen, bewegt man sich vorsichtig forschend auf einer sehr ursprünglichen, elementaren Geschmacksebene. Das bietet eine unendliche geschmackliche Vielfalt, eine Fülle von Möglichkeiten, seinen Geschmackssinn auszubilden, in der großen Welt des Weines.

Keine **Zeit zum Kochen**

Warum es Spaß macht, sich die Zeit zu nehmen.
Und wie man trotzdem was Gutes auf den Tisch bringt,
wenn man wirklich keine hat.

Kochen? Dazu hab ich keine Zeit!« – wie oft müssen wir das hören! Aber fürs Fernsehen und Surfen im Internet hat man Zeit, mehr als genug. Es geht also – wie immer – nur darum, Prioritäten zu setzen.

Dass der Alltag nicht unbedingt die Muße bietet, sich stundenlang in die Küche zu stellen, ist klar. Wir haben nichts gegen schnelle Rezepte und bringen solche auch immer wieder gern in unserer Fernsehsendung, aber stets im Wechsel mit aufwendigeren oder auch mal durchaus lange Zeit dauernden Zubereitungen. Was allerdings nicht heißen muss, dass diese viel Zeit kosten: Schmorbraten oder Kohlrouladen benötigen zwar eine gewisse Zeit zum Garen, beanspruchen aber nur einen Bruchteil dieser Spanne an Mühe und Aufmerksamkeit. Trotzdem sind diese Gerichte ziemlich aus der Mode gekommen. Schade – denn sie schmecken köstlich und lassen sich prima vorbereiten. Überdies muss man weniger Geld dafür ausgeben als für die meisten typischen Schnellgerichte, die oft mindestens ebenso viel reine Arbeitszeit kosten.

Es schmort und köchelt von allein

Ein gutes Gulasch zum Beispiel (siehe auch S. 107): Dafür muss man Zwiebel schälen und in Ringe hobeln, Fleisch würfeln (wenn der Metzger das nicht schon gemacht hat), beides anbraten, würzen und mit Flüssigkeit (Wasser,

Wein, Brühe) angießen. Und von diesem Moment an hat man praktisch nichts mehr zu tun, das Gulasch köchelt leise vor sich hin oder schmort ganz allein im Ofen fertig. Bereitet man in der Zwischenzeit als Beilage (gekaufte) Nudeln und einen Salat, so hat das nicht viel Arbeit gemacht. Dafür gibt's ein wunderbares Essen mit herrlicher Sauce, die alle lieben. Und für Gulaschfleisch müssen Sie erheblich weniger Geld auf den Tisch legen als zum Beispiel für ein ordentliches Steak.

Das Steak müssten Sie genauso anbraten, eventuell auch noch die Zwiebeln dazu. Aber dabei entsteht keine Sauce – die müssen Sie also getrennt zubereiten oder auf ein Fertigprodukt zurückgreifen. Und die Beilagen? Einfach Brot? Oder wie oben Nudeln und Salat? Wollen Sie keine vorgebackene Tiefkühlpommes oder eine TK-Gemüsemischung zum Steak servieren, dann kommt richtig Arbeit auf Sie zu! Für Salzkartoffeln die Knollen waschen, schälen und kochen, für Spätzle einen Teig anrühren, für Rösti ebenfalls Kartoffeln schälen und raffeln. Blumen- oder Rosenkohl, Brokkoli oder Bohnen putzen. Für die Sauce einen vorgekochten oder fertigen Fond verwenden und mit Wein und Gewürzen eine kleine Sauce ziehen, während das Fleisch im Ofen bei 80 bis 90 Grad warmgehalten wird. Oder vielleicht sogar eine Béarnaise oder Hollandaise aufschlagen? Nicht allzu schwierig und auch einigermaßen schnell, aber da ist volle Aufmerksamkeit gefragt. Und wenn es zudem noch einen Salat geben soll ...

Sie sehen: Wir plädieren sehr für die schmackhaften, obendrein erfreulich preiswerten Gerichte aus Omas Küche, die zwar nicht wenig Zeit zum Garen verlangen, aber keine Aufmerksamkeit beanspruchen und Ihnen Zeit lassen für anderes. Und die obendrein den Vorzug haben, dass man ohne Mehraufwand gleich doppelte Mengen kochen und für ein nächstes Mal einfrieren kann.

Frisch und flott zubereitet

Trotzdem noch einmal zurück zu den wahren Schnellgerichten. Dazu gehören zum Beispiel die *scaloppine al limone*, also Naturschnitzelchen vom Kalb mit Zitronensauce, wie man sie in Italien liebt. Sie sind nun wirklich im Handumdrehen fertig. Dazu Pizzabrot oder Ciabatta als Beilage, davor ein paar Scheiben Tomaten mit Anchovis, gehacktem Knoblauch, ein paar Oliven und drei Blättchen Basilikum aus dem Garten, vom Balkon oder der Fensterbank, danach eine Quarkspeise mit Früchten – alles keine Zauberei und schon ein ganzes Menü. Und jede Pasta mit einer pfiffigen Sauce ist deshalb so beliebt, weil allemal die Zeit bleibt, bis das Nudelwasser kocht und die Pasta gar ist, rasch einen köstlichen Sugo zuzubereiten – Nudeln bringen immer schnelles Glück!

Über manches, was sich Autor(inn)en als schnelle Rezepte für viel beschäftigte Menschen einfallen lassen, kann man allerdings nur den Kopf schütteln. Zum Beispiel die, wie uns die »Abendzeitung München« verrät, offenbar in aller Welt gefeierte, gar zur »Päpstin der fixen Küche« hochgejubelte Australierin Donna Hay: Für Pasta mit Knoblauch, Oliven und Ricotta gibt sie (für vier Personen) zehn ungeschälte Knoblauchzehen, 300 Gramm (!) entsteinte Oliven und einen Esslöffel Olivenöl in eine Auflaufform und schmort das Ganze eine Viertelstunde im 180 Grad heißen Backofen an.

Wir erinnern uns: Es sollte schnell gehen. Ist es wirklich sinnvoll, den Backofen vorzuheizen, den man später für das Gericht gar nicht mehr braucht? Eine energische Verschwendung von Energie! Abgesehen davon, dass der Knoblauch in der angegebenen Zeit keinesfalls so gar sein kann,

Auch in der schnellen Küche nützlich: frische Natur- oder wenigstens Biozitronen, deren Schale ebenso wie der Saft zur Würze genommen wird

dass er sich, wie gefordert, nach dem Schälen zerquetschen lässt – oder es müssten schon sehr, sehr kleine Zehen sein.

Dazu dünstet Donna Hay in einer beschichteten Pfanne in einer stattlichen Menge Olivenöl (80 Milliliter minus dem einen schon verwendeten Esslöffel) 2 Esslöffel abgespülte (warum abspülen? Daran haftet nichts als Essig) Kapern, 40 Gramm Pinienkerne, 10 Gramm Oregano (Frisch? Getrocknet? Das wäre dann eine sehr üppige Gabe) zwei bis drei Minuten, gibt einen Esslöffel Zitronensaft dazu und lässt das Ganze neben dem Herd ziehen. Schließlich schneidet sie 375 Gramm frische Lasagneblätter in breite Streifen (welch überraschende Tätigkeit für ein Schnellgericht – wäre es nicht sinnvoller, gleich Pappardelle oder Fettuccine zu kaufen?), kocht diese fünf Minuten (für frische Nudelblätter zu lang, für getrocknete allerdings zu kurz) in Salzwasser und vermischt sie nach dem Abgießen mit dem Knoblauchpüree, den Oliven, der Pinienkernmischung, Salz, frischem Pfeffer, 250 Gramm Ricotta und 120 Gramm geriebenem Parmesan.

Nun: Wir würden das Wasser für die Nudeln aufsetzen, in einer Pfanne in der Hälfte der angegebenen Ölmenge den geschälten und zerquetschten Knoblauch weich dünsten, nach und nach die anderen Zutaten zufügen (allerdings uns auf die halbe Olivenmenge beschränken – und diese, wenn es die kleinen aus Ligurien oder der Provence sein sollten, auch nicht entsteinen; entsteinte würden wir natürlich gar nicht erst kaufen, weil sie meistens von ziemlich scheußlicher Qualität sind), das Ganze mit bissfest gegarten, kaum abgetropften Nudeln mischen, würzen und schließlich wie Donna Hay mit nur einem Teil des von ihr verwendeten Käse umwenden. Das würde einen Bruchteil der Energie und weniger als die Hälfte der Zeit kosten – und gewiss nicht schlechter schmecken.

Zen Mallorquin

Vom Luxus der Ruhe.
Von einem Ort, der Labsal ist für Augen, Herz und Gaumen,
Ferien für Leib und Seele. Und das auf Mallorca!

Wer als Kind in einem Zwei-Sterne-Hotelbetrieb auf Mallorca aufwächst, hat das Tourismusgeschäft sozusagen mit der Muttermilch aufgesogen. Und dann gibt es später, wenn man groß ist, zwei Möglichkeiten: Man führt als Erwachsener das Geschäft der Eltern weiter. Oder man setzt vollkommen neu an und macht alles anders.

Den beiden Brüdern Alexander und Miquel Suau kam zugute, dass der Papa als leidenschaftlicher Golfspieler schon in den neunziger Jahren sein Auge auf das einstmals stattliche Gehöft »Son Brull« geworfen hatte, das er beim Golfen stets im Blick hatte. Im 12. Jahrhundert als Herrenhaus errichtet, im 18. Jahrhundert zum Jesuitenkonvent umgewidmet, war es allerdings inzwischen zur totalen Ruine verfallen. Aber es ließ ihm keine Ruhe: 1994 kaufte er das Anwesen mitsamt den umliegenden 55 Hektar Grund.

Glücklicherweise hatte er volles Verständnis dafür, dass sein Nachwuchs keine Lust hatte, das Schlichthotel in Alcudia und das ein bisschen

Natürliche Materialien, schöne Stoffe, viel Platz – ein Ort zum Wohlfühlen

bessere Haus in der Cala San Vincenc zu übernehmen. Und glücklicherweise konnte die Familie es sich leisten, sich Zeit zu lassen, um Ideen zu
entwickeln, wie aus der Ruine ein edles, luxuriöses Landhotel entstehen
könnte. Ein Haus, das ganz so sein sollte, wie man es sich selbst erträumt,
um dort abzusteigen.

Ein Schulfreund der Söhne, Ignacio Fortezan, inzwischen Architekt in
Barcelona, half dabei und bewies ein beeindruckendes Geschick, die Vorzüge des zerfallenen Gemäuers, seinen Charakter und Charme zu bewahren
und ihm zugleich ein hochmodernes Gesicht zu geben. Hinter der hoch-
mütigen, majestätischen Fassade verbergen sich heute erlesene, zurückhaltend ausgestattete Räume von geradezu japanischem Minimalismus.
Natürliche Materialien, Holz, Stahl, Glas und viel zeitgenössische Kunst.
Das Alte bewahren und mit den Errungenschaften des 21. Jahrhunderts neu
beleben. Die Flamme neu entzünden, nicht die Asche konservieren, das
war das Credo. Vier Jahre Bauzeit, von 2000 bis 2004, dauerte es, bis alles
zur Zufriedenheit der jungen Hoteliers eingerichtet und ausgestattet war.
Puristischer Luxus. Und der hat natürlich seinen Preis.

Es gibt 23 großzügige Zimmer und Suiten, mit gradlinigem Design und
bis ins kleinste Detail durchdacht und ausgestattet. Sogar das Material der
Bettwäsche kann der Gast wählen – Seide, ägyptische Baumwolle oder

Die alte Ölmühle des Anwesens ist heute die Bar.

feinstes Leinen, das Format oder die Anzahl der Kopfkissen sowieso. Die Fürsorge geht bis in die kleinste Einzelheit.

Das Gelände rund um das Haus wurde zur Basis einer eigenen landwirtschaftlichen Produktion. Der umgebende Park mündet in Zitrushaine, die Terrassen am Berghang dahinter wurden wiederhergestellt, Wein und Olivenbäume gepflanzt. Auch das Gemüse für die Küche kommt mittlerweile weitgehend aus eigenem Anbau. Ein ökologisches Gesamtkonzept: »Wir wollen kein *agriturismo* sein«, betont Alex Suau, »vielmehr den Luxus einer natürlichen Produktion bieten.«

Es ist ein ganz besonderes Haus, das »Son Brull«, hinter dessen trutzigen Mauern ein geradezu ansteckend gelassener, offener Geist herrscht. Die Ruhe, Stille, ein harmonischer Friede, die einen sofort beim Eintritt umfangen, wirken wunderbar entspannend und schenken eine unangestrengte, muße- und genussvolle Zeit.

Denn komplettiert wird das Konzept durch den jungen Küchenchef Joan Marc Garciás, der von Anfang an dabei ist. Seine Küche ist inspiriert von der spanischen Moderne, verspielt sich aber nicht in Schäumchen und Gelees, sondern nimmt mallorquinische Traditionen auf, verwendet die Produkte der Insel und bereitet sie mit den Techniken der modernen Spitzengastronomie perfekt zu. Er verarbeitet nur Fisch aus heimischen Gewässern, ob Cap Roig (Drachenkopf) oder die roten Garnelen aus Sóller – auch wenn sie dreimal so teuer sind wie die aus Nordspanien importierten Meeresfrüchte –, weil sie um Welten besser schmecken. Das Fleisch, am liebsten Lamm und Spanferkel, kommt selbstverständlich ebenfalls von der Insel und aus ökologischer Haltung.

Die Hausgäste können à la carte aus dem Angebot wählen. Es wird ihnen immer als Menü serviert, denn als Einzelteller sind die Kreationen nicht gedacht. Und alle wissen das zu schätzen: Hier finden die Aromen und der Geschmack Mallorcas – des alten und des modernen – zu perfekter Harmonie zusammen.

Zucchini, Zwiebeln und andere Gemüse

Von Gemüse, dem man seinen Geschmack erst weg-
und dann wieder angezüchtet hat.
Und warum das letztlich mitunter gar nicht so schlecht ist.

Wir sollen mehr Gemüse essen, fordern Ernährungswissenschaftler, Esoteriker und Veggies. Einig die Front: Gemüse ist in, gesund und mega cool. Michael Hoffmann, Sternekoch in Berlin, hat sich schon seit Jahren auf Gemüse spezialisiert und wurde vom Magazin »Der Feinschmecker« zum Koch des Jahres 2010 gekürt. Es ist wahr – nichts ist angesagter als Gemüse!

Aber welches Gemüse? Michael Hoffmann weigert sich, das Gemüse zu verwenden, das er auf Berlins Märkten oder bei den Gastronomielieferanten kaufen kann: Er baut es selber an. Recht hat er: Das aus dem

Zucchini in allen Farben und Größen, auch bizarr gezackte Kapuzinermüt-
zen – mit und ohne Blüten immer ein Genuss!

Massenanbau stammende Gemüse kann, wir haben es bei den Auberginen und Artischocken schon beschrieben, niemanden begeistern. Es ist fast immer fad – nicht nur, weil oft überdüngt! Das Saatgut wurde bereits durch Züchtung so verändert, dass das Produkt extragroß wird und dabei aber zart bleibt, gleichmäßig wächst, möglichst wenig krankheitsanfällig ist (beziehungsweise – und darauf kommt es bei der Zucht durch die Chemie- und Saatgut-Multis an! – nur durch ein bestimmtes Präparat zu schützen). Es muss sich gut einfrieren lassen, darf nicht bitter schmecken, keine Fäden bilden oder sonst welche Eigenschaften aufweisen – der Geschmack rangiert dabei allerdings an letzter Stelle. Jahrzehntelang.

Erst seit ganz kurzer Zeit besinnt man sich wieder darauf, dass ein intensiver, würzig-aromatischer Geschmack für ein Frischgemüse vielleicht doch wichtiger ist als die Tatsache, gerade gewachsen oder vor lauter jugendlicher Zartheit dämlich, dumm und ausdruckslos zu sein. Inzwischen erkennen die an gutem Essen interessierten Menschen wieder, dass hier ein wenig Bitterkeit, dort eine gewisse Strenge, da eine bissfeste, die Zähne und Kaumuskeln fordernde Textur und eine gehaltvolle, sich erst langsam erschließende Süße für Zunge und Gaumen interessanter sind als immer nur die ewig gleiche Milde und Zartheit.

Kleine **Zucchini** – großer Genuss

Auch das Saatgut für die Gemüse, die wir in unserem eigenen Garten ziehen wollen, lässt leider, zu einem großen Teil, erheblich zu wünschen übrig. Zum Beispiel die deutschen Zucchini: Da hat man mit allerlei Züchterfleiß zunächst dafür gesorgt, dass diese wärmeliebenden Pflanzen auch in unserem Klima sicher gedeihen. Dann kamen Züchtungen, die kaum mehr oder am besten gar keine männlichen Blüten bilden, weil sie nur Saft und Kraft wegnehmen für die gewünschten weiblichen, die alleine Früchte zeitigen. Und da man offensichtlich jene Gärtner beglücken möchte, die armlange, dicke Früchte ernten wollen, sind die Zucchini bereits ganz schön groß, ehe sich die Blüte öffnet. Dann aber ist ihr Fruchtfleisch weich und wässrig, lässt die feste Dichte und den intensiven Geschmack der alten, weniger effektiven Sorten vermissen – sie bleiben zwar genießbar, auch wenn die Keulen riesig werden, schmecken aber nach nichts. Wohingegen die französischen oder italienischen Varietäten jung, köstlich-aromatisch und nussig sind, das Fleisch größerer Exemplare aber schnell wattig, sogar schleimig wird und absolut keinen Genuss mehr bietet.

Unser Tipp: Kleine Zucchini schmecken besser

Kaufen Sie die kleinsten Zucchini, die Sie finden. Wir ernten unsere Zucchini lieber früh: wenn sie so dick sind wie ein Männerdaumen und höchstens so lang wie die Spanne einer Damenhand – also im wohlschmeckendsten Moment!

Will man Zucchiniblüten füllen (mit Ricotta und Kräutern, einer Geflügel-, Fisch- oder Garnelenfarce) und braucht dafür die gerade geöffneten Blüten, dann sind die mediterranen Zucchinisorten noch kleinfingerklein, die deutschen aber schon viel zu groß. Und von den männlichen Blüten, die als Aperitifhappen so köstlich sind, wenn man sie an ihrem Stiel durch einen leichten Ausback- oder Tempurateig zieht und frittiert, tragen selbst acht Pflanzen nur noch ab und zu die nötige Menge für eine oder zwei Personen.

Gefüllte Zucchiniblüten mit Tomatenvinaigrette

Die Blüten sehr behutsam behandeln, damit sie nicht abbrechen. Vorsichtig öffnen, den dicken, wattigen Stempel in der Mitte vorsichtig abknipsen. Die Frucht mit einem scharfen Messer längs mit engen Schnitten einschneiden, dass sie wie ein Fächer sich ausbreiten lassen und die Hitze besser eindringen kann.

Für die Füllung Ricotta mit winzig gewürfelten Zucchini, Gewürzen und Eiweiß glatt rühren. Mit Hilfe eines Plastik- oder Spritzbeutels in die Blüten füllen. Die Blütenblätter über der Füllung schließen. In einem Bambuskorb oder in einen Dämpftopf ca. 5 Minuten über Dampf garen.

Für eine Tomatenvinaigrette dazu die Tomaten häuten, entkernen – die Kerne in einem Mixbecher sammeln, mit Salz, Pfeffer, Olivenöl und Balsamico zu einer cremigen Emulsion mixen. Das Tomatenfleisch würfeln, mit Salz und Pfeffer sowie ein paar Tropfen Olivenöl würzen.

Zum Servieren die gefüllten Blüten auf Vorspeisentellern anrichten. Dass Tomatenfleisch drum herum verteilen und mit der Tomatenemulsion dekorativ beträufeln.

Für vier Personen:

4 – 8 Zucchiniblüten
(die weiblichen,
mit den Früchten)
250 g Ricotta
2 – 3 kleine, daumendicke Zucchini
1 – 2 Knoblauchzehen
Salz, Pfeffer, Muskat,
etwas Cayennepfeffer
1 Eiweiß

Tomatenvinaigrette
2 – 3 reife Tomaten
Salz, Pfeffer
3 EL Olivenöl
Balsamico, Sherryessig
Basilikum

Zwiebeln – pflegeleicht oder lecker

Mit den Zwiebeln, gleichgültig, ob man sie sät oder steckt, ist es kaum anders: Stuttgarter Riesen werden groß und sind schossfest – wie der Gärtner dazu sagt, wenn die Zwiebel auch nach kalten Nächten nicht glaubt, im zweiten Anbaujahr zu sein und einen Blütenstängel in die Höhe treibt, statt eine dicke Knolle zu bilden –, aber weder besonders wohlschmeckend noch ausnehmend saftig und zart. Ackergäule, keine Araber. Da sehnt man sich nach den wunderbar zarten, saftigen und aromatischen Roscoff-Zwiebeln aus der Bretagne oder den würzigen Tropea-Zwiebeln, die ursprünglich aus Kalabrien stammen, die man als Sorte aber auch bei uns anbauen kann – den Samen muss man sich freilich in Italien besorgen.

Von den Schalotten ganz zu schweigen, von denen man all die köstlichen Varianten hierzulande weder als Samen noch als Stecker findet. Wir behelfen uns deshalb mit den teuren und bereits ausgewachsenen Schalotten, die man in guten Lebensmittelgeschäften beziehungsweise Asia-Läden kaufen kann – aus Frankreich die violetten länglichen oder die grauen, mehr runden, aus Thailand die ebenfalls violetten, kleinen, runden und unübertrefflich milden und hintergründig aromatischen. Letztere

Eine besonders wohlschmeckende Zwiebelsorte: cipolle di Tropea *aus Italien*

haben den Vorteil, dass man sie bereits zwei Monate nach dem Setzen ernten kann – dann muss man sie allerdings schnell verspeisen, sie beginnen sofort wieder zu treiben, sind absolut nicht lagerfähig. Die französischen brauchen eine volle Saison, um auszureifen, und bilden dann ganze Büschel. Allerdings brauchen sie einen leichten, gut entwässernden, am besten sandigen Boden, damit sie sich leicht ausformen können – in schweren, lehmigen Böden bleiben sie klein und schmal. Was als deutsche Schalotten angeboten wird, rund und gelb, kann man dagegen sofort vergessen, es handelt sich um sehr derbe, überhaupt nicht feine Zwiebelvarianten, die mit den delikaten Schalotten nichts gemein haben.

Voller Aroma: **die alten Gemüsesorten**

Überhaupt findet man im Ausland von vielen Gemüsesorten Varietäten, die hierzulande – leider! – nicht zu haben sind. Vor allem in England und Italien, aber auch in den ehemaligen Ostblockländern haben eine Menge überdauert, die keine der neuen »Züchtervorteile« bieten, also noch näher an den ursprünglichen Arten sind. Da kann es dann sein, dass man die Bohnen oder den Stangensellerie wieder fädeln muss, der Blumenkohl so fest ist, dass er die doppelte oder gar dreifache der heute üblichen Garzeit

Gemüselust: gestreifte Auberginen, ausgereifte rote Paprika

braucht oder die Spinatblätter nicht gleich beim ersten Aufwallen des Blanchierwassers in sich zusammenfallen, sondern wirklich erst einmal drei Minuten gekocht werden müssen, damit sie überhaupt weich werden. Aber die Konzentration der Mineralien und Aromastoffe ist bei diesen alten Gemüsesorten einfach umwerfend und sehr deutlich schmeckbar – freilich keine süßlich-fade Schonkost für geschmacklich auf dem Babybreiniveau verbliebene Burger-Ketchup-Adepten.

Inzwischen haben sich bei uns einige Gärtnereien auf alte Gemüsesorten spezialisiert und bieten auch die entsprechenden Sämereien dafür, sogar für total vergessene Gemüsearten. Sucht man im Internet, wird man schnell fündig! Kerbelrübe, Meerkohl, Knollenziest, Erdbeerspinat, Pastinaken, Zuckerwurzel ... Es gibt da viel zu entdecken!

Bio-Saatgut oder Bio-Gärtnereien sind auch hier mal wieder führend und dürften die bevorzugte Einkaufsquelle für alle Geschmackssucher sein. In vielen Städten sind die Märkte der Ort, wo man die roten, gelben und weißen, sogar fast schwarzen Möhren am ehesten findet, die dem öden Einerlei unserer wie genormt erscheinenden, abgestumpften, orangen Karotten eben nicht entsprechen. Da gibt es die lockeren Köpfe vom lange vergessenen Maiwirsing, der nur in der Gegend um Köln gedeiht. Es locken knackig-feste, innen köstlich gelbe Salatköpfe (Salatherzen), leuchten die bunten Stängel des erdwürzigen Mangold in vielfältigem Rot und Gelb neben violetten Rettichen, glänzen die Schoten von prall-grünen Markerbsen neben matt-blauen Kapuzinern, locken weiße und rote Frühlingszwiebeln neben rosa-violettem Knoblauch, liegen sogar inzwischen auch wieder die am Boden sich schlängelnd gezogenen Gärtnergurken, die womöglich noch am Stielende etwas bitter sind, aber tatsächlich nach Gurken schmecken und nicht wie grün verfestigtes Wasser – womit sie den klassischen roten Wasserkugeln der siebziger Jahre, »Tomaten, schnittfest« genannt, Konkurrenz machen. Freilich müssen auch die Gärtner und Bauern den Umgang und Anbau solcher unbekannter Gemüse erst wieder lernen – auch, wie man sie richtig präsentiert, putzt und feilbietet, damit sie die Kundschaft überzeugen.

Tomaten schmecken wieder

Gerade auf dem Tomatensektor hat sich eine Menge getan: Nachdem die holländischen Tomaten in Verruf gekommen waren, mussten sich die dortigen Gemüsegärtner etwas einfallen lassen, um den Markt zurückzuerobern: Sie kreuzten die modernen Züchtungen mit Urtomaten aus den Anden, sodass sie ihr Aroma zurückerhielten. Daher gibt es heute eine ganze Menge der unterschiedlichsten Sorten – rote, grüne und gelbe, gestreifte, mit glatter oder stumpfer Schale, rund oder länglich, birnen-, eier- oder herzförmig, gerippt, gefältelt oder kugelrund, groß und klein, riesig oder winzig –, die wieder gut schmecken, aber auch (und dann macht Züchterfleiß Freude!) größere Widerstandskraft gegen unsere nördlichen Sommernebel und Staunässe besitzen als die alten Sorten.

Auf die wollen wir freilich auch nicht verzichten, wir bauen deshalb jedes Jahr etwa 20 verschiedene Sorten von Tomaten an – ebenso wie von Paprika und Chili. Saatgut oder Pflänzchen aus anderer Herren Länder bringen wir uns mit, oder wir bestellen bei entsprechenden Versendern. Jedenfalls verwenden wir nicht die langweiligen für den deutschen Markt gezüchteten Sorten!

Wir hoffen natürlich stets auf einen schönen Sommer. Ist der mal wieder ein grün angestrichener Winter, wie von Heine geschmäht, und fällt zur rechten Chili- und Tomatenzeit weitgehend ins Wasser, weil es von Juli bis September ständig regnet, dann bleibt uns die Hoffnung auf den nächsten Jahrhundertsommer: 2003 gediehen bei uns die Tomaten ebenso üppig, süß und aromatisch wie auf Sizilien und die Paprika und Chili so feurig wie in der Karibik ... jede Menge wiedergefundener Geschmack!

Rechts: Wiederentdeckt, Wurzeln als Gemüse. Von Pastinaken über Petersilien-wurzeln, Sellerie, Rübchen in allen Farben zu Topinambur

Verzeichnis der **Rezepte**

Ein Buch der wiedergewonnenen Lebens-
freude. Ein Meilenstein

Martina Meuth und
Bernd Neuner-Duttenhofer
WO DIE GLÜCKLICHEN
HÜHNER WOHNEN
Vom richtigen
und vom falschen Essen
Über 160 Abbildungen in Farbe
464 Seiten
Gebunden mit Schutzumschlag
ISBN 978-3-7857-2338-8

Duftendes Brot, zarte, saftige Schnitzel, würziger Rohmilchkäse.
Echt statt künstlich. *Es gibt sie noch und wieder, die Köstlichkeiten.*
Ärgern Sie sich nicht mehr über Geschmacksverstärker in der
Suppe, zugesetzte Aromastoffe im Joghurt, Konservierungs-
stoffe im Brötchen, Farbstoff im Kartoffelpüree, rückverdünnte
Konzentrate statt Saft.
Martina Meuth und Bernd Neuner-Duttenhofer zeigen Ihnen mit
begeisternder Sachkenntnis, worauf Sie achten müssen: wenn
Sie einkaufen – wenn Sie kochen – wenn Sie essen gehen.
Woran erkennen Sie gute Lebensmittel? Wie werden sie erzeugt?
Wie gehen Sie damit um? Wo bekommen Sie diese?
Mit Adressen, Rezepten und über 160 Abbildungen in Farbe.

Gustav Lübbe Verlag